조영남 (趙英男, Young Nam Cho)

2002년부터 현재까지 서울대학교 국제대학원 교수로 재직하고 있다. 서울대학교 동양사학과를 졸업하고 정치학과에서 석사 및 박사 학위를 받았다. 중국 베이징대학(北京大學) 현대중국연구센터 객원연구원(1997~1998년), 난카이대학(南開大學) 정치학과 방문학자(2001~2002년), 미국 하버드-옌칭연구소(Harvard-Yenching Institute) 방문학자(2006~2007년)를 역임했다. 연구 성과로는 『중국의 엘리트 정치』(2019년), 『덩샤오핑 시대의 중국』(2016년) 3부작(『개혁과 개방』, 『파벌과 투쟁』, 『톈안먼 사건』), *Local People's Congresses in China*(2009년) 등 열다섯 권의 단독 학술서와 많은 학술 논문이 있다. 서울대학교 연구공로상(2007년), 니어(NEAR) 재단 학술상(2008년), 한국정치학회 학술상(저술부문)(2020년)을 수상했다.

KB058691

(주)북이십일 경계를 허무는 콘텐츠 리더

21세기북스 채널에서 도서 정보와 다양한 영상자료, 이벤트를 만나세요!
페이스북 facebook.com/jiinpill21   포스트 post.naver.com/21c_editors
인스타그램 instagram.com/jiinpill21   홈페이지 www.book21.com
유튜브 youtube.com/book21pub

서울대 가지 않아도 들을 수 있는 명강의! 〈서가명강〉
'서가명강'에서는 〈서가명강〉과 〈인생명강〉을 함께 만날 수 있습니다.
유튜브, 네이버, 팟캐스트에서 '서가명강'을 검색해보세요!

중국의
통치 체제 1

이 저서는 2020년 대한민국 교육부와 한국연구재단의 지원을 받아 수행된
연구(NRF-2020S1A6A4043003)이다.

중국의 통치 체제

1

공산당 영도 체제

조영남

21세기북스

중국은 어떻게 움직이나?

정말 오랫동안 쓰고 싶었던 책이다!

1994년에 서울대학교 정치학과 대학원에 진학하여 중국 정치를 공부할 무렵부터 나는 이 책을 꿈꿨다. '중국을 제대로 이해하려면 공산당을 중심으로 움직이는 중국 정치의 실제 모습을 정확히 파악해야 한다. 중국은 공산당이 통치하는 국가이기 때문이다.' 이런 생각을 가지고 대학원 수업을 들었고, 전문 서적과 학술 논문도 열심히 읽었다. 밤을 지새우며 여러 편의 연구 보고서도 작성했다. 훌륭한 선생님들의 정성 어린 지도하에 학계의 연구 성과를 체계적으로 학습하면서, 또한 뜻이 맞는 동료들과 함께 자료 조사차 중국을 오가면서 나도 서서히 '중국 전문가'로 성장하고 있다는 생각에 뿌듯한 마음이 들기도 했다.

그런데 시간이 가도 마음 한구석에는 여전히 무언가 부족함과 허전함이 남았다. 중국과 관련된 다양한 이론을 학습하고 전문 지식을 차곡차곡 쌓았는데도, 중국 정치의 '실체(實體)' 혹은 '실제 모습(像)'은 여전히 잡히지 않았기 때문이다. 마치 산(山)의 지형은 제대로 알지도 못하면서 나무를 통해 산을 파악하겠다는 각오로 온 숲을 헤매는 느낌이었다. 그래도 학술 이론과 전문 지식을 더 많이 쌓다 보면 부족함과 허전함을 메울 수 있을 것이라는 믿음을 갖고 계속 학습하고 연구했다.

그러다 문득 이런 생각이 들었다. '중국 정치의 실제 모습은 앞으로도 파악하지 못할 수 있다.' 내가 원하는 지식 자체가 원래부터 부족하거나 거의 없고, 그래서 기존 지식을 아무리 찾아 헤매도 찾을 수가 없을 수 있기 때문이다.

그렇다면 이런 부족함과 허전함은 나만 느끼는 것일까? 아닌 것 같았다. 이후 더 많은 학습과 연구를 진행하면서 국내외 중국 정치의 '대가(大家)'라는 분들도 아주 소수를 제외하고는 나와 비슷하다는 사실을 알게 되었다. 즉 자기 연구 분야는 아주 잘 알면서도 그 분야를 벗어나면 잘 모른다는 것이다. 결국 이들 '대가' 대다수도 중국 정치의 전체 움직임은 제대로 파악하지 못한 상태에서 일부 분야의 전문 지식을 많이 알고 있는 '전문가'일 뿐이다. 전문가가 이 정도라면 중국 정치를 공부하는 학생과 중국에 관심이 있는 일반인은 말할 필요도 없다.

핑계처럼 들리겠지만, 이는 어쩌면 당연한 현상일 수 있다. 중국은 한국과는 완전히 다른 정치 체제를 가지고 있다. 한국은 민주 국가인데 중국은 독재 국가라는 뜻이 아니다. 양국의 정치 체제가 근본적으로 다르다는 뜻이다. 그래서 아무리 뛰어난 한국 정치 전문가라도 중국 정치를 제대로 이해할 수 없다. 반면 한국 정치 전문가라면 미국 정치나 일본 정치를 이해하는 데 큰 어려움이 없다. 미국과 일본은 한국처럼 자유 민주주의 국가로서, 유사한 정치 원리에 따라 비슷한 정치 체제를 운영하기 때문이다. 그러나 중국은 다르다. 중국은 사회주의 국가로서, 공산당 일당 체제를 가장 중요한 특징으로 하는 정치 체제를 가지고 있다. 따라서 중국 정치가 실제로 움직이는 모습을 이해하려면 처음부터 다시 학습해야 한다.

문제는 중국 정치가 매우 비밀스럽게 움직이기 때문에 '외부인'이 그것을 알려고 노력해도 제대로 알 수가 없다는 점이다. 특히 공산당의 조직과 운영은 더욱 그렇다. 외국인만 그런 것이 아니라 일반 중국인도 마찬가지다. 중국이 1978년 무렵부터 개혁·개방 정책을 추진하면서 경제와 사회는 많이 열렸다. 그러나 정치는 여전히 '죽(竹)의 장막'에 가려있다. 예를 들어, 공산당 총서기가 어떻게 선임되는지, 한반도 정책은 어떻게 결정되는지 우리는 여전히 잘 모른다. 중국의 정치학 교과서는 〈헌법〉과 법률을 근거로 이를 설명하는데, 이런 설명은 중국 정치의 실제 모습을 이해하는 데 도움이 되기는커녕 오히려 방해만 될 뿐이다. 중국 정치는 결코 〈헌법〉과 법률의 규정대로 움직이지 않기 때문이다.

게다가 공산당 일당 체제는 우리가 쉽게 접근할 수 있는 만만한 연구 대상이 결코 아니다. 공산당은 중국에서 유일한 '집권당(執政黨)'이자 '영도당(領導黨)'으로, 국가를 '통치'할 뿐만 아니라 전 사회와 개인도 '영도'한다. 그래서 공산당이 통치하고 영도하는 범위와 영역은 매우 넓고, 그 내용 또한 다양하고 복잡하다. 예를 들어, 공산당은 국가기관과 군대뿐만 아니라 국유기업과 대중조직의 인사권도 행사한다. 학교나 병원 같은 공공기관은 물론 민영기업(民營企業)과 비정부조직(NGO) 같은 민간조직에도 공산당 조직이 활동한다. 그 밖에도 공산당은 방송과 신문, 인터넷과 소셜미디어(SNS) 등 언론매체를 총동원하여 국민의 감정과 생각을 통제한다. 이처럼 공산당 조직 체제는 중국 전역에 거미줄처럼 뻗어있고, 공산당의 손길은 정치부터 예술까지 미치지 않는 영역이 거의 없다. 결국아무리 열심히 연구하는 중국 전문가라도 방대한 공산당 일당 체제의 실제 움직임을 파악하기는 쉽지 않다.

그래도 우리는 중국 정치의 실제 모습을 파악하기 위해 노력해야 한다. 불과 십수 년 전이라면 소수의 전문가만이 중국을 이해해도 크게 문제 될 것이 없었다. 당시에 중국은 좋은 의미에서건 나쁜 의미에서건 우리에게 그렇게까지 중요한 국가가 아니었기 때문이다. 그러나 지금은 다르다. 중국은 이미 한국을 포함한 아시아 전역에 커다란 영향을 미치는 '지역 강대국(regional power)'으로 성장했고, 얼마 후면 미국과 함께 전 세계를 호령하는 '세계 강대국(global power)'이 될 것이다. 그래서 미국 전문가가 아니어도 미국을 어느 정도 이해하고 영어를 조금은 구사할 줄 아는 것처럼, 중국에 대해서도 좀 더 많이 알아야 한다. 이때 중국 정치에 대한 정확한 이해는 필수다. '공산당의 국가'인 중국에서 정치, 그중에서도 공산당 일당 체제가 실제로 어떻게 움직이는지를 모른다면 말이 되겠는가?

이처럼 이 책은 공산당 일당 체제를 중심으로 작동하는 중국의 통치 체제(governing system)를 분석할 목적으로, 궁극적으로는 이를 통해 중국이 실제로 움직이는 모습을 파악할 목적으로 쓴 것이다. 동시에 내가 오래전에 스스로 냈던 '숙제'를 완성하여 제출하는 것이기도 하다. 2002년에 서울대학교 교수로 부임한 이후에도 나는 계속 이 책을 쓰고 싶었다. 우리 학생들의 중국 연구에도 매우 필요했기 때문이다. 그러나 그렇게 할 수 없었다. 시간이 없어서가 아니라 능력이 부족했기 때문이다. 이제 중국 정치를 공부한 지도 거의 30년이 다 되어간다. 처음 공부를 시작할 때 스스로 냈던 '숙제'를 해결할 수 있을 정도로 충분한 지식과 경험이 쌓였는지는 모르겠다. 여전히 부족하다. 나도 이를 잘 알고 있지만, 중국 정치의 실제 모습을 파악하는 일은 더 이상 미룰 수 없는 학문적 과제라는 판단에서 용기를 내어 이 책을 쓰게 되었다.

이번 연구 시리즈는 모두 세 권으로 구성된다. 중국 정치의 실제 모습을 이해하려면 공산당뿐만 아니라 국가와 사회와 개인까지 모두 포괄해서 종합적이고 체계적으로 분석해야 한다. 개설서나 교과서를 쓰는 것이라면 몰라도, 한 권의 책으로 이런 내용을 모두 담는 일은 거의 불가능하다. 그래서 어쩔 수 없이 여러 권으로 나누어 썼다. 이 중에서 이번에 두 권의 책을 먼저 출간한다. 이 두 권은 공산당을 전문적으로 분석하는 내용을 담고 있어 함께 출간하는 것이 타당하다. 세 번째 책은 중국 정치 체제에서 국가와 사회와 개인이 수행하는 다양한 활동을 다루고 있다. 그래서 이후에 따로 출간해도 무방하다.

제1권 『중국의 통치 체제 1: 공산당 영도 체제』는 공산당의 특징과 원칙, 조직과 운영, 당원과 활동 등 공산당 그 자체에 초점을 맞추어 공산당 일당 체제를 분석한다. 제1부 「공산당 영도 체제와 원칙」에서는 이론적 측면에서 공산당 일당 체제가 무엇인지를 설명한다. 공산당 일당 체제는 학술적으로 '당-국가(party-state) 체제'라고 부른다. 이는 공산당과 국가가 인적 및 조직적으로 결합해 있고, 실제 정치 과정에서 공산당이 국가를 영도할 뿐만 아니라 종종 대체하는 정치 체제를 가리킨다. 한마디로 말해, 공산당 일당 체제는 곧 '공산당 영도 체제'다. 따라서 중국 정치를 이해하기 위해서는 무엇보다 먼저 공산당 영도 체제를 알아야 한다. 또한 공산당의 다양한 영도 원칙도 알아야 한다. 자유 민주주의(liberal democracy)가 자유주의와 민주주의의 결합 원리에 따라 운영되듯이, 공산당 영도 체제도 '공산당 전면 영도', '민주 집중제', '당관간부(黨管幹部: 공산당의 간부 관리)', '통일전선' 등 몇 가지 원칙에 따라 운영된다.

제2부 「공산당 조직」에서는 공산당의 각종 조직 체제를 자세히 살펴본다. 공산당 조직체제는 지역별로는 중앙·지방·기층 조직, 기능별로는 영도조직과 사무기구로 나눌 수 있다. 예를 들어, 중앙의 공산당 영도조직에는 전국대표대회(당대회), 중앙위원회, 중앙정치국, 중앙정치국 상무위원회가 있다. 또한 중국에는 '당조(黨組)'와 '영도소조(領導小組)'라는 매우 독특한 영도조직이 있다. 성(省)·시(市)·현(縣) 등 지방에는 공산당 위원회, 향(鄉)·진(鎭)·가도(街道) 등 기층에는 공산당 기층위원회, 그 아래 단위인 도시의 사구(社區)와 농촌의 행정촌(行政村)에는 공산당 (총)지부가 있다. 제2부에서는 이런 다양한 조직의 실제 모습과 운영을 체계적으로 분석한다.

제3부 「공산당 당원」에서는 공산당원의 구성과 활동을 자세히 살펴본다. 먼저 시기별로 당원이 얼마나 늘어났고, 그들의 구성 상황, 즉 나이·직업·학력·성별·민족이 어떻게 변화했는지를 살펴본다. 이어서 당원의 충원과 일상 활동을 살펴본다. 이를 통해 중국에서는 어떤 사람들이 당원이 되려고 애쓰는지, 이들은 어떤 교육과 훈련을 통해 '공산당인(共産黨人, communist)'으로 성장하는지를

이해할 수 있다. 또한 당원이 참여하는 다양한 '당의 조직 생활'—예를 들어, 당원 간의 비판과 자기비판—도 이해할 수 있다. 이런 내용은 지금까지 외부에 잘 알려지지 않은 것이다.

제4부 「결론」에서는 지금까지 살펴본 공산당 영도 체제를 평가하고 전망한다. 공산당 영도 체제는 국민의 지지와 성원 속에서만 유지될 수 있다. 그래서 공산당은 국가를 효율적으로 운영하여 국민이 원하는 다양한 공공재(예를 들어, 경제발전과 생활 수준 향상)를 원활히 공급하기 위해 노력한다. 또한 새로운 통치 이데올로기를 개발하여 공산당 영도 체제가 왜 정당한지를 국민에게 설명하고 동의를 얻으려고 시도한다. 그 밖에도 엘리트 정치의 안정은 공산당 영도 체제가 공고하게 유지되기 위한 필수 전제 조건이다. 이런 점들을 종합적으로 고려할 때, 공산당 영도 체제는 현재 비교적 견고하게 유지되고 있고, 특별한 이변이 없는 한 최소한 당분간, 그것이 구체적으로 언제까지인지는 모르겠지만, 큰 문제 없이 유지될 것으로 보인다.

제2권 『중국의 통치 체제 2: 공산당 통제 기제』는 공산당이 국가를 통치하고 사회와 개인을 영도하는 구체적인 방법과 제도, 소위 '통제 기제(control mechanism)'를 자세히 분석한다. 이것은 인사 통제, 조직 통제, 사상 통제, 무력 통제, 경제 통제 등 모두 다섯 가지로 구성된다. 제1부 「인사 통제」는 공산당의 인사 통제 기제를 살펴본다. 공산당 영도 체제는 '당관간부 원칙'이 효과적으로 집행되기

에 잘 유지될 수 있다. 이를 통해 공산당은 국가와 공공기관, 국유
기업과 대중조직 등 주요 기관과 조직을 통제할 수 있기 때문이다.
중국의 민주화란 다른 말로 표현하면, '당관간부 원칙'을 폐기하여
공산당이 독점하고 있는 당정간부에 대한 인사권을 국민과 기관
과 조직에 돌려주는 것을 뜻한다.

　제2부 「조직 통제」에서는 공산당의 조직 통제 기제를 살펴본다.
제1권에서는 공산당 자체의 조직 체제를 살펴보았다면, 여기서는
'당외(黨外)' 기관과 지역에 설립되어 '영도 핵심' 역할을 담당하는
공산당의 각종 조직을 살펴본다. 공산당은 2000년대 들어 급격히
증가한 민영기업과 비정부조직(NGO) 같은 신생 사회 세력을 철저
히 통제해야 한다. 이들이 공산당에 도전할 수 있는 가장 유력한
후보이기 때문이다. 또한 대학은 중국에서도 민주화의 '진지(陣地)
이자 선봉대' 역할을 담당하기 때문에 역시 철저히 관리해야 한다.
도시 기층사회도 마찬가지다. 공산당은 이에 필요한 유용한 수단
인 조직 체제를 갖추고 있고, 실제로 이를 잘 운용하고 있다. 그 결
과 현재까지 공산당 영도 체제에 도전하는 세력이나 조직이 등장
하지 않았고, 앞으로도 최소한 당분간은 그럴 것이다.

　제3부 「사상 통제」에서는 공산당의 '정치 사상공작'을 다룬다.
공산당은 간부 당원과 일반 당원을 대상으로 다양한 정치학습 제
도를 운용한다. 일반 국민을 대상으로 '애국주의(愛國主義) 교육 운
동'과 같은 대중 학습 운동도 전개한다. 방송과 신문은 오래전부터

'공산당의 입'으로서 공산당 영도 체제를 선전하고 옹호하는 핵심 수단이었다. 2000년대 이후에는 인터넷과 소셜미디어가 급속히 보급되면서 공산당의 사상 통제는 이제 신매체를 중심으로 이루어진다. 제3부를 통해 공산당이 이런 사상 통제 기제를 통해 어떻게 '학습형(學習型) 정당'으로 거듭나고 있고, 동시에 어떻게 성공적으로 국민의 감정을 빚어내고 생각을 조종하는지를 이해할 수 있다.

제4부 「물리적 통제」에서는 공산당의 '경성(hard)' 통제 기제인 무력 통제와 경제 통제를 살펴본다. 중국에서 인민해방군은 '공산당의 군대'이지 '국가의 군대'가 아니다. 무장경찰 부대(武警)와 민병(民兵), 공안(경찰)·법원·검찰 같은 정법(政法)기관도 마찬가지다. 공산당은 이들을 '절대영도'하고, 이들은 공산당에 '절대복종'한다. 공산당 영도 체제를 굳건히 유지하기 위해서는 군사력과 공권력에 대한 확고한 통제가 필수적이기 때문이다. 공산당이 1989년 6월에 톈안먼(天安門) 민주화 운동을 무력으로 진압한 일은 이를 잘 보여준다. 국유자산과 국유기업에 대한 통제도 마찬가지다. 공산당에게 경제 통제는 경제발전과 관련된 '정책 선택의 문제'가 아니라, 공산당 영도 체제의 생사가 달린 '정치 원칙의 문제'다. 그래서 '국유경제는 공산당 집권의 기둥'이라고 말한다. 제4부를 통해 공산당이 어떻게 군사력과 공권력을 이용하여 영도 체제를 공고히 유지하는지, 또한 어떻게 국유자산과 국유기업을 동원하여 경제 전반

을 통제하는지를 이해할 수 있다.

제5부 「결론」에서는 지금까지 논의한 내용을 종합적으로 평가하고 전망한다. 내가 볼 때, 공산당 통제 기제는 최소한 당분간 큰 문제 없이 잘 작동하고, 그 결과 공산당 영도 체제도 계속 유지될 것이다. 중국의 정치 민주화(democratization)가 실현된 이후에나 공산당 통제 기제가 작동을 멈추고, 그런 경우에만 공산당 영도 체제가 붕괴할 것이다. 반대로 말하면, 공산당 통제 기제가 작동을 멈추고, 그 결과 공산당 영도 체제가 붕괴한 경우에만 중국에도 정치 민주화가 실현될 수 있을 것이다. 그런 날이 올지, 온다면 언제 올지 현재로서는 알 수 없다.

이번에 출간하는 두 권의 책은 '현대 중국 연구 시리즈'의 세 번째 연구 결과물이다. 2016년에는 '덩샤오핑 시대의 중국' 3부작인 『개혁과 개방(1976~1982년)』, 『파벌과 투쟁(1983~1987년)』, 『톈안먼 사건(1988~1992년)』을 출간했다. 2019년에는 엘리트 정치에 초점을 맞춘 『중국의 엘리트 정치: 마오쩌둥에서 시진핑까지』를 출간했다. 이를 이어 이번에 『중국의 통치 체제 1·2』를 출간한다. 이로써 3년마다 새로운 연구서를 출간한다는 원래의 계획은 현재까지 잘 지켜지고 있다. 국가와 사회와 개인을 분석하는 『중국의 통치 체제 3』은 조만간 선보일 것이다. 이렇게 되면 세 번째 연구도 완성된다.

이번에도 책을 쓰면서 여러분들로부터 정말 많은 도움을 받았다. 방대한 초고를 꼼꼼하게 읽고 훌륭한 조언을 해주신 서강대학교의 전성흥 교수, 한국국제전략연구원의 김태호 이사장, 인천대학교 중국학술원의 구자선 교수, 서울대학교 국제대학원 국제학연구소의 윤태희 교수께 깊이 감사드린다. 전성흥 교수는 필자와 오랜 시간 함께 토론하면서 책의 구성과 전개를 어떻게 바꾸면 좋을지에 대해 많은 조언을 해주셨다. 김태호 이사장은 전처럼 초고의 세밀한 내용까지 일일이 검토하여 보완 사항을 제시해주셨다. 특히 공산당의 무력 통제와 관련된 내용은 김 이사장의 도움이 컸다. 구자선 교수는 부정확하거나 틀린 내용을 찾아내어 책의 오류를 바로잡는 데 큰 도움을 주었다. 윤태희 교수는 자신의 박사학위 논문과 관련된 내용, 즉 공산당의 민영기업 통제와 관련하여 많은 조언을 해주었다. 그래도 남아있는 부족한 점은 선후배 학자와 독자의 도움을 받아 계속 보완해나갈 것이다. 많은 분의 가르침을 고대한다.

이 책에는 독자의 이해를 돕기 위해 150개가 넘는 각종 표·그래프·그림이 들어있다. 이 중에서 그래프와 그림은 모두 김성민·임굉건(林宏建)·왕흠우(王鑫宇) 석사 등 세 명의 조교가 정성껏 만들어준 것이다. 또한 이들은 학생의 관점에서 초고를 읽고 유익한 의견을 말해주었고, 수많은 오탈자도 바로잡아 주었다. 진심으로 감사한다. 이 책에는 글자가 전달하지 못하는 생생한 현장감을 전달하기 위해 150장이 넘는 다양한 종류의 사진도 실려있다. 사진을 통해 독자들은 글자로 읽은 내용을 직접 눈으로 확인하고 감상하는 기쁨을 맛볼 수 있을 것이다. 중국의 많은 인터넷 사이트와 게티이미지(Getty Images) 등을 조사하여 좋은 사진을 선별하기 위해 애써준 왕흠우 조교에게 다시 한번 고마운 마음을 전한다.

한국연구재단은 이번에도 연구비를 제공해주었다. 이 자리를 빌려 감사드린다. 책 출간을 흔쾌히 수락해주신 21세기북스의 김영곤 대표이사께도 감사드린다. 요즘처럼 너나없이 중국을 싫어하는 냉혹한 '반중(反中) 감정의 시대'에 '벽돌 한 장' 분량의 중국 책, 그것도 딱딱하기 그지없는 정치 관련 책을 출간하는 일은 출판 경영인의 관점에서 볼 때 결코 수지타산이 맞는 장사가 아니다. 김 대표께서는 이를 초월하는 대범함을 보여주셨다. 책의 편집을 맡아주신 양으녕 팀장께도 감사드린다. 양 팀장은 '출판의 달인'답게 책의 편집 기획부터 초고 교정과 표지 디자인까지 모든 일을 주도면밀하게 해주셨다. 필자의 반복되는 까다로운 요구에도 싫은 기색 하나 없이 흔쾌히 처리해주신 일은 말할 필요도 없다. 이처럼 여러분의 도움 덕분에 좋은 책이 나올 수 있었다.

마지막으로, 이번에 출간하는 이 책이 우리 학계의 중국 정치연구를 한 단계 발전시키는 데 작은 보탬이라도 되었으면 좋겠다. 또한 이 책이 우리 사회가 중국을 좀 더 진지하고 깊이 있게 이해하는 데 조금이라도 도움이 되었으면 좋겠다. 내 능력의 한계와 책의 수준을 생각할 때, 이는 분명 주제넘은 바람이다. 그래도 이런 소망을 품지 않으면 어떻게 학문의 망망대해를 두려움 없이 헤쳐 나갈 수 있으랴!

2022년 9월
서울대 연구실에서
조영남

차례

제4부 결론

중국의 통치 체제 2: 공산당 통제 기제

제1부

공산당 영도 체제와 원칙

공산당 영도 체제
공산당 영도 원칙

◆◆◆◆

중국공산당(이하 공산당)은 어떻게 국가와 사회를 안정적으로 통치할 수 있을까? 공산당 일당 체제는 앞으로 언제까지 계속될까? 1921년 7월에 50여 명의 지식인 조직으로 출발한 공산당은, 창당 100주년이 되는 2021년 7월에는 9,500만 명의 당원을 거느린 막강한 집권당으로 성장했다.[1] 반면 1917년에 볼셰비키 혁명의 성공으로 건국된 소련은, 사회주의 종주국으로 냉전 시대에는 미국과 함께 양대 진영을 형성하며 세계를 호령했지만, 1991년에는 결국 붕괴하고 말았다. 그와 함께 소련공산당도 해체되었다. 이 무렵 동유럽 사회주의 국가와 각국의 공산당도 비슷한 몰락을 경험했다.[2] 그러나 중국공산당은 달랐다. 어떻게 이것이 가능했을까?

개혁·개방 시대(1978년~현재)에 공산당이 경험한 '성공'은 두 가지 측면을 동시에 설명해야 하는 어려운 과제다. 하나는 공산당이 어떻게 일당 체제 혹은 '권위주의의 끈질김(authoritarian resilience)'을 지속할 수 있었는지를 설명해야 한다. 이것은 상대적으로 쉽다. 우리가 알다시피 공산당은 '당의 군대'인 인민해방군(人民解放軍)을 통해 국가와 사회를 통제한다. 또한 공산당은 경찰·검찰·법원·정보기관 등 '정법(政法)기관'을 장악하고 있다. 따라서 공산당에 도전하는 세력은 누구를 막론하고 진압할 수 있다. 1989년 6월 4일에 공산당의 명령에 따라 인민해방군이 '톈안먼(天安門) 민주화 운동'을 무력으로 진압한 사례는 이를 잘 보여준다.

다른 하나는 공산당이 어떻게 지난 40여 년 동안 비약적인 발전을 이룩할 수 있었는지를 설명해야 한다. 마오쩌둥(毛澤東) 시대(1949~1976년)와 개혁·개방 시대(1978년~현재)를 비교하면, 중국의 사회경제적 발전은 정말 눈부실 정도로 대단하다. 예를 들어, 1978년에 중국의 1인당 국민소득은 156달러였는데, 2020년에는 1만 500달러로 67배가 증가했다. 같은 기간 국내총생산(GDP)은 1,495억 달러에서 14조 7,000억 달러로 98배가 증가했다. 하루 1달러 이하로 생활하는 절대 빈곤층이 1978년에는 7억 7,000만 명으로, 당시 인구 9억 6,000만 명의 82%였다. 그런데 2021년 2월에 공산당은 '중국에서 절대 빈곤층이 사라졌다', 즉 '전면적 소강사회(小康社會)'를 건설하는 데 성공했다고 선언했다.

이것은 설명이 쉽지 않다. 공산당이 일당 체제를 유지한다는 사실이 곧바로 눈부신 사회경제적 발전으로 이어지지는 않기 때문이다. 전 세계에는 수많은 권위주의나 반(#)권위주의 국가가 있지만, 이들이 중국과 비슷한 '성공'을 경험한 것은 결코 아니다. 예를 들어, 중국처럼 사회주의 혁명과 국가 건설을 시도했다가 1990년대에는 자본주의의 길과 정치 민주화의 길을 걸었던 러시아가 대표적인 사례다. 러시아는 이제 군사적으로는 몰라도 사회경제적으로는 세계 강대국이라고 말할 수 없다. 정치적으로도 민주주의도 아니고 권위주의도 아닌 '회색 지대(gray zone)'에 빠진 어정쩡한 국가가 되어버렸다. 특히 푸틴(Vladimir Putin) 대통령이 1999년부터 현재까지 장기 집권하면서 '현대판 차르(tsar) 국가'라는 조롱을 받고 있다.

또한 민주주의 국가라고 해서 중국처럼 할 수 있는 것도 아니다. 인도가 대표적인 사례다. 인도는 현재 중국과 비슷한 14억 명의 인구를 가지고 있다. 1980년에는 1인당 국민소득이 267달러로 중국보다 100달러 정도 많았다. 그러나 지금은 민주주의 국가라는 사실을 제외하고는 중국과 비교해서 대부분의 사회경제 지표에서 뒤처진다. 예를 들어, 2020년 기준으로 인도의 1인당 국민소득은 1,961달러이고, 국내총생산은 2조 7,000억 달러다. 1인당 국민소득과 국내총생산 면에서 인도는 중국의 1/5 정도에 불과하다. 현재 상황에서 보면, 양국의 이런 격차는 쉽게 좁혀질 것 같지 않다.

이번에 출간하는 두 권의 책에서 나는 이와 같은 공산당의 '성공'을 분석하려고 시도할 것이다. 이를 연구 질문(research question)으로 바꾸면 두 가지로 정리할 수 있다. 첫째, 개혁·개방 시대에 공산당은 어떻게 국가와 사회를 안정적으로 통치할 수 있는가? 즉 중국 공산당이 소련공산당과 달리 몰락하지 않는 이유는 무엇인가? 둘째, 공산당은 그러면서도 어떻게 눈부신 사회경제적 발전을 달성할 수 있는가? 즉 공산당이 권위주의의 끈질김과 사회경제적 발전을 동시에 이룩할 수 있는 이유는 무엇인가?

나의 대답은 이렇다. 공산당은 '공산당 영도 체제'와 이를 뒷받침하는 다섯 가지의 '공산당 통제 기제'를 통해 국가와 사회를 안정적으로 통치할 수 있고, 눈부신 사회경제적 발전도 달성할 수 있다. 공산당 영도 체제와 통제 기제가 유지되는 한 공산당 일당 체제는 미래에도 계속될 것이다. 이를 자세히 설명하기 위해 제1권에서는 '공산당 영도 체제', 제2권에서는 '공산당 통제 기제'를 다룰 것이다.

공산당 영도 체제

중국 정치 체제의 특징을 한마디로 설명하라면 무어라 해야 할까? 공산당 일당 체제(one-party system)나 공산당 독재 체제(dictatorial regime)가 적절할 것이다. 중국에서 공산당은 '유일한 집권당(執政黨)'이다. 중국에도 공산당 이외에 여덟 개의 '민주당파(民主黨派)'라는 군소정당이 있지만, 이들은 모두 공산당 영도를 인정하는 '들러리 정당(satellite party)'에 불과하다. 따라서 중국은 공산당 일당 체제다. 또한 중국은 다당제와 자유경쟁 선거를 허용하지 않는 권위주의 국가다. 이런 측면에서 공산당 독재 체제라고도 부를 수 있다.

그런데 공산당 일당 체제나 독재 체제라는 말로는 공산당의 '성공'과 관련된 질문에 제대로 답할 수 없다. 즉 공산당이 권위주의 체제를 굳건히 유지하고 있는 사실은 설명할 수 있지만, 정치안정을 유지하면서도 동시에 눈부신 사회경제적 발전을 달성한 사실은 제대로 설명할 수 없다. 이런 표현이 주로 공산당의 억압적이고 비민주적인 측면만 강조하기 때문이다. 이 표현을 고집하는 한, 결국 우리는 잘해야 반쪽짜리 답만 얻을 수 있을 뿐이다.

일부 학자들은 공산당이 소련으로부터 마르크스-레닌주의 (Marx-Leninism)를 도입하여 사회주의 혁명에 성공했다는 사실에 주목한다. 이런 점에서 보면, 중국은 옛 소련이나 동유럽 사회주의 국가와 크게 다르지 않다. 이들은 공통으로 레닌주의(Leninism)나 레닌주의 체제(Leninist system) 혹은 공산주의 국가(communist state)나 사회주의 국가(socialist state)라는 특징을 가지고 있다. 우리는 이를 통칭하여 레닌주의 체제라고 부를 수 있다.

레닌주의 체제는 '공산당 영도(領導)'를 포함하여 몇 가지 공통 요소를 가지고 있는 권위주의 정치 체제를 가리킨다. 첫째, '민주 집중제' 원칙에 따라 구성된 공산당의 피라미드식 조직 체계다. 공산당은 이런 조직 체계를 이용하여 국가뿐만 아니라 전 사회에 침투하여 통치할 수 있다. 둘째, 공산당의 인사권 독점과 간부 통제다. 소련공산당의 노멘클라투라(nomenklatura: 간부 직무 명단) 제도가 이를 실현하는 수단이다. 셋째, 공산당의 공식 이데올로기와 선전이다. 교육기관과 언론매체는 가장 중요한 선전 도구다. 넷째, 공산당이 주도하는 노동자·농민·여성·청년·학생의 군중 조직이다. 다섯째, 국가 주도의 계획경제다.[3] 이도 역시 타당한 지적이다.

그런데 레닌주의 체제는 마오쩌둥 시대는 몰라도 개혁·개방 시대에 변화된 중국의 정치 체제를 설명하는 데는 한계가 있다. 단적으로 레닌주의 체제는 공산당의 지위와 역할에 집중하면서 중국이 '사회주의적 성격'을 가진 권위주의 체제라는 사실을 강조한다. 이로 인해 개혁·개방 시대에 중요한 활동 주체로 등장한 국가와 사회의 역할, 이들이 한편에서는 공산당 집권을 수용하면서도 다른 한편에서는 그에 대응하며 전개하는 역동적인 상호작용을 제대로 설명할 수 없다.

또한 레닌주의 체제는 국가와 사회에 대한 공산당의 강압적인 지배와 통제를 강조한다. 권위적인 공산당, 관료주의적인 정부, 국가의 비효율적인 경제 운용, 공산당의 일사불란한 사회 통제와 경찰국가, 이데올로기 선전과 사상 탄압 등이 대표적이다. 문제는 이것이 공산당이 국가와 사회를 이끌고 눈부신 사회경제적 발전을 이룩한 성과를 제대로 설명할 수 없다는 점이다. 동시에 개혁·개방 시대에 중국이 경험한 거대한 정치 경제적 변화를 제대로 포착할 수 없다는 문제도 있다. 이는 공산당의 지배와 통제만으로 달성할 수 있는 성과나 변화가 아니기 때문이다.

1. 당-국가 체제:
공산당이 국가를 영도하는 정치 체제

그래서 많은 학자는 중국의 정치 체제를 '당-국가 체제(party-state system)'라고 부르기를 선호한다.[4] 중국뿐만 아니라 북한·베트남·쿠바 등 현존 사회주의 국가, 소련과 폴란드 등 이전 사회주의 국가도 마찬가지다.[5] 중국 학자들은 이를 '당정 체제(黨政體制)'라고 부르고, 대만 학자들은 '당국 체제(黨國體制)'라고 부른다.[6] 표현은 조금씩 달라도 내용은 같다. 특히 일부 중국 학자들은 당정 체제가 공산당과 정부의 핵심 요소를 모두 포함하고 있고, 중국 정치의 구조적·역사적 특징을 잘 반영하며, '공산당이 영도하는 정치 체제'의 줄임말이라는 함의도 갖고 있어 적절한 개념이라고 주장한다.[7]

(1) 당-국가 체제의 세 가지 의미

나도 중국의 정치 체제를 설명할 때 이 말을 많이 사용한다. 내가 정의하는 당-국가 체제는, '공산당이 중심이 되는 정치 체제로서, 공산당과 국가가 인적 및 조직적으로 결합해 있고, 실제 정치과정에서 공산당이 국가를 영도할 뿐만 아니라 그 기능을 종종 대체하는 권위주의 정치 체제'를 가리킨다. 조금 더 자세히 설명하면, 내가 사용하는 당-국가 체제에는 세 가지 뜻이 담겨 있다.

공산당의 높은 정치적 권위

첫째, 정치 엘리트뿐만 아니라 일반 국민 사이에서도 공산당이 국가보다 더 큰 정치적 권위와 신망을 누리고 있다. 이는 역사적 경험에 근거한 것이다. '혁명 국가' 중국에서는 국가보다 공산당이 먼저 만들어졌고, 공산당이 혁명에 성공함으로써 국가가 수립될 수 있었다. 공산당은 1921년에 창당되었고 1927년에는 홍군(紅軍: 1947년에 인민해방군으로 개명)이 창설되었다. 중화인민공화국은 공산당 창당 이후 28년이 지난 1949년에야 건국되었다. 이는 다른 사회주의 국가에서도 마찬가지다.

그래서 "공산당이 없으면 신중국도 없다(沒有共產黨就沒有新中國)"라는 혁명가요의 가사는 틀리지 않는다. 사회주의 중국이 얼마나 '신(新)' 중국인지는 몰라도, 공산당이 없었으면 현재의 사회주의 중국도 없었을 것이기 때문이다. 이처럼 중국에서 당정간부는 말할 것도 없고, 일반 국민 사이에서도 가장 권위 있는 정치조직은 정부도 아니고 의회도 아닌 공산당이다. 공산당 다음으로 권위 있는 정치조직은 아마도 정부가 아니라 인민해방군일 것이다.

공산당과 국가의 인적 및 조직적 결합

둘째, 당-국가 체제에서는 공산당과 국가가 인적 및 조직적으로 결합해 있다. 일부 중국학자는 이를 '공산당 조직과 정부조직이 하나로 정합(整合)되어 새로운 논리를 스스로 생성하는 체제'라고 표현한다.[8] 다른 중국학자는 '공산당 조직과 국가조직이 중첩된 이중궤도의 정치구조'로서, '공산당 권력이 그대로 국가화(國家化) 및 행정화(行政化)한 체제'라고 설명한다.[9] 모두 공산당과 국가가 결합해 하나의 정치 체제를 구성한다는 사실을 강조하는 말이다.

예를 들어, 인적 결합을 살펴보자. 현재(2022년 2월 기준) 일곱 명으로 구성된 공산당 중앙정치국 상무위원회의 구성원 중에서 시진핑(習近平) 총서기는 국가 주석과 중앙군사위원회(중앙군위) 주석, 리커창(李克强)은 국무원 총리, 한정(韓正)은 국무원 상무 부총리, 리잔수(栗戰書)는 전국인민대표대회(전국인대) 상무위원회 위원장, 왕양(汪洋)은 중국 인민정치협상회의 전국위원회(전국정협) 주석을 겸직하고 있다. 나머지 두 사람인 왕후닝(王滬寧)은 공산당 중앙서기처 상무 서기, 자오러지(趙樂際)는 공산당 중앙기율검사위원회(중앙기위) 서기를 겸직하고 있다. 즉 왕후닝과 자오러지를 제외한 나머지 다섯 명은 국가 직위를 겸직한다. 따라서 이들은 국가 지도자이면서 동시에 공산당 지도자다. 지방 상황도 똑같다.

조직적 결합도 마찬가지다. 예를 들어, 중앙정부인 국무원 내에는 공산당의 핵심 영도기관인 '당조(黨組, party group)'가 구성되어 있고, 여기에는 국무원 총리·부총리·국무위원이 성원으로 참여한다. 법률적으로만 보면, 국무원은 공산당 중앙의 하부 기관이 아니라서 공산당의 지시를 따를 필요가 없다. 그러나 국무원 당조는 다르다. 그것은 성격상 공산당 중앙의 '파견기구'로, 공산당 중앙의 영도를 받으면서 공산당의 노선·방침·정책을 국무원에서 관철하는 역할을 맡는다. 전국인대, 전국정협, 최고인민법원, 최고인민검찰원 같은 국가기관도 마찬가지다. 이처럼 공산당 중앙과 국가기관은 당조를 통해 밀접히 결합해 있다.

또한 국가기관과 그것의 각 부서에는 공산당 당조와는 별도로 '공산당 위원회(共産黨委員會, party committee)'(당 위원회)가 구성되어 있다. 이들 당 위원회는 해당 기관과 부서의 '영도 핵심'으로, 주요 업무를 결정할 뿐만 아니라 해당 기관과 부서에 소속된 공산당원도 관리한다. 국가기관은 아니지만, 국가가 설립한 국유기업, 병원·박물관·대학 등 공공기관(사업단위), 노동자·여성·청년 등의 인민단체에서도 마찬가지다. 심지어 사영기업과 비정부조직(NGO)에도 공산당 기층조직이 설립되어 기업 운영과 조직 활동에 커다란 영향을 미치고 있다.

사실 국가 공무원 중에는 80%가 공산당원이고, 영도간부(領導幹部), 즉 중앙 부서의 처급(處級: 한국의 과장급) 이상과 지방의 현급(縣級: 한국의 시장·군수급) 이상의 고위급 간부 중에는 95%가 공산당원이다. 따라서 국가기관은 공산당원이 국가 업무를 처리하면서 동시에 공산당의 조직 생활도 함께 전개하는 공간이다. 이 정도면 어디까지가 공산당이고 어디까지가 국가인지, 어디까지가 공산당원이고 어디까지가 국가 공무원인지 구별하기가 쉽지 않다.

| **공산당의 국가 영도와 대체**

셋째, 당-국가 체제에서 공산당은 국가를 영도하고, 정책과 인사 등 중요한 문제는 국가가 아니라 공산당이 결정한다. 또한 현실 정치 과정에서 공산당이 종종 국가 기능을 대체하기도 한다. 다만 그 대체하는 정도는 마오쩌둥 시대와 개혁·개방 시대가 크게 다르다. 예를 들어, 개혁·개방 시대에는 공산당이 아니라 정부가 경제 개혁과 산업 발전을 주도하면서 공산당이 수행할 수 없는 자기만의 고유한 역할과 영역을 확대해왔다. 인민대표대회(人大/인대)('중국식' 의회)와 법원도 마찬가지다. 따라서 개혁기에는 공산당이 국가의 기능을 대체하는 경우는 많지 않다.

그러나 마오쩌둥 시대에는 그렇지 않았다. 실제로 문화대혁명 시기(1966~1976년/문혁)에는 공산당이 국가를 사실상 대체했다. 당시에 전국인대, 국무원, 전국정협, 최고인민법원/검찰원은 모두 활동을 중지했고, 마오의 지시를 받는 '문화혁명 소조', 이들이 주도하는 공산당 중앙정치국이 중요 문제를 결정했다. 지방에서는 공산당, 인민해방군, 인민단체를 아우르는 '혁명위원회'가 만들어져 국가 기능을 대체했다. 개혁기에는 이런 문제가 해소되었지만, 정치 과정에서 공산당이 국가를 영도한다는 점에서는 같다.

(2) 당-국가 체제의 한계

그런데 당-국가 체제는 중국의 정치 체제를 표현하는 적절한 말이기는 해도 완전한 말이라고는 할 수 없다. 크게 두 가지 한계가 있기 때문이다.

첫째, 당−국가 체제는 공산당과 국가가 결합해 있고, 공산당이 국가를 영도한다는 점을 강조하지만, 공산당과 국가가 구체적으로 어떻게 결합해 있고, 공산당이 국가를 어떻게 영도하는지를 제대로 설명해주지 않는다. 예를 들어, 마오쩌둥 시대(1949~1976년)에 공산당과 국가가 결합한 방식이나 공산당이 국가를 영도한 내용은 개혁·개방 시대(1978년~현재)의 그것과는 크게 다르다. 만약 이 같은 차이점을 무시하고 그냥 공산당과 국가가 결합해 있고, 공산당이 국가를 영도한다고 말한다면, 이는 실제 정치 체제와 정치 과정을 너무 단순하게 설명하는 것이다.

둘째, 당−국가 체제는 공산당의 역할을 강조하는 데 비해 국가의 역할을 무시하는 경향이 있다. 사회의 역할을 무시하는 문제는 말할 필요도 없다. 즉 당−국가 체제도 레닌주의 체제와 같은 문제점을 안고 있다는 것이다. 사실 당−국가 체제는 중국 건국 초기의 정치 체제를 설명하는 개념으로 더 적절하다. 1949년 중국 건국부터 1956년 공산당 8차 전국대표대회(당대회)까지 7년 동안에 당−국가 체제가 형성되었다. 당시 중국은 신생 국가로서 국가기구라고 부를 만한 것도, 이것을 운영할 수 있는 국가 공무원도 거의 없었다. 국가 건설(state-building)이 이제 막 시작되는 단계였다. 따라서 거의 모든 국가 업무를 국가가 아니라 공산당이 주도했다. 당−국가 체제는 이런 상황을 설명하는 데 적절한 말이다.

그렇다면 개혁·개방 시대는 어떤가? 개혁기에도 공산당이 '유일한 집권당'으로 정치뿐만 아니라 경제와 사회 등 모든 분야의 중요한 일을 결정하고 영도한다는 것은 분명한 사실이다. 특히 군사력과 공권력 등 무력 행사와 관련해서는 공산당 이외의 그 어떤 정치 세력도 끼어들 여지가 없다. 개인 소유제와 시장제도를 도입한 경제 영역에서도 공산당은 막대한 국유자산과 국유기업의 실질적인 소유자로서 커다란 영향력을 행사한다. 이런 측면에서 현재도 여전히 당—국가 체제가 유지되고 있다고 보는 것은 타당하다.

│ 국가 역할의 강화

그런데 1978년 무렵부터 시장화(marketization), 사유화(privatization), 개방화(opening-up), 분권화(decentralization)를 주요 내용으로 하는 개혁·개방 정책이 본격적으로 추진되면서 마오쩌둥 시대와는 완전히 다르게 국가 역할이 강화되기 시작했다. 먼저 정부의 역할이 전보다 더욱 중요해지고, 실제 활동도 매우 활발해졌다. 단적으로 개혁·개방과 관련된 정책을 결정하고 집행하는 과정에서는 공산당보다 중앙정부인 국무원과 각급(各級) 지방정부가 더욱 중요한 역할을 담당했다. 그래서 일부 학자들은 1990년대 중반 이후에 중국에서도 공산당과 대비되는 '강력한 국가(the Chinese Leviathan)'가 등장했다고 주장하기도 했다.[10]

전국인대(중앙 의회)의 입법 역할도 개혁·개방의 확대와 함께 강화되었다. 개인 소유제, 시장경제, 대외무역과 해외투자는 법률 체계가 뒷받침하지 않으면 제대로 운영될 수 없다. "시장경제는 법제(法制) 경제다"라고 말하는 이유는 이 때문이다. 그런데 중국에서 입법권을 행사할 수 있는 국가기관은 중앙의 전국인대와 성급(省級) 및 지급(地級)의 지방 인민대표대회(인대)다. 이들의 입법 역할이 강화될 수밖에 없는 이유다. 또한 정부의 권력 남용과 부정부패를 통제하기 위해 인대의 감독 역할도 강화되었다. 인대 대표의 대의(representation) 활동, 즉 유권자의 권익 대변 활동도 마찬가지다.[11] 마오쩌둥 시대에는 유명무실했던 법원도 개혁기에는 역할이 점차로 강화되었다.[12]

사회 역할의 확대

개혁·개방 시대에는 전과 다르게 사회(특히 기업)와 시장의 역할도 크게 확대되었다. 개인 소유제와 시장경제가 도입되고, 경제적 대외 개방이 확대되면서 국가의 직접적인 통제를 받지 않는 사회 세력이 증가한 결과다. 외자기업(外資企業)과 사영기업(私營企業)의 발전이 대표적인 사례다. 특히 1990년대 후반 이후 정보통신기술(ICT)의 발전을 기반으로 수많은 민영 벤처기업이 설립되어 세계적인 기업으로 성장했다. 이제 우리에게도 친숙한 이름이 된 화웨이(華爲, Huawei), 알리바바(阿里巴巴, Alibaba), 텐센트(騰訊, Tencent), 바이두(百度, Baidu), 샤오미(小米, Xiaomi), 징둥(京東, Jingdong) 등이 대표적이다.

개혁·개방 시대에 비정부조직(NGO), 중국식으로는 사회조직(社會組織, social organization)이 급속히 증가한 것도 마찬가지다. 이들은 비록 다른 사회주의 국가에서 그랬던 것처럼 강력한 시민사회(civil society)로 성장하여 공산당 일당 체제에 대항할 정도는 아니었지만, 중국의 기층 거버넌스(governance, 治理)에서 국가와 함께 일익을 담당하는 중요한 세력으로 성장한 것은 분명한 사실이다. 예를 들어, 사회조직은 대도시에서 국가를 대신하여 양로와 육아 등 각종 사회복지 서비스를 제공하는 데 큰 역할을 담당하고 있다. 그러나 당-국가 체제라는 말은 이와 같은 국가와 사회의 등장과 발전을 제대로 포괄하지 못하는 한계가 있다.

| 당-국가 체제의 근본적인 한계?

그런데 당-국가 체제는 마오쩌둥 시대에도 중국의 정치 체제를 표현하는 말로 적절하지 않다는 지적이 있다. 마오 시대에도 공산당과 국가는 개념적으로만이 아니라 실제로도 분명히 구분되었기 때문이다. 예를 들어, 공산당 조직은 예나 지금이나 국가기관과 분리되어 존재한다. 또한 공산당과 국가는 서로 다른 유형의 정치조직으로, 다른 논리로 운영되고 발전한다. 특히 공산당은 항일전쟁(1937~1945년)과 국공내전(1945~1949년)을 거치면서 과도하게 팽창하여 1949년 이후에는 국가 건설을 방해하는 최대 장애물로 등장했다. 문화대혁명 때 공산당이 국가기관을 대체한 사실은 이를 잘 보여준다. 그런데 당–국가 체제라는 말은 이 문제를 무시하거나 당연시하여 공산당에 면죄부를 준다.[13]

비슷하게 당–국가 체제라는 말은, "레닌주의 체제에서 당과 국가 관계 간의 역동성과 복잡성을 포착하기에는 너무 단순하다." 공산당이 국가를 통제하는 것은 맞지만, 이 두 조직은 엄연히 다른 정치조직으로, 비슷한 사회주의 국가에서도 다양한 모습을 보여주기 때문이다. 예를 들어, 소련에서도 특정한 시기에는 공산당이 아니라 국가의 역할이 확대되면서 국가가 공산당을 무기력하게 만들기도 했다. 따라서 당–국가 체제라는 말로 성격이 다른 두 조직을 묶어서 보고, 국가의 역할 대신에 공산당의 역할만을 강조하는 것은 타당하지 않다.[14]

(3) '새로운 판본'의 당-국가 체제

그렇다면 당–국가 체제라는 말을 폐기해야 할까? 그럴 필요는 없다. 대신 그것을 정교하게 다듬어 재활용하면 된다. 방법은 '분해'와 '재결합'이다. 먼저 '당'과 '국가'를 분해해서 더 정교한 개념으로 만들어야 한다. '공산당 영도 체제'와 '국가 헌정 체제'가 바로 그것이다. 다음으로 재결합이다. 즉 당–국가 체제는 '공산당 영도 체제'와 '국가 헌정 체제'가 결합한 정치 체제로, 실제 정치 과정에서

〈그림 1-1〉 '새로운 판본'의 당-국가 체제

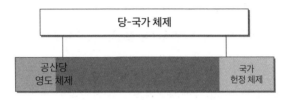

〈그림 1-1〉 '새로운 판본'의 당-국가 체제

자료: 필자 작성

'공산당 영도 체제'가 '국가 헌정 체제'를 영도할 뿐만 아니라 종종 그것을 대체하는 권위주의 체제다. 〈그림 1-1〉은 이를 표현한 것이다.

| 공산당 영도 체제

내가 이 책에서 사용하는 공산당 영도 체제(領導體制, leadership system)라는 말은 '〈공산당 장정(章程)〉과 당내법규(法規)에 근거하여 구성되고 운영되는 정치 체제'를 가리킨다. 간단하게는 '〈당장(黨章)〉에 근거한 정치 체제'라고 부를 수 있다. 참고로 〈공산당 장정〉은 〈당장(黨章)〉, 당내법규는 당규(黨規)로 줄여서 부른다. 공산당 영도 체제는 우리가 흔히 공산당 일당 체제라고 부르는 개념과 비슷하다고 보면 된다. 다만 학술적인 목적을 위해 그것을 더욱 엄밀하게 정의한 것이 공산당 영도 체제다.

국가에 〈헌법(憲法)〉이 있듯이, 공산당에는 '당의 헌법(黨憲)'인

〈당장〉이 있다. 〈당장〉은 엄밀히 말하면 공산당 조직과 당원에게만 적용되는 법규일 뿐이지만, 실제로는 〈헌법〉과 동등하거나 〈헌법〉보다 더 높은 정치적 권위가 있는 최고의 법규 중 하나다.[15] 중국에서는 공산당이 국가보다 더욱 큰 정치적 권위가 있듯이, 공산당 조직과 당원에게는 〈당장〉이 〈헌법〉보다 더 큰 권위가 있기 때문이다.

단적으로 법률과 당규를 적용할 때, 공산당 간부에게는 〈당장〉이 〈헌법〉에 우선한다. 예를 들어, 고위 당정간부가 부패 혐의로 체포되면, 〈당장〉에 따라 당적이 박탈된 이후에 인민검찰원에 송치되어 기소된다. 이처럼 공산당 간부는 법률과 당규를 적용할 때, '선(先) 당내 처리, 후(後) 사법 처리'의 원칙에 따른다. 다른 경우도 마찬가지다. 결국 '공산당의 국가'인 중국에서는 공산당 영도 체제가 중심이 될 수밖에 없다.

단 여기서 주의할 점이 있다. 중국에서는 "당 중앙의 영도(領導) 하에 일치단결하자!"나, "당서기의 영도하에 주어진 임무를 철저히 완수하자!"처럼 '영도'를 일상적인 정치 용어로 사용한다. 이런 일상적인 용법에 따르면, 공산당 영도 체제를 '공산당이 영도하는 정치 체제'로 규정할 수 있다. 이는 틀린 규정은 아니지만, 그렇다고 학술적인 의미로 사용할 수 있을 정도로 엄밀한 규정도 아니다. 일상 용어는 그냥 일상 용어일 뿐이다. 대신 나는 공산당 영도 체제를 '〈당장〉과 당규에 근거하여 구성되고 운영되는 정치 체제'라고 명확히 정의하고, 이런 의미로만 사용하려고 한다.

| 국가 헌정 체제

반면 내가 말하는 국가 헌정 체제(憲政體制, political system of constitution)는 '〈헌법〉과 법률에 근거하여 구성되고 운영되는 정치 체제'를 가리킨다.[16] 간단하게 '〈헌법〉에 근거한 정치 체제'라고 말할 수 있다. 중국의 정치학 교과서가 설명하는 정치 체제가 바로 국가 헌정 체제라고 할 수 있다. 이런 중국의 정치학 교과서는 〈헌법〉과 법률에 규정된 정치 체제를 현실에서 실제로 운영되는 정치 체제처럼 설명한다. 물론 이는 전혀 사실이 아니다.

구체적으로 살펴보자. 마오쩌둥 시대, 특히 1958년에 대약진운동(大躍進運動)이 시작된 이후에는 현실 정치에서 〈헌법〉의 의미가 사실상 사라졌다. 마오 본인을 포함하여 정치 지도자 그 누구도 〈헌법〉을 제대로 준수하지 않았기 때문이다. 문화대혁명 시기(1966~1976년)는 말할 필요도 없다. 따라서 마오 시대에 국가 헌정 체제를 말하는 것은 어불성설(語不成說)이다. 다시 말해, 당시에는 공산당 영도 체제는 있었어도 국가 헌정 체제는 존재하지 않았다.

그러나 개혁·개방 시대에는 달라졌다. 특히 1997년 공산당 15차 당대회에서 의법치국(依法治國: 법률에 근거한 국가통치)이 정치 방침으로 확정되면서, 또한 그 후에 〈헌법〉과 〈당장〉에 의법치국과 의법집권(依法執政: 법률과 당규에 근거한 집권)이 삽입되어 국가 및 공산당의 통치 원칙으로 확정되면서, 〈헌법〉은 실제 정치 과정에서 중요한 의미를 갖는 규범(norm)으로 등장했다. 따라서 최소한 개혁·개방 시대, 특히 1990년대 후반기 이후에는 국가 헌정 체제가 존재할 뿐만 아니라 정치적으로도 의미가 있다고 말할 수 있다.

여기서 주의할 점이 있다. 내가 사용하는 '헌정 체제'를 '입헌주의(立憲主義, constitutionalism)' 또는 '헌법 체제(constitutional regime)'와 혼동하면 안 된다. 입헌주의는 국가가 헌법에 따라 운영되는 정치 체제를 말하는데, 최소한 두 가지 조건을 만족해야만 입헌주의라고 부를 수 있다. 첫째는 헌법에 근거한 국가 권력의 제한이다. 이런 면에서 입헌주의는 법치(法治, rule of law)와 통한다. 둘째는 개인 자유와 권리의 확고한 보장이다. 그래서 자유주의(liberalism)의 양대 원리를 개인 자유 최우선과 법치라고 말할 때, 입헌주의는 국가 통치에서 자유주의를 실현하기 위해 헌법에 근거하여 정치 체제를 구성하고 운영하는 원리를 말한다. 따라서 공산당 통치 체제는 입헌주의와는 거리가 멀어도 한참 멀다.

그런데 중국학자들은 입헌주의를 '헌정(憲政)'으로 번역하기 때문에, 만약 중국학계의 용법을 가지고 내가 말하는 '헌정 체제'를 해석하면 문제가 생길 수 있다. 다만 중국학자들도 '헌정'을 입헌주의의 의미로 사용한다. 예를 들어, "헌정은 민주정치를 전제로 국가 권력을 제한하려는 시도" 또는 "정부 권력을 제한하여 시민의 기본 인권을 보호하려는 시도"로 이해한다. 따라서 "헌정의 주요 구성 요소는 법치·민주·인권·권력분립"이다.[17] 바로 우리가 말하는 입헌주의 내용 그대로다. 다시 말하지만, 내가 사용하는 '헌정 체제'는 〈헌법〉에 근거한 정치 체제'를 가리키지, 입헌주의를 가리키지 않는다. 중국에는 '헌정 체제'는 있지만, 입헌주의는 아직 없다. 중국에서 입헌주의가 존재하려면 정치적 민주화가 달성되어 공산당 영도 체제가 끝나야만 한다.

| 두 가지 체제의 관계: 공산당 영도 체제의 주도

중국의 당-국가 체제에서 공산당 영도 체제와 국가 헌정 체제가 상호작용하면서 활동하는 모습을 보면, 주도권은 당연히 전자에 있다. 즉 실제 정치 과정에서 공산당 영도 체제가 국가 헌정 체제를 영도할 뿐만 아니라 종종 대체하기도 한다. 〈그림 1-1〉에서 교집합으로 검게 표시된 부분이 바로 공산당 영도 체제가 국가 헌정 체제를 영도 및 대체하는 영역을 가리킨다. 그래서 당-국가 체제를 그냥 '공산당 영도 체제'라고 불러도 큰 문제가 없다. 이는 마오쩌둥 시대와 개혁·개방 시대에 모두 해당한다.

동시에 공산당 영도 체제와 국가 헌정 체제 간의 관계 또는 두 가지 체제의 결합 상황은 마오쩌둥 시대와 개혁·개방 시대 내에서도 특정한 상황과 조건에 따라서 얼마든지 달라질 수 있다. 다른 식으로 표현하면, 두 체제 간의 교집합 크기는 상황과 조건에 따라 달라진다. 예를 들어, 마오 시대 가운데 1949년 중국 건국에서

1956년 공산당 8차 당대회까지는 〈그림 1-1〉과 비슷한 모양의 당-국가 체제가 유지되었다. 공산당 영도 체제가 국가 헌정 체제를 영도했지만, 국가 헌정 체제의 고유한 영역은 여전히 남아있었다.

그런데 1958년에 대약진운동이 시작되면서 공산당 영도 체제가 국가 헌정 체제를 단순히 영도한 것이 아니라 대체하기 시작했고, 그 결과 국가 헌정 체제의 고유한 영역은 대폭 축소되었다. 급기야 1966년에 문화대혁명이 시작되면서 국가 헌정 체제의 영역은 사실상 사라졌다. 즉 당시에는 공산당 영도 체제가 곧 당-국가 체제였다. 반면 개혁·개방 시대에는 국가 헌정 체제의 영역이 점차로 확대되면서 1958년 이전의 모습을 회복했을 뿐만 아니라, 시간이 가면서 그 이상으로 확대되었다. 이에 대해서는 뒤에서 다시 살펴볼 것이다.

2. '공산당 영도 체제'와 '국가 헌정 체제'

이제 〈당장〉과 〈헌법〉에 근거하여 공산당 영도 체제와 국가 헌정 체제를 조금 더 자세히 살펴보자. 동시에 두 체제 간의 역동적인 상호 관계에 대해서도 세밀히 살펴보자.

(1) 공산당 영도 체제: 〈당장〉에 근거한 정치 체제

〈당장〉에 따르면, 공산당은 "중국 특색 사회주의 사업의 영도 핵심(領導核心)"이다. 또한 〈헌법〉에 따르면, "공산당 영도는 중국 특색 사회주의의 가장 본질적인 특징이다." 이 두 가지 규정은 공통으로 공산당이 단순히 '집권당'이 아니라 '영도당'임을 강조한다. 이는 민주주의 국가의 집권 여당에서는 발견할 수 없는 공산당만의 특징이다. 당연히 북한, 베트남, 쿠바의 정치 체제도 이런 특징을 가지고 있다. 공산당이 있고, 이들 공산당은 사회주의, 궁극적으로는 공산주의의 실현을 추구하는 영도당이라고 주장하기 때문이다.

│ 집권과 영도: '집권당'이면서 동시에 '영도당'인 공산당

여기서 우리는 '집권(執政, ruling country)'과 '영도(領導, leadership)'의 차이, 그리고 이 용어를 사용하여 만든 '집권당(執政黨, ruling party)'과 '영도당(領導黨, leading party)'의 차이를 정확히 이해해야 한다. 모두 중국에서 사용하는 정치 용어인데, 공산당 영도 체제를 이해하기 위해서는 이 두 가지 개념의 차이를 정확히 이해하는 것이 매우 중요하기 때문이다.

참고로 중국에서는 우리가 사용하는 '집권(執權)'이라는 말 대신에 '집정(執政)'이라는 말을 쓴다. 실제 의미는 두 용어가 거의 같다. 그래서 이 책에서는 '집정'을 우리에게 익숙한 '집권'으로 통일해서

쓰고, 대신 괄호 안에 중국어를 넣는 식으로 표기하겠다. 또한 중국에는 '지도(指導, guide/direct)'라는 말이 있다. '지도'는 '영도'처럼 정치 용어로 사용되지만, 공산당의 지위를 가리키는 용어로는 사용되지 않는다. 단적으로 공산당을 '지도당(指導黨)'이라고 부르지는 않는다. 그런데 '영도'를 우리말로 번역하면 '지도'가 되고, '영도당'은 '지도당'이 된다. 이럴 경우는 중국어 '지도'와 혼동될 수 있다. 그래서 이 책에서는 '영도'와 '영도당'을 '지도'와 '지도당'으로 번역하지 않고, 중국어 그대로 '영도'와 '영도당'이라고 쓰겠다. 이렇게 해도 뜻이 통할 뿐만 아니라, 원래 의미를 더 정확하게 전달할 수 있기 때문이다.

다시 '집권'과 '영도'로 돌아가자. 중국에서 '집권(執政)'은 "공산당이 국가 권력기관에 진입하고, 공산당 대표들이 국가 권력기관을 장악하여 공공사무를 관리하는 제반 활동"을 가리킨다. 즉 '집권'은 공산당이 정치권력을 장악하여 국가를 통치하는 행위를 말한다. 한국이나 미국에서 집권 여당(governing party)이라고 말할 때의 집권(governing/government)과 같은 의미다. 다만 공산당은 혁명을 통해 정권을 장악한 이후 지금까지 '유일한 집권당'으로 남아있다는 점에서 자유경쟁 선거를 통해 권력을 장악하여 국가를 통치하는 민주주의 국가의 집권 여당과는 다르다.

반면 '영도'는 "공산당이 사회 전체 영역에서 인민의 공동이익을 실현할 가치·노선·정책을 제시하고, 사회와 인민을 조직하고 인도하여, 공산당이 제시한 올바른 가치·노선·정책을 실현하기 위해 노력하는 제반 활동"을 가리킨다.[18] 달리 표현하면, '영도'는 "공산당이 주장하는 가치와 노선의 타당성, 공산당에 대한 인민의 정치적 신뢰에 기초하여, 국가와 사회의 전체 영역과 모든 곳에서 사회와 인민을 인도하는 활동"을 의미한다.[19] 한국이나 미국의 집권 여당은 선거에 승리하여 정치권력을 장악하여 국가를 통치하기는 해도, 정치·경제·사회·문화 등 전 영역에서 사회와 국민을 특정한 방향으로 인도하지는 않는다. 즉 '집권 여당'이기는 해도 '영도당'은 아니다. 반면 공산당은 그렇다. 그래서 공산당은 '집권당'이면서 동시에 '영도당' 또는 '영도 지위의 집권당'이라고 말한다.[20]

이것을 표현한 것이 〈그림 1-2〉다. 공산당은 기울어진 삼각형

〈그림 1-2〉 공산당-국가-사회(인민) 간의 정치적 삼각관계

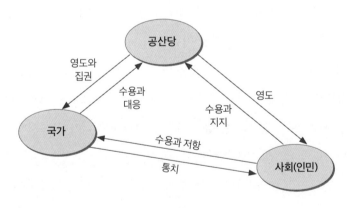

자료: 필자 작성

모양의 당-국가-사회(인민) 간의 정치적 삼각관계에서 정점에 위치한다. 공산당은 이 정점에서 국가에 대해서는 '영도와 집권', 사회(인민)에 대해서는 '영도'를 실행한다. 반면 국가는 공산당의 '영도와 집권'에 대해 한편에서는 '수용'하고, 다른 한편에서는 '대응'한다. 여기서 '대응'은 협력과 경쟁의 요소를 포함하는 상호작용을 뜻한다. 개혁·개방 시대에는 국가도 자신의 고유한 영역이 있고, 그런 영역에서는 자율성을 갖고 활동할 수 있다. 이런 상황에서 국가는 자신의 영역을 확대하기 위해 공산당과 일종의 밀고 당기는 협상과 타협을 벌인다. 그것을 '대응'이라고 표현한 것이다.

한편 사회(인민)는 공산당의 '영도'에 대해 '수용과 지지'를 보낼수 있을 뿐이다. 공산당 일당 체제에서 사회(인민)가 공산당의 '영도'를 거부하거나 그에 저항할 수는 없기 때문이다. 민주주의 국가에서라면 선거와 시위 등을 통해 그렇게 할 수 있지만 말이다. 마지막으로 국가는 사회(인민)를 '통치'한다. 이에 대해 사회(인민)는 한편에서는 '수용'하고, 다른 한편에서는 '저항'한다. 사회(인민)는 공산당에는 저항할 수 없지만, 국가에는 상황과 조건에 따라서 저항할 수있다. 〈헌법〉과 법률이 그것을 어느 정도 허용하기 때문이다.

공산당이 가지는 이런 특징, 즉 '집권당'이면서 동시에 '영도당'이라는 특징으로 인해 우리는 공산당을 미국의 민주당(Democratic Party)이나 공화당(Republic Party)처럼 이해해서는 안 된다. 앞에서 말했듯이, 미국의 민주당이나 공화당은 선거에서 승리하여 국가를 통치하는 '집권 여당'이 될 수는 있어도, 사회와 국민을 특정한 방향으로 인도하는 '영도당'은 될 수 없다. 반면 공산당은 '집권당'이면서 동시에 '영도당'이다. 공산당이 이럴 수 있는 이유는, 무력 혁명을 통해 정치권력을 장악하여 국가를 통치(즉 '집권')할 뿐만 아니라, 동시에 사회주의(궁극적으로는 공산주의)를 실현하기 위해 사회와 인민을 인도하는 활동(즉 '영도')을 전개하기 때문이다.

공산당은 처음부터 단순히 정치권력을 장악하여 국가를 통치할 목적, 즉 '집권당'이 될 목적으로 결성된 정치조직이 아니다. 만약 '집권당'이 목적이었다면, 공산당은 다른 권위주의 국가에서 쿠데타를 통해 정권을 장악한 군부 세력과 차이가 없을 것이다. 대신 공산당의 목적은 '사회주의 혁명'이고, 정치권력의 장악과 국가통치(즉 '집권')는 그런 목적('사회주의 혁명')을 달성하기 위한 수단에 불과하다. 실제 결과야 어떻든, 즉 그것이 '혁명'을 위한 집권인지, 아니면 '권력 장악' 그 자체(즉 집권)를 위한 집권인지 결과적으로는 명확하지 않을 수 있지만, 공산당의 출발점은 최소한 이렇다.

따라서 공산당은 '정치혁명'에 성공하여 '집권당'이 된 이후에도 멈추지 않고 다음 단계로 계속 나가야 한다. 착취 계급을 타도하고 구체제를 타파하여 평등 사회를 실현하는 '사회혁명', 개인 소유제와 시장경제를 폐지하고 사회적 소유제(국유제)와 계획경제를 수립하는 '경제혁명', 인민을 '공산주의형 인간'으로 다시 태어날 수 있도록 개조하는 '문화혁명' 혹은 '정신혁명'이 바로 그것이다. 이처럼 사회주의, 궁극적으로는 공산주의를 실현하기 위해 분투하는 것이 공산당의 운명이고, 이로 인해 공산당은 '집권당'에 머물지 않고 '영도당'이 되어야만 한다. 실제로 이렇게 되는지와 상관없이, 공산당은 이렇다고 주장한다. 그래서 공산당은 '집권당'이면서 동시에 '영도당'이라는 것이다.

공산당의 영도는 모든 분야에 적용되므로 '공산당의 전면 영도(黨的全面領導)'라고 부른다. 다만 그중에서도 '정치영도, 조직영도, 사상영도'가 영도의 핵심 내용을 구성한다. '정치영도'는 공산당이 국가와 사회에 필요한 법률제도를 수립하고, 국가의 국정 목표·방침·정책을 제정하며, 국가와 사회를 총괄하여 조정 및 통제하는 활동을 말한다. 정치영도는 우리가 말하는 집권과 비슷한 의미다. 반면 '조직영도'는 공산당이 국가기관과 사회조직에 당 조직을 설립하여 '영도 핵심' 역할을 담당하도록 만들고, 동시에 이들 기관과 조직에 당 간부를 추천함으로써 국가 및 사회 권력을 장악하는 활동을 말한다. 마지막으로 '사상영도'는 공산당이 사회주의 이념을 국가와 사회의 주류 이데올로기로 확립하고, 국가와 사회와 인민이 이에 기초하여 공산당의 주장과 노선에 따라 행동하도록 만드는 활동을 말한다.[21]

| 공산당의 '영도'와 '절대영도'

〈당장〉과 당규를 기초로 공산당 영도 체제를 표시한 것이 〈그림

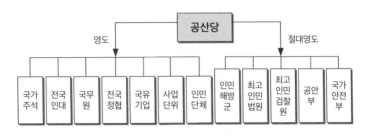

〈그림 1-3〉 공산당 영도 체제: 공산당의 '영도'와 '절대영도'

자료: 〈당장〉과 당규에 근거하여 필자가 작성

1–3〉이다. 이 그림의 왼쪽이 보여주듯이, 공산당은 모든 국가기관과 사회조직에 대해 '영도'를 실행한다. 반면 그림의 오른쪽, 즉 인민해방군(인민 무장경찰 부대와 민병 포함), 최고인민법원, 최고인민검찰원, 국무원의 공안부와 국가안전부 등에 대해서는 '절대영도'를 실행한다.

이처럼 〈당장〉과 당규에서 공산당이 '절대영도'를 실행한다고 명시적으로 규정한 대상은 두 가지다. 첫째는 '무장 역량', 즉 인민해방군, 인민 무장경찰 부대, 민병(民兵)이다. 둘째는 '정법기관', 즉 국무원 공안부와 국가안전부, 최고인민법원, 최고인민검찰원 등이다.

구체적으로 〈당장〉에 따르면, "공산당은 인민해방군과 기타 인민 무장 역량에 대해서는 절대영도를 견지한다." 이처럼 공산당은 '무장 역량(군사력)'에 대해서만은 〈당장〉에서 '절대영도'라는 표현을 사용하여 공산당의 절대적인 지배와 군대의 절대적인 복종을 강조한다. 절대영도의 의미는, "공산당만이 군사력을 배타적으로 독점하고, 다른 국가기관이나 사회 세력의 간섭 없이 독립적으로 군대를 지휘할 수 있다"라는 것이다.[22] '절대영도'를 강조하는 이유는, 군대가 "중앙의 권위를 유지하고, 공산당의 영도 지위를 유지하며, 국가 통일과 민족 단결을 유지하는 데 중요한 역량"이기 때문이다.[23]

그런데 2019년 1월에 〈공산당 정법 공작조례〉가 발효되면서 공산당의 '절대영도'를 적용하는 대상이 하나 더 추가되었다. 바로 '정법단위(政法單位)'다.[24] 이 〈조례〉에 따르면, 정법단위는 "심판기관(법원-인용자), 검찰기관(검찰-인용자), 공안기관(경찰-인용자), 국가 안전기관(정보기관-인용자), 사법행정 기관(교도소-인용자) 등을 포함"한다. 즉 〈그림 1-3〉의 오른편에서 인민해방군을 제외한 국가기관을 가리킨다. 또한 〈정법 공작조례〉는 정법 공작의 첫 번째 원칙으로 "공산당의 절대영도를 견지하고, 공산당의 영도를 정법 공작의 각 방면과 전체 과정에 관철한다"를 들고 있다.[25]

이는 공산당 영도 체제를 유지하기 위해 공산당이 군대만큼 정법기관을 중요하게 생각한다는 사실을 보여준다. 실제로 시진핑 총서기는 2014년 중앙 정법 공작회의에서 정법기관에 대한 공산당의 '절대영도'를 강조했다. "정법 전선(戰線)은 깃발(旗幟) 선명하게 공산당 영도를 굳세게 받들고, 깃발을 높이 들고 당의 지휘를 들으며, 사명에 충성해야 한다"라는 것이다. 또한 2015년 같은 회의에서 시진핑은 강조했다. "칼자루(刀把子: 정법기관-인용자)가 공산당과 인민의 수중에 확실히 장악되도록 보장해야 한다."[26]

이처럼 시진핑은 '칼자루'인 정법기관이 '총자루(槍桿子)'인 군대와 함께 공산당 영도 체제를 유지하는 양대 지주임을 강조한다. 그래서 군대에 대해 '절대영도'를 실행하듯이, 정법기관에 대해서도 '절대영도'를 실행한다. 결국 군사력(무력)과 공권력(정법기관)은 공산당 영도 체제를 지탱하는 가장 확실한 두 개의 기둥이다. 이처럼 정법기관에 대해서도 '절대영도'를 규정한 것은, 시진핑 시기에 들어 공산당이 전면 영도 원칙을 천명하면서 새롭게 나타난 현상이다.

(2) 국가 헌정 체제: 〈헌법〉에 근거한 정치 체제

중국의 〈헌법〉은 민주집중제(民主集中制, democratic centralism)를 국가 정치 체제의 구성 원칙이라고 규정한다. 이에 따르면, "국가 행정기관, 감찰기관(감독기관─인용자), 심판기관, 검찰기관은 인민대표대회가 구성하고, 그에 책임지고, 그 감독을 받는다."[27] 이처럼 중앙 단위를 사례로 말하면, 국가 주석, 국무원, 최고인민법원, 최고인민검찰원, '국가' 중앙군위, 국가감찰위원회(國家監察委員會/국감위)는 전국인민대표대회(全國人大/전국인대)가 구성하고 감독한다. 다른 기관, 즉 전국정협, 국유기업, 공공기관(사업단위), 인민단체는 전국인대가 구성하지는 않지만, 감독은 한다. 이는 지방에도 그대로 적용된다.

〈그림 1-4〉는 국가 헌정 체제를 표시한 것이다.

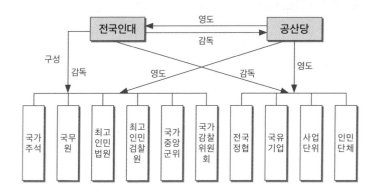

〈그림 1-4〉 국가 헌정 체제: 전국인대의 '구성'과 '감독'

자료: 〈헌법〉과 법률에 근거하여 필자가 작성

〈그림 1-4〉의 오른편 기관과 공산당이 전국인대의 감독, 특히 법률 감독을 받는다는 규정은 〈헌법〉 제5조가 규정한 '의법치국(依法治國: 법률에 근거한 국가통치)' 원칙에 따른 것이다.

"중화인민공화국은 의법치국을 실행하여 사회주의 법치국가를 건설한다. [중략]

모든 국가기관과 무장 역량, 각 정당과 사회단체, 각 기업과 사업단위는 모두 반드시 헌법과 법률을 준수해야 한다. 헌법과 법률을 위반하는 일체 행위는 반드시 추징(追究)한다. 어떤 조직 혹은 개인도 모두 헌법과 법률을 넘어서는 특권을 가질 수 없다."

이 원칙에 따르면, 공산당을 포함한 모든 정당과 조직은 헌법과 법률을 준수해야 한다. 또한 전국인대는 단순한 입법기관이 아니라 '최고 국가 권력기관'(《헌법》 제57조)으로 입법권, 감독권, 정책 결정권, 인사권을 행사한다(《헌법》 제62조). 전국인대의 감독권에는 당연히 모든 정당과 조직의 헌법 및 법률 준수 여부에 대한 감독 권한이 포함된다. 실제로 〈헌법〉에 따르며, 전국인대 상무위원회는 일상적으로 감독권을 행사할 수 있는 권한을 가지고 있다. 따라서 이들에 대해 전국인대가 감독, 특히 법률 감독을 실행할 수 있다.[28]

| 전국인대와 공산당 간의 복잡한 관계: '감독'과 '영도'

그러나 주의할 점이 있다. 전국인대와 공산당 간의 관계가 그것이다. 이들은 '감독'과 '영도'의 복합적인 관계에 놓여있다. 이미 앞에서 말했듯이, 〈당장〉뿐만 아니라 〈헌법〉에도 공산당 영도 원칙이 명시되어 있다. 따라서 공산당은 합법적으로 전국인대를 영도할 수 있고, 전국인대는 그것을 수용해야만 한다. 방법은 전국인대 내에 조직된 공산당 영도기관인 당조(黨組)를 통해서다. 법률적으로만 보면, 전국인대는 공산당 중앙의 하부 기관이 아니라서 공산당의 지시를 따를 필요가 없다. 그러나 전국인대 당조는 공산당 중앙의 '파견기관'으로, 공산당 중앙의 지시에 복종해야만 한다. 이런 방식으로 공산당은 전국인대를 영도한다.

마오쩌둥 시대의 〈헌법〉(1975년 제정)에는 공산당이 전국인대를 영도한다는 사실을 아주 적나라하게 표현했다. 당시 〈헌법〉에 따르면, "전국인대는 공산당 영도 아래의 최고 권력기관"이다. 이는 말이 안 되는 규정이다. 전국인대가 '최고 권력기관'인데, 그 위에 다른 최고 권력기관, 즉 공산당이 있다는 말이기 때문이다. 또한 당시에는 전국인대 대표를 선거가 아니라 '민주협상(民主協商)'과 '특별 초청(特邀)' 방식으로 뽑았다. 실제로는 공산당이 선발해서 보냈다. 따라서 전국인대는 인민에 의해 선출되는 '인민의 대표기관'이 아니라, 공산당 중앙에 의해 구성되는 '공산당의 하부 기관'으로 전락했다.[29] 물론 1982년에 〈헌법〉이 수정되면서 이 문장은 삭제되었다.

(3) 두 가지 체제 간의 관계: 수용과 갈등

그렇다면 중국의 당-국가 체제에서 공산당 영도 체제와 국가 헌정 체제는 조화롭게 잘 작동하고 있을까? 그렇지 않다. 당-국가 체제는 국가 헌정 체제가 아니라 공산당 영도 체제가 주도하는 권위주의 정치 체제다. 다른 식으로 말하면, 공산당 영도 체제가 국가 헌정 체제를 영도하고, 상황에 따라서는 그것을 대체하는 공산당 주도의 정치 체제다. 그 결과 국가 헌정 체제는 공산당 영도 체제와 부합하는 경우는 잘 작동하지만, 그렇지 않은 경우는 잘 작동하지 않는다. 즉 두 체제가 괴리될 경우, 국가 헌정 체제는 유명무실한 존재로 전락한다. 중국의 당-국가 체제가 권위주의 체제인 이유는 바로 이 때문이다.

결국 중국의 당-국가 체제에서 국가 헌정 체제는 공산당 영도 체제에 대해 '마땅히 그렇게 해야만 한다'라는 규범으로서의 제약(restriction as norm)을 행사할 수 있을 뿐이다. 중국의 인권 운동가나 사회 활동가들이 〈헌법〉과 법률의 규정을 근거로 공산당과 정부의 불법(不法)·위법(違法)·탈법(脫法) 행위에 맞서 투쟁하는 현상은 이런 상황을 잘 보여준다. 또한 일반 국민이 〈헌법〉과 법률을 근거로 자신의 권익을 지키기 위해 정부의 부당한 처사에 맞서 싸우는 현상도 이런 상황을 잘 보여준다. 국가 헌정 체제가 사실상 없었던 마오쩌둥 시대와 비교할 때, 이는 분명한 진보요 발전이라고 평가할 수 있다.

그러나 현재의 당-국가 체제에서 국가 헌정 체제는 공산당 영도 체제를 복종시킬 수 있는 법적 구속력(legal-binding power) 또는 실제적 권력(actual power)을 아직 갖고 있지 못하다. 인권 운동가와 사회 활동가들이 〈헌법〉과 법률을 기반으로 공산당과 정부에 맞서지만 끝내는 공산당의 탄압을 받아 구속되는 일이 자주 발생하는 냉정한 현실은 국가 헌정 체제의 한계를 여실히 보여준다. 일반 국민이 〈헌법〉과 법률에 근거하여 정부에 맞서다가 번번이 좌절하고 실망하는 냉혹한 현실도 마찬가지다. 그래서 당-국가 체제를 그냥 '공산당 영도 체제'라고 불러도 큰 문제가 없다고 말한 것이다. 중국에서 정치적 민주화가 진행되어 공산당 영도 체제가 해체되기 전까지는 이런 상황이 계속될 것이다.

| 공산당 영도 체제와 국가 헌정 체제 간의 갈등

중국의 당-국가 체제에서 공산당 영도 체제와 국가 헌정 체제가 괴리되고 갈등을 일으키는 현상은 현실 정치 과정에서 흔하게 발견할 수 있다. 예를 들어, 지금까지 전국인대가 공산당을 상대로 법률 감독을 집행한 적은 단 한 번도 없다. 심지어 〈행정소송법〉에서도 공산당은 행정소송의 대상이 아니다. 그래서 국민은 정부의 잘못된 정책이나 행위, 공무원의 위법 행위에 대해서는 행정소송을 제기할 수 있지만, 공산당이 결정한 방침과 정책에 대해서는 행정소송을 제기할 수 없다. 그런데 현실적으로 볼 때, 정부의 주요 정책 중에서 공산당이 사전에 결정하지 않은 것은 거의 없다. 따라서 정책 측면에서 정부의 잘못된 정책이나 위법 행위에 대한 책임은 당연히 공산당이 져야 한다. 그런데도 법률은 공산당에게 면죄부를 준다.

이처럼 〈행정소송법〉과 같은 국가 법률도 공산당을 처벌 대상에서 제외하고 있는 상황에서는 전국인대가 공산당을 상대로 법률 감독을 집행하기는 현실적으로 불가능하다. 그렇다고 공산당이 항상 〈헌법〉과 법률을 준수하면서 국가를 통치하는 것은 결코 아니다. 결국 〈헌법〉이 보장하는 전국인대의 감독권은 공산당 앞에서는 아무것도 벨 수 없는 '녹슨 칼'이자, 보기는 좋아도 실제로는 먹을 수 없는 '빛 좋은 개살구'일 뿐이다.

또한 〈헌법〉에 따르면, 전국인대는 국무원, 최고인민법원, 최고인민검찰원을 감독할 권한을 가질 뿐만 아니라, '국가' 중앙군위와 국가감찰위원회(국감위)도 감독할 권한이 있다. 실제로 국무원, 최고인민법원, 최고인민검찰원은 매년 전국인대 연례회의가 개최될 때 업무보고(工作報告)를 제출하고, 전국인대 대표들의 감독을 받는다. 최소한 형식적으로라도 그렇게 한다. 그런데 지금까지 '국가' 중앙군위와 국가감찰위원회가 전국인대에 업무보고를 제출하고 감독을 받은 적은 단 한 번도 없다. 왜 그럴까? 공산당 중앙의 감독이 전국인대 감독에 우선하고, 공산당 중앙의 감독을 받으면 전국인대의 감독을 받을 필요가 없다고 생각하기 때문이다.

중앙군위는 형식적으로 보면 '공산당' 중앙군위와 '국가' 중앙군위라는 두 개의 조직이다. 그러나 실제로는 한 개의 조직에 두 개의 이름을 붙인 것에 불과하다. 중국에서 인민해방군은 공산당의 군대이지 국가의 군대가 아니다. 그래도 법률적으로는 국가의 군대여야 하기에 '국가'라는 말을 붙인 것뿐이다. 공산당 중앙기위와 국가감찰위원회도 마찬가지다. 중앙기위는 공산당 감독기관이고, 국가감찰위원회는 국가 감찰기관으로 이름은 다르지만, 실제로는 한 개의 조직에 두 개의 이름을 붙인 것에 불과하다. 중앙군위나 중앙기위 같은 이런 형식의 기관을 중국에서는 '하나의 기구 두 개의 간판(一套機構 兩個牌子)' 조직 또는 '하나의 인원 두 개의 간판(一個

人馬 兩個牌子)' 조직이라고 부른다.

그래도 공산당 중앙기위는 5년에 한 번씩 공산당 당대회가 개최될 때 업무보고를 제출하고 당대회 대표들의 감독을 받는다. 중앙군위는 그것마저도 하지 않는다. 중앙군위는 주석 책임제(主席責任制)를 실행하는데, 군은 중앙군위 주석에만 책임을 지면 된다고 생각하는 모양이다. 사실 국무원도 총리 책임제를 실행하지만, 매년 전국인대에 업무보고를 제출하고 감독을 받는다. 어쨌든 국가감찰위원회는 중앙기위와 한 몸으로, 당내감독을 받는다는 구실로 〈헌법〉이 규정한 전국인대의 감독을 그냥 무시한다. 중앙군위는 이것저것 모두 무시하는 법률의 사각지대에 놓여있다. 이것이 현실이다.

| 개인 기본권의 충돌

그렇다면 국가 헌정 체제가 보장하는 개인의 기본권은 어떤가? 같은 신세다. 즉 국가 헌정 체제가 보장하는 개인의 기본권은 현실에서 공산당 영도 체제에 눌려 실제로는 보장받지 못한다는 것이다. 예를 들어, 〈헌법〉 제2장 '시민(公民)의 기본 권리와 의무'를 보면, "중국 시민은 언론·출판·집회·결사·시위의 자유를 갖는다." 또한 "중국 시민은 종교와 신앙의 자유를 갖는다." 문제는 동시에 제한 규정이 있다는 점이다. 즉 "시민은 자유와 권리를 행사할 때, 국가적·사회적·집단적 이익과 기타 시민의 합법적 자유와 권리에

손해를 끼칠 수 없다." 또한 "국가는 정상적인 종교 활동을 보호한다." 반대로 말하면 '비정상적인' 종교 활동은 보호하지 않는다.

여기서 '국가적·사회적·집단적 이익'과 '시민의 합법적인 자유와 권리'의 침해 여부, '정상적인 종교 활동' 여부를 누가 판단하는가가 중요하다. 한국과 같은 민주주의 국가에서는 법원이나 헌법재판소 같은 독립된 사법기관이 판단한다. 법률적으로만 보면, 중국에서도 전국인대 상무위원회가 최고 법률 해석권을 가지고 있다. 그러나 실제 상황을 보면, 전국인대가 아니라 공산당이 판단한다. 판단 기준은 간단하다. 어떤 행위가 공산당 영도 체제에 해악을 끼치지 않으면 허용하고, 조금이라도 해악을 끼치면 허용하지 않는다.

앞에서 말했듯이, 공산당과 그 당원에게는 〈헌법〉보다 〈당장〉이 우선한다. 그런데 〈당장〉과 〈공산당 기율 처분 조례〉라는 당규에 따르면, 공산당원은 무신론자여야 한다. 즉 사회주의와 공산주의에 대한 신앙과 신념 이외에 어떠한 종교적 신앙도 허용되지 않는다. 또한 〈공산당 조직처리 규정(시행)〉에 따르면, 영도간부가 종교 활동에 참여하면 정치 기율 위반으로 당적을 박탈당할 수 있다. 이처럼 개인 차원에서도 국가 헌정 체제는 공산당 영도 체제 앞에서 무기력하다. 역시 중국이 민주화되어 공산당 영도 체제가 해체되기 전까지는 이런 상황이 계속될 것이다.

3. 당-국가 체제의
세 가지 유형

앞에서 중국의 당-국가 체제를 구성하는 공산당 영도 체제와 국가 헌정 체제 간의 교집합 크기는 상황과 조건에 따라 달라진다고 말했다. 1949년 중국 건국 이후 지금까지 존재한 당-국가 체제는 세 가지 이상형(ideal type)으로 구분할 수 있다. 당-국가 체제는 국가 헌정 체제가 아니라 공산당 영도 체제가 주도하기 때문에 공산당 영도 체제를 중심으로 그 유형을 나눌 수 있다. 다시 말해, 이를 그냥 공산당 영도 체제의 세 가지 유형이라고도 부를 수 있다.

〈표 1-1〉은 이를 정리한 것이다.

〈표 1-1〉당-국가 체제의 세 가지 유형

	시기	당정관계	특징
통합형	1958~1976년	당정결합(黨政不分) (일원화 영도 체제)	• 공산당이 국가를 대체하는 체제 • 대약진운동과 문화대혁명을 위한 체제
분리형	1987년	당정분리(黨政分開) (이원화 영도 체제)	• 공산당과 국가의 직능분리 체제 • 미완의 개혁(실패한 시도)
절충형	1997년~현재	당정결합(黨政不分) (법제화 영도 체제)	• 공산당과 국가의 결합을 전제로 한 체제 • 의법치국과 의법집권 원칙의 실행 체제

자료: 필자 작성

(1) '통합형' 영도 체제: 마오쩌둥 시대의 당정결합 체제

첫째는 '통합형(unified-type)' 영도 체제다. 중국과 대만의 학계에서는 이를 '일원화(一元化, unific)' 영도 체제라고 부른다. 따라서 중국 전문가들에게는 일원화 영도 체제라는 말이 더 친숙할 것이다. 이것은 공산당 영도 체제가 국가 헌정 체제를 흡수 통합한 정치 체제, 공산당 영도 체제가 곧 당-국가 체제인 공산당 일당 체제를 가리킨다. 당정관계(黨政關係)의 관점에서 말하면, 공산당과 국가가 완전히 하나로 통합된 '당정결합(黨政不分)' 체제다. 시기적으로는 마오쩌둥 시대 중에서 1958년 대약진운동 이후 1976년 문화대혁명이 끝날 때까지 약 20년이 이에 해당한다.[30]

〈그림 1-5〉는 '통합형' 영도 체제를 표현한 것이다.

반면 1949년 중화인민공화국 건국부터 1956년 공산당 8차 당대회까지 7년 기간은 공산당 영도 체제 아래에서 국가 헌정 체제가 조금씩 틀을 잡아가는 과도기였다. 따라서 이 시기에는 아직 통합

〈그림 1-5〉 당-국가 체제 1: '통합형' 영도 체제

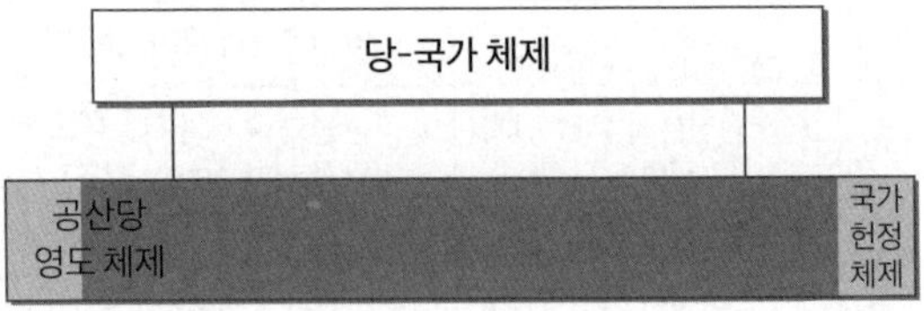

자료: 필자 작성

형 영도 체제가 등장했다고 말할 수 없다. 중국에서는 이 기간을 정치와 경제 등 모든 방면에서 커다란 발전을 이룩한 '황금 시기(黃金時期)'라고 부른다.

통합형 영도 체제에서는 국가 헌정 체제가 아예 없거나, 아주 좁은 공간에서만 겨우 생존할 수 있을 뿐이다. 다시 말해, 공산당 및 국가와 관련된 영역에서 공산당 영도 체제가 관철되는 것은 말할 필요도 없고, 경제와 사회의 개인 영역에서도 공산당 영도 체제가 지배하는 당-국가 체제가 바로 통합형 영도 체제다. 의식주 같은 개인의 일상생활, 교육·취업·이주·결혼·출산·취미 등 일반적으로 사생활(privacy)로 보호받아야 하는 영역에서조차 공산당 영도 체제가 침투해 지배한다는 것이다. 이런 상황에서는 '개인'은 없고, 오직 공산당·국가·민족·계급 등 '집단'만이 있을 뿐이다.

당시에는 이를 뒷받침하는 제도가 작동했다. 도시에서는 단위(單位, work-unit), 농촌에서는 인민공사(人民公社, people's commune)가 설립되었다. 단위와 인민공사는 경제조직이면서 동시에 정치조직으로, 공산당은 이를 이용하여 24시간 인민을 감시하고 통제할 수 있었다. 이런 상황에서는 최소한의 사적 공간(private zone), 개인이 공산당과 국가의 문제에 '무관심할 자유(freedom of indifference)'와 '무관심의 영역(zone of indifference)'조차 허용되지 않았다.[31] 문화대혁명 기간에 개인적으로는 정말로 하기 싫어도 살아남기 위해 어쩔 수 없이 정치집회에 참석해 당정간부를 비판해야만 했던 상황,

무미건조하고 따분한 정치 학습에 동원되어 『마오쩌둥 어록(語錄)』을 암기하고 복창해야만 했던 상황은 이를 잘 보여준다.

(2) '분리형' 영도 체제: 실패한 1987년 당정분리 체제

둘째는 '분리형(separated-type)' 영도 체제다. 중국과 대만의 학계에서는 이를 '이원화(二元化, dichotomous)' 영도 체제라고 부른다. 이 것은 공산당 영도 체제와 국가 헌정 체제가 거의 분리되어 운영되는 정치 체제, 다시 말해 전자가 후자를 영도 및 대체하는 영역이 거의 없거나 최소화되는 정치 체제를 말한다.

현실에서는 분리형 영도 체제가 실현된 적이 없었다. 다만 공산당이 이를 시도한 적은 있었다. 1987년 공산당 13차 당대회에서 제기된 '당정분리(黨政分開)' 개혁이 바로 그것이다.[32] 이는 공산당 총서기였던 자오쯔양(趙紫陽)이 덩샤오핑(鄧小平)의 지원 아래 작성한 혁신적인 정치개혁 방안이었다. 핵심은 법률과 제도에 근거하여 공

〈그림 1-6〉 당-국가 체제 2: '분리형' 영도 체제

자료: 필자 작성

산당과 국가기관 간의 직능(職能)을 분리하는 것이다. 물론 공산당 영도 체제를 부정하는 것은 결코 아니었다. 다만 당-국가 체제 내에서 국가 헌정 체제의 영역을 법률과 제도에 근거하여 대폭 확대하려고 시도한 것이었다. 〈그림 1-6〉은 이를 표시한 것이다.

먼저 국가 헌정 체제를 확대하기 위해 공산당과 국가기관 간의 인적 분리를 시도했다. 구체적으로 당정간부를 '정무류(政務類)' 공무원과 '업무류(業務類)' 공무원으로 나누고, 전자는 공산당이 관리하고, 후자는 정부가 관리하는 인사제도를 도입하려고 시도했다. 방식은 〈국가공무원법〉 제정을 통해서였다. 이렇게 하면, 공산당은 국가기관의 고위직인 '정무류' 공무원, 즉 영도간부만 관리하고, 나머지 '업무류' 공무원은 각 국가기관이나 정부의 인사부서가 관리하게 된다. 이 정책이 그대로 실현되면, 공산당만이 당정간부를 관리한다는 '당관간부(黨管幹部, party's cadre management)' 원칙이 일부 폐기된다.

또한 같은 목적에서 공산당과 국가기관 간의 조직적 결합을 해체하는 정책도 추진되었다. 첫째, 공산당 부서 중에서 정부 부서와 중복되는 부서를 폐지했다. 공산당 농업공작부와 교통운수부 등 경제 관련 부서는 1970년대 말에 이미 폐지되었다. 1987년에는 공산당 정법위원회(정법위)가 남아있었는데, 이 부서는 국무원의 공안부와 국가안전부, 최고인민법원/검찰원 등과 업무가 중복되었다. 그래서 정법위가 폐지되고, 대신 정법 영도소조가 설치되었다. 둘째, 공산당이 국가기관과 공공기관 등에 설치한 당조(黨組)가 점차로 폐지되었다. 셋째, 공산당이 공산당·정부·군의 각 기관과 부서를 통일적으로 지휘하는 '특별한' 영도조직인 영도소조(領導小組)도 점진적으로 폐지되었다. 당조와 영도소조가 존재하는 한 공산당과 국가 간의 조직적 결합은 청산될 수 없기 때문이다.

그러나 이 시도는 실패하고 말았다. 1989년 톈안먼(天安門) 민주화 운동과 1991년 소련 붕괴 이후, 권력 상실의 두려움을 느꼈던 공산당 지도부는 당정분리 개혁을 공식적으로 폐기했다.[33] 특히 정치개혁을 추진했던 자오쯔양 총서기가 톈안먼 민주화 운동을 주도했던 학생들에게 호의적인 태도를 보였고, 학생 시위를 무력으로 진압하라는 덩샤오핑 등 원로의 요구를 거절했기 때문에, 그가 총서기직에서 쫓겨난 이후에 당정분리 개혁은 폐기될 수밖에 없는 운명이었다. 그러나 지금도 일부 중국의 정치학자들은 당정분리 개혁이 필요하다고 주장한다.[34]

| '분리형' 영도 체제의 문제

사실 철저한 당정분리 개혁은 공산당의 권력 독점 약화, 심할 경우는 권력 상실로 이어질 가능성이 있다. 실제로 이를 실행한 지얼마 되지 않아 그런 문제가 발생했다. 첫째, 당정분리 방침에 따라 당조를 폐지하면서, 공산당이 국가기관을 통제하는 중요한 통로이자 수단을 상실했다. 이에 따라 국가기관에 대한 공산당의 영도가 약화되었을 뿐만 아니라, 집권당의 지위도 위협받는다는 비판이 제기되었다. 즉 다당제를 실행하는 미국이나 유럽 국가에서도 집권 여당은 권력을 놓지 않는 법인데, 중국에서 유일한 집권당인 공산당이 권력을 포기하려 한다는 것이다.[35] 이는 당정분리를 통해 공산당이 당 고유의 업무에 종사함으로써 국가기관을 더 잘 영도할 수 있다는 당정분리 제창자들의 주장과 다른 결과였다.[36]

둘째, 당정분리 방침에 따라 정책 결정과 집행을 둘러싸고 공산당 계통과 정부 계통이 분리되면서 '두 개의 머리를 가진 뱀'과 같은 당정 이중 권력구조(二元權力結構)가 등장했다. 이중 권력구조에서 공산당과 정부 간에 갈등과 대립이 발생했고, 그것은 권력 다툼으로까지 번졌다. 문제는 이를 조정할 수 있는 마땅한 방법이 없다는 사실이다. 당-국가 체제에서는 공산당과 정부의 권한과 책임이 분명하게 구분되지 않고, 당정분리 정책을 실행한 이후에는 공산당이 정부를 통제할 수 있는 당조나 영도소조 같은 통제 수단이 줄어들었기 때문이다.[37] 이런 이유로 당정분리 개혁은 실패할 수밖에 없었다.[38]

(3) '절충형' 영도 체제: 의법치국을 실현하는 정치 체제

셋째는 '절충형(mixed-type)' 영도 체제다. 절충형 영도 체제는 앞에서 살펴본 통합형 영도 체제와 분리형 영도 체제가 가지고 있는 특징을 부분적으로 흡수하여 만든 당-국가 체제라고 할 수 있다.

그래서 이를 '절충형'이라고 이름 붙인 것이다. 절충형 영도 체제가 이전의 당-국가 체제와 구별되는 특징을 강조해서 말하면, '법제화(法制化, law-based)' 영도 체제라고도 부를 수 있다. 크게 두 가지 특징을 지적할 수 있다.

첫째, 절충형 영도 체제는 당정분리 방침이 아니라 당정결합 원칙에 근거한 당-국가 체제다. 이런 면에서 이 체제는 마오쩌둥 시대의 통합형 영도 체제와 비슷하다. 혹은 마오 시대의 통합형 영도 체제의 여러 요소 중에서 당정결합 원칙을 계승한 당-국가 체제가 바로 절충형 영도 체제다. 그 결과 절충형 영도 체제는 비록 마오 시대의 통합형 영도 체제만큼은 아니지만, 1987년의 분리형 영도 체제보다는 훨씬 더 공산당 영도 체제가 국가 헌정 체제를 영도 및 대체하는 정치 체제라고 말할 수 있다. 이것이 첫 번째 특징이다.

둘째, 절충형 영도 체제는 법률과 당규에 따라 운영되는 당-국가 체제다. 조금 더 구체적으로 설명하면, 절충형 영도 체제에서는 공산당 영도 체제와 국가 헌정 체제가 의법치국과 의법집권의 원칙에 따라 각자의 역할과 임무를 수행한다. 이런 점에서 이 체제는 1987년의 분리형 영도 체제와 비슷하다. 분리형 영도 체제도 법률과 제도에 근거하여 공산당과 국가기관 간의 직능을 분리하려고 시도했기 때문이다. 동시에 절충형 영도 체제는 의법치국과 의법집권의 원칙에 따른다는 점에서 마오 시대의 통합형 영도 체제와는 결정적으로 다르다. 마오 시대의 통합형 영도 체제는 이렇지 않았

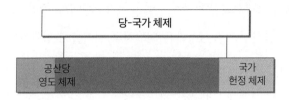

〈그림 1-7〉 당-국가 체제 3: '절충형' 영도 체제

당-국가 체제

| 공산당 영도 체제 | 국가 헌정 체제 |

자료: 필자 작성

기 때문이다. 이런 이유로, 비록 절충형 영도 체제가 통합형 영도 체제처럼 당정결합 원칙에 근거하고 있지만, 실제 정치 과정에서 통합형 영도 체제로 퇴화할 가능성은 크지 않다.

〈그림 1-7〉은 이를 표현한 것이다.

| '절충형' 영도 체제의 등장 과정

'절충형' 영도 체제는 1990년대 후반기에 점진적으로 등장했다. 1997년 공산당 15차 당대회에서 의법치국과 사회주의 법치국가(法治國家) 수립이 새로운 공산당 방침으로 결정되면서 공식적으로 등장하기 시작한 것이다.[39] 의법치국은 "공산당이 인민을 영도하여 국가를 다스리는 기본 방침(方略)"으로, "사회주의 시장경제의 기본 요구이고, 사회 문명 진보의 중요한 지표이며, 국가의 장기적인 안정 보장"을 위해 필요한 방안으로 여겨졌다.[40] 이어 1999년 3월 9기 전국인대 2차 회의에서는 중국이 "의법치국을 실시하여 사회주의

법치국가를 건설한다"라는 문구를 〈헌법〉에 추가했다. 이로써 의 법치국과 사회주의 법치국가 수립은 국가 방침으로 확정되었다.[41]

이후 공산당과 국가기관은 의법치국 원칙을 추진하기 위한 세 부 방침과 정책을 마련하여 집행하기 시작했다. 예를 들어, 국무원 은 1999년 11월에 〈의법행정의 전면 추진 결정〉을 발표하면서, 정 부 개혁의 핵심 목표이자 행정 방침으로 의법행정(依法行政: 법률에 근거한 행정)을 결정했다. 이것은 2004년 〈의법행정의 전면 추진 실 시요강(實施綱要)〉의 제정과 집행을 통해 더욱 강화되었다.[42] 이 무 렵 각급 지방정부도 국무원의 뒤를 따라 각자의 지역에서 의법행 정을 추진하기 시작했다.

최고인민법원도 1999년 10월에 〈인민법원 5년 개혁 요강(綱要)〉, 2005년에 〈제2차 5개년(2004–2008년) 법원개혁 요강〉, 2009년에 〈제3차 5개년(2009–2013년) 법원개혁 요강〉을 발표했다.[43] 공산당 도 2002년 16차 당대회에서 의법치국을 공산당 집권에 적용한 의 법집권(依法執政: 법률과 당규에 근거한 집권) 원칙을 채택했다. 이후 2004년 공산당 16기 중앙위원회 제4차 전체회의(16기 4중전회)에서 '집권 능력(執政能力) 강화'가 공산당 방침으로 결정되고, 의법집권 강화는 그 가운데 하나가 되었다.[44]

| 공산당 영도 관점과 방식의 대전환:
의법치국과 의법집권의 채택

이런 과정을 통해 등장한 절충형 영도 체제는 의법치국과 의법 집권의 원칙을 실현하기 위한 공산당의 새로운 통치 전략이라고 말할 수 있다. 1987년의 분리형 영도 체제는 공산당 영도의 약화와 궁극적으로는 공산당의 권력 상실로 이어질 가능성이 있다는 우려로 폐기되었다.

그렇다고 마오 시대의 통합형 영도 체제로 다시 돌아갈 수는 없었다. 공산당이 국가를 대신하여 정치와 경제 등 모든 분야를 획일적으로 통치하는 당-국가 체제, 공산당이 사회와 개인을 완전히 통제하는 일원화 영도 체제로는 개혁·개방 정책을 제대로 추진할 수 없기 때문이다. 즉 마오 시대의 통합형 영도 체제는 개혁기의 시장경제와는 맞지 않는다.

약 10년 동안의 방황 끝에 공산당이 찾아낸 해답이 바로 의법치국과 의법집권의 원칙이다. 이는 먼저 공산당과 국가 간의 관계를 바라보는 '관점'을 바꾼 결과로 등장할 수 있었다. 이전에 공산당과 국가 간의 관계를 바라볼 때는 양자를 분리할 것인지 말 것인지에 초점을 맞추었다. '당정분리 아니면 당정결합'이라는 관점이 바로 그것이다. 이 관점에 따르면, 당정분리는 1987년의 분리형 영도 체제, 당정결합은 마오 시대의 통합형 영도 체제와 연결된다. 그래서 당정분리가 폐기되면 자동으로 당정결합, 그리고 그것과 연계된 통합형 영도 체제가 실행되는 것으로 생각했다. 그러나 개혁·개방 시대에는 마오 시대의 통합형 영도 체제로 돌아갈 수는 없었다.

또한 의법치국과 의법집권의 원칙은 공산당 영도를 실현하는 '방식'을 바꾼 결과로 등장할 수 있었다. 이전에는 공산당이 최고 지도자의 지시와 명령, 일명 '홍두문건(紅頭文件: 붉은 제목의 문서)'에 따라 국가와 사회를 통치하는 방식을 사용했다. 학술적으로 말하면, 인치(人治, rule of person)가 법치(法治, rule of law) 및 법제(法制, rule by law)를 대신했다. 그 결과 국가 정책은 일관성이 없었다. 마오쩌둥 같은 최고 지도자의 생각이 바뀌면 정책은 언제든지 바뀌었기 때문이다.

더 심각한 문제로는 권력이 국가에서 공산당으로 집중되고, 그것은 다시 공산당 최고 지도자(즉 마오)에게 집중되는 폐단이 나타났다. 덩샤오핑이 비판했던 권력 집중 현상, 가부장제(家父長制) 현상, 공산당이 국가를 대체하는 현상(以黨代政)은 그 필연적 결과였다.[45] 이런 공산당의 영도 방식을 바꾸지 않으면 당-국가 체제는 마오 시대의 '통합형' 영도 체제가 될 수밖에 없다.

어떻게 할 것인가? 먼저 앞에서 말했듯이, 공산당과 국가 간의 관계를 보는 '관점'을 바꾸었다. 이제 공산당과 국가를 분리할 것인가 말 것인가를 고민하지 않았다. 즉 당정분리는 폐기되고, 당정결합은 불변의 원칙이 되었다. 대신 공산당이 국가를 '어떻게 영도할 것인지', 즉 영도 '방식'에 초점을 맞추었다. '인치'에서 '법치'로의 변화가 그것이다. 다시 말해, 공산당이 법률에 근거하여 국가를 통치하는 의법치국(依法治國)을 실행하고, 공산당이 법률과 당규에 근거하여 집권하는 의법집권(依法執政)을 실행하면 마오 시대의 통합형 영도 체제로 돌아갈 위험성이 사라진다는 것이다. 공산당이 이런 결정을 내릴 때, 싱가포르의 '유일한 집권 여당'인 인민행동당(人民行動黨, People's Action Party)이 중요한 참고자료가 되었다.

의법치국과 의법집권의 원칙은 이렇게 해서 등장할 수 있었다. 정리하면, 이 원칙은 공산당이 국가와 사회를 통치하고 영도하는 방식을 법제화(legalization)하겠다는 것이다. 목적은, 공산당이 법률제도를 수립하고 집행함으로써 통치구조와 통치 과정을 합리화(rationalization) 및 규범화(standardization)하고, 이를 통해 공산당 영도 체제를 더욱더 안정적이고 효과적으로 유지하려는 것이다. 의법치국과 의법집권의 원칙이 확정되면서 공산당은 드디어 당정분리 방침과 1987년의 분리형 영도 체제를 대체할 수 있는 새로운 정치개혁 모델, 즉 당정결합 원칙에 근거한 절충형(법제화) 영도 체제를 갖게 되었다.[46]

| '절충형' 영도 체제의 장점

공산당의 관점에서 볼 때, 의법치국과 의법집권의 원칙에 기초한 당-국가 체제인 절충형 영도 체제는 두 가지 장점을 갖고 있다. 첫째, 절충형 체제는 공산당 영도 체제를 더욱 공고히 하는 데 도움을 줄 수 있다. 당정분리 방침을 비판하고 당정결합 원칙을 강조하면서 의법치국과 의법집권의 원칙이 등장했다는 사실은 이를 잘 보여준다. 그래서 공산당의 기득권 세력은 이를 강력히 추진해도 잃을 것이 없다. 다만 '인치'에서 '법치'로 공산당의 영도 및 집권 방식이 변화하면서 기존의 자의적인 권력 행사가 법적·제도적 제약을 받을 뿐이다. 그러나 공산당 영도 체제를 굳건히 유지할 수만 있다면, 이 정도의 '비용(cost)'은 충분히 감당할 수 있다.

둘째, 절충형 영도 체제는 국민의 정치참여를 배제하는 당-국가 체제다. 즉 다당제와 직선제 같은 정치 민주화 요구를 수용하지 않는다. 따라서 이를 통해 공산당 일당 체제를 안정적으로 유지할 수 있다. 대신 공산당 중앙이 법률제도를 통해 하향식(top-down)으로 간부의 관료주의와 일탈 행위(특히 부정부패)를 통제하려는 노력은 필요하다. 이것이 성공하면 국민의 불만과 비판을 완화할 수 있고, 그 결과 공산당 지지는 계속될 수 있다.[47] 절충형 영도 체제가 시진핑 시기(2012년~현재)에 들어와서도 강화되었고, 앞으로도 그럴 가능성이 매우 큰 이유는 바로 이 때문이다.

(4) 정리: '중국의 정치 체제는 공산당 영도 체제다'

지금까지 살펴본 것처럼, 현재 중국의 당-국가 체제는 절충형(법제화) 영도 체제라고 부를 수 있다. 이것은 당정결합 원칙에 근거하고 있다는 점에서는 마오쩌둥 시대의 통합형(일원화) 영도 체제와

중국의 정치 체제 = 당-국가 체제 [공산당 영도 체제 + 국가 헌정 체제]
≒ 공산당 영도 체제

자료: 필자 작성

비슷하지만, 의법치국과 의법집권의 원칙에 근거하고 있다는 점에
서는 법률과 제도를 강조하는 1987년의 분리형(이원화) 영도 체제와
비슷하다. 이처럼 이전의 두 가지 체제가 가지고 있던 특징을 모두
흡수하여 만들어진 것이 절충형 영도 체제다. 동시에 절충형 영도
체제는 1997년 공산당 15차 당대회에서 결정된 의법치국 원칙을
실현하기 위해 만들어졌다는 점에서 법제화 영도 체제라고도 부를
수 있다.

만약 독자들이 지금까지 설명한 내용을 이해하기가 너무 어렵
다고 생각한다면, 혹은 이것저것 너무 복잡해서 머리가 아프다고
생각한다면, 그냥 "중국의 정치 체제는 당-국가 체제고, 그것은
곧 공산당 영도 체제다"라고만 기억해도 좋다. 크게 틀린 말이 아
니기 때문이다. 공산당의 영도 방식이 마오 시대의 통합형 영도 체
제건, 1987년의 분리형 영도 체제건, 아니면 의법치국 원칙에 근거
한 절충형 영도 체제건, 모두 공산당이 〈당장〉에 근거하여 국가와
사회를 영도하고 통치하는 정치 체제, 줄여서 '공산당 영도 체제'인

점은 변함이 없기 때문이다.

〈표 1–2〉는 이것을 정리한 것이다.

4. 공산당 영도 체제의
세 가지 필수 요소

그렇다면 현실에서 공산당 영도 체제가 제대로 작동하기 위해서
는 어떤 요소들이 필요할까? 다른 방식으로 말하면, 공산당이 정
치권력을 장악하여 국가를 통치하는 '집권당'으로서뿐만 아니라,
사회주의의 실현을 위해 국가와 사회와 인민을 인도하는 '영도당'

〈표 1-3〉 공산당 영도 체제의 필수 요소

종류	역할	세부 요소
공산당 영도 원칙	• 공산당 영도 체제의 이론적 정당화 • 실제 행동 원리와 활동 지침	• 공산당 전면 영도 원칙 • 민주집중제 원칙 • 당관간부(黨管幹部) 원칙 • 통일전선 원칙
공산당 조직과 당원	• 공산당 영도 원칙의 실현 수단	• 중앙조직/지방조직/기층조직 • 간부 당원과 일반 당원
공산당 통제 기제	• 공산당 영도 체제의 유지 수단 • 국가 헌정 체제를 통제하는 수단	• 인사 통제 • 조직 통제 • 사상 통제 • 무력 통제 • 경제 통제

자료: 필자 작성

으로서도 활동하기 위해서는 어떤 요소들이 필요할까? 이 책과 다음 책에서 살펴보려고 하는 것이 바로 이것이다.

내가 볼 때, 공산당 영도 체제가 제대로 작동하기 위해서는 최소한 세 가지의 필수 요소가 있어야 한다. 〈표 1-3〉은 이것을 정리한 것이다.

│ 공산당 영도 원칙

첫째는 공산당 영도 체제의 원칙, 줄여서 '영도 원칙'이다. 여기서 영도 원칙은, 공산당이 자신의 영도 체제를 유지 및 작동하기 위해 일상적으로 실행하는 여러 가지의 행동 원리와 활동 지침을 가리킨다. 영도 원칙은 기본적으로 마르크스-레닌주의에 토대를 두고 만들어졌다. 공산당도 다른 혁명 조직처럼 마르크스-레닌주의에 따라 만들어진 혁명당으로, 사회주의 혁명에 성공함으로써 집권할 수 있었기 때문이다. 또한 이것은 과거 중국의 혁명과 국가 건설 과정에서 얻은 경험, 더 멀리는 중국 전통 시대의 역사적 경험에 근거한 것이기도 하다. 그 밖에도 소련 등 앞선 사회주의 국가의 성공 경험으로부터 학습 혹은 수입한 것도 있다.

공산당 영도 원칙에는 여러 가지가 있다. 그중에서 내가 볼 때 가장 중요한 영도 원칙은 네 가지다. 다른 학자라면 다르게 주장할 수도 있다. 첫째는 '공산당 전면 영도(黨的全面領導) 원칙'이다. 둘째는 '민주집중제(民主集中制) 원칙'이다. 셋째는 '당관간부(黨管幹部:

공산당의 간부 관리) 원칙'이다. 넷째는 '통일전선(統一戰線) 원칙'이다. 이런 네 가지 원칙은 각각의 원칙을 실현하는 데 필요한 세부 원칙 혹은 방침을 포함하고 있다. 예를 들어, 민주집중제 원칙을 실현하기 위해서는 '군중노선(群衆路線)'이 필요하다. 이런 측면에서 군중노선을 민주집중제의 세부 원칙(방침)이라고 부를 수 있다.

이와 같은 공산당 영도 원칙에 대해서는 다음 장에서 자세히 살펴볼 것이다.

| 공산당 조직과 당원

둘째는 공산당 조직과 그 구성원인 당원이다. 공산당 영도 원칙은, 그것을 실현할 수 있는 구체적인 실행 수단(leverage)과 행위자(agent)가 있어야만 의미를 가질 수 있다. 만약 그런 실행 수단과 행위자가 없다면, 영도 원칙은 현실적으로 아무런 의미도 없는 공허한 구호에 불과하다. 또한 그런 경우 공산당 영도 체제가 유지 및 작동할 수 없다는 점은 말할 필요도 없다. 영도 원칙을 실현할 수 있는 구체적인 실행 수단이 바로 공산당 조직 체계이고, 영도 원칙을 실현하기 위해 그런 조직 체계를 구성하고 운영하는 행위자가 바로 공산당원이다. 그래서 공산당 영도 체제의 필수 요소 중에서 두 번째는 당 조직과 당원이라고 주장하는 것이다.

공산당 조직에는 여러 가지가 있다. 지역 층위별로는 '중앙-지방-기층'의 공산당 조직으로 나눌 수 있다. '중앙'에는 공산당 중앙위원회, '지방'에는 각급(各級) 공산당 지방위원회, '기층'에는 공산당 기층위원회와 총지부(總支部) 및 지부가 있다. 기능별로는 공산당 '영도기관'과 '사무기구'로 나눌 수 있다. 공산당 중앙의 영도기관에는 공산당 전국대표대회(당대회), 중앙위원회, 정치국, 정치국 상무위원회가 있다. 공산당 중앙 사무기구에는 판공청, 조직부, 선전부, 통일전선부(통전부), 대외연락부, 정법위원회, 정책연구실이 있다. 지방 상황도 이와 비슷하다.

공산당 조직과 당원에 대해서는 제2부와 제3부에서 자세히 살펴볼 것이다.

| 공산당 통제 기제

셋째는 공산당 통제 기제(統制機制, control mechanism)다. 이는 공산당 영도 체제를 지탱해주는 여러 가지 조직·기구·제도의 총합을 말한다. 내가 볼 때, 공산당 통제 기제는 모두 다섯 가지로 구성된다. ① 인사 통제, ② 조직 통제, ③ 사상 통제, ④ 무력 통제, ⑤ 경제 통제가 그것이다. 그래서 나는 이를 공산당 영도 체제를 지탱해주는 '다섯 가지 기둥(five pillars)'이라고 부른다. 〈그림 1-8〉은 이를 정리한 것이다.

동시에 공산당 통제 기제는 중국의 당-국가 체제에서 공산당 영도 체제가 국가 헌정 체제를 영도하고, 상황에 따라서는 그것을 대체할 수 있도록 만들어주는 핵심 수단이기도 하다. 다시 말해,

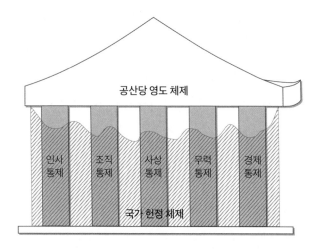

〈그림 1-8〉 공산당 통제 기제: '다섯 가지 기둥'

공산당 영도 체제

| 인사 통제 | 조직 통제 | 사상 통제 | 무력 통제 | 경제 통제 |

국가 헌정 체제

자료: 필자 작성

공산당은 다섯 가지 통제 기제를 동원해서 국가와 사회와 개인을 통치하고 영도한다. 다만 중국의 정치 체제를 겉에서 보면, 국가 헌정 체제라는 '벽'에 가려서 다섯 가지의 통제 기제가 잘 보이지 않는다. 이런 상황을 근거로 공산당은 중국이 〈헌법〉에 규정된 '중국 특색의 사회주의 민주'를 실행한다고 주장한다.

이처럼 공산당 통제 기제가 없다면 공산당 영도 체제는 유지될 수 없고, 공산당 영도 체제가 국가 헌정 체제를 통제할 수도 없다. 한마디로 말해, 공산당 통제 기제가 없다면 공산당 영도 체제도 없고, 당-국가 체제도 없다.

다른 방식으로 설명하면 이렇다. 공산당은 다섯 가지의 통제 기제를 통해 정치권력을 장악하여 국가를 통치할 수 있다. 즉 공산당 통제 기제는 공산당이 중국에서 '유일한 집권당'이 될 수 있도록 만들어주는 핵심 수단이다. 이처럼 현재 공산당이 집권당으로 활동할 수 있는 이유는 다섯 가지의 통제 기제를 효과적으로 운용하기 때문이다. 또한 공산당은 다섯 가지의 통제 기제를 통해 국가와 사회와 개인을 영도할 수 있다. 즉 공산당 통제 기제는 공산당이 '영도당'이 될 수 있도록 만들어주는 핵심 수단이기도 하다.

공산당 통제 기제의 다섯 가지 기둥 중에서 첫째는 인사 통제다. 중국에서 공산당, 국가기관, 인민해방군, 국유기업, 공공기관, 인민단체의 인사권을 행사할 수 있는 정치 세력은 공산당밖에 없다. 이것을 표현한 원칙이 바로 앞에서 살펴본 '당관간부(黨管幹部: 공산당의 간부 관리) 원칙'이다. 공산당은 다른 무엇보다도 바로 인사 통제를 통해 국가와 사회를 통치하고 영도할 수 있다. 그래서 이것을 레닌주의 체제의 기본 요소, 공산당 통제의 기본 수단이라고 부른다.

둘째는 조직 통제다. 중요한 '지역(地域)'과 '단위(單位)'에는 모두 공산당 위원회(당 위원회)가 설립되어 있고, 공산당원이 세 명 이상인 모든 곳에는 당 기층조직이 만들어져 있다. 마치 촘촘한 거미줄이 방 안에 가득 차 있는 것처럼, 공산당 조직이 중국 전역에 펼쳐져 있다. 이외에도 공산당은 국가기관, 인민해방군, 국유기업, 공공기관, 인민단체 등을 통제하기 위해 '특별한' 영도조직인 당조(黨組)

와 영도소조(領導小組)를 설립하여 운영하고 있다. 따라서 중국의 전체 지역, 또한 중국에 있는 모든 중요한 기관과 조직 등 전체 단위는 공산당의 조직 통제를 벗어날 수 없다.

셋째는 사상 통제다. 공산당은 당정간부와 공산당원뿐만 아니라 일반 국민을 대상으로도 그들의 생각을 빚어내고 감정을 조종하기 위해 다양한 학습 제도와 선전 활동을 전개한다. 신문과 방송 같은 전통 매체와 인터넷과 소셜미디어(SNS) 같은 신매체는 공산당의 중요한 사상 통제 수단이다. 중국에서 1990년대 이후에 민주주의가 아니라 민족주의(nationalism), 중국식으로는 애국주의(愛國主義, patriotism) 열풍이 전국을 휩쓴 데는 공산당의 사상 통제가 큰 몫을 담당했다. 이를 통해 공산당은 통치 정통성(legitimacy)을 확보할 수 있다.

넷째는 무력 통제다. 인민해방군과 인민 무장경찰 부대는 공산당의 군대로서, 공산당 영도 체제를 수호하는 가장 확실하고 믿음직스러운 무기다. 1989년 6월 '톈안먼 민주화 운동'의 무력 진압 사례가 보여주듯이, 인민해방군은 공산당 영도 체제를 유지하기 위해서라면 공산당의 지시에 따라 언제든지 무력 행사에 나설 것이다.

다섯째는 경제 통제다. 공산당은 방대한 국유자산과 국유기업의 실질적인 소유주로서, 이를 통해 경제 영역에서도 공산당 영도 체제를 유지할 수 있다.

이와 같은 다섯 가지의 공산당 통제 기제는 제2권에서 자세히
분석할 것이다.

공산당 영도 원칙

이제 공산당 영도 체제를 유지 및 작동하는 데 필요한 몇 가지 영도 원칙에 대해 살펴보자. 우리가 공산당 영도 체제를 이해하기 위해서는 무엇보다 먼저 영도 원칙을 이해해야 한다. 여기서 영도 원칙은, 공산당이 자신의 영도 체제를 유지 및 작동하기 위해 일상적으로 실행하는 여러 가지의 행동 원리와 지침을 가리킨다. 만약 이런 구체적인 영도 원칙이 없다면, 또한 영도 원칙이 있기는 하지만 현실에서는 그것이 제대로 집행되지 않는다면, 공산당 영도 체제는 속 빈 강정에 불과할 것이다.

공산당 영도 원칙이 무엇인가는 〈당장(黨章)〉에 대한 분석을 통해 파악할 수 있다. 한국과 미국의 정당이 당헌(黨憲, party charter)의 규정대로만 활동하지 않듯이, 공산당도 역시 〈당장〉의 규정대로만 활동하지는 않는다. 그래도 우리가 〈당장〉에 주목해야 하는 이유는, 그것이 공산당이 추구하는 행동 원리와 지침을 가장 잘 보여주기 때문이다. 특히 '혁명 정당'으로 출발한 공산당은 〈당장〉이 규정한 영도 원칙을 매우 중요하게 생각한다. 이는 지금도 마찬가지다.

우리가 제1장에서 살펴보았듯이, 공산당은 다른 국가의 집권 여당과는 달리 중국에서 '유일한 집권당(執政黨, ruling party)'이면서 동시에 '영도당(領導黨, leading party)'이라는 특징을 가지고 있다. 이런 이유로 우리는 중국의 정치 체제를 공산당 영도 체제와 국가 헌정 체제가 결합해 있고, 실제 정치 과정에서는 공산당 영도 체제가 국가 헌정 체제를 영도 및 대체하는 당-국가 체제라고 부른다. 간단히 이를 '공산당 영도 체제'라고도 부를 수 있다.

내가 볼 때, 이런 공산당 영도 체제는 몇 가지 영도 원칙을 통해 유지되고 작동한다. 첫째는 '전면 영도 원칙'이다. 이는 공산당 영도 체제의 특징을 가장 잘 반영하고 있으면서 동시에 가장 중요시되는 원칙이다. 즉 이 원칙은 다른 모든 원칙을 지배하고, 다른 모든 원칙에 우선한다. 둘째는 '민주집중제 원칙'이다. 이는 공산당의 조직 및 운영에 대한 원칙이다. 공산당이 이 원칙에 따라 조직 및 운영되기 때문에, 중국의 정치 체제는 권력 집중형 체제가 된다. 셋째는 '당관간부(黨管幹部: 공산당의 간부 관리) 원칙'이다. 이는 공산당의 인사 독점권을 정당화하는 원칙이다. 일부 학자들은 민주집중제 원칙과 당관간부 원칙을 레닌주의 체제의 핵심 원리라고 말한다. 넷째는 '통일전선 원칙'이다. 이는 공산당이 다양한 사회 세력을 통합하여 영도하는 원칙이다.

이 장에서는 이런 원칙을 자세히 살펴볼 것이다. 이에 앞에서 〈당장〉이 규정하고 있는 공산당의 특징과 공식 지도이념에 대해서도 간략하게 살펴볼 것이다.

1. 공산당의 특징: '집권당'이면서 '영도당'

마오쩌둥 시대(1949~1976년)에서 개혁·개방 시대(1978년~현재)로 넘어오면서 공산당의 성격과 목표는 크게 달라졌다. 이는 개혁·개방 시대에 변화된 사회경제적 상황이 공산당 내에 반영된 결과로 볼 수 있다.

(1) 공산당의 성격과 목표

〈당장〉의 서문인 '총강(總綱)'은 공산당의 성격과 목표를 다음과 같이 말한다.

"중국공산당은 중국 노동자계급의 선봉대고, 동시에 중국 인민과 중화민족의 선봉대다. [또한 공산당은] 중국 특색 사회주의 사업의 영도 핵심(領導核心)으로, 중국 선진 생산력의 발전 요구를 대표하고, 중국 선진 문화의 전진 방향을 대표하며, 중국의 가장 광범위한 인민의 근본이익을 대표한다. 당의 최고 이상과 최종 목표는 공산주의의 실현이다."[1]

여기서는 공산당을 '중국 특색 사회주의 사업의 영도 핵심'으로 규정하면서 공산당이 단순한 집권당이 아니라 동시에 영도당이라는 사실을 강조한다. 이는 앞 장에서 살펴본 그대로다. 또한 이 규정에 따르면, 공산당은 혁명당(革命黨, revolutionary party), 전위당(前衛黨, vanguard party), 포괄정당(包括政黨, catch-all party: 모든 계층의 지지를 끌어모으려는 대중정당)의 특징을 함께 가지고 있다.[2] 이는 공산당이 상호 모순되는 성격을 동시에 가지고 있다는 사실을 보여준다. 개혁·개방 시대에 공산당이 처한 복잡한 상황을 보여주는 특징이다.[3]

첫째, 공산당은 여전히 "공산주의의 실현"을 '최고 이상'과 '최종 목표'로 여기는 '혁명당'이다. 비록 현재는 중국에서 당장 공산주의를 실현해야 한다고 주장하지는 않지만 말이다. 또한 이 논리에 따르면, 전 세계의 자본주의가 지금 당장 사회주의로 변화되어야 한다고 주장하지는 않지만, 궁극적으로는 그렇게 되어야 한다고 본다. '공산주의의 실현'은 자본주의의 붕괴 없이는 불가능하기 때문이다. 다만 그것을 어떻게 실현할 것인지에 대해서는 먼 미래의 일이기 때문에 언급하지 않는다. 동시에 혁명당으로서 공산당은 "중국 노동자계급의 선봉대"이며, 각계각층의 '선진분자(先進分子)'로 구성된 '전위당'의 성격을 갖고 있다.

둘째, 공산당은 "중국 인민과 중화민족의 선봉대"로서 중국 국적을 가진 모든 인민, 또한 한족(漢族)과 55개 소수민족 등 중화민족(中華民族)의 이익을 대변하는 집권당이다. 이런 점에서 보면 다른 국가의 집권 여당과 큰 차이가 없다. 즉 공산당도 전체 인민의 지지를 얻어 정권을 장악하고 국가를 통치하는 '포괄정당'의 성격을 갖고 있다는 것이다. 다만 공산당은 선거가 아니라 혁명을 통해 정권을 장악했다는 점에서, 동시에 공산당을 제외한 다른 정당의 경쟁을 절대로 용납하지 않는다는 점에서 선거를 통해 권력을 장악하는 민주주의 국가의 집권 여당과는 다르다.

이런 집권당과 포괄정당으로서의 성격은 2002년 공산당 16차 당대회에서 장쩌민의 '삼개대표(三個代表) 중요 사상'이 〈당장〉에 삽입되면서 분명해졌다. 위의 인용문에서 공산당은 세 가지를 대표해야 한다는 주장, 즉 "선진 생산력의 발전 요구, 선진 문화의 전진 방향, 가장 광범위한 인민의 근본 이익"을 대표해야 한다는 주장이 바로 그것이다. 그 결과 노동자계급의 적대 세력으로 취급받던 사영기업가(즉 자본가)도 "선진 생산력의 발전 요구"를 대표하는 계층으로 인정받아 공산당에 입당할 수 있게 되었다.[4] 사영기업가의 정치적 지위가 공식적으로 인정된 것이다.

| 마오쩌둥 시대의 공산당 성격

이는 마오쩌둥 시대의 공산당 성격 규정과는 완전히 다른 것이다. 마오 시대의 공산당은 혁명당이자 전위당일 뿐이었다. 위에서 살펴본 현재의 〈당장〉 규정과는 달리, 공산당 9차 당대회(1969년)와 10차 당대회(1973년)에서 제정된 〈당장〉은 다음과 같이 시작한다.

"중국공산당은 노동자계급(無産階級)의 정당이다.

중국공산당의 기본 강령은 자본가계급(資産階級)과 모든 착취 계급을 철저히 뒤엎고, 노동자계급 독재(專政)로 자본가계급 독재를 대체하며, 사회주의로 자본주의를 완전히 승리하는 것이다. 당의 최종 목적은 공산주의의 실현이다."[5]

우선 공산당은 '중국 인민'과 '중화민족의 선봉대'가 아니라 '노동자계급의 정당'일 뿐이다. 즉 공산당은 모든 인민과 민족을 포괄하는 포괄정당(대중정당)이 아니라 노동자계급에 기반한 계급정당이면서 동시에 전위당이다. 또한 공산당의 단기 목표는 '자본가계급 독재'인 자본주의를 전복하고, 대신 '노동자계급 독재'를 실현할 수 있는 사회주의를 건설하는 것이다. 즉 공산당은 여전히 혁명당이지 집권당은 아니다. 마지막으로 공산당의 '최종 목적'은 "공산주의의 실현"이다. 이처럼 마오 시대의 공산당과 현재의 공산당은 성격 규정에서 커다란 차이가 있다.

(2) '사회주의 초급 단계'의 기본 노선

지금도 공산당의 '최종 목적'이 "공산주의의 실현"이라고 한다면, 중단기 목표는 무엇일까? 이에 대해 현재의 〈당장〉은 구체적으로 설명하고 있다.

| 사회주의 초급 단계의 주요 모순: 경제발전 최우선 정당화

〈당장〉에 따르면, 현 단계에 공산당의 핵심 목표는 '사회주의 초급 단계의 주요 모순'을 해결하는 것이다. 1987년 공산당 13차 당대회에서는 중국이 '사회주의 초급 단계(初級階段, primary stage)'에 놓여있고, 이 단계의 주요 모순은 "인민의 증가하는 물질 문화에 대한 수요와 낙후된 사회 생산 간의 모순"이라고 선언했다.[6] 이에 따라 중국이 해결해야 하는 최대 당면 과제는 생산력을 발전시켜 인민의 '물질 문화의 수요'를 만족시키는 일이 되었다. 당시에 덩샤오핑과 자오쯔양(趙紫陽)은 이런 논리를 이용하여 경제발전 최우선이라는 개혁·개방 정책을 정당화할 수 있었다.

그런데 2017년에 개최된 공산당 19차 당대회에서는 주요 모순을 "인민의 증가하는 아름다운 생활에 대한 수요와 불균등하고 불평등한 발전 간의 모순"으로 다시 규정했다. 그동안의 경제발전을 통해 인민의 '물질 문화의 수요'는 어느 정도 해결했지만 '아름다운 생활의 수요', 즉 '민주·법치·공평·정의·안전·환경 등에 대한 수요'는 해결하지 못했다는 것이다. 그리고 이런 문제를 초래한 주요 요인이 바로 '불균등하고 불평등한 발전'이라는 것이다.

따라서 향후 공산당이 해결해야 하는 중단기 최대 과제는 이와 같은 새로운 주요 모순을 해결하는 일이다. 그래서 '민주·법치·공평·정의·안전·환경'을 발전 및 개선하여 '인민의 아름다운 생활에 대한 수요'를 만족시켜야 한다. 단 주요 모순이 바뀌었다고 해서 중국의 기본 상황, 즉 국정(國情)이 바뀐 것은 아니다. 중국은 오랫동안 '사회주의 초급 단계'에 머물 것이고, '세계 최대의 개발도상국이라는 국제 지위'는 계속 유지될 것이다.[7]

│ 덩샤오핑 이론: '하나의 중심과 두 개의 기본점'

그렇다면 '사회주의 초급 단계의 주요 모순'을 해결하기 위해 공산당은 어떻게 해야 할 것인가? 덩샤오핑은 '하나의 중심과 두 개의 기본점(一個中心 兩個基本點)'이라는 사회주의 초급 단계의 기본노선을 제시했다. 중국에서는 이를 공산당의 '정치노선'이라고 부르며, 조직노선이나 사상노선보다 우위에 있는 것으로 강조한다. 여기서 '하나의 중심'은 '경제건설'을 말한다. 즉 공산당이 전체 인민과 민족을 총동원하여 경제발전에 매진하여 국가의 '종합국력'을 키우고, 이를 통해 인민의 생활수준을 높이는 것이 중심 과제다. 경제발전 없이는 나머지 과제를 제대로 해결할 수 없다는 의미에서 이를 '하나의 중심'이라고 부른다.

반면 '두 개의 기본점'은 '개혁·개방의 견지'와 '사항(四項) 기본원칙의 견지'를 말한다. 이는 '하나의 중심'을 실현하기 위한 구체적인 수단을 의미한다. 무엇보다 '경제건설'이라는 '하나의 중심'을 추진하기 위해서는 '개혁·개방'을 굳건히 견지해야 한다. 사유화(私有化), 시장화(市場化), 개방화(開放化), 분권화(分權化) 정책이 바로 그것이다. 이와 동시에 공산당 영도 체제를 굳건히 유지하기 위해서는 "① 공산당 영도, ② 인민 민주주의 독재, ③ 마르크스-레닌주의와 마오쩌둥 사상, ④ 사회주의 길(道路)"이라는 '사항 기본원칙'도 견지해야 한다. 여기서 가장 중요한 것이 바로 공산당 영도 원칙이다.

이와 같은 '하나의 중심과 두 개의 기본점'이 바로 덩샤오핑 이론의 핵심 내용이다. 이를 통해 우리는 '덩샤오핑 이론'과 그것에 근거하여 추진되는 공산당의 개혁·개방 노선이 무엇을 의미하는지를 명확히 이해할 수 있다. 한마디로 말해, 경제발전이라는 최고의 목표('하나의 중심')를 달성하기 위해 공산당 영도하에, 다시 말해 공산당 일당 체제를 굳건히 유지한 상태에서, 국가 주도로 개혁·개방 정책을 추진하자('두 개의 기본점')는 주장이 바로 덩샤오핑 이론의 핵심이자 공산당의 개혁·개방 노선이다.

이는 1960~1970년대 박정희 정부 시절에 국가 주도로 산업건설에 매진하여 경제 부흥을 달성하자는 주장, 소위 동아시아 발전국가(East Asian developmental state) 모델과 크게 다르지 않다. 그래서 중국의 개혁·개방 노선을 동아시아 발전국가 모델의 '사회주의적 변

종(socialist version)'이라고 부르기도 한다.[8]

| 시진핑의 '중국의 꿈' 전략

여기에 더해 공산당은 19차 당대회(2017년)에서 '시진핑 신시대 중국 특색의 사회주의 사상'(이하 '시진핑 사상')을 공산당의 지도이념 으로 채택했다. 그러면서 동시에 '중화민족의 위대한 중흥'이라는 '중국의 꿈(中國夢)' 실현을 새로운 중단기 목표로 제시했다. 이를 위해 중국은 3단계의 발전전략을 추진할 것이다. 이것은 1980년대 중반에 덩샤오핑이 제기했던 '3단계 전략(三步走戰略)'을 계승 발전 시킨 것이다.

1단계로 2021년에는 국민의 절대빈곤을 해소하는 '전면적 소강 사회(小康社會) 건설'을 실현한다. 2단계로 2035년에는 '사회주의 현 대화를 기본적으로 실현'한다. 마지막 3단계로 2049년에는 '부강하 고, 민주적이며, 문명과 조화가 있고, 아름다운 사회주의 현대화가 실현된 강국(强國)'을 건설한다. 한마디로 말해, 21세기 중엽에는 미국을 능가하거나, 미국에 버금가는 초강대국(super power)이 되어 '중화민족의 위대한 중흥'을 이룩하는 것이 목표다.[9] 여기에서 알 수 있듯이, 공산주의의 실현은 최소한 2050년까지는 공산당이 추 구하는 목표가 아니다.

(3) 공식 지도이념

〈당장〉은 마르크스-레닌주의(Marx-Leninism) 이외에 마오쩌둥 사상, 덩샤오핑 이론, 삼개대표 중요 사상, 과학적 발전관(科學發展觀), '시진핑 사상'을 공산당의 지도이념으로 삼고 있다. 이를 통해 우리는 각 시대의 최고 지도자, 즉 마오쩌둥, 덩샤오핑, 장쩌민, 후진타오, 시진핑이 각각 자신의 통치이념을 〈당장〉에 게재하는 방식으로 공산당의 공식 지도이념으로 승격시켰다는 사실을 알 수 있다.

공산주의의 실현을 궁극적인 목표로 삼고 있는 공산당이 마르크스-레닌주의를 지도이념으로 삼는 것은 당연한 일이다. 마오쩌둥 사상은 1945년에 개최된 공산당 7차 당대회에서 지도이념으로 확정되었다. 그러나 1956년 공산당 8차 당대회에서 개인숭배 반대를 이유로 〈당장〉에서 삭제되는 수모를 겪었다. 1969년 공산당 9차 당대회에서 다시 〈당장〉에 삽입되어 지금까지 이어지고 있다. 덩샤오핑 이론은 1992년 공산당 14차 당대회에서 '중국 특색의 사회주의 건설 이론'이라는 이름으로 〈당장〉에 게재되었다. 1997년 공산당 15차 당대회에서는 그것을 '덩샤오핑 이론'으로 개명했다.

과학적 발전관은 흔히 후진타오의 통치 이념이라고 하는데, 2007년 공산당 17차 당대회에서 지도이념으로 〈당장〉에 게재되었다. 이것은 2003년에 '사람을 근본으로 하는(以人爲本) 전면적·협조적·지속 가능한 발전관'이라는 이름으로 등장했다. 과학적 발전관은 세 가지 내용으로 구성된다. 첫째는 성장 일변도의 양적 성장에서 국민의 삶을 개선하는 질적 성장으로 경제발전 방식을 전환하는 정책이다. 둘째는 지역 균형 발전 정책으로, 도시와 농촌의 동시 발전과 전 국토의 균형 있는 발전이 주요 내용이다. 서부대개발(西部大開發), 동북삼성(東北三省) 개발, 중부지역 개발 정책이 대표적이다. 셋째는 지속 가능한 발전 정책으로, 에너지 및 자원 절약과 환경보호가 주된 내용이다.[10]

장쩌민의 삼개대표 중요 사상은 2002년 공산당 16차 당대회에서, '시진핑 사상'은 2017년 공산당 19차 당대회에서 〈당장〉에 게재되면서 공산당의 지도이념이 되었다. '시진핑 사상'의 내용은 이 책의 결론에서 자세히 살펴볼 것이다.

2. 전면 영도 원칙: '공산당은 일체를 영도한다'

앞에서 말했듯이, 〈당장〉은 공산당 영도 체제를 유지하고 실현하는 원칙으로 네 가지를 제시하고 있다. 첫째는 전면 영도 원칙, 둘째는 민주집중제 원칙, 셋째는 당관간부(黨管幹部) 원칙, 넷째는 통일전선 원칙이 그것이다. 다른 학자들은 이것 외에도 다른 원칙을 주장할 수 있겠지만, 내가 볼 때는 이 네 가지 원칙이 가장 중요하다. 그래서 나는 이를 공산당 영도 체제를 유지 및 작동하는 '사대 원칙(四大原則)'이라고 부른다.

(1) '전면 영도' 원칙: 마오쩌둥의 구호 복원

공산당 영도 체제를 실현하는 가장 중요하고 근본적인 첫 번째 원칙은 공산당 전면 영도 원칙이다. 한마디로 말해, 공산당은 "중국 사회주의 사업의 영도 핵심"으로 중국에서 벌어지는 "일체(一切)를 영도"한다. 이에 대해 〈당장〉은 명확하게 규정하고 있다.

> "중국공산당의 영도는 중국 특색 사회주의의 가장 본질적인 특색 (特色)이고, 중국 특색 사회주의 제도의 최대로 우세한 점이다. 당 (黨)·정(政)·군(軍)·민(民)·학(學)과, 동(東)·서(西)·남(南)·북(北)· 중(中)에서 당은 일체를 영도한다. 당은 개혁·개방과 사회주의 현대화 건설 요구에 부응하여 과학적 집권(科學執政), 민주적 집권(民主執政), 의법집권(依法執政)을 견지하고, 당의 영도를 강화 및 개선해야 한다. 당은 반드시 전체 총괄(總攬全局) 및 각 기관 조정(協調各方)의 원칙에 따라 동급(同級)의 각종 조직에서 영도 핵심 역할을 발휘해야 한다." (〈당장〉의 '총강')

공산당은 "당(黨)·정(政)·군(軍)·민(民)·학(學)과, 동(東)·서(西)· 남(南)·북(北)·중(中)에서 일체(一切)를 영도한다." 마오쩌둥은

1962년 2월에 개최된 중앙 확대 공작회의에서 이렇게 선언했다. "공업(工)·농업(農)·상업(商)·문화와 교육(學)·군대(兵)·정부(政)·정당(黨)의 일곱 개 방면에서 당은 일체를 영도한다."[11] 현재의 〈당장〉은 마오의 이 선언을 그대로 가져왔다. 이는 2017년 공산당 19차 당대회에서 〈당장〉이 수정되면서 새롭게 등장한 규정이다.[12]

이전의 〈당장〉은 공산당 영도 원칙을 다르게 규정했다. 예를 들어, 1987년 공산당 13차 당대회에서 수정된 〈당장〉에서는 공산당 영도를 "정치영도"로 규정했고, 1992년 공산당 14차 당대회에서 수정된 〈당장〉에서는 "정치영도·조직영도·사상영도"라고 규정했다.[13] 이를 이어받아, 2002년 공산당 16차 당대회에서 수정된 〈당장〉은, "당의 영도는 주로 정치·사상·조직의 영도"라고 규정했다. 그러나 시진핑 시기에 들어서 '공산당 전면 영도'를 외치면서 마오 시대의 표현이 〈당장〉에 다시 삽입되었다.

이를 이어 2018년 3월에 개최된 13기 전국인민대표대회(全國人大/전국인대) 1차 회의에서는 공산당 영도 원칙이 〈헌법〉에 다시 들어갔다. 이는 공산당 19차 당대회에서 〈당장〉 수정을 통해 공산당 전면 영도 원칙을 확립한 것과 같은 맥락이다.

"사회주의 제도는 중화인민공화국의 근본 제도다. 중국공산당의 영도는 중국 특색 사회주의의 가장 본질적인 특징이다. 어떤 조직이나 개인도 사회주의 제도를 파괴할 수 없다." (〈헌법〉의 '제1장 총강(總綱)'의

제1조)

〈헌법〉은 시대 상황을 반영하여 수정되고, 공산당 영도 원칙의
삽입 여부는 시대 상황을 보여주는 중요한 지표다. 예를 들어, 마
오쩌둥 시대의 〈헌법〉(1975년 제정) 제2조는 "중국공산당은 전체 중
국 인민의 영도 핵심이다"라고 규정했다. 이를 통해 공산당은 당원
뿐만 아니라 전체 인민을 영도한다는 원칙을 법률로 정당화했다.
반면 덩샤오핑 시대의 〈헌법〉(1982년 제정)은 이 조항을 삭제했다. 이
는 문화대혁명(1966~1976년/문혁)을 일으킨 공산당이 자기 반성한
결과였다. 공산당이 10년 동안 '대동란(大動亂)'을 일으켜 인민을 고
통과 도탄에 빠지게 만든 상황에서 무슨 염치가 있어 이 원칙을 인
민에게 다시 강요할 수 있겠느냐는 것이다.

| '공산당 전면 영도' 원칙의 재등장 배경

그런데 시진핑 정부는 공산당 영도 원칙을 다시 〈헌법〉에 삽입
했다. 이는 공산당에 대한 자신감의 발로이며, 공산당 영도 체제를
장기간 유지하겠다는 의지의 표현이다. 지난 40여 년 동안 추진한
개혁·개방 정책이 대성공을 거두면서 공산당은 문화대혁명의 피해
의식에서 완전히 벗어날 수 있었다. 따라서 이제는 공산당 영도 원
칙을 공산당원뿐만 아니라 전체 국민에게도 요구할 수 있다고 판
단한 것이다. 또한 이와 같은 성과를 낸 공산당 영도 체제를 더욱

공고히 유지하기 위해 공산당 영도 원칙을 〈헌법〉에 명기한 것이
다. 이후에도 공산당이 절대로 정치 민주화를 추진하지 않겠다는
결의를 선언한 셈이다.

소련의 미하일 고르바초프(Mikhail S. Gorbachev) 서기장은 1989년
3월에 자유경쟁 선거를 도입하여 중앙 및 지방의 소비에트(Soviet:
의회) 대표를 새롭게 선출했다. 또한 그해 12월에 열린 최고 연방 소
비에트(Supreme Soviet) 2차 회의에서 소련공산당의 '영도 지위'를 명
시한 〈헌법〉 제6조를 폐지했다. 이로써 다당제(多黨制)의 합법적인
길이 열렸다. 그리고 바로 이 회의에서 고르바초프는 소련 대통령
에 선출되었다. 이후 소련은 정치 민주화를 본격적으로 추진했고,
그 결과는 우리가 잘 알기에 설명이 필요 없다.

이처럼 소련공산당의 몰락은 헌법에서 공산당 영도 지위를 삭
제하면서 본격화되었다. 시진핑 시기의 중국공산당은 절대로 이런
소련공산당의 잘못된 전철을 밟지 않겠다는 의지를 강력하게 표현
하기 위해 공산당의 전면 영도 원칙을 〈헌법〉에 추가한 것이다.[14]

(2) '전체 총괄 및 각 기관 조정' 원칙과 의법집권 원칙

한편 '공산당 전면 영도' 원칙은 두 가지 세부 원칙을 통해 실현
된다. 첫째는 '전체 총괄(總攬全局) 및 각 기관 조정(協調各方) 원칙'
으로, 앞의 〈당장〉에서 살펴본 내용이다. 이 원칙은 1997년 공산당
15차 당대회에서 결정되었다.

여기서 '전체 총괄'은 공산당이 국가기관과 사회조직을 영도하는 임무를 맡아 전략적이고 전체적인 방침과 정책을 제시하고, 중대한 정책 및 인사 문제를 결정하는 활동을 말한다. 반대로 말하면, 공산당은 각 국가기관과 사회조직의 세부적이고 일상적인 활동을 영도하지는 않는다. 이런 것은 각 기관과 조직이 알아서 하면된다. 반면 '각 기관 조정'은, 공산당이 국가기관과 사회조직이 공산당이 결정한 노선·방침·정책을 제대로 추진할 수 있도록 올바로이끌고, 이들 간의 업무와 갈등을 효과적으로 조정하는 활동을 말한다.[15]

| 의법치국 원칙

둘째는 의법치국(依法治國: 법률에 근거한 국가통치) 원칙이다. 이와 관련하여 〈헌법〉에는 의법치국과 '사회주의 법치국가 건설'에 대해 명확한 규정이 있다. 즉 "모든 국가기관과 무장 역량, 각 정당과 사회단체, 각 기업과 사업단위는 모두 반드시 헌법과 법률을 준수해야 한다. 헌법과 법률을 위반하는 모든 행위는 반드시 추징(追究)한다." 또한 "어떤 조직이나 개인도 모두 헌법과 법률을 넘어서는 특권을 가질 수 없다." 공산당도 '각 정당'과 '어떤 조직'에 속하기 때문에 〈헌법〉이 규정한 의법치국의 의무를 반드시 이행해야한다.[16]

이와 비슷하게 〈당장〉도 의법집권(依法執政: 법률과 당규에 근거한 집권) 원칙을 규정하고 있다. 먼저 공산당은 "당의 영도, 인민의 주인화(人民當家作主), 의법치국의 유기적 통일"을 견지한다. 여기서 '당의 영도'는 '공산당 전면 영도' 원칙을 말한다. '인민의 주인화'는 인민주권론(人民主權論, popular sovereignty)을 강조한 표현이지만, 실제로는 별 의미가 없다. 국민이 직접선거로 국가 지도자를 선출하거나, 공산당 이외의 다른 정당을 결성하여 국가의 정책 결정 과정에 참여할 수 없기 때문이다. 대신 공산당은 의법치국과 공산당 영도의 '유기적 통일'을 강조함으로써 공산당이 전면적으로 영도하되, 그것을 〈헌법〉과 법률에 근거해서 영도하겠다는 방침을 천명했다.

또한 〈당장〉은 의법집권 원칙에 따라 공산당이 국가기관과 사회조직의 합법적인 권한 행사를 보장해야 한다고 규정한다. 즉 "공산당은 반드시 헌법과 법률의 범위 내에서 활동"해야 하고, "공산당은 국가의 입법·사법·행정·감찰 기관, 경제·문화 조직과 인민단체가 적극적이고 독립적으로 책임을 지며 상호 협조 일치하여 업무를 잘 수행할 수 있도록 반드시 보장해야 한다." 이 규정은 마오쩌둥 시대에 나타났던 '통합형' 혹은 '일원화(一元化)' 영도 체제의 문제점을 시정하기 위한 노력을 보여준다.[17]

3. 민주집중제 원칙:
'전 당원과 조직은 당 중앙에 복종해야 한다'

공산당 영도 체제를 유지하고 실현하는 두 번째 원칙은 민주집
중제(民主集中制, democratic centralism) 원칙이다. 이것은 공산당의 조
직 원칙이면서 동시에 운영 원칙으로, 중국이 러시아 혁명으로부
터 배운 것이다.[18] 소련을 포함한 이전 사회주의 국가와 현재의 사
회주의 국가, 즉 중국·북한·베트남·쿠바는 모두 민주집중제를 기
본 정치 원칙으로 삼고 있다. 그래서 민주집중제를 당관간부 원칙
과 함께 레닌주의의 핵심 원리라고 말한다.

민주집중제는 '민주 원칙'과 '집중 원칙'이 결합한 제도다. 혁명
과정에서 집권 세력과 비교해서 모든 면에서 열세인 공산당이 혁
명에 성공하기 위해서는 무엇보다 먼저 올바른 노선과 정책을 결정
하는 제도를 갖추어야 한다. 신생 조직인 공산당이 잘못된 노선과
정책을 결정하여 크게 패배하면 끝장이기 때문이다. 이를 위해 필
요한 것이 바로 '민주 원칙'이다.

민주 원칙에 따르면, 공산당이 공식적으로 노선과 정책을 결정
하기 전까지는 전 조직과 당원이 자신의 의견을 자유롭게 발표하
고 토론할 수 있다. 민주 원칙이 필요한 이유는, 민주적인 과정을
통해서만 올바른 노선과 정책이 결정될 수 있다고 믿기 때문이다.
동시에 민주적인 과정을 통해 결정된 노선과 정책만이 전 조직과

당원의 지지를 받으면서 집행될 수 있다고 보기 때문이다.

그러나 민주 원칙만으로는 막강한 적을 이길 수 없다. 공산당이 결정한 노선과 정책을 전 조직과 당원이 '철의 규율'에 따라 일사불란하게 집행하는 응집력과 추진력이 필요하다. 이를 위해 필요한 제도가 바로 '집중 원칙'이다. 집중 원칙에 따르면, 당내 절차에 따라 노선과 정책이 결정되면, 전 조직과 당원은 자신의 원래 의견과 상관없이 결정된 노선과 정책을 무조건 집행해야만 한다. 다시 말해, 당 노선과 정책에 반대했던 조직과 당원도 당이 결정한 사항에 대해서는 반드시 복종하고 집행해야만 한다는 것이다.

(1) 민주집중제 원칙: 네 개의 복종 원칙

〈당장〉에 따르면, "민주집중제는 민주 기초 위의 집중과 집중 지도하의 민주가 서로 결합한 것"이다. 즉 민주집중제는 민주와 집중의 유기적 통일을 가리킨다. 또한 민주집중제는 "당의 근본 조직 원칙이며, 군중노선(群衆路線)이 당의 생활 중에 운용(運用)된 것이다."

| 민주집중제의 여섯 가지 내용

이를 이어 〈당장〉은 민주집중제를 구성하는 여섯 가지 요소를 설명한다. 이는 매우 중요하기 때문에 모두 살펴볼 필요가 있다.

"(1) 당원 개인은 당 조직에, 소수는 다수에, 하급 조직은 상급 조직에, 전 당 각 조직과 전체 당원은 당의 전국대표대회와 중앙위원회에 복종한다. [네 개의 복종 원칙]

(2) 당의 각급(各級) 영도기관은, 그것을 파견한 대표기관과 당외(黨外) 조직에 설립한 당조(黨組)를 제외하고는, 모두 선거로 구성(産生)한다. [영도기관 구성 방법]

(3) 당의 최고 영도기관은 당의 전국대표대회와 그것이 선출한(産出) 중앙위원회다. 당의 지방 각급 영도기관은 당의 지방 각급 대표대회와 그것이 선출한 위원회다. 당의 각급 위원회는 동급(同級)의 대표대회에 책임을 지고, 업무를 보고해야 한다. [영도기관 규정]

(4) 당의 상급 조직은 하급 조직과 당원 군중의 의견을 항상 청취하고, 때에 맞추어 그들이 제기한 문제를 해결해야 한다. 당의 하급 조직은 상급 조직에 지시를 요청(請示)하고 업무를 보고하며, 자기 직책 범위 내의 문제는 독립적으로 책임지고 해결해야 한다. 상급과 하급의 조직 간에는 정보를 소통하고, 상호 지지하며, 상호 감독해야 한다. 당의 각급 조직은 규정에 따라 당무(黨務)를 공개하여 당원이 당내 사무에 대해 더 많이 이해하고 참여할 수 있도록 해야 한다. [상·하급 조직 관계와 당무 공개 규정]

(5) 당의 각급 위원회는 집단지도(集團領導: 집단결정-인용자)와 개인 분담 책임의 상호 결합 제도를 실행한다. 무릇 중대한 문제는 모두 집단지도[즉 집단결정-인용자], 민주 집중, 개별 숙고(個別醞釀),

회의 결정의 원칙에 따라 당 위원회가 집단으로 토론하여 결정한다. 위원회 성원은 집단결정과 개인 분담에 근거하여 자기 직책을 절실히 이행해야 한다. [집단지도 원칙]

(6) 어떤 형식의 개인숭배도 금지한다. 당 지도자의 활동은 당과 인민의 감독 아래 놓이도록 보장해야 하고, 동시에 모든 당과 인민의 이익을 대표하는 지도자의 위신은 수호해야 한다. [개인숭배 금지 원칙]"

첫째, 민주집중제는 '네 개의 복종(四個服從)'을 강조한다. 즉 ① 개인은 조직에, ② 소수는 다수에, ③ 하부는 상부에, ④ 전 당원과 조직은 당 중앙에 복종해야 한다. 이 중에서 가장 중요한 것이 바로 '전 당원과 조직은 당 중앙에 복종해야 한다'라는 네 번째 복종의 원칙이다. 이에 근거하여 공산당 중앙은 전 당원과 조직에 대해 정치적 권위를 갖고 절대적인 복종을 요구할 수 있다. 이것이 공산당의 '정치 원칙(政治原則)'이자 '당성(黨性)'이다. 다시 말해, 당원이 당성을 가져야 한다는 말은 곧 당원이 공산당 중앙에 절대로 복종하고, 당의 명령과 지시에 무조건 따라야만 한다는 것을 뜻한다.

둘째, 공산당 영도기관은 하급 기관의 선거를 통해 구성된다. 이렇게 구성된 공산당의 최고 영도기관은 전국대표대회(당대회)이고, 당대회가 휴회 중일 때에는 중앙위원회(중앙위), 중앙위원회가 휴회 중일 때에는 정치국과 정치국 상무위원회(상위)가 그 직권을 대행한다. 실제로 '당 중앙'은 대부분 중앙정치국과 정치국 상무위원회를 가리킨다. 또한 공산당의 하급 조직은 상급 조직에 지시를 요청하고 업무를 보고할 의무가 있고, 상급 조직은 하급 조직의 의견을 듣고 문제를 해결해야 할 의무가 있다. 동시에 상·하급 조직 간에는 상호 지지와 감독의 의무가 있다.

셋째, 공산당 영도기관은 '집단지도와 개인 분담 책임의 상호 결합'이라는 집단지도(集體領導, collective leadership) 원칙에 따라 운영된다. 여기서 '집단지도(集體領導)'는 의미상 '집단결정'을 가리킨다. 즉 중요한 문제는 공산당 총서기나 지방의 당서기가 단독으로 결정할 수 없고, 반드시 '집단'으로 결정해야 한다는 뜻이다. 다만 문제의 중요도에 따라 구체적으로 어느 '집단', 즉 당대회, 중앙위원회, 정치국, 정치국 상무위원회 중에서 어느 단위의 회의를 소집하여 결정해야 할지가 달라진다. 지방에서도 마찬가지다. 반면 '개인 분담 책임'은 지도자 개인에게 역할 분담(分工) 원칙에 따라 주어진 특정한 임무가 있다는 뜻이다. 그래서 집단으로 결정한 사항을 각 지도자가 각자의 업무 영역에서 책임지고 집행해야 한다는 것이다. 이것이 마오쩌둥 시대의 일인 지배 체제와 다른 개혁기 집단지도 체제의 가장 중요한 특징이다.[19]

넷째, 공산당은 민주집중제 원칙에 따라 어떤 형식의 개인숭배도 반대한다. 이는 마오쩌둥과 같은 독재자가 다시 출현하는 것을 막자는 방지책이다.

| 상황에 따라 다르게 적용되는 민주집중제

그런데 민주집중제의 실제 적용 상황을 보면, 재미있는 특징을 발견할 수 있다. 적용 대상에 따라 '민주'와 '집중' 중에서 어느 것이 더 우선시되는가가 달라진다.

먼저 공산당 지방위원회나 기층조직의 운영과 관련해서는 '민주'가 강조된다. 정책과 인사 문제 등 중요 사항을 결정할 때, 당서기 개인이 아니라 당 위원회가 집단으로 문제를 심의하여 결정해야 한다는 것이다. 이를 통해 '가부장제(家父長制)' 문제, 즉 당서기가 전통사회의 가장처럼 권위적으로 행동하는 문제와 '한목소리(一言堂)' 현상, 즉 당서기 개인의 목소리가 온통 지배하는 현상을 방지해야만 한다는 것이다. 그래서 감독기관이 당정간부의 민주집중제 준수 여부를 감독할 때는 '민주'를 얼마나 잘 준수하는지에 초점을 맞춘다.[20]

반면 공산당 중앙과 다른 당 조직 간의 관계에서는 '집중'을 강조한다. 공산당 전 조직과 당원 전체는 중앙에 무조건 복종해야 한다는 것이다. 모든 영도간부는 '두 개의 수호(兩個維護)', 즉 '당 중앙의 권위 및 집중통일 영도의 굳건한 수호'와 '시진핑 총서기의 당 중앙 핵심(核心) 및 전당(全黨) 핵심 지위의 굳건한 수호'를 반드시 견지해야 한다는 공산당 중앙의 지시가 대표적인 사례다.

예를 들어, 2019년 1월에 공산당 중앙이 하달한 〈당의 정치건설 강화 의견(意見)〉에 따르면, "당의 전면 영도 견지 및 강화에서 가장 중요한 것은 당 중앙의 권위와 집중통일 영도를 굳건히 수호하는 것"이다. 또한 이를 위한 "가장 관건은 시진핑 총서기의 당 중앙 핵심 및 전당의 핵심 지위를 굳건히 수호"하는 것이다. 그래서 감독기관이 영도간부의 '정치표현(政治表現, political performance)'을 감독할 때는 '두 개의 수호' 준수 여부에 초점을 맞춘다.[21]

(2) 군중노선 원칙: '군중에서 나와 군중으로 들어간다'

한편 민주집중제 원칙과 밀접히 연관된 또 다른 원칙이 바로 군중노선(群衆路線, mass-line) 원칙이다.[22] 군중노선은 러시아 혁명에서 도입한 것이 아니라, 중국의 혁명 경험에 근거하여 확립한 대중활동 원칙이다. 군중노선은 혁명 과정에서는 마오쩌둥이 '소련 유학파(국제파)'의 교조주의(敎條主義), 즉 중국 현실을 무시하고 마르크스-레닌주의 원리를 무조건으로 적용하려는 태도를 비판할 때 강조했던 원칙이다. 건국 이후에는 마오가 당정간부의 관료주의와 형식주의를 비판할 때 군중노선을 강조했다. 대약진운동(1958~1960년)과 문화대혁명(1966~1976년)은 마오가 생각하는 군중노선에 따라 정치운동을 전개한 대표적인 사례라고 할 수 있다.

위의 〈당장〉에서 이미 살펴보았듯이, 민주집중제는 "군중노선이 공산당의 생활 중에 운용된 것"이다. 〈당장〉에 따르면, "당은 자신의 업무에서 군중노선을 실행"해야 하는데, 이것은 "모든 것은 군중을 위하고, 모든 것은 군중에 의지하며, 군중에서 나와 군중으로 들어가서 당의 정확한 주장을 군중의 자각적인 행동으로 변화시키는 것"을 말한다. 이처럼 민주집중제의 '민주' 원칙은 군중노선을 실행할 경우에만 실현될 수 있다. 그래서 민주집중제와 군중노선은 밀접히 연결되어 있다고 주장한다.

또한 〈당장〉에 따르면, 공산당이 군중노선을 지켜야 하는 이유는, "우리 당의 최대 정치우세가 군중과의 밀접한 연계고, 당 집권 이후의 최대 위험이 군중과의 괴리"이기 때문이다. 그래서 〈당장〉은 "당의 작풍(黨風) 문제, 당과 인민 군중 간의 연계 문제는 당의 생사존망(生死存亡)과 관련된 문제"라고 규정한다. 전국에 만연한 당정간부의 관료주의와 형식주의, 부정부패는 군중노선에서 이탈한 현실을 적나라하게 보여준다. 공산당이 정풍운동(整風運動, rectification campaign)과 부패 척결 운동(反腐敗運動, anti-corruption campaign)을 계속 추진하는 것은 이 때문이다.

(3) '국가'의 민주집중제 원칙

그런데 민주집중제는 공산당뿐만 아니라 국가의 정치 원리이기도 하다. 다만 그 내용이 상당히 다르다. 〈헌법〉은 이를 다음과 같이 표현한다. 이것도 중국의 정치제도를 이해하는 데 매우 중요하기 때문에 자세히 살펴볼 필요가 있다.

"제3조 중화인민공화국의 국가기관은 민주집중제 원칙을 실행한다.

전국인민대표대회와 지방 각급 인민대표대회는 민주 선거로 구성(産生)하고, 인민에 대해 책임지고, 인민의 감독을 받는다. [인민과 인민대표대회 간의 관계]

국가의 행정기관, 감찰기관(監察機關), 심판기관, 검찰기관(檢察機關)은 인민대표대회가 구성하고, 그것[인민대표대회]에 책임지고, 그것의 감독을 받는다. [인민대표대회와 국가기관 간의 관계]

중앙 국가기관과 지방 국가기관 간의 직권(職權: 권한) 구분은, 중앙의 통일 영도하에 지방의 능동성(主動性) 및 적극성을 충분히 발휘한다는 원칙을 준수한다. [중앙-지방 관계]"〈헌법〉제1장 총강 제3조)

이상의 〈헌법〉 규정이 보여주듯이, 국가에 적용된 민주집중제 원칙은 세 가지 측면의 관계를 규정한다. 첫째는 인민과 인민대표대회(人大/인대) 간의 관계다. 둘째는 인대와 국가기관 간의 관계다. 셋째는 중앙과 지방 간의 관계다.

중국도 한국처럼 인민주권론을 인정한다. 〈헌법〉에 의하면, "중화인민공화국의 일체 권력은 인민에 속한다." 그리고 인민은 자신에 속한 권력을 인대를 통해 행사한다. 즉 "인민이 국가 권력을 행사하는 기관은 전국인민대표대회(전국인대)와 각급(各級) 지방 인민대표대회(지방인대)"라는 것이다. 이처럼 인민주권론이 실현되기 위해서는 인민이 정치권력을 행사하는 통로이자 권력기관인 전국인대와 각급 지방인대가 반드시 인민의 선거로 구성되어야 한다. 첫 번째 규정은 이를 명시한 것이다.

또한 인민이 선출한 전국인대와 각급 지방인대는 중앙과 지방의 국가기관을 선출할 뿐만 아니라 그것을 감독해야 한다. 두 번째 규정은 이를 명시한 것이다. 이렇게 하면 인대 제도를 통해 인민주권론이 실현될 수 있다. 세 번째 규정은 중앙과 지방 간의 상호 관계를 명시한 것이다. 이처럼 민주집중제 원리에 따라 구성된 중국의 정치제도는 민주주의 국가의 삼권분립 제도와는 크게 다르다.[23]

4. 당관간부 원칙: '공산당만이 간부를 관리한다'

공산당 영도 체제를 실현하는 세 번째 원칙은 당관간부(黨管幹部) 원칙이다. 이는 오직 공산당만이 공산당, 국가기관, 국유기업, 공공기관, 인민단체의 간부에 대한 인사권을 행사할 수 있다는 원칙이다. 이 원칙은 공산당이 당정기관과 사회조직 등에서 '영도 핵심'이 될 수 있도록 보장하는 가장 중요한 수단 중 하나다. 또한 이것은 공산당이 영도 체제를 유지하기 위해서는 절대로 포기할 수 없는 원칙이기도 하다.

중국에서 정치 민주화가 이루어지기 위해서는 '공산당 전면 영

도' 원칙과 함께 당관간부 원칙이 폐기되어야 한다. '공산당 전면 영
도' 원칙이 폐기되어야만 공산당은 '영도당'이 아닌 단순한 '집권당'
으로 바뀌고, 그래야만 다당제(多黨制)가 도입되어 다양한 정치 세
력 간에 집권을 위한 경쟁이 가능해지기 때문이다. 또한 당관간부
원칙이 폐기되어야만 공산당의 인사권 독점이 사라지고, 대신 국
민이 대통령이나 국회의원 같은 정치 지도자를 자유경쟁 선거를
통해 선출할 수 있기 때문이다.

'당관간부' 원칙의 규정

〈당장〉의 '제6장 당 간부'에는 공산당이 집행하는 몇 가지 간부
관리 원칙을 규정하고 있다. 이에 따르면, "당 간부는 당 사업의 골
간(骨幹)이고, 인민의 공복(公僕)으로, 충성스럽고 깨끗하게 맡은 일
을 수행해야 한다." 또한 〈당장〉은 개혁기에 공산당이 추진하고 있
는 '간부 사화(四化)', 즉 '네 가지 변화' 방침을 강조한다. 이는 "간
부 대오의 혁명화, 연소화(年輕化), 지식화, 전문화(專業化)"를 말한
다. 여기서 '혁명화'는 공산당 영도와 개혁·개방의 지지, '연소화'는
40대와 50대의 비교적 젊은 지도자의 임용, '지식화'는 대학 졸업
이상의 학력 보유, '전문화'는 특정 분야의 전문 지식과 능력 보유
를 가리킨다. 다만 〈당장〉에는 당관간부라는 표현이 등장하지 않
는다.

당관간부라는 말은, 1983년 4월에 공산당 중앙 조직부가 간부

관리 개혁 좌담회를 개최했을 때 사용했다.[24] 이 원칙의 의미는, 당 정간부에 대한 관리 권한(즉 인사권)은 공산당의 각급(各級) 위원회와 각 부서(예를 들어, 조직부)만이 행사할 수 있고, 기타 어떤 기관과 조직도 이에 대한 권한이 없다는 것이다.[25] 이 원칙을 견지해야만 하는 이유는, 이것이 '공산당 전면 영도' 원칙을 보장할 수 있기 때문이다. 즉 당관간부 원칙은 "공산당 영도가 간부 인사 업무 중에서 중요하게 체현된 것으로, 당의 전면 영도를 견지 및 강화하고, 당의 집권 지위를 공고히 하며, 당의 집권 사명을 이행하게 하는 근본적인 보장"이다.[26]

그래서 공산당 조직 및 인사와 관련된 모든 당규(黨規)에는 당관간부 원칙이 명시되어 있다. 예를 들어, 2019년 3월에 수정된 〈공산당 영도간부 선발 임용 공작조례〉에는 공산당이 인사 업무에서 지켜야 할 첫 번째 원칙으로 당관간부 원칙을 제시하고 있다. 또한 2021년 4월에 반포된 〈공산당 조직 공작조례〉에는 공산당이 조직 업무에서 지켜야 할 원칙으로 '공산당 전면 영도' 견지, 조직노선의 정치노선 복무 견지, 민주집중제 견지, 군중노선 견지와 함께 다섯 번째로 이 원칙을 제시한다. 〈중국 공무원법〉(2018년 수정)도 예외는 아니다. 이 법의 제4조는 "공무원 제도는 공산당 영도를 견지"하며, "당관간부 원칙을 견지"한다고 규정하고 있다. 다른 국가에서는 정부가 국가 공무원을 관리하지만, 중국에서는 공산당이 관리한다. 당관간부 원칙이 여기에도 적용되기 때문이다.

한편 당관간부 원칙은 크게 네 개의 내용으로 구성된다. 첫째, 공산당은 제반 간부 업무를 영도한다. 둘째, 공산당은 중요 간부를 추천 및 관리한다. 이것이 가장 중요한 요소다. 셋째, 공산당은 간부 인사제도의 개혁을 지도한다. 넷째, 공산당은 간부 인사 업무의 거시 관리와 감독을 수행한다.[27] 그리고 이와 같은 원칙을 실행하는 방식이 '간부직무명칭표(幹部職務名稱表, nomenklatura)' 제도다.[28] 이는 공산당이 소련공산당의 제도를 도입한 것으로, 1950년대 초부터 실행하여 지금까지 이어지고 있다. 1990년대에는 자체적으로 국가 공무원 제도를 수립하여 운영하고 있다.

5. 통일전선 원칙: 공산당 영도하의 다당합작

공산당이 영도 체제를 실현하는 네 번째 원칙은 '통일전선(統一戰線, united front)'이다. 원래 통일전선 원칙을 고안한 장본인은 마오쩌둥이 아니라 레닌(V.I. Lenin)이었다. 그는 러시아 혁명에서 이 전략을 사용했고, 이후 통일전선은 다른 국가의 공산당에게도 전파되었다. 실제로 소련공산당은 이후에도 중국 등 다른 국가에서 전개된 사회주의 혁명을 지도할 때, 통일전선 전략을 매우 중시했다. 스탈린이 사실상 지도하던 코민테른(Communist International/

Comintern)이 1924년에 공산당과 국민당 간의 합당을 지시한 것이 대표적인 사례다.

그런데 마오쩌둥이 강조한 통일전선 원칙은 이런 러시아 혁명 경험보다는 중국 자체의 혁명 경험에서 만들어낸 것이라고 할 수 있다. 이 원칙은 사회주의 혁명 과정에서 공산당이 국민당에 반대하는 '민주(民主) 세력'과 일본 제국주의 침략에 반대하는 '애국(愛國) 세력'을 총결집하여 혁명에 성공할 수 있도록 만들어준 중요한 혁명 노선이자 활동 전략이다. 현재는 공산당이 당 밖에 있는 주요 사회 세력과 유력인사를 통합하는 원칙으로 이를 활용하고 있다.

1949년에 중국이 건국된 이후, 통일전선 원칙은 이전보다 역할이 많이 축소되었다. 그러나 현재도 공산당 밖에 있는 다양한 사회 조직과 유력인사를 대상으로 공산당 영도를 실현하는 중요한 원칙으로 일정한 역할을 담당하고 있다. 공산당 영도하의 다당합작(多黨合作) 제도와 중국 인민정치협상회의(政協/정협) 제도가 대표적인 사례다. 또한 이외에도 대만과의 통일 문제 해결과 해외 화교와의 협력 강화에도 이 원칙이 활용되고 있다.

(1) '통일전선' 원칙의 규정

〈당장〉은 '통일전선' 원칙을 명확히 규정하고 있다.

"중국공산당은 전국 각 민족의 노동자·농민·지식인과 일치단결하고, 또한 각 민주당파(民主黨派), 무당파 인사(無黨派人士), 각 민족의 애국 세력(力量)과도 일치단결한다. [공산당은] 전체 사회주의 노동자, 사회주의 사업의 건설자, 사회주의를 옹호하는 애국자, 조국 통일을 옹호하고 중화민족의 위대한 중흥을 위해 힘쓰는 애국자들로 구성된 가장 광범위한 애국 통일전선(統一戰線)을 더욱 발전시키고 장대(壯大)하게 한다."

이와 비슷하게 〈공산당 통일전선 공작조례〉(2020년 수정)도 통일전선에 대해 다음과 같이 규정한다.

"통일전선은 공산당이 영도하고, 노동자와 농민의 연맹(工農聯盟)을 기초로 하며, 전체 사회주의 노동자, 사회주의 사업의 건설자, 사회주의를 옹호하는 애국자, 조국 통일과 중화민족의 위대한 부흥에 노력하는 애국자들의 연맹이다."

위의 두 가지 규정에 따르면, 공산당이 추진하는 통일전선의 대상은 여러 가지로 나눌 수 있다. 예를 들어, 민족 측면에서는 한족과 55개 소수민족을 포함하는 전체 중화민족(中華民族)이 통일전선의 대상이다. 계급 측면에서는 노동자·농민·지식인 등 전체 '인민'이 그 대상이다. 그 밖에도 정치 세력 측면에서는 공산당 이외에 각 '민주당파, 무당파 인사, 각 민족의 애국 세력'이 대상이다.

또한 이렇게 해서 구성된 통일전선의 성격은 '애국 통일전선'이
다. 여기에는 사회주의를 옹호하고, 중화민족의 단결과 발전을 지
지하며, 중국과 대만의 통일을 옹호하고, 중화민족의 위대한 중흥
을 실현하기 위해 힘쓰는 모든 사람이 포함된다. 따라서 애국 통일
전선에는 중국 내의 '당외(黨外) 인사'뿐만 아니라, 홍콩·마카오·대
만에 거주하는 중국인과 대만인, 동남아시아를 포함하여 전 세계
에 거주하는 화교(華僑)도 포함된다.

(2) 중국 인민정치협상회의(정협) 제도

공산당의 통일전선 원칙을 국가 정치제도로 구체화한 것이 바
로 정협이다.[29] 정협은 중앙에 구성된 정협 전국위원회(全國政協/전
국정협)와 현급(縣級: 한국의 군 단위) 이상의 각급 지방에 구성된 정
협 지방위원회(地方政協/지방정협)로 나눌 수 있다. 〈헌법〉에 따르면,
"중국 인민정치협상회의는 가장 광범위한 대표성을 가진 통일전선
조직으로, 중요한 역사적 역할을 발휘했고, 이후에도 국가의 정치
생활·사회생활·대외 우호 활동에서, 또한 사회주의 현대화 건설
및 국가 통일의 수호와 단결 투쟁에서 더욱 중요한 역할을 발휘할
것이다."

게다가 정협은 "중국공산당이 영도하는 다당합작과 정치협상
제도로서 장기간 존재하고 발전할 것이다." 정협의 주된 기능(역할)
은 공산당과의 '정치협상(政治協商), 민주감독(民主監督), 정치참여

〈표 1-4〉 전국정협을 구성하는 '민주당파'와 '무당파 인사'의 조직 상황

번호	정당	전국 인대 대표	전국 인대 상무위원	당원	성급 (省級) 조직	창립 연도
1	중국국민당 혁명위원회 (民革)	44	6	131,401 (2017년)	30	1948년
2	중국민주동맹 (民盟)	57	9	282,000 (2016년)	30	1941년
3	중국민주건국회 (民建)	57	3	170,000 (2018년)	30	1945년
4	중국민주촉진회 (民進)	58	7	156,000 (2014년)	29	1945년
5	중국농공민주당 (農工黨)	54	7	144,000 (2014년)	30	1930년
6	중국치공당 (致公黨)	38	3	48,000 (2015년)	30	1925년
7	구삼학사(九三學社)	63	4	167,218 (2017년)	30	1946년
8	대만민주자치동맹 (臺盟)	13	3	3,000 (2017년)	18	1947년
9	무당파(無黨派) 인사	472	10			
소계		856	52	1,101,628	197	
10	중국공산당	2,095	118	91,920,000 (2019년)	31	1921년
총계		2,980 (궐석 29)	175 (궐석 5)			

자료: 「中華人民共和國政黨」, 〈維基百科〉, https://zh.wikipedia.org; 「全國人民代表大會」, 〈維基百科〉,
zh.wikipedia.org (검색일: 2021. 6. 9).

(參政議政)' 등 세 가지다.[30] 그런데 정협은 이 모든 활동에서 "중국 공산당이 영도 지위를 차지하며, 중국공산당의 영도 견지는 인민 정협이 반드시 준수해야 하는 근본적인 정치 원칙"이라는 점을 인정하고 준수한다.[31]

〈표 1-4〉가 보여주는 것처럼, 전국정협과 각급 지방정협에는 중국에서 '유일한 집권당(執政黨)'인 공산당 이외에, '참정당(參政黨)'이라 불리는 여덟 개의 민주당파(民主黨派), 어떤 정당에도 소속되지 않지만 상당한 사회적 영향력이 있는 '무당파(無黨派) 인사'가 참여한다.[32] 이들 외에도 총공회(總工會: 노조연합회), 부녀연합회(婦聯), 공산주의청년단(共青團), 공상업연합회(工商聯) 등 인민단체도 정협의 중요한 참여 세력이다.

이 중에서 민주당파 조직은 중앙과 성급(省級)·지급(地級)·현급(縣級) 지방에만 설립된다. 다시 말해 향급(鄕級: 향과 진)과 기층 단위에는 민주당파 조직이 없다. 전체 민주당파 당원은 약 100만 명 정도로 추산되지만, 정확한 통계는 중국 당국이 발표하지 않아 알수가 없다. 광범위한 기층조직과 일반 당원을 보유하고 있는 공산당과 달리, 민주당파는 이처럼 기층조직도 없고 일반 당원도 없는 일종의 '간부정당(cadre party)'이다. 그러나 민주당파는 공산당 영도를 수용한 상태에서 공산당과의 정치협상에 참여하기 때문에 엄밀한 의미에서는 정당이라고 말할 수 없다. 독자적으로 정치권력을 장악하려고 시도하지 않기 때문이다. 그래서 학자들은 이들을 공산당의 '들러리 정당(satellite party)'이라고 부른다.

공산당이 주도하는 통일전선 조직인 정협은, 실질적인 내용 면에서 보면 공산당과 다른 정치 세력이 함께 참여하여 정치협상을 벌이는 민간기구의 성격을 갖고 있다. 그러나 법률적으로는 정협이 국가기관으로 분류되고, 그 실무자들도 국가 공무원에 포함된다. 이런 애매한 정협의 성격에 대해 제8기 전국정협 주석이었던 리루이환(李瑞環)은 1993년에 인도를 방문하면서 이렇게 재미있게 표현했다.

"관(官)이라고 말하면 관이고, 민(民)이라고 말하면 민이며, 관이기도 하고 민이기도 하고, 관이 아니기도 하고 민이 아니기도 하다(說官亦 官, 說民亦民, 亦官亦民, 非官非民)."[33]

이상에서 우리는 공산당의 성격과 목표, 네 가지 영도 원칙을 자세히 살펴보았다. 이제는 지면을 바꾸어 이런 영도 원칙을 실현하기 위해 구성된 공산당 조직과 당원에 대해 자세히 살펴보도록 하자.

**1-1(위) 중국공산당 제1차 당대회 회의: 발언
하고 있는 마오쩌둥**(1921년 7월 23일)

1-2(아래) 중국공산당 제1차 당대회 개최지
(상하이시)(1921년 7월 23일)

"중국공산당은 중국 노동자계급의 선봉대
이고, 중국 인민과 중화민족의 선봉대이며,
중국 특색 사회주의 사업의 영도 핵심이다.
[중략] 당의 최고 이상과 최종 목표는 공산주
의의 실현이다. [중략] 공산당 영도는 중국 특
색 사회주의의 가장 본질적인 특징이고, 중
국 특색 사회주의 제도의 가장 우세한 점이
다. 당(黨)·정(政)·군(軍)·민(民)·학(學)과,
동(東)·서(西)·남(南)·북(北)·중(中)에서 당
은 일체를 영도한다." 《당장(黨章) 중에서》

**1-3 「중화인민공화국 중앙인민정부 공고(公
告)」를 낭독하는 마오쩌둥(톈안먼 광장/1949년
10월 1일)**

"우리 인민해방군은 전국 인민의 도움을 받
아 반동 군대를 소멸시키고, 국민당 정부의
반동 통치를 뒤집었다. [중략] 이제 인민해방
군이 승리하여 전국 대다수 인민은 해방되
었다. 이에 기초하여 전국 인민의 의지를 대
표하여 〈중화인민공화국 인민정부조직법〉
을 제정하고 [지도부를] 선출했다. [중략] 중앙
인민정부위원회를 구성하고, 중화인민공화
국의 성립을 선포하며, 아울러 베이징을 중
화인민공화국의 수도로 결정한다." (「중앙인
민정부 공고」 중에서)

**1-4 전국인민대표대회 제1차 회의장에 입장
하는 대표들(1954년 9월)**

"중화인민공화국의 일체 권력은 인민에 속
한다. 인민이 국가 권력을 행사하는 기관은
전국인민대표대회와 지방 인민대표대회다.
전국인민대표대회와 지방 인민대표대회는
민주 선거로 구성하고, 인민에 대해 책임지
고, 인민의 감독을 받는다. [중략] 국가의 행
정기관, 감찰기관, 심판기관, 검찰기관은 인
민대표대회가 구성하고, 그것에 책임을 지
고, 그것의 감독을 받는다." 《헌법》 중에서)

**1-5(위) '공산당이 없었으면 신중국도 없다'
음악회(2021년 6월)**

**1-6(아래) '공산당이 없었으면 신중국도 없
다' 선전 포스터**

이 혁명가요의 가사는 틀린 말이 아니다. 현
재의 중국이 얼마나 '신(新)' 중국인지는 몰
라도, 공산당이 없었으면 사회주의 중국은
없었을 것이기 때문이다. 중국에서는 국가보
다 공산당이 먼저 만들어졌고, 공산당이 혁
명에 성공함으로써 국가가 수립될 수 있었
다. 공산당은 1921년에 창당되었고, 홍군(紅
軍)(인민해방군)은 1927년에 창설되었으며,
중화인민공화국은 1949년에야 건국되었다.
그 결과 당정간부는 말할 것도 없고, 일반 국
민 사이에서도 가장 권위가 있는 정치조직
은 국가가 아니라 공산당이다.

1-7 중앙 전면 의법치국 공작회의(2020년 11월)

"중화인민공화국은 의법치국(依法治國: 법률에 의거한 국가통치)을 실행하여 사회주의 법치국가를 건설한다. 모든 국가기관과 무장역량, 각 정당과 사회단체, 각 기업과 사업단위는 모두 반드시 헌법과 법률을 준수해야 한다. 헌법과 법률을 위반하는 일체 행위는 반드시 추징한다. 어떤 조직 혹은 개인도 모두 헌법과 법률을 넘어서는 특권을 가질 수 없다." (〈헌법〉 중에서)

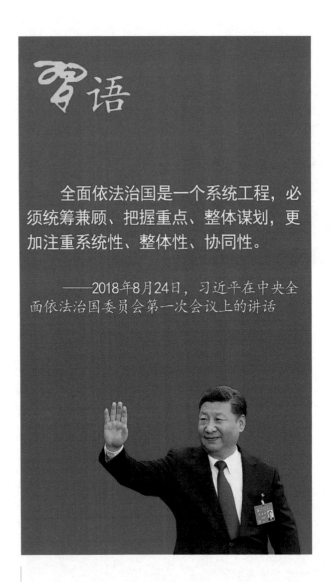

習语

全面依法治国是一个系统工程，必须统筹兼顾、把握重点、整体谋划，更加注重系统性、整体性、协同性。

——2018年8月24日，习近平在中央全面依法治国委员会第一次会议上的讲话

1-8 중앙 전면 의법치국 위원회 제1차 회의에서의 시진핑 연설(2018년 8월)

시진핑 어록(習語): "전면적인 의법치국은 하나의 체계적인 공정(系統工程)으로, 반드시 종합적으로 고려하고, 중점을 파악해야 하며, 전체 계획을 도모해야 한다. 또한 [전면적인 의법치국은] 계통성, 정체성, 협동성에 더욱 주의해야만 한다."

1-9 〈중국공산당 장정(黨章)〉

국가에 〈헌법〉이 있듯이, 공산당에는 '당의 헌법'인 〈당장〉이 있다. 〈당장〉은 엄밀히 말하면 공산당 조직과 당원에게만 적용되는 정당의 법규일 뿐이지만, 실제로는 〈헌법〉과 동등하거나 〈헌법〉보다 더 높은 정치적 권위가 있다. 중국에서는 공산당이 국가보다 더 큰 정치적 권위가 있듯이, 〈당장〉이 〈헌법〉보다 더 큰 권위가 있다는 말이다.

1-10 '인민을 위해 봉사한다(為人民服務)'는 마오쩌둥 글씨(베이징 중난하이 신화문)

"중국공산당 당원은 반드시 온 마음을 다해 인민을 위해 봉사해야 하고, 개인의 일체 희생을 아끼지 말아야 하며, 공산주의의 실현을 위해 죽을 때까지 분투해야 한다. 공산당 당원은 영원히 노동 인민의 평범한 일원이다. 법률과 정책이 규정한 범위 내의 개인 이익과 업무 직권 이외에 모든 당원은 어떠한 사익과 특권도 추구할 수 없다." (《당장》중에서)

1-11 '개혁·개방의 총설계사' 덩샤오핑(1980년 10월)

덩샤오핑은 '하나의 중심과 두 개의 기본점'이라는 '사회주의 초급
단계의 기본 노선'을 제시했다. '하나의 중심'은 '경제건설'을 말한
다. '두 개의 기본점'은 '개혁·개방 견지'와 '사항(四項) 기본원칙 견
지'를 말한다. 이는 '하나의 중심'을 실현하기 위한 수단이다. 이것이
바로 덩샤오핑 이론의 핵심 내용이다. 즉 경제발전이라는 최고의 목
표('하나의 중심')를 달성하기 위해, 공산당 영도('사항 기본원칙 견지')
하에 국가 주도로 개혁·개방 정책('개혁·개방 견지')을 추진한다는 것
이다.

1-12 '덩샤오핑 이후의 지도자' 후진타오(胡錦濤), 장쩌민(江澤民), 시진핑(習近平)

장쩌민은 혁명원로가 퇴장한 이후에 정치무대에 등장한 '행운아'였다. 그는 모든 수단과 방법을 총동원하여 권력을 거머쥐기 위해 분투했다. 반면 후진타오는 엘리트 정치의 제도화와 개방화를 위해 노력했다. 주요 정책을 결정할 때는 지도자 간의 협의와 타협을 강조했다. 현재 시진핑은 장쩌민을 능가하는 '권력의 화신'의 모습을 보여주고 있다. 그는 권력을 공산당 중앙과 총서기 개인으로 집중시켰다. '제2의 마오쩌둥'이 되려는 모양이다.

1-13 민주집중제 학습(장쑤개방대학 당위 학습
조/2020년 4월)

민주집중제는 '네 개의 복종'을 강조한다. 즉
개인은 조직에, 소수는 다수에, 하부는 상부
에, 전 당원과 조직은 당 중앙에 복종해야 한
다. 이 중에서 네 번째 복종이 가장 중요하다.
이것이 공산당의 '정치 원칙'이자 '당성(黨
性)'이다. 당원이 당성을 가져야 한다는 말은,
곧 당원이 공산당 중앙에 절대로 복종하고,
당의 명령과 지시에 무조건 따라야 한다는
뜻이다.

1-14 리커창 총리의 농촌 방문(산시성 바오지
시 따완촌/2017년 7월)

군중노선은, '모든 것은 군중을 위하고, 모든
것은 군중에 의지하며, 군중에서 나와 군중
으로 들어가서 공산당의 정확한 주장을 군
중의 자각적인 행동으로 변화시키는 것'을
말한다. 군중노선을 준수해야 하는 이유는,
'공산당의 최대 정치적 우세가 군중과의 밀
접한 연계이고, 당 집권 이후의 최대 위험이
군중과의 괴리'에 있기 때문이다. 〈당장〉은
"당의 작풍 문제, 당과 인민 군중 간의 연계
문제는 당의 생사존망과 관련된 문제"라고
규정한다. 전국에 만연한 당정간부의 부정
부패는 군중노선에서 이탈한 공산당의 현실
을 적나라하게 보여준다.

1-15 시진핑 총서기의 기업 방문(허난성 정저
우시 석탄기계 기업/2019년 9월)

공산당은 제19차 당대회(2017년)에서 '시진
핑 사상'을 공산당의 지도이념으로 채택했
다. 그러면서 '중화민족의 위대한 중흥'이라
는 '중국의 꿈(中國夢)'을 새로운 국정 목표
로 제시했다. 또한 공산당은 이를 달성하기
위해 건국 100주년이 되는 2049년 무렵에
는 미국에 버금가는 초강대국(superpower)
이 되겠다는 '3단계 발전전략'을 선포했
다. 이것은 덩샤오핑이 1980년대에 제시한
'3단계 전략'을 계승 발전시킨 것이다.

**1-16 마오쩌둥과 제1기 정치협상회의 준비
위원회 상무위원들(1949년 7월)**

"중국 인민정치협상회의(인민정협)는 가장 광
범위한 대표성을 가진 통일전선 조직으로,
중요한 역사적 역할을 발휘했다. 이후에도
국가의 정치 생활, 사회생활, 대외 우호 활동
에서, 또한 사회주의 현대화 건설 및 국가통
일의 수호와 단결 투쟁에서 더욱 중요한 역
할을 발휘할 것이다. [인민정협은] 공산당이
영도하는 다당합작과 정치협상 제도로서 장
기간 존재하고 발전할 것이다. [중략] [인민정협
의 주요 기능은] 정치협상, 민주감독, 정치참여
다." (《헌법》 중에서)

**1-17 중국인민정치협상회의 제13기 전국위
원회 제1차 회의(2018년 3월)**

전국정협은 실제로는 공산당과 다른 정치
세력이 정치협상을 벌이는 민간기구에 불
과하다. 그러나 법률적으로는 국가기관으
로 분류되고, 그 실무자들도 국가 공무원으
로 간주된다. 전국정협의 이런 애매한 성격
에 대해 전국정협 주석이었던 리루이환(李瑞
環)은 재미있게 표현했다. "관(官)이라고 말
하면 관이고, 민(民)이라고 말하면 민이며,
관이기도 하고 민이기도 하고, 관이 아니기
도 하고, 민이 아니기도 하다(說官亦官, 說民亦
民, 亦官亦民, 非官非民)."

제2부

공산당 조직

♦♦♦♦

제1부에서 살펴본 공산당 영도 체제와 영도 원칙은 그것을 실현할 수 있는 효과적인 집행수단(leverage)과 행위자(agent)가 있어야만 현실에서 실제적인 의미를 가질 수 있다. 공산당 '조직'과 '당원'이 그 것이다. 만약 공산당이 견실한 조직과 충성스러운 당원을 동원하여 영도 원칙을 실제로 집행할 수 없다면, 이런 네 가지 영도 원칙은 종이 위에만 존재하는 공허한 정치 선언으로 끝날 것이다. 이렇게 되면 공산당 영도 체제가 제대로 작동하지 않는다는 점은 말할 필요도 없다. 우리가 공산당 영도 체제와 영도 원칙을 살펴본 다음에 당 조직과 당원을 살펴보려고 하는 이유는 바로 이 때문이다.

공산당 조직은 지역별로는 '중앙(center)—지방(local level)—기층 (basic level)'이라는 세 개의 층위로 나뉜다. 첫째는 공산당 '중앙조직' 이다. 여기에는 공산당 전국대표대회(당대회), 중앙위원회, 중앙정치국, 중앙정치국 상무위원회, 중앙서기처, 중앙기율검사위원회(중앙기위), 중앙군사위원회(중앙군위)가 속한다.

둘째는 공산당 '지방조직', 즉 각급(各級) 공산당 지방위원회다. 여기에는 공산당 성(省)(자치구·직할시) 위원회, 공산당 시(市)(자치주) 위원회, 공산당 현(縣)(시·구) 위원회가 속한다.

셋째는 공산당 '기층조직'이다. 당 기층조직은 도시와 농촌 등의 기층사회, 공산당·국가기관·국유기업·공공기관(사업단위)·인민단체 등 기층 단위, 인민해방군과 무장경찰 부대 등 군(軍)의 부대 단위에 설치된다. 당 기층조직은 다시 당원 규모에 따라 세 가지로 나뉜다. 당원이 100명 이상이면 당 기층위원회(黨委員會), 당원이 50명에서 100명 사이면 당 총지부(黨總支部), 당원이 세 명에서 50명 사이면 당 지부(黨支部)를 설립할 수 있다.

또한 공산당 조직은 직능(역할)에 따라 '영도기관(領導機關)'과 '사무기구(辦事機構/辦公機構)'로 나눌 수 있다. 이를 우리 몸에 비유하면, 영도기관은 머리(두뇌)에 해당하고, 사무기구는 손발에 해당한다. 당 영도기관은 중요한 정책과 인사 문제를 결정하고, 전 조직과 당원을 영도하는 권력기관이다. 공산당 당대회, 중앙위원회, 정치국, 정치국 상무위원회가 대표적이다. 지방도 마찬가지다. 반면 당 사무기구는 영도기관이 결정한 정책을 세부 업무 영역에서 집행하는 실무 조직이다. 공산당 판공청, 조직부, 선전부, 통일전선부(통전부), 대외연락부, 정법위원회, 정책연구실 등이 대표적이다.

그런데 공산당 위원회와 기층조직 이외에도 공산당에는 두 가지 종류의 '특별한' 영도조직이 있다. 첫째는 공산당 밖에 있는 중요한 '비당(非黨) 조직', 즉 국가기관·국유기업·공공기관·인민단체에 설립하는 당조(黨組, party group)다. 당조는 공산당 위원회가 동급의 국가기관과 공공기관 등에 설립한 일종의 '파견조직'이다. 이런 성격에 맞게 당조는 해당 기관의 '핵심 영도기관'으로서 자신을 파견한 당 위원회를 대신하여 주요 정책과 인사 문제를 결정한다.

예를 들어, 국무원, 전국인민대표대회(전국인대: 중앙 의회), 중국인민정치협상회의 전국위원회(전국정협: 통일전선 조직), 최고인민법원, 최고인민검찰원에는 각 기관의 지도부, 즉 국무원 총리·부총리·국무위원, 전국인대 위원장과 부위원장, 전국정협 주석과 부주석, 최고인민법원 원장과 부원장, 최고인민검찰원 검찰장과 부검찰장으로 구성된 당조가 있다. 이 당조는 공산당 중앙의 하부 기관으로, 공산당 중앙의 명령에 복종한다. 이처럼 당조가 구성되어 통제하기 때문에, 국무원과 전국인대 등 국가기관과 공공기관은 법률적으로는 공산당 중앙의 하부 기관이 아니어도 공산당 영도 체제를 벗어날 수 없다.

둘째는 공산당 중앙과 각급(各級) 지방위원회 산하에 설치된 여러 가지 종류의 영도소조(領導小組, leading small group)다. 한국의 정치제도 중에서는 국가안전보장회의(NSC)가 영도소조와 비슷하다. 국가안전보장회의에는 대통령을 의장으로, 국무총리, 대통령 비서

실장, 외교·안보·통일 관련 부서 장관이 참여한다. 영도소조는 '영도소조', '위원회(委員會)', '조정소조(協調小組)', '공작소조(工作小組)' 등 다양한 이름으로 불린다. 이름은 달라도 성격과 임무는 같다. 현재 공산당 중앙에만 36개 이상의 각종 영도소조가 있다.

공산당은 영도소조를 '정책 결정 의사 조정(決策議事協調) 기구'라고 부른다. 이런 성격에 맞게 영도소조는 ① 정책 결정, ② 정책 조정, ③ 정책 집행 감독이라는 세 가지 임무를 수행한다. 중앙 단위를 사례로 설명하면, 첫째, 공산당 정치국과 정치국 상무위원회가 정책을 결정할 수 있도록 사전에 정책 초안을 작성하여 제출한다. 이 과정에서 영도소조는 공산당·정부·군의 주요 부서 간의 의견을 조정하고 통일한다. 말 그대로 '의제를 논의하고 조정(議事協調)'하며, '주요 정책을 결정(決策)'한다.

둘째, 정치국과 정치국 상무위원회가 결정한 정책을 당·정·군의 관련 부서가 제대로 집행하도록 독려하고 감독한다. 이와 같은 측면에서 영도소조는 정치국 및 정치국 상무위원회와 당·정·군의 실무 부서 사이에 위치하여 정책을 조정하고 집행을 감독하는 다리 역할을 담당한다고 말할 수 있다. 지방의 상황도 이와 비슷하다.

제2부에서는 이런 공산당 조직에 대해 하나하나 살펴볼 것이다.

공산당 중앙의 영도기관과 사무기구

〈당장(黨章)〉의 '제3장 당의 중앙조직'은 '공산당 전국대표대회(당대회), 중앙위원회, 중앙정치국, 중앙정치국 상무위원회(常委會/상위회), 중앙서기처(書記處), 총서기(總書記), 중앙군사위원회(中央軍委/중앙군위)'를 중앙조직으로 열거하고 있다. 여기에 열거된 조직이 바로 공산당 중앙의 영도기관이다. 이 가운데 중앙군위는 인민해방군 등 무장 역량의 영도기관으로, 공산당 전체의 영도기관은 아니다. 또한 중앙서기처는 정치국과 정치국 상무위원회를 보좌하는 '사무기구(辦事機構)'로, 역시 공산당 전체의 영도기관이라고는 할 수 없다.

또한 2020년 9월에 제정된 〈공산당 중앙위원회 공작조례(工作條例)〉(이하 〈중앙위 공작조례〉)는 공산당 중앙의 영도기관에 대해 이렇게 규정하고 있다.

"당의 최고 영도기관은 당의 전국대표대회(全國代表大會)와 그것이 선출한 중앙위원회(中央委員會)다. 전국대표대회 폐회 기간에는 중앙위원회가 당의 전체 공작을 영도하고, 대외적으로 중국공산당을 대표한다." (제1장 총칙)

"중앙위원회, 중앙정치국(政治局), 중앙정치국 상무위원회(常務委員會)는 당의 조직 체계에서 대뇌(大腦)이고 중추(中樞)다." (제2장 영도 지위)

"중앙위원회 전체회의의 폐회 기간에는, 중앙정치국과 그 상무위원회가 중앙위원회의 권한을 행사한다." (제4장 영도 직권)

위에서 살펴본 내용을 정리하면, 공산당 전체의 영도기관은 당대회, 중앙위원회, 정치국, 정치국 상무위원회, 그리고 당을 대표하는 총서기라고 말할 수 있다. 중국에서는 총서기를 제외한 나머지 중앙 영도기관을 '공산당 중앙', 줄여서 '당중앙(黨中央)'이라고 부른다. 이를 토대로 공산당 중앙의 조직 체계를 정리한 것이 〈그림 2–1〉이다.

이제 공산당 중앙의 영도기관과 사무기구를 하나하나 자세히 살펴보자.

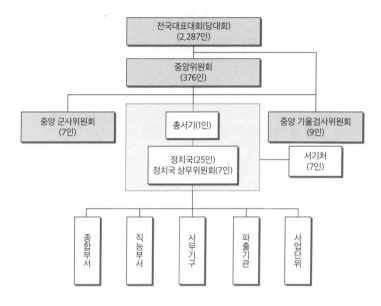

〈그림 2-1〉 공산당 중앙 영도기관과 사무기구(2020년 12월 기준)

전국대표대회(당대회)
(2,287인)

중앙위원회
(376인)

중앙 군사위원회
(7인)

총서기(1인)

중앙 기율검사위원회
(9인)

정치국(25인)
정치국 상무위원회(7인)

서기처
(7인)

종합부서

직능부서

사무기구

파출기관

사업단위

자료: 필자 작성

1. 전국대표대회(당대회):
5년에 한 번 열리는 정치행사

공산당 전국대표대회(당대회)는 중앙위원회가 소집하며, 〈당장〉의 규정에 따라 5년에 한 번씩 개최된다. 공산당 창당 초기에는 당대회가 매년 개최되었고, 마오쩌둥 시대(1949~1976년)에는 부정기적으로 개최되었다. 예를 들어, 공산당 7차 당대회가 1945년에 개최되고, 8차 당대회는 그로부터 11년이 지난 1956년에야 개최되었다. 공산당 9차 당대회는 다시 그로부터 13년 뒤인 1969년에야 개최되었다. 그러나 개혁·개방 시대에는 〈당장〉의 규정대로 5년에 한 번씩 정기적으로 열린다.

(1) 직권: 쓸 일이 거의 없는 거대한 권한

〈당장〉은 당대회 직권으로 모두 여섯 가지를 규정한다. 우리는 이를 크게 세 가지 범주로 나눌 수 있다. 첫째는 공산당 노선과 방침의 결정이다. 〈당장〉이 규정한 "당의 중대 문제 결정"이 이를 의미한다. 둘째는 〈당장〉의 제정과 수정이다. 당의 헌법인 〈당장〉은 당대회만이 제정하거나 수정할 수 있다. 셋째는 공산당 중앙 영도 기관의 선출과 감독이다. 〈당장〉이 규정한 "중앙위원회와 중앙기율검사위원회를 선거"하고, 이들 기관의 "업무보고를 청취 및 심의한다"가 이에 해당한다.[1]

당대회의 회기에 대해서는 특별한 규정이 없다. 실제 개최 상황을 보면, 예비회의와 정식회의를 포함하여 회기는 대략 1주일 정도다. 1주일은 약 2,000여 명의 대표들이 모여 중요한 문제를 깊이 있게 토론하기에는 너무 짧은 기간이다. 이는 당대회가 다루는 의제(agenda)가 사전에 이미 다른 곳에서 결정되고, 당대회는 이미 결정된 내용을 추인하여 합법화하는 역할을 담당한다는 점을 보여준다. 심하게 말하면, 당대회는 하나의 '통과의례' 또는 '요식행위'라고 할 수 있다.

(2) 당대회 대표 선출과 '대표단' 구성

당대회에 참석하는 대표(이하 당대회 대표)—한국식으로는 전당대
회 대의원—를 선출하는 일은 공산당에게 매우 중요하다. 만약 당
대회 대표가 전체 당원의 구성을 반영하지 못한다면, 당대회는 대
표성을 가질 수 없다. 또한 당대회 대표가 당규가 정한 절차에 따
라 전체 당원이 참여하는 민주적인 절차를 통해 선출되지 않으면,
역시 당대회는 대표성을 가질 수 없다. 이런 이유로 당대회 대표
선출은 준비 기간과 선거 기간을 포함하여 1년 정도 긴 시간을 거
쳐 이루어진다.

| 당대회 대표의 선거

당대회 대표 선거는 정원보다 후보가 많은 제한된 경쟁 선거, 즉
'차액선거(差額選擧)' 방식으로 실시된다. 여기서 '차액(差額)'은 정원
과 후보 간의 비율 혹은 선거에서 떨어지는 후보의 비율을 말한다.
구체적인 '차액 비율'은 〈공산당 지방조직 선거 공작조례〉(2020년
12월 수정)에 명시되어 있다. 〈선거 공작조례〉에 따르면, '차액 비율'
은 20%보다 적으면 안 된다. 예를 들어, 대표 정원이 100명이라면
후보는 최소한 120명이 되어야 선거가 유효하다.

당대회 대표는 '지역'과 '단위'(기관)에서 선출되는데, 여기서는 지

역을 사례로 살펴보자. 대표의 선출 절차는 〈공산당 지방조직 선거 공작조례〉에 4단계로 규정하고 있다. 그런데 실제 상황을 보면 선거는 5단계 과정을 거친다. 당대회 대표 선거의 1단계는 '예비후보'의 추천과 지명이다. 향(鄕)과 진(鎭)의 공산당 기층위원회(당 위원회)는 소속 당 지부(黨支部)가 추천한 예비후보를 취합하여 현급(縣級: 현·시·구) 당 위원회에 보고한다. 현급 당 위원회는 전체회의를 개최하여 '예비후보 명단'을 결정하여 상급인 성급(省級: 성·자치구·직할시) 당 위원회에 보고한다.

2단계는 예비후보의 신원 조회, 일명 '조직 고찰(組織考察)'이다. 성급 당 위원회 조직부와 기율검사위원회(紀委/기위)는 예비후보의 신원을 자세히 조사한다. 3단계는 예비후보 명단의 확정과 공표다. 누구나 공표된 예비후보의 문제, 예를 들어 부패 혐의 등을 제기할 수 있고, 제기된 문제는 공산당 조직부와 기위가 조사한다. 4단계는 '후보의 예비 명단' 확정이다. 성급 당 위원회는 회의를 개최하여 후보의 예비 명단을 확정한다. 5단계는 정식 대표 선출이다. 성급 당 위원회는 대표대회 혹은 대표회의를 개최하여 후보 가운데 정식 대표를 선출한다.[2] 이렇게 선출된 대표는 당대회 개최 직전에 구성되는 대표 자격심사위원회의 심사를 거쳐 최종 확정된다.[3]

공산당은 당대회 대표가 공산당 기층조직과 일반 당원의 민주적이고 광범위한 참여로 선출되었다고 선전한다. 보통 당원 참여율이 95% 이상이라고 주장한다. 그러나 당대회 대표의 실제 선출

과정을 보면, 최종 결정은 앞에서 보았듯이 성급(省級) 당 위원회의 몫이다. 따라서 당대회 대표 선출에서는 공산당 기층조직이나 일반 당원의 의견보다는 상층 당 위원회의 의견이 결정적인 역할을 한다고 말할 수 있다. 어쨌든 이렇게 해서 선출된 당대회 대표들은 '영예이고, 영광이며, 특권'이라고 생각하며 매우 기뻐한다.[4]

당대회 대표의 규모와 구성

〈표 2-1〉은 1949년 중국 성립 이후 지금까지 개최된 역대 공산당 당대회 대표, 중앙위원, 정치국원, 정치국 상무위원, 서기처 서기의 규모를 정리한 것이다. 이를 보면, 1992년 공산당 14차 당대회 이후 이들 규모가 일정하게 유지되고 있다는 사실을 알 수 있다.

구체적으로 당대회 대표는 당원 수가 매년 약 200만 명씩 증가했기 때문에 1992년의 2,035명에서 조금씩 증가했다. 반면 중앙위원은 정위원 약 200명, 후보위원 150~170명 등 총 350명에서 370명 선에서 유지되고 있다. 또한 정치국원은 25명, 정치국 상무위원은 7명, 서기처 서기는 7명 정도로 유지되고 있다.

앞에서 말했듯이, 당대회가 당원의 분포를 골고루 반영하기 위해서는 각 계층과 집단에 일정한 비율을 할당해야 한다. 〈표 2-2〉는 이를 정리한 것이다.

이를 보면, 노동자·농민·기층 간부와 현장의 '일선 대표'는 30%, 여성은 20%, 소수민족은 10%의 할당 비율에 맞추어 대표가

〈표 2-1〉 당대회 대표, 중앙위원, 정치국원, 정치국 상무위원, 서기처 서기의 규모

단위: 명

당대회 시기	당대회 대표		중앙위원		정치국원		정치국 상무위원	서기처	
	대표	후보	위원	후보	위원	후보		서기	후보
8기(1956년)	1,021		193		23		6	-	
			97	96	17	6			
9기(1969년)	1,512		279		25		5	-	
			170	109	21	4			
10기(1973년)	1,249		319		25		9	-	
			195	124	21	4			
11기(1977년)	1,510		333		26		5	-	
			201	132	23	3			
12기(1982년)	1,690		348		28		6	11	
	1,545	145	210	138	25	3		10	1
13기(1987년)	1,997		285		18		5	5	
			175	110	17	1		4	1
14기(1992년)	2,035		319		22		7	5	
			189	130	20	2			
15기(1997년)	2,108		344		24		7	7	
			193	151	22	2			
16기(2002년)	2,154		366		25		9	7	
			198	158	24	1			
17기(2007년)	2,270		371		25		9	6	
			204	167	25	0			
18기(2012년)	2,309		376		25		7	7	
			205	171	25	0			
19기(2017년)	2,338		372		25		7	7	
			204	168	25	0			

주: 당대회 대표의 경우 공산당 12차 당대회(1982년) 때에는 '정식 대표'와 '후보 대표'로 나누어 당대회 대표를 선출했는데, 이후에는 '후보 대표'를 뽑지 않았다. 대신 '일반 대표'(선출)와 '특별 대표'(임명)를 합해 '당대회 대표'라고 부른다.

자료: 「中國共產黨全國代表大會」, 〈維基百科〉, www.zh.wikipedia.org (검색일: 2021. 2. 5); 「中國共產黨歷次全國代表大會數據庫」, 〈人民網〉, www.people.com.cn (검색일: 2021. 2. 5); 景躍進·陳明明·肖濱 主編, 『當代中國政府與政治』(北京: 中國人民大學出版社, 2016), p. 56.

분류	16기 (2002년)	17기 (2007년)	18기 (2012년)	19기 (2017년)
일선 대표(%)*	24.3	28.4	32	33.7
여성(%)	18	20.1	-**	24.1
소수민족(%)	10.8	10.9	-	11.5
평균 연령(세)	-	-	-	51.8
학력(전문대졸 이상)(%)	91.7	93.3	-	94.2

주: * 노동자와 농민, 그리고 영도 간부가 아닌 생산 현장과 조직의 일반 간부를 가리킨다; ** '-'는 통계자료가 없다는 뜻이다.

자료: Cheng Li, "Preparing For the 18th Party Congress: Procedures and Mechanisms", *China Leadership Monitor*, No. 36 (January 2012); 19기는 필자가 추가.

선출됨을 알 수 있다. 이는 〈공산당 지방조직 선거 공작조례〉의 규정에 따른 것이다. 〈선거 공작조례〉에는 '일선 대표'가 30% 이상이어야 한다고 명시하고 있다. 소수민족 대표가 10%인 이유는, 중국 전체 인구 가운데 소수민족 비율이 대략 9%이기 때문이다. 여성과 소수민족 대표의 비율은 전국인대 등 다른 국가기관의 대표를 선출할 때도 적용된다.

| 당대회 대표단

한편 당대회 대표는 개인이 아니라 대표단(代表團)의 일원으로 당대회에 참가한다. 또한 대회 기간에 안건을 논의할 때도 대표단을 단위로 진행한다. 〈표 2-3〉은 당대회 대표단의 구성 상황을 정

<표 2-3> 당대회 대표단의 구성: 17차(2007년)와 18차(2012년) 당대회

대표단(개)	17차 당대회(2007년)(명)	18차 당대회(2012년)(명/%)
성급 지역(31)	1491*	1,558(67.5)
공산당 중앙 직속기관(1)	-**	108(4.7)
중앙 국가기관(1)	-**	184(8.0)
인민해방군(1)	296	251(10.9)
인민 무장경찰 부대(1)	-**(인민해방군에 포함)	49(2.1)
중앙 국유기업(1)	47	52(2.2)
중앙 금융기관(1)	40	42(1.8)
대만(1)	-**	-**
홍콩 중앙공작위원회(1)		- 신설***
마카오 중앙공작위원회(1)		신설***
총계	대표단 38개/대표 2,270명	대표단 40개/대표 2,309명(100)

주: • 티베트(西藏) 당대회 대표는 통계자료가 없다; •• '-' 표시는 통계자료가 없다는 뜻이다; ••• 홍콩 및 마카오 중앙공작위원회 대표단은 18차 당대회에서 신설했다가 20차 당대회에서 다시 폐지했다.

자료: 吳國光 著, 趙燦 譯, 『權力的劇場: 中共黨代會的制度運作』(香港: 香港中文大學出版社, 2018), pp. 100-101; Cheng Li, "Preparing For the 18th Party Congress: Procedures and Mechanisms", *China Leadership Monitor*, No. 36 (January 2012).

리한 것이다.

이를 보면, 대표단은 성급(省級: 성·자치구·직할시) 행정단위인 '지역', 공산당·국가기관·군(軍)·국유기업 등 주요 '단위'를 중심으로 구성된다는 사실을 알 수 있다. 대표단 총수는 공산당 17차 당대회(2007년)에서는 38개였다가 18차 당대회(2012년)부터는 40개로 늘어났다. 그런데 2022년 공산당 20차 당대회를 준비하면서 다시 대표단을 38개로 축소했다. 홍콩 대표단과 마카오 대표단을 폐지한 것이다.

또한 당대회 대표단의 구성 상황을 보면, 당대회가 어떤 집단을 중심으로 구성되고, 그들의 중요도가 어느 정도인지를 알 수 있다. 첫째, 대표단은 성급 공산당 지방위원회를 중심으로 구성된다. 공산당 18차 당대회(2012년)의 경우, 지방 대표단이 전체 40개 대표단 가운데 31개(전체의 77.5%), 전체 2,309명의 대표 가운데 1,558명(전체의 67.5%)을 차지한다. 둘째는 인민해방군과 무장경찰 부대가 1개 대표단으로, 총 300명(전체의 13%)이다. 셋째는 중앙 국가기관과 공산당 중앙 기구가 각각 1개 대표단으로, 184명(전체의 8%)과 108명(전체의 4.7%)—둘을 합하면 292명으로 전체의 12.7%—이다. 넷째는 중앙 국유기업과 금융기관이 각각 1개 대표단으로, 52명(전체의 2.2%)과 42명(전체의 1.8%)—둘을 합하면 94명으로 전체의 4%—이다. 다섯째는 대만·홍콩·마카오 대표단인데, 이들은 상징적인 의미를 가질 뿐이라서 대표 숫자를 공개하지 않는 것 같다. 참고로 앞에서 말했듯이, 홍콩·마카오 대표단은 공산당 20차 당대회에서 다시 폐지되었다.

(3) '정치 보고'와 인선안의 준비

당대회 안건(의제)은 대부분 1년 이상의 사전 준비와 정치국 및 중앙위원회의 심의를 거쳐 확정된 다음 당대회에 상정된다. 이 가운데 공산당 중앙위원회 업무보고(工作報告), 일명 '정치 보고'의 준비와 인선안 준비를 2017년 10월에 개최된 공산당 19차 당대회를 사례로 간략히 살펴보자.

| 정치 보고 준비

먼저 정치 보고 준비다. 공산당 19차 당대회가 개최되기 약 10개월 전인 2017년 1월 12일에, 총서기인 시진핑을 조장으로, 정치국 상무위원인 류윈산(劉雲山)·왕치산(王岐山)·장가오리(張高麗)를 부조장으로 하는 '문건 기초조(起草組)'가 설립되었다. 이후 같은 해 2월과 3월에는 공산당 중앙이 조직한 9개의 특별 조사조(調査組)가 16개의 성급 지방에 파견되어 관계 기관과 지방 지도자들의 의견을 청취했다. 이와 함께 중앙에서는 80개의 주제별 조사조가 구성되어 각각 80개의 조사 보고서를 제출했다. 이런 사전 조사와 준비를 토대로 문건 기초조는 5월 9일에 정치 보고 '개요(槪要)'를 작성했다. 이것이 확정된 이후에 초고 작성이 본격적으로 시작되었다.

이어서 정치국 상무위원회는 2017년 7월 13일과 20일에 문건 기초조가 작성한 정치 보고의 '초안(草案)'을 심의했다. 7월 24일에는 정치국이 초안을 심의했다. 7월 26일에는 중앙당교에서 개최된 '장관급(省部級) 주요 영도간부 연수반'에서 시진핑이 정치 보고의 대강을 연수생들에게 직접 설명했다. 이후 이들은 약 1주일 동안 이를 심의하고 의견을 제시했다.

2017년 8월에는 중앙 및 지방의 당정기관이 공산당 중앙의 요청에 따라 정치 보고의 초안을 검토하고 수정 및 보완 사항을 담은 의견서를 제출했다. 이 무렵 시진핑은 모두 다섯 차례의 좌담회를 개최하여 공산당·정부·군 및 지방 지도자로부터 수정 의견을 직접 청취했다. 이후 문건 기초조는 수렴한 의견을 반영하여 정치 보고의 '최종고(最終稿)'를 작성했고, 그것은 10월 11일 개최된 공산당 18기 7중전회에서 심의 확정되었다.[5] 마지막으로 같은 해 10월 15일에 개최된 공산당 19차 당대회 전체회의에서 시진핑 총서기가 정치 보고를 발표했다.

│ 중앙위원과 중앙기위 위원의 인선안 준비

다음으로 당대회의 지도부 인선안을 살펴보자. 엄격히 말하면, 당대회에서는 중앙위원(후보위원 포함)과 중앙기위 위원(후보위원 포함)만을 선출한다. 반면 공산당의 실질적인 지도자인 총서기, 정치국원, 정치국 상무위원, 서기처 서기는 당대회 직후에 개최되는 중앙위원회 1차 전체회의(1중전회)에서 선출된다. 그런데 보통은 중앙위원과 중앙기위 위원뿐만 아니라, 총서기 등 당 지도부도 당대회에서 선출되는 것으로 간주한다.

이렇게 보면, 당대회에서 선출하는 지도부는 두 종류로 나눌 수 있다. 첫째는 중앙위원과 중앙기위 위원이다. 둘째는 총서기, 정치국원, 정치국 상무위원, 서기처 서기다. 따라서 인선안 준비와 결정도 두 종류로 나누어 진행된다.

먼저, 중앙위원과 중앙기위 위원의 인선안 준비를 살펴보자. 정치국 상무위원회는 공산당 19차 당대회가 개최되기 1년 8개월 전인 2016년 2월에 '19차 당대회 간부 고찰 영도소조(19大幹部考察領導小組)'(이하 간부 고찰 영도소조)를 설립했다. 조장은 시진핑 총서기가 직접 맡았다. 이 영도소조가 새로 선출될 중앙위원과 중앙기위 위원의 후보 명단을 작성하는 임무를 담당하는 최고의 임시 영도조직이다.

4개월 후인 2016년 6월에 정치국 상무위원회와 정치국은 각각 회의를 개최하여 간부 고찰 영도소조가 제출한 〈19차 당대회 '두 위원회(兩委)' 인사 준비 공작 의견(工作意見)〉을 심의 통과시켰다. 여기에는 후보 인선의 조건과 구성 등에 대한 상세한 내용이 들어있다. 한 달 후인 2016년 7월에 간부 고찰 영도소조는 이 〈의견〉을 토대로 〈19차 당대회 '두 위원회' 인선 고찰 공작 전체 방안(總體方案)〉을 심의 통과시켰다. 여기에는 지역별 및 기관별로 후보 정원을 할당하는 방안, 후보를 고찰하는 방법과 절차 등에 대한 상세한 내용이 들어있다.

다음 단계로, 간부 고찰 영도소조는 중앙위원과 중앙기위 위원의 후보 명단을 작성하기 위한 실제 작업에 들어갔다. 먼저, 초보적인 인선 작업을 수행할 46개의 고찰조(考察組)를 구성했다. 이들 고찰조는 2016년 7월부터 2017년 6월까지 1년 동안 31개 성급 (省級) 지방과 124개의 당정기관, 국유기업, 금융기관, 공공기관, 인민단체에 파견되어 후보 인선 작업을 진행했다. 중앙군위도 별도로 10개의 고찰조를 구성하여 29개의 군 기관과 전구(戰區)에 파견하여 후보 인선 작업을 진행했다. 각 성급 지방에 파견된 고찰조는 자신들이 방문한 지역마다 평균 1,500명의 당정간부를 면접했고, 이런 면접을 통해 적당한 후보를 추천받았다.

마지막 단계는 중앙위원과 중앙기위 위원의 후보 인선 명단 작성이다. 이는 다시 두 단계로 나뉜다. 첫 단계는, 인선 고찰조가 제출한 초보적인 후보 인선 명단 중에서 일부를 선정하여 후보 인선 명단 '초안(草案)'을 작성하는 작업이다. 이는 간부 고찰 영도소조와 정치국 상무위원회가 담당한다. 이를 위해 간부 고찰 영도소조는 모두 7차 회의, 정치국 상무위원회는 6차 회의를 개최했다. 둘째 단계는, 이렇게 준비된 인선 명단 초안을 심의하여 후보 인선 '건의 (建議)' 명단을 작성하는 작업이다. 이를 위해 2017년 9월 25일에 정치국 상무위원회 회의가 소집되어 인선안을 심의하여 통과시켰다. 그로부터 4일 뒤인 9월 29일에는 정치국 회의가 소집되어 인선안을 확정했다. 이와 같은 절차를 통해 중앙위원과 중앙기위 위원의 인선안이 최종 확정되었다. 이것이 공산당 19차 당대회 주석단에 제출되었다.[6]

| 정치국원과 정치국 상무위원의 인선안 준비:
'민주추천제' 도입

한편 공산당 정치국원과 정치국 상무위원 등 새로운 최고 지도부를 선출하기 위한 인선안은 더욱 엄격하고 어려운 과정을 거쳐 준비된다. 이들을 어떻게 구성하는가는 공산당의 흥망성쇠가 달린 중요한 문제이기 때문이다. 또한 당 지도부의 인선을 놓고 당내 정치 세력(파벌) 간에 권력투쟁이 발생할 수도 있다. 그래서 덩샤오핑 시대에는 덩샤오핑, 천윈(陳雲), 리셴녠(李先念) 등 혁명원로가 직접 협의하여 정치국 상무위원과 정치국원을 결정했다. 혁명원로를 제외한 다른 사람은 인사 결정에 참여할 수 없었다.[7]

그런데 2007년 공산당 17차 당대회를 준비하면서 중앙 단위에도 '민주추천제(民主推薦制)'가 도입되면서 최고 지도부 인선에 참여하는 당정간부의 범위가 대폭 확대되었다. 원래 이 제도는 지방에서 공산당과 국가기관의 지도자를 선발할 때 사용되는 제도다. 예를 들면, 이런 식이다. 한 지역의 당서기와 부서기는 상급(上級) 당위원회가 결정한다. 먼저, 상급 당 위원회 조직부는 '예비후보 명단'을 작성하여 상급 당 위원회에 제출하여 비준을 받는다. 이후 상급 당 위원회 조직부는 예비후보 명단을 해당 당 위원회 간부들에게 제시한다. 그러면 해당 당 위원회 간부들은 예비후보를 대상으로 '추천 투표'를 실시하여 후보를 추천한다. 아니면 고찰조와의 개별 면담을 통해 적당한 후보를 추천한다. 이후 상급 당 위원회

조직부는 투표 결과(혹은 면담 결과)를 중요한 추천 근거로 삼아 '최종 후보 명단'을 작성하여 상급 당 위원회에 제출한다. 이렇게 제출된 명단 중에서 상급 당 위원회가 최종적으로 당서기와 부서기를 결정한다.[8]

중앙 최고 지도부의 선출에 도입된 민주추천제는 지방에서와 마찬가지로 두 가지 방식으로 실행된다. 첫째는 투표 방식이다. 이는 '민주 추천' 회의를 개최하여 '추천 투표(推薦票)'를 실행하고, 그 득표순으로 후보를 추천하는 방식이다. 구체적으로 중앙위원과 정치원로로 구성된 약 400명 정도의 선거인단은 사전에 준비된 약 200명의 예비후보—예비후보 명단은 앞에서 중앙위원과 중앙기위위원의 인선안을 준비하는 방식으로 작성된다—를 대상으로 '추천 투표'를 실시한다. 이를 '추천 투표'라고 부르는 이유는, 〈당장〉에 따르면 정치국 상무위원과 정치국원은 중앙위원회가 선출하기 때문이다. 따라서 이들 선거인단은 단지 최종 후보를 추천하는 투표를 한다는 의미에서 '추천 투표'라고 부른다.

둘째는 면담 방식이다. 이는 총서기를 비롯한 '중앙 지도자'(대개 정치국 상무위원 지칭)가 약 400명 정도의 중앙위원 및 정치원로들과 개별적으로 면담을 진행하고, 이런 면담을 통해 사전에 준비된 약 200명의 예비후보 가운데 최종 후보를 추천받는 방식이다.[9] 이것이 투표 방식과 다른 점은, 투표가 아니라 개별 면담을 통해 후보를 추천한다는 점이다. 투표 방식은 공산당 17차(2007년) 및 18차

(2012년) 당대회를 준비하면서 사용되었고, 면담 방식은 공산당 19차 당대회(2017년)를 준비하면서 사용되었다.[10]

(4) 당대회 개최 준비와 대회 운영

이렇게 전국의 지역과 단위에서 당대회 대표가 선출되고, 각종 의안, 즉 정치 보고 초안, 중앙위원과 중앙기위 위원 인선안, 정치국원과 정치국 상무위원 인선안, 〈당장〉 수정안 등에 대한 준비가 완료되면 당대회 개최를 위한 사전 준비가 끝났다고 할 수 있다. 이제 당대회를 개최하기 위한 준비에 들어가야 한다.

본격적인 당대회 개최 준비는 전기(前期) 중앙위원회 전체회의(中全會)가 개최되면서 시작된다. 이 회의에서는 당대회에 제출할 각종 안건을 최종적으로 심의하여 확정한다. 여기에는 이미 준비한 정치 보고 초안, 지도부 인선안, 〈당장〉 수정안 등이 포함된다. 지난 1년 넘게 준비한 각종 안건이 최종 확정되어 당대회 상정이 결정되는 순간이다.

| 예비회의 개최

이후 당대회 개최 직전(보통 전날)에 당대회 대표 전원이 참석하는 '예비회의(豫備會議)'가 열린다. 예비회의에서는 해당 당대회를 지도할 대회 주석단(主席團)이 선출되고, 당대회 대표의 자격을 심사할 대표 자격심사위원회가 구성된다. 또한 당대회에서 심의할 정식 안건과 회의 규칙이 결정된다. 앞에서 설명했듯이, 각종 안건은 이미 예비회의 직전에 개최된 전기 중앙위원회 전체회의에서 결정되었기 때문에 예비회의에서의 결정은 요식행위에 지나지 않는다. 마지막으로 예비회의에서는 당대회에 참석한 각 대표단의 단장(團長)을 선출한다. 대표단 단장은 대개 지역과 단위의 최고 지도자, 즉 당서기가 선출되는 것이 관례다.

당대회의 진행은 예비회의에서 선출된 당대회 주석단과 비서처(祕書處)가 주도한다.[11] 당대회 주석단의 구성원 명단은 전기 중앙위원회가 제출하고, 예비회의가 비준하는 방식으로 결정된다. 구체적으로 주석단은 전기 중앙위원과 소수의 정치원로로 구성된다. 예를 들어, 공산당 20차 당대회(2022년)의 주석단은 모두 243명으로 구성되었다. 또한 당대회 주석단 가운데 다시 주석단 상무위원회가 선출되고, 이들이 돌아가면서 당대회 전체회의의 사회를 보면서 회의를 진행한다. 주석단 상무위원회는 전기 정치국원과 소수의 정치원로로 구성된다. 예를 들어, 공산당 20차 당대회(2022년)의 주석단 상무위원회는 모두 46명으로 구성되었다.

| 당대회 전체회의

당대회 회의는 크게 '전체회의'와 '대표단 회의'로 나눌 수 있다. 공산당 총서기가 발표하는 정치 보고를 청취하고 인선안을 표결하는 등 일부 안건은 전체회의를 열어서 처리한다. 마오쩌둥 시대에는 전체회의 일정에 당대회 대표의 발언 시간이 들어있었다. 예를 들어, 공산당 7차(1945년), 8차(1956년), 9차(1969년) 당대회에서는 각 지역과 단위를 대표하는 당대회 대표들이 주요 안건에 대한 개인 혹은 대표단의 의견을 발표했다. 그러나 개혁기에는 당대회 대표 발언 제도가 폐지되었다.

또한 원칙적으로는 공산당 18차 당대회(2012년)부터 일반 당대회 대표도 당대회에 의안(議案)을 제출할 수 있다. 그러나 실제로 일반 당대회 대표가 의안을 제출한 적은 없다. 앞에서 보았듯이, 당대회 안건은 1년이 넘는 준비를 거쳐 전기 중앙위원회 전체회의에서 확정되어 당대회에 상정되기 때문에 일반 당대회 대표가 개별적으로 의안을 제출한다는 것은 현실적으로 가능하지 않다.[12]

| 당대회 대표단 회의

당대회 전체회의는 몇 번 열리지 않기 때문에 대부분의 당대회 회의는 대표단 회의를 중심으로 진행된다. 대표단 회의는 다시 두 가지로 구분된다. 하나는 '대표단 전체회의(全體會議)'이고, 다른 하나는 '대표단 소조회의(小組會議)'다. 〈표 2-3〉의 대표단 구성 상황이 보여주듯이, 대표단은 규모가 작지 않다. 예를 들어, 공산당 18차 당대회(2012년)의 경우 인민해방군은 251명, 공산당 중앙기구는 108명, 중앙 국가기관은 184명이나 된다. 지역 대표단은 산둥성 대표단(75명), 상하이시 대표단(73명), 쓰촨성 대표단(73명), 장쑤성 대표단(70명) 등 대표단 규모가 큰 경우가 많다.

따라서 당대회 안건을 깊이 있게 토론하기 위해서는 대표단을 다시 몇 개의 소조로 나누고, 각 소조의 조장(組長)을 중심으로 회의를 진행한 후에 그 결과를 대표단 전체회의와 당대회 주석단에 보고하는 방식이 효과적일 수 있다. 또한 회의 단위를 이렇게 작게 쪼개야 공산당이 대표의 안건 토론을 통제하기가 쉽다. 이런 이유로 당대회 안건은 대표단 소조회의를 중심으로 심의된다.

| 당대회 비서처

이처럼 당대회의 조직 체계는 '당대회 대표 → 대표단 소조 → 대표단 → 대회 비서처 → 대회 주석단 상무위원회 → 대회 주석단'으로 구성된다. 여기서 당대회 비서처는 주석단의 지도하에 당대회의 일상 업무를 처리한다. 비서처 업무 가운데 대회 기간에 날마다 한두 번씩 〈회의 소식지(簡報)〉를 발행하는 일이 매우 중요하다. 〈회의 소식지〉는 대표단과 대표단, 대표단과 주석단이 원활하게 소통할 수 있게 만들어주는 중요한 소통 수단이다.

〈회의 소식지〉 작성을 위해 대회 비서처는 각 대표단과 대표단 소조에 회의 연락원을 임명한다. 회의 연락원은 각 회의에 참여하여 안건의 논의 결과를 비서처에 보고하고, 비서처는 이를 취합하여 〈회의 소식지〉를 발행한다. 발행된 〈회의 소식지〉는 주석단뿐만 아니라 각 대표단과 대표단 소조에도 배포된다. 주석단은 이를 통해 각 대표단의 안건 심의 상황과 결과를 파악할 수 있다. 마찬가지로 자신의 소조회의에만 참석하는 당대회 대표도 이를 통해 다른 대표단 및 대표단 소조의 심의 결과를 이해할 수 있다.[13]

| 당대회의 두 가지 기능

이상에서 당대회에 대해 자세히 살펴보았다. 당대회를 깊이 연구한 우궈광(吳國光) 교수는 당대회가 두 가지 측면에서 중요한 의의가 있다고 주장한다. 첫째, 당대회는 공산당 지도자들의 업적을 신성화하고 합법화함으로써 이들의 권력 행사에 정통성(legitimacy)을 부여한다. 당대회의 정치 보고는 지난 5년 동안 전임 지도자들이 이룩한 성과를 높이 평가한다. 이를 통해 퇴임하는 지도자들에게는 역사적 지위를 부여하고, 그들의 업적은 신성시된다. 동시에 연임(連任)하는 지도자에게는 권력을 다시 행사할 수 있는 정치적 근거를 제공한다. 지난 5년 동안 훌륭한 업적을 달성했기 때문에 향후 5년 동안 권력을 다시 행사하는 일이 정당하다는 것이다. 이처럼 당대회를 통해 공산당 지도자들은 권력 행사의 정통성을 인정받을 수 있다.

둘째, 당대회의 준비와 개최를 통해 정치 엘리트들은 중요한 문제에 대해 합의(合意, consensus)하고, 이를 통해 공산당 지도부의 권력 행사에 합법성과 정통성을 부여한다. 당대회의 정치 보고, 인선안, 〈당장〉 수정안을 준비하는 과정은 정치 엘리트가 중요한 문제에 대해 합의하고 사상을 통일하는 과정이다. 또한 이렇게 준비한 안건이 당대회에서 통과되었다는 것은 정치 엘리트의 합의와 사상 통일이 완료되었음을 의미한다. 다른 식으로 말하면, 이를 통해 중대 문제에 대해 당 지도자들이 갈등하고 대립할 가능성이 제거된 것이다. 동시에 당대회에서 통과된 인선안은 합법성을 갖기 때문에 신임 지도자들은 정당하게 권력을 행사할 수 있게 된다.[14]

2. 중앙위원회: 1년에 한 번 열리는 정치행사

〈당장〉에 따르면 중앙위원회는 당대회와 마찬가지로 임기가 5년이다. 회의는 정(正)위원과 후보(候補)위원이 모두 참석하는 중앙위원회 전체회의, 정위원들만 참석하는 중앙위원회 회의로 구분된다. 일반적으로 회의는 전체회의 형식으로 개최된다. 이때 정위원은 발언권과 표결권을 모두 행사하지만, 후보위원은 발언권만 행사한다. 전체회의는 정치국이 소집하며, 매년 최소한 1회 이상 소집해야 한다. 실제 개최 상황을 보면, 어떤 때에는 1년에 두 번 소집되고, 어떤 때에는 1년 반이 지나서야 겨우 한 번 소집된다. 그런데 전체적으로 보면 매년 평균 한 번씩 회의가 개최된다.

(1) 직권: 회의 차수별로 달리 행사되는 권한

〈표 2-4〉는 중앙위원회의 직권(권한)을 정리한 것이다. 중앙위원회는 당대회 폐회 기간에 그 권한을 행사하기 때문에 명목적으로는 매우 중요한 직권을 많이 갖고 있다. 우리는 이를 크게 네 가지 범주로 나눌 수 있다. 첫째는 당대회 관련 권한, 둘째는 인사권, 셋째는 감독권, 넷째는 정책권이다.

그런데 중앙위원회 전체회의를 보면, 각 회의에서 다루는 안건

〈표 2-4〉 공산당 중앙위원회 직권(7개)

분류	세부 규정	
당대회 관련	• 당대회 소집, 당대회 대표 수와 선거 방법을 결정 • 중앙위원회 보고, 중앙기위 보고, <당장> 수정안의 당대회 회부 여부를 결정	
인사권	선거	중앙 영도기구(정치국과 정치국 상무위원회)와 총서기
	통과	서기처 서기
	결정	중앙군사위원회 주석·부주석·위원
	비준	중앙 기율검사위원회가 선출한 상무위원회와 서기·부서기
감독권	정치국 업무보고 청취와 토론	
정책권	공산당과 국가의 사업 발전 중 전체(全局) 중대 문제 및 사항의 토론 결정	
인사권 (추천)	국가 주석·부주석, 전국인대 상무위원회, 국무원, 전국정협, 중앙군위, 국가 감찰위원회, 최고인민법원, 최고인민검찰원의 지도부(領導人員)	
인사권 (결정)	• 중앙위원 결원 시 보충 결정 • 중앙위원의 직무 취소(撤職), 당내 관찰, 제명(除名) 결정	
기타 정책권	공산당의 국가통치(治國議政) 및 당 관리(管黨治黨) 관련 기타 중대 문제와 중대 사항의 토론 결정	

자료: 〈中國共產黨中央委員會工作條例〉(2020년 9월 제정)의 제4장 영도 직권 제14조 중앙위원회.

(의제)은 회의 차수별로 일정한 유형으로 고정되어 있다. 그리고 중앙위원회는 바로 그런 고정된 안건을 심의하면서 위에서 살펴본 네 가지 직권을 행사한다.

│ 1중전회(中全會)와 2중전회

먼저, 매기(每期) 중앙위원회 1차 전체회의(1중전회)는 당대회가 폐막하는 당일 오후나 다음 날 오전에 개최된다. 그리고 앞에서 말한 것처럼, 1중전회에서는 중앙 영도기관의 지도부(인선)가 결정된다. 즉 이때 중앙위원회는 주로 인사권을 행사한다. 먼저 정치국원, 정치국 상무위원, 총서기를 선출하고, 정치국 상무위원회가 제출한 서기처 서기의 인선안을 통과시킨다. 또한 중앙군위 구성원(주석·부주석·위원)을 결정하고, 중앙기위가 제출한 인선안(서기·부서기·위원)을 비준한다. 이처럼 총서기나 정치국 상무위원 등은 당대회가 아니라 1중전회에서 선출된다. 그러나 편의상 당대회 직후 개최되는 1중전회를 당대회와 묶어서 취급한다. 이는 앞에서 말한 그대로다.

매기 중앙위원회 2차 전체회의(2중전회)는 매기 전국인대 1차 회의가 개최되기 직전에 열린다. 매기 전국인대 1차 회의는 당대회가 개최된 다음 해 3월에 열린다. 예를 들어, 2017년 10월에 공산당 19차 당대회가 열렸고, 다음 해인 2018년 3월에 13기 전국인대 1차 회의가 열렸다. 이를 준비하기 위한 공산당 19기 2중전회가 2018년

1월에 열렸다. 이처럼 2중전회는 매기 전국인대 1차 회의를 준비하
는 사실상의 예비회의라고 할 수 있다.

이런 이유로 공산당 매기 2중전회의 안건에는 몇 가지 필수 요
소가 포함된다. 첫째는 새롭게 출범하는 국가기관의 지도부 인선
안이다. 여기에는 국무원 지도부(총리·부총리·국무위원), 전국인대
지도부(위원장·부위원장), 최고인민법원 원장과 부원장, 최고인민검
찰원 검찰장과 부검찰장이 포함된다. 둘째는 국무원 등 국가기관
이 전국인대에 보고할 업무보고, 새해 예산안 등 각종 보고 사항
이다. 셋째는 〈헌법〉 수정안 등 중요한 법률 개정안이다. 〈헌법〉 수
정안은 공산당만이 제안할 수 있다. 이처럼 매기 전국인대 1차 회
의에서 심의하는 안건은 공산당 2중전회에서 통과된 이후에야 상
정될 수 있다.

| 3중전회와 5중전회

매기 중앙위원회 3차 전체회의(3중전회)에서는 공산당이 생각하
는 가장 중요한 의제, 주로 개혁·개방과 관련된 의제가 상정된다.
예를 들어, 1978년 12월에 개최된 공산당 11기 3중전회에서는 개
혁·개방 노선이 결정되었다. 1984년 10월에 개최된 공산당 12기
3중전회에서는 〈경제 체제 개혁의 결정(決定)〉이 통과되면서 도시
개혁(주로 기업 개혁) 방침이 결정되었다. 1993년 11월에 개최된 공산
당 14기 3중전회에서는 '사회주의 시장경제론'에 근거한 전면적인

시장제도 도입이 결정되었다. 이때 〈사회주의 시장경제 체제 건립 문제의 결정(決定)〉이 통과되었다. 이때부터 공산당은 사회주의 시장경제라는 분명한 개혁 이론을 갖고 경제개혁에 매진하게 된다. 이와 같은 사례는 이후에도 계속된다.

반면 매기 중앙위원회 5차 전체회의(5중전회)에서는 '국민경제 및 사회발전 5개년 계획' 초안이 상정된다. 중국은 1953년 이후 지금까지 5개년 계획을 작성하여 집행하고 있다. 5개년 계획은 국가의 중요한 경제 사회 정책을 담고 있고, 전국인대 연례회의에서 통과되어야 법적 효력을 갖는다. 그런데 이것이 전국인대에 상정되기 전에 공산당 중앙위원회가 먼저 심의한다는 것이다.

예를 들어, 2015년 공산당 18기 5중전회에서는 〈제13차 국민경제 및 사회발전 5개년(2016~2020년) 계획(規劃)(초안)〉이 통과되었고, 그것은 2016년 3월에 개최된 12기 전국인대 4차 연례회의에서 확정되었다. 비슷하게 2020년 공산당 19기 5중전회에서는 〈제14차 국민경제 및 사회발전 5개년(2021~2025년) 계획(초안)〉이 통과되었고, 그것은 2021년 3월에 개최된 13기 전국인대 4차 연례회의에서 확정되었다.

│ 4중전회와 6중전회

매기 중앙위원회 4차 전체회의(4중전회)와 6차 전체회의(6중전회)에서는 정치개혁, 공산당 건설, 이념 문제와 문화건설 등 다양한 주제가 의제로 상정된다. 예를 들어, 1981년 공산당 11기 6중전회에서는 〈건국 이래 역사 문제 결의〉('제2차 역사 결의'), 1986년 12기 6중전회에서는 〈사회주의 정신문명 건설 결의〉, 1990년 13기 6중전회에서는 〈공산당과 인민 군중 연대 강화 결의〉, 1996년 14기 6중전회에서는 〈사회주의 정신문명 강화 결의〉, 2001년 15기 6중전회에서는 〈공산당 작풍 건설 결정〉, 2006년 16기 6중전회에서는 〈사회주의 조화사회 건설 결의〉, 2011년 17기 6중전회에서는 〈사회주의 문화 체제 개혁 결의〉, 2016년 18기 6중전회에서는 〈신형세 하 당내 정치생활 준칙〉과 〈공산당 당내 감독조례〉, 2021년 19기 6중전회에서는 〈공산당 100년 분투의 중대 성취와 역사 경험 결의〉('제3차 역사 결의')가 통과되었다.

매기의 마지막 중앙위원회 전체회의(대개 7중전회 또는 8중전회)는 곧 개최될 당대회의 안건을 결정하는 것이 주된 임무다. 이는 앞에서 당대회 준비 과정에서 살펴본 그대로다.

(2) 중앙위원회 회의: '전체회의'와 '소조회의'로 구성

공산당 중앙위원회 전체회의도 앞에서 살펴본 당대회와 비슷한 방식으로 운영된다. 중앙위원회 '전체회의'는 정치국의 업무보고나 기타 중요한 보고를 청취할 때, 또한 관련된 결의안을 표결할 때, 총서기와 정치국원 등 지도부를 선출할 때만 개최된다. 이를 제외한 안건 심의는 '소조회의'에서 이루어진다. 즉 중앙위원회를 몇 개의 소조로 나누고, 각 조소를 중심으로 회의를 진행하는 방식으로 운영된다는 것이다. 따라서 중앙위원회 회의에서도 〈회의 소식지〉가 발행되어 회의 지도부와 소조 간의 소통을 담당한다.

예를 들어, 2021년 11월에 개최되어 〈공산당 100년 분투의 중대 성과와 역사 경험 결의〉(일명 '3차 역사 결의')를 심의한 공산당 19기 중앙위원회 6차 전체회의(19기 6중전회)에서는 모두 10개의 소조가 구성되었다. 10개의 소조에는 중앙위원과 후보위원이 모두 참여했고, 각 조소는 자체 회의를 개최하여 '3차 역사 결의' 초안을 3일 동안 심의했다. 반면 전체회의는 첫날 시진핑의 정치국 업무보고와 '결의 초안' 보고를 들을 때, 또한 마지막 날 '3차 역사 결의'를 표결할 때 등 두 번 소집되었을 뿐이다.

(3) 중앙위원의 선출

'중앙위원회 위원', 줄여서 '중앙위원'은 당대회에서 선출된다. 선거는 2단계로 나누어 진행된다. 1단계는 후보 확정이다. 당대회 주석단은 사전에 정치국이 확정한 '초보(初步) 후보 명단'—이것이 어떻게 준비되는가에 대해서는 이미 앞에서 살펴보았다—을 당대회 대표단에 제출한다. 그러면 각 대표단은 표결을 통해 이들 중에서 최종 후보를 선출한다. 이때 일부 후보가 탈락한다. 이처럼 당대회 대표도 중앙위원의 최종 후보를 결정하는 과정에도 참여한다. 이것이 1단계다.

2단계는 당대회 대표의 중앙위원 선출이다. 주석단은 각 대표단의 최종 후보 선거 결과를 취합하여 '최종(最終) 후보 명단'을 확정하여 당대회 전체회의에 안건으로 상정한다. 명단은 정위원 후보 명단과 후보위원 후보 명단이 별도로 작성된다. 그러면 당대회 대표들은 전체회의에서 이들을 대상으로 투표한다. 정위원은 50% 이상의 찬성표를 얻은 후보 중에서 정원만큼의 득표순, 즉 다득표자 우선 방식으로 당선된다. 예를 들어, 정원이 200명이면 50% 이상 찬성표 득표자 중에서 1등에서 200등까지를 당선자로 결정한다. 단 명단은 이름 획순으로 발표한다. 반면 후보위원은 같은 방식으로 당선자가 결정되지만, 명단은 득표순으로 발표한다. 이런 득표순에 따라 이후에 정위원 중에서 결원이 생기면 앞에 있는 후보위원부터 정위원으로 승격된다. 이런 투표에서도 일부 후보가 탈락한다.[15]

이처럼 중앙위원도 당대회 대표처럼 차액선거로 선출된다. 예를 들어, 공산당 17차 당대회(2007년)에서는 221명의 정위원 후보 가운데 204명이 선출되어 8.5%가 탈락했다(즉 '차액 비율'이 8.5%였다). 또한 183명의 후보위원 후보 가운데 167명이 선출되어 9.6%의 후보가 탈락했다. 정위원과 후보위원의 탈락 비율을 종합하면 평균 9.2%다. 앞에서 말했듯이, 정원과 후보 간의 비율 혹은 선거에서 탈락하는 후보 비율을 '차액 비율'이라고 부르는데, 차액 비율은 보통 10% 정도다. 이는 〈공산당 지방조직 선거 공작조례〉에서 중앙위원회 위원과 지방위원회 전체회의 위원 선거에서 "차액 비율은 10%보다 적으면 안 된다"라는 규정에 따른 것이다.

5년에 한 번씩 당대회에서 선출되는 중앙위원(후보위원 포함)의 교체율은 비교적 높은 편이다. 공산당 12차 당대회(1982년)는 60%, 13차(1987년)는 68%, 14차(1992년)는 57%, 15차(1997년)는 63%, 16차(2002년)는 61%, 17차(2007년)는 63%를 기록했다. 이는 5년마다 평균 62%의 중앙위원이 교체된다는 사실을 의미한다.[16] 이와 비슷하게 정치국원도 1982년 공산당 12차 당대회 이후 5년마다 평균 55.4%의 교체율을 보였다.[17]

중앙위원회는 각 분야를 대표하는 최고 엘리트들로만 구성된다. 따라서 5년마다 62%의 중앙위원이 교체된다는 것은 최고 엘리트 교체율이 그 정도는 된다는 사실을 뜻한다. 또한 정치국원의 교체율이 55% 정도라는 것은, 중국을 통치하는 25명 전후의 최고 지도자들이 5년마다 반 정도씩 정기적으로 교체된다는 것을 의미한다. 모두 연령제(age limit)와 임기제(term limit)가 실행되면서 엘리트 순환이 정기적으로 이루어진 결과라고 할 수 있다. 이는 중국 엘리트 정치의 안정을 위해 좋은 일이다.

(4) 중앙위원의 구성 상황

중앙위원은 당대회 대표단과 유사한 범주의 집단 중에서 선출된다. 첫째는 '지역'인데, 이는 성급(省級) 지방을 가리킨다. 중국에는 31개의 성급 행정단위—홍콩과 마카오를 포함하면 33개—가 있고, 여기에는 공산당 최고 지도자인 당 위원회 서기(당서기)와 행정 수장인 성의 성장(省長), 자치구의 주석(主席), 직할시의 시장(市長)이 있다. 이들 중에서 당서기는 대개 정위원으로 선출되고, 성장·주석·시장은 정위원 또는 후보위원으로 선출된다. 이처럼 지방 대표의 중앙위원은 성(자치구·직할시)마다 두 명씩 할당되어 62명 정도가 된다. 이는 1997년 공산당 15차 당대회 이후 거의 제도화되었다.[18]

둘째는 '단위'인데, 이는 공산당 중앙기구, 국가 중앙기관, 인민해방군(무장경찰 부대 포함), 중앙 국유기업, 중앙 금융기관 등을 가리킨다. 이들 단위에 할당되는 구체적인 중앙위원의 규모(비중)는, 중앙 당정기구와 인민해방군의 경우는 비교적 일정하게 유지되는 것에 비해 나머지는 상황과 조건에 따라 조금씩 달라진다.

예를 들어, 2002년 공산당 16차 당대회에서는 중앙 국유기업과 중앙 금융기관 지도자 중에서 처음으로 18명의 후보위원이 선출되었다. 또한 이들을 대표하는 중앙위원(후보위원 포함)은 공산당 17차(2007년)와 18차(2012년) 당대회에서는 각각 18명과 17명으로 일정한 규모를 유지했을 뿐만 아니라, 일부는 후보위원이 아니라 정위원에 선출되었다. 그러나 2017년 공산당 19차 당대회에서는 경제 엘리트의 중앙위원(후보위원 포함) 선출 규모가 11명으로 축소되었다. 이는 시진핑 시기에 들어 경제 엘리트의 정치적 대우가 이전과 비교해서 상대적으로 떨어졌다는 사실을 뜻한다.

| 중앙위원 중 현역 군인의 비중 변화

〈표 2-5〉는 역대 중앙위원 중에서 현역 군인의 비중을 정리한 것이다. 이에 따르면, 정위원과 후보위원을 포함하면 공산당 14차 당대회(1992년)부터 16차 당대회(2002년)까지는 약 20%, 그 후에는 약간 감소하여 공산당 19차 당대회(2017년)에는 약 16%가 군에 할당되었다. 이런 면에서 보면, 중앙위원회 내에서 군의 비중은 감소했다고 말할 수 있다.

그런데 중앙위원 중에서 정위원만을 놓고 본다면, 공산당 14차 당대회부터 19차 당대회까지 현역 군인 출신의 중앙위원은 큰 변

〈표 2-5〉 공산당 중앙위원 중 현역 군인(장성)의 비율 변화

단위: 명/퍼센트(%)

분류		14차 (1992)	15차 (1997)	16차 (2002)	17차 (2007)	18차 (2012)	19차 (2017)
전체	정	189	193	198	204	205	204
	후보	130	151	158	167	171	172
	총계	319	344	356	371	376	376
군	정	46(24.3)	41(21.2)	44(22.2)	41(20.1)	41(20.0)	40(19.6)
	후보	20(15.4)	26(17.2)	24(15.2)	23(13.8)	19(11.0)	19(11.0)
	소계	66(20.7)	67(19.5)	68(19.1)	64(17.3)	60(15.0)	59(15.7)

자료: 김태호, 「군 개혁: 신시대 새로운 당-군 관계와 국방 비전」, 조영남 책임 편집·성균중국연구소 엮음, 『시진핑 사상과 중국의 미래: 중국공산당 제19차 전국대표대회 분석』(서울: 지식공작소, 2018), p. 360.

동 없이 20% 선을 유지하고 있다. 앞에서 말했듯이, 중앙위원회 전체회의에서는 정위원만이 표결권을 갖기 때문에, 후보위원보다 정위원의 비중이 중요하다. 이런 면에서 보면, 중앙위원회 내에서 군의 비중은 큰 변화 없이 비교적 일관되게 유지되고 있다고 말할 수 있다.

| 중앙위원 중 지방 지도자와 중앙 지도자의 비중 변화

〈표 2-6〉은 중앙위원 중 '지방' 지도자의 비중을 정리한 것이다. 먼저 중앙위원 중에서 정위원의 비중은 공산당 11차 당대회(1977년)에서 약 36%로 정점을 찍은 후 계속 감소하여 공산당 16차 당대회(2002년)에서는 약 23%로, 13% 포인트나 축소되었다. 반면 중앙위원 중에서 후보위원의 비중은 같은 기간 동안 42%에서 53%를 일정하게 유지하고 있다. 이처럼 '지방' 지도자의 몫을 보면, 후보위원의 비중이 정위원의 비중보다 두 배나 많다는 사실을 알 수 있다.

이는 중앙위원회 구성에서 '지방' 지도자의 지위가 실제로는 하락했음을 보여준다. 중앙위원회가 중요한 정책과 인사 문제를 결정할 때는 표결권을 행사하는 정위원이 중요한데, 정위원의 비중이 13% 포인트나 줄어들었기 때문이다. 동시에 공산당 중앙은 표결권이 없는 후보위원을 '지방' 지도자에게 50% 넘게 할당함으로써 겉으로만 지방의 대표성을 확대하는 모양새를 취했다. 이는 '명

<표 2-6> 공산당 중앙위원 중 지방 지도자의 비중 변화(1978~2007년)

단위: 퍼센트(%)

당대회 시기	중앙위원	
	후보위원	정위원
11차(1977년)	53.63	35.98
12차(1982년)	42.44	35.09
13차(1987년)	42.74	33.84
14차(1992년)	51.47	26.89
15차(1997년)	53.54	27.86
16차(2002년)	-	23.12

자료: Yumin Sheng, "Central-Provincial Relations at the CCP Central Committees: Institutions, Measurement and Empirical Trends, 1978-2002", *China Quarterly*, No. 182 (June 2005), pp. 349-350.

분'(즉 중앙위원 전체의 비중)은 주고, '실리'(즉 정위원 비중)는 챙기려는 속셈이다.

한편 위의 〈표 2-5〉와 〈표 2-6〉을 통해 중앙위원 가운데 공산당 중앙, 중앙 국가기관, 중앙 국유기업, 중앙 금융기관 등 '중앙' 지도자가 차지하는 비중을 계산할 수 있다. 예를 들어, 공산당 15차 당대회(1997년)를 사례로 살펴보자. 정위원 가운데 군은 21.2%이고 지방은 27.86%로, 이를 제외한 50.94%가 중앙의 몫이다. 후보위원을 살펴보면, 군은 17.2%고 지방은 53.34%로, 중앙은 나머지인 29.46%였다. 이처럼 '중앙' 지도자의 경우, 정위원의 비중(50.94%)이 후보위원의 비중(29.46%)보다 약 두 배(정확히는 1.8배) 정도가 많다.

후보위원의 비중이 정위원의 비중보다 두 배 이상 많은 '지방' 지도자의 상황과는 정반대의 모습이다.

이런 중앙위원의 구성 변화는 공산당 중앙의 '책략'에 따른 결과라고 할 수 있다. 즉 공산당 중앙은 '중앙' 지도자에게는 정위원을 후보위원보다 두 배 정도 많게 배정하고, '지방' 지도자에게는 그 반대로 배정함으로써 중앙위원회를 자기 뜻대로 통제할 수 있게 구성한 것이다. 필요할 경우, 공산당 중앙은 언제든지 현역 군인 출신의 정위원에게 협조를 요청하여 '지방' 지도자를 통제할 수도 있다.

예를 들어, 공산당 중앙이 준비한 정책 안건이 중앙위원회 회의에서 표결에 부쳐질 경우, '중앙' 지도자가 정위원의 다수를 차지함으로 인해 그 정책 안건을 무사히 통과시킬 수 있다. 공산당 중앙이 새로운 지도부 인선안을 준비하여 표결에 부칠 때도 역시 마찬가지다. 특히 정책 안건이 '지방' 지도자 다수의 이익에 반하는 경우는, 공산당 중앙이 표결에서 이길 수 있는 조건, 즉 정위원의 다수를 확보하는 일이 매우 중요하다. 그래서 중앙위원 중에서 정위원을 '중앙' 지도자에 유리하게 배정한 것이다.

| 중앙위원 중 파벌 구성의 변화

마지막으로 중앙위원의 정치적 파벌(정치 세력) 구성을 살펴보자. 장쩌민 시기(1992~2002년)와 후진타오 시기(2002~2012년)에는 세 개의 파벌이 경쟁했다. 파벌은 특정 지도자를 중심으로 뭉친 강고한 정치조직이라기보다는, 중국 전문가와 해외 언론이 정치 지도자의 성향과 친밀도를 파악하기 위해 학연·혈연·지연 등으로 구분한 느슨한 집단이다. 따라서 이들을 일본의 자민당 내 파벌처럼 이해하면 안 된다.

세 개의 파벌 중에서 '상하이방(上海帮)'은 장쩌민이 상하이시 당 서기 시절 함께 일했던 사람들로 구성된 세력이다. '공청단파(共青團派)'는 공청단 중앙 서기였던 후진타오와 함께 중앙과 지방에서 공청단 지도자로 근무했던 사람들로 구성된 세력이다. '태자당(太子黨)'은 혁명원로의 자제를 가리킨다. 시진핑 시기에 들어서는 이런 파벌 구별이 의미를 잃었다. 시진핑이 이를 무시하고 자신과 직

〈표 2-7〉 장쩌민과 후진타오 시기 중앙위원 중 공청단파의 변화 상황

시기 파벌	14기 중앙위원회 (1992~1997년)		15기 중앙위원회 (1997~2002년)		16기 중앙위원회 (2002~2007년)		17기 중앙위원회* (2007~2012년)	
	정	후보	정	후보	정	후보	정	후보
공청단파(명)	11	12	15	19	24	34	41	41
총인원수(명)	189	130	193	151	197	158	204	167
비율(%)	6	9	8	13	12	22	20	26
총수(비율)	23(9)		34(9)		58(16)		82(22)	

자료: 寇健文, 「胡錦濤時代團系幹部的崛起: 派系考量vs.幹部輸送的組織任務」, 『遠景基金會季刊』 8卷 4期 (2007. 10), p. 69; • Bo Zhiyue, China's Elite Politics: Governance and Democratization (Singapore: World Scientific, 2010), p. 148.

접 간접으로 함께 일했거나 인연이 있는 사람들을 중심으로 '시진 핑 세력'을 구성했기 때문이다.

〈표 2-7〉을 보면, 후진타오 집권 시기인 16기 및 17기 중앙위원 회 때 공청단파 출신의 중앙위원 규모와 비중이 급격히 증가했다. 즉 공청단파 출신이 14기 23명(9%)과 15기 34명(9%)에서 16기 58명 (16%)과 17기 82명(22%)으로 증가했다. 이런 공청단파의 증가에는 여러 가지의 요인이 작용했다. 한편으로 공청단파 출신의 간부는 다른 당정기관 간부보다 빠르게 승진하기 때문에 다수가 중앙위 원에 선출되는 경향이 있다. 다른 한편으로 공청단파 출신인 후

〈표 2-8〉 후진타오 시기 중앙위원 중 각 파벌의 분포 변화

단위: 명

시기 파벌	16기 중앙위원회 (2002~2007년)		17기 중앙위원회 (2007~2012년)	
상하이방 (명/%)	정위원 13	17(4.8)	정위원 8	9(2.4)
	후보위원 4		후보위원 1	
태자당 (명/%)	정위원 15	20(5.6)	정위원 22	26(7)
	후보위원 5		후보위원 4	
공청단파 (명/%)*	정위원 24	57(16)	정위원 41	82(22)
	후보위원 33		후보위원 41	

주: • 공산당 17기 중앙위원 통계가 〈표 2-7〉은 58명인 데 비해 여기는 57명이다. 이는 〈표 2-7〉과 〈표 2-8〉이 한 명을 달리 분류한 결과다. 필자는 현재 이들이 사용한 원자료를 갖고 있지 않기 때문에 어느 통계가 정확한지 검증할 수 없다.

자료: Bo Zhiyue, *China's Elite Politics: Political Transition and Power Balancing* (Singapore: World Scientific, 2007), p. 141p. 151, p. 183; Bo Zhiyue, *China's Elite Politics: Governance and Democratization* (Singapore: World Scientific, 2010), pp. 135, 139, 148.

진타오가 자파 세력의 확대를 위해 노력한 결과로 공청단파의 비중이 증가했다. 이런 요인들은 보완적으로 동시에 작용했을 수도 있다.

〈표 2-8〉을 보면, 같은 기간 장쩌민 총서기의 정치 세력인 상하이방 출신의 중앙위원이 급격히 줄어들었음을 알 수 있다. 16기 중앙위원회 시기는 그래도 총서기에서 물러나는 장쩌민이 어느 정도 영향력을 발휘하던 때라 상하이방 출신은 17명(4.8%)을 유지했다. 그런데 17기 때에는 상하이방이 9명(2.4%)으로 반이나 줄었다. 반면 태자당 출신은 같은 시기 20명(5.6%)에서 26명(7%)으로 조금(즉 1.4%) 증가했고, 공청단파 출신은 57명(16%)에서 82명(22%)으로 비교적 큰 폭으로(즉 6%) 증가했다. 이처럼 정치 세력(파벌) 면에서 볼 때도 중앙위원회 구성은 시기에 따라 변화한다.

3. 정치국: 명실상부한 공산당의 영도 핵심

'공산당 중앙'은 정치국과 정치국 상무위원회를 중심으로 운영된다. 이 말은, 정치국과 정치국 상무위원회가 명실상부한 공산당의 '영도 핵심(領導核心)'이라는 뜻이다. 이유는 간단하다. 〈당장〉과 〈중앙위 공작조례〉는 당대회와 중앙위원회를 공산당의 최고 영도기관으로 규정하지만, 실제 정치 과정에서는 그렇지 않기 때문이다. 당대회는 5년에 1회, 중앙위원회는 1년에 1회 정도 소집되는데, 이렇게 드물게 소집되는 조직이 일상 정치를 주도할 수는 없다.

반면 정치국과 정치국 상무위원회는 소규모로 구성되어 쉽게 만날 수 있다. 정치국은 현재 25명으로 구성되어, 매달 한 번씩 소집된다. 정치국 상무위원회는 현재 7명으로 구성되어, 매주 한 번씩 소집된다. 그래서 '공산당 중앙'은 실제로는 정치국과 정치국 상무위원회를 지칭하는 경우가 많다. 법률적으로도 〈당장〉의 '제3장 당의 중앙조직'에 따르면, 중앙위원회의 폐회 기간에는 정치국과 정치국 상무위원회가 중앙위원회의 직권을 대행한다.

(1) 집단지도 체제의 두 가지 특징과 필수 조건

정치국과 정치국 상무위원회는 집단지도(集體領導, collective leadership) 체제로 운영된다. '집단결정과 개인 분담 책임의 상호 결합' 원칙에 대해서는 이미 앞 장에서 자세히 살펴보았다. 〈당장〉에 이어 〈중앙위 공작조례〉에서도 "당 중앙은 집단지도(즉 집단결정-인용자), 민주 집중, 개별 숙고(個別醞釀), 회의 결정의 원칙에 근거하여 당과 국가 업무의 중대 문제를 결정한다"라고 규정하고 있다.

이런 원칙에 따라 만들어진 집단지도 체제는 두 가지 특징을 갖고 있다. 첫째, 복수의 지도자와 파벌이 권력을 공유(共有)한다. 다시 말해, 정치국과 정치국 상무위원회는 어느 특정한 최고 지도자가 자기 마음대로 자신의 정치 세력 혹은 파벌만으로 구성할 수 없다. 둘째, 첫 번째 특징의 결과로, 주요 지도자들이 협의와 타협을 통해 중요한 정책과 인사 문제를 결정하는 당내 민주(黨內民主)가 확대된다. 그 결과 권력승계 같은 민감한 문제도 정치 엘리트들이 평화롭고 안정적으로 처리하는 일이 가능해졌다.[19]

집단지도 체제가 등장하기 위해서는 마오쩌둥이나 덩샤오핑 같은 카리스마적 지도자, 국가 법률과 제도 위에 군림하는 '강권 통치자(strongman)'가 있어서는 안 된다. 이는 필수 조건이다. 이외에도 집단지도 체제가 등장하기 위해서는 두 가지 필수 조건이 더 필요하다.

| 두 가지 필수 조건

첫째, '당규'가 제정되어 정치국과 정치국 상무위원회의 직권(권한)을 명시하고, 이들 영도기관이 당규가 정한 대로 회의를 개최하여 집단으로 직권을 행사해야 한다. 마오쩌둥 시대에는 이런 당규 자체가 없었고, 덩샤오핑 시대에는 당규가 있었어도 혁명원로는 이를 준수하지 않았다. 반면 장쩌민, 후진타오, 시진핑 시기는 다르다. 즉 이들은 당규에 따라 영도기관을 운영한다.

당규에는 지금까지 자주 인용한 〈당장〉과 〈중앙위 공작조례〉가 있다. 이외에도 2016년 10월 공산당 18기 중앙위원회 6차 전체회의 (18기 6중전회)에서 수정된 〈당내 정치 생활 준칙(黨內政治生活準則)〉

도 매우 중요한 당규다. 또한 민감한 내용을 담고 있어 외부에 공개하지 않는 '비공개(비밀)' 당규도 있다. 예를 들어, 1987년 11월 정치국 회의에서 통과된 〈13기 중앙정치국 공작규칙(試行)〉, 〈13기 중앙정치국 상무위원회 공작규칙(시행)〉, 〈13기 중앙서기처 공작규칙(시행)〉이 대표적이다. 2002년 12월 정치국 회의에서는 〈16기 중앙정치국 공작규칙〉이 다시 통과되었다.[20] 외부로 공개된 〈중앙위 공작조례〉는 이런 '비공개' 당규의 일부 내용을 담고 있다.

둘째, 정치국과 정치국 상무위원회가 실권을 행사하는 당정기관의 '현직 책임자'로 구성되어야 한다. 덩샤오핑 시대의 원로정치에서는 그렇지 않았다. 1987년 공산당 13차 당대회 이후 혁명원로는 대부분 공산당과 국가기관에서 은퇴했다. 그러나 이들은 개인적 명성과 인적 관계망, 즉 '관시(關係)'를 통해 비공식적으로 엄청난 정치적 영향력을 행사했다. 이런 방식이 지속된다면 집단지도는 불가능하다. 대신 정치국과 정치국 상무위원회가 공산당·국무원·전국인대·전국정협·중앙기위 등 당정기관의 현직 책임자들로 구성되고, 이들이 당규가 정한 절차에 따라 정책 결정권과 인사권을 회의를 개최하여 집단으로 행사해야 집단지도가 가능하다. 이런 조건은 장쩌민 시기에 들어서 갖추어지기 시작했다.

(2) 직권: 중대하고 전국적인 문제의 결정 권한

정치국은 중앙위원회가 폐회하는 동안 그것을 대신하여 공산당

및 국가와 관련된 중요한 문제를 결정한다. 〈당장〉과 〈중앙위 공작
조례〉에 따르면, 정치국은 공산당 총서기가 소집하고, 의제(議題)도
총서기가 확정한다. 회의가 얼마나 자주 열리고, 회기는 어느 정
도인가에 대한 규정은 없다. 그러나 〈13기 중앙정치국 공작규칙(시
행)〉은 매월 1회 회의를 개최한다고 규정하고 있다. 실제로 정치국
회의가 개최된 상황을 보면, 정치국은 매월 1회 개최되고 있다. 회
기는 특별한 경우가 아니면 하루 정도다.

〈표 2-9〉는 정치국의 권한(직권)을 정리한 것이다. 이는 크게 세
가지 범주로 구분할 수 있다. 첫째는 중앙위원회 소집 권한이다.
중앙위원회의 소집 시기뿐만 아니라 심의 사항(즉 안건)도 정치국이
사전에 결정한다. 다시 말해, 정치국의 심의를 거치지 않은 내용은

〈표 2-9〉 공산당 정치국의 직권(5개)

분류	세부 규정
중앙위원회 관련	• 전체회의 소집 • 전체회의가 심의할 문제 및 사항의 결정과 제청
정책권	당 및 국가의 사업 발전 중 전체(全局) 중대 문제와 사항의 토론 결정
인사권	중앙위원회 폐회 기간에 중앙위원의 직무 취소(撤職), 당내 관찰, 제명(除名)의 결정과 중앙위원회 전체회의 보고(추인)
인사권	• '관련 규정(有關規定)'에 근거하여 간부의 추천·제청(提名)·임면(任免) • 공산당 영도간부의 처분 처리 사항 결정
기타 정책권	기타 정치국이 결정할 중대 문제 및 사항의 연구 결정

자료: <中國共産黨中央委員會工作條例>(2020년 9월 제정)의 제4장 영도 직권 제15조 중앙 정치국.

중앙위원회에 안건으로 상정될 수 없다.

둘째는 인사권이다. 이는 다시 두 가지로 구성된다. 하나는 중앙위원회가 폐회 중일 때, 중앙위원과 기타 중요한 영도간부 문제를 처리하고 다음 중앙위원회에 보고하여 비준을 받는 권한이다. 예를 들어, 정치국원이면서 충칭시 당서기였던 보시라이(薄熙來)와 쑨정차이(孫政才)의 당적 박탈(除名)은 정치국 회의에서 결정되었다.

다른 하나는 영도간부 임명 권한이다. 〈표 2-9〉에는 없지만, 〈13기 중앙정치국 공작규칙〉(1987년)에 따르면, 성부급 정직(省部級正職), 즉 장관급 인사는 정치국 상무위원회가 제청(提名)하여 정치국이 비준(결정)한다. 공산당 중앙 부서 책임자(예를 들어, 선전부 부장과 조직부 부장), 국무원 부서 책임자(예를 들어, 외교부 부장과 상무부 부장), 성급 지방 당 위원회 서기와 행정 수장(예를 들어, 성장) 등이 이에 속한다.

셋째는 정책권이다. 〈표 2-9〉가 보여주듯이 "공산당 및 국가의 사업 발전 중 전체 중대 문제와 사항"은 매우 포괄적인 규정이다. 이 규정이 의미하는 바는, 전국적으로 영향을 미치는 중요한 사항은 모두 정치국이 결정한다는 것이다. 예를 들어, 국무원이 매년 전국인대 연례회의에서 보고하는 업무보고와 예산결산안 보고, 국민경제 및 사회발전 5개년 계획, 〈헌법〉과 중요 법률 제정 및 수정 등은 모두 사전에 정치국이 논의하여 승인한 이후에야 공산당 중앙위원회 전체회의에 상정될 수 있고, 이를 통과한 이후에야 전국인대 연례회의에 안건으로 상정될 수 있다.

(3) 정치국의 구성

한편 정치국이 이처럼 공산당 및 국가와 관련한 중요한 문제를
결정하기 위해서는 그렇게 할 수 있는 조건을 갖추어야 한다. 다시
말해, 정치국이 중앙뿐만 아니라 지방, 공산당뿐만 아니라 다른 국

〈표 2-10〉 공산당 정치국의 구성 변화

단위: 명

중앙위원회 시기	총수	공산당	국가기관	전국인대	지방	군
12기(1983~1987년)	28	6	9	2	1	10
13기(1987~1992년)	18	5	6	1	4	2
14기(1992~1997년)	21	5	7	3	6	2
15기(1997~2002년)	24	6	9	3	4	2
16기(2002~2007년)	25	7	8	2	6	2
17기(2007~2012년)	25	9	6	2	6	2
18기(2012~2017년)	25	8	7	2	6	2
19기(2017~2022년)	25	8	7	2	6	2
14기 이후의 평균	24.0	7.0	7.4	2.4	5.6	2.0

주: 분류 - '공산당'은 총서기, 서기처 서기, 중앙 부서 책임자(예: 조직부장과 선전부장), 중앙기위 서기 등 지칭;
'국가기관'은 국무원의 총리·부총리·국무위원, 국가 주석과 부주석, 전국정협 주석 등 지칭; '전국인대'는 전국인대
의 위원장과 부위원장 지칭; '지방'은 성급 당위원회 서기 지칭; '군'은 중앙군위의 주석과 부주석 지칭.
겸직의 경우에는 주요 직위로 계산한다. 예를 들어, 공산당 총서기가 국가 주석과 중앙군위 주석을 겸직할 경우,
주요 직위인 총서기로 계산한다.

자료: 中共中央組織部·中共中央黨史研究室, 『中國共産黨歷届中央委員大辭典 1921-2003』(北京: 中共黨史出版
社, 2004), pp. 1231, 1235, 1239; 조영남, 『21세기 중국이 가는 길』(파주: 나남, 2009), pp. 107-108; 조영남, 『중
국의 꿈: 시진핑 리더십과 중국의 미래』(서울: 민음사, 2013), pp. 93-95; 조영남, 「엘리트 정치」, 조영남 책임 편
집, 『시진핑 사상과 중국의 미래: 중국공산당 제19차 전국대표대회 분석』(서울: 지식공작소, 2018), pp. 43-44.

가기관을 대표하는 지도자들로 구성되어야 한다. 〈표 2-10〉은 이를 정리한 것이다.

〈표 2-10〉을 보면, 정치국이 중앙과 지방, 공산당과 주요 국가기관을 대표할 수 있도록 구성되었다는 사실을 확인할 수 있다. 공산당 14차 당대회(1992년) 이후에는 구성 요소와 비율이 거의 고정되었다. 공산당은 평균 7명, 국가기관(국가 주석·국무원·전국정협)은 7.4명, 전국인대는 2.4명, 지방은 5.6명, 군은 2명이다. 여기서 지방은 4대 직할시(베이징·톈진·상하이·충칭), 중앙에 재정 기여도가 높은 지역(최근에는 광둥성), 소수민족 자치구(최근에는 신장 위구르 자치구)의 당서기가 포함된다. 현역 군인은 1997년 공산당 15차 당대회 이후에는 정치국 상무위원회에 포함되지 않는다. 대신 중앙군위 주석을 겸직하는 총서기가 정치국 상무위원회에서 군을 대표한다. 반면 정치국에는 현역 장성 2명, 대개 중앙군위 부주석에게 자리가 할당된다.

4. 정치국 상무위원회: 사실상의 당 중앙

한 중국학자는 공산당에서 정치국 상무위원회와 그 운영 원칙인 집단지도가 갖는 중요성에 대해 다음과 같이 말했다. 또한 이것이 미국의 대통령제보다 훨씬 우월한 정치제도라고 주장했다.

"중국의 관건은 중국공산당에 달려있고, 중국공산당의 관건은 당 중앙에 달려있으며, 당 중앙의 관건은 중앙정치국 상무위원회에 달려있고, 중앙정치국 상무위원회의 관건은 집단지도 체제에 달려있다."[21]

정치국 상무위원회가 미국의 대통령제보다 우월한 정치제도라는 주장은 허풍이지만, 공산당 영도 체제에서 정치국 상무위원회가 차지하는 중요성에 대한 표현은 사실에 가깝다. 결국 공산당의 영도기관 가운데 정치국 상무위원회가 사실상의 '당 중앙'이자 '영도 핵심'이다.

(1) 회의 소집: 매주 1회의 정기 모임

〈중앙위 공작조례〉에 의하면, 정치국 상무위원회는 총서기가 소집하고, 안건도 총서기가 확정한다. 회의 빈도수와 회기에 대해서는 아무런 규정이 없다. 그런데 〈13기 중앙정치국 상무위원회 공작규칙〉(1987년)은 매주 1회 회의를 개최한다고 규정하고 있다.

실제 회의가 개최되는 상황을 보면, 정치국 상무위원회는 매주 1회 정도 개최된다. 정치국과 달리 정치국 상무위원회 회의는 일상 시기에는 외부로 공개되지 않는다. 그러나 2008년에 쓰촨성에서

대지진이 발생했을 때나, 2019년 12월에 후베이성 우한시에서 코로나19가 창궐하여 전국을 공포에 몰아넣었을 때와 같은 비상 시기, 혹은 대외에 알릴 필요가 있는 중요한 문제를 결정할 때는 정치국 상무위원회의 회의가 외부로 공개된다. 국민의 불만을 잠재우기 위해 공산당의 '영도 핵심'이 적극적으로 활동하고 있다는 점을 대내외에 선전하기 위한 목적이다.

〈표 2–11〉은 2020년 1월부터 4월까지 코로나19 방역과 관련하여 당정의 중요 회의가 어떻게 개최되었는가를 정리한 것이다. 공산당 정치국 회의는 〈13기 중앙정치국 공작규칙〉이 규정한 대로 매달 한 차례씩 열렸다. 정치국 상무위원회 회의는 4개월 동안 매달 평균 세 차례씩 열렸다. 이에 비해 국무원 상무회의(리커창 총리

〈표 2-11〉 코로나19 방역과 관련된 주요 회의 개최 상황(2020년 1~4월)

	정치국	정치국 상무위원회	국무원 상무회의	중앙 코로나19 영도소조*
1월	1(16)**	2(7/25)	3(3/8/20)	3(26/29/31)
2월	1(21)	4(3/12/19/26)	4(5/11/18/25)	8(2/4/6/10/17/20/24/27)
3월	1(27)	3(4/18/25)	5(3/10/17/24/31)	8(5/9/12/16/19/23/26/30)
4월	1(17)	3(8/15/29)	4(7/14/21/28)	5(6/9/13/22/30)
평균(회)	1/월	3/월	4/월	6/월

주: • 정식 명칭은 '중앙 코로나19 질병대응공작 영도소조'다. 조장은 리커창 총리(정치국 상무위원), 부조장은 왕후닝(王滬寧) 서기처 상무 서기(정치국 상무위원), 조원은 딩쉐샹(丁薛祥) 중앙 판공청 주임(정치국원) 등 7명으로 구성되었다; •• 횟수(일자)(다른 표기도 동일).

자료: 조영남, 「중국의 코로나19 대응 분석: 중앙의 지도체계와 선전 활동을 중심으로」, 『중소연구』 44권 2호(2020년 여름), p. 25.

주재)와 코로나19 영도소조 회의(리커창 총리 주재)는 매달 각각 4회와 6회씩 열렸다. 정치국 상무위원회 회의는 평상시에는 매주 개최되는데, 비상시에는 다른 회의와 겹치는 관계로 그보다는 덜 개최된다는 사실을 알 수 있다.

참고로 〈표 2-11〉을 통해 우리는 리커창 총리가 코로나19 방역을 총지휘하는 핵심 역할을 담당했다는 사실을 알 수 있다. 그는 매달 정치국 회의 1회, 정치국 상무위원회 회의 3회, 국무원 상무회의 4회, 코로나19 영도소조 회의 6회 등 총 14회를 참석했다. 이틀에 한 번꼴로 중요한 회의에 참석한 셈이다. 이는 총리가 정치국 상무위원회에서 담당하고 있는 '업무 분담(分工)'을 보면 당연한 결과라고 할 수 있다. 총리는 경제 관리와 행정을 담당한다. 이에 대해서는 뒤에서 다시 살펴볼 것이다.

(2) 직권: 일상적인 문제의 처리 권한

〈중앙위 공작조례〉는 정치국 상무위원회의 직권(권한)으로 모두 7개를 나열한다. 〈표 2-12〉는 이를 정리한 것이다. 우리는 이를 다섯 가지 범주로 나눌 수 있다.

첫째는 공산당 중앙의 '일상 업무' 처리 권한이다. 당대회는 5년에 한 번씩 1주일 정도의 회기로 열리기 때문에 일상 정치 과정에서는 무시해도 좋다. 중앙위원회는 매년 한 번씩 4~5일의 회기로 개최된다. 정치국은 매달 한 번씩 하루 회기로 개최되는데, 개회 기간(즉 정치국 활동 기간)을 합하면 1년에 12일 이내다. 이런 회의를 모두 합하면 중앙위원회와 정치국이 '공산당 중앙'으로 활동하는 기간은 1년에 20일을 넘지 않는다. 따라서 나머지 약 340일 동안에는 정치국 상무위원회가 공산당 중앙으로서 일상 업무를 처리해야 한다.

둘째는 정치국 회의에서 심의할 안건(의제)을 사전에 논의하고 상정하는 권한이다. 이를 통해 우리는 현행 제도에서는 정치국 상무위원회가 심의하지 않은 안건이 정치국에 바로 상정되는 일은 없다는 점을 알 수 있다. 비록 총서기가 정치국과 정치국 상무위원회의 의제를 '확정'하는 권한을 갖고 있지만, 그가 자기 마음대로 정

〈표 2-12〉 공산당 정치국 상무위원회의 직권(7개)

분류	세부 규정
일상 업무	공산당 중앙의 일상 업무 처리
정치국 관련	공산당과 국가사업 발전의 전체(全局) 중대 문제 및 사항을 연구 토론하여 정치국에 의견 및 심의 제기
정책권	• 공산당 및 국가 업무 가운데 중대한 문제와 사항을 연구 결정 • 중대 돌발성 사건에 대한 처리 결정과 업무 배치
감독권	서기처 업무보고, 중앙기위(국가감찰위), 전국인대 상무위원회 당조, 국무원 당조, 최고인민법원 당조, 최고인민검찰원 당조 등의 업무보고 청취
인사권	• '관련 규정'에 근거하여 간부의 추천·제청(提名)·임면(任免) • 관련 당정 영도간부의 처분 처리 사항을 결정
기타 정책권	기타 정치국 상무위원회가 결정할 중대 문제와 사항의 연구 결정

자료: 〈中國共産黨中央委員會工作條例〉(2020년 9월 제정)의 제4장 영도 직권 제16조 중앙정치국 상무위원회.

치국 상무위원회를 거치지 않은 안건을 정치국에 상정할 수 있는 것은 아니다. 총서기의 의제 확정권이 상당히 제약을 받는다는 사실을 확인할 수 있다.

셋째는 정책권으로, 이는 다시 두 가지 권한으로 나눌 수 있다. 하나는 정치국 폐회 기간에 공산당 및 국가와 관련된 '중대한 문제와 사항'을 연구하고 결정하는 권한이다. 다른 하나는 '중대 돌발성(突發性) 사건'의 처리 권한이다. 여기에는 지진·홍수·전염병과 같은 자연재해, 고속철도 충돌 사고 같은 사건과 사고, 미국의 '9·11 테러 사건'과 같은 국제 분쟁 등이 포함된다. 뒤에서 살펴보겠지만, 국내에서 발생하는 중대 돌발성 사건은 공산당 중앙 판공청을 통해 15분 이내에 총서기와 정치국 상무위원에 전달된다.

넷째는 인사권이다. 〈중앙위 공작조례〉는 인사권의 범위를 설명하지 않고, 대신 "관련 규정에 근거하여"라고만 되어 있다. 정치국의 인사권에 대해서도 똑같이 규정하고 있다. 그런데 〈13기 중앙 정치국 상무위원회 공작규칙〉에 따르면, 정치국 상무위원회는 성부급 부직(省部級副職), 즉 차관급 인사를 결정(비준)할 권한이 있다. 여기에는 이들에 대한 징계 권한도 포함된다. 예를 들어, 공산당 중앙 조직부 부부장(副部長), 국무원 상무부 부부장, 베이징시 부시장(副市長) 등이 이에 해당한다. 또한 정치국이 결정하는 장관급 인사에 대한 제청 권한도 정치국 상무위원회가 행사한다. 다시 말해, 정치국이 결정하는 장관급 인사의 후보는 정치국 상무위원회에서 결정한다.

다섯째는 감독권이다. 정치국 상무위원회는 최소한 매년 1회 이상 다음 기관에 대한 업무보고를 청취하고 심의한다. 먼저 공산당 중앙기관 가운데는 중앙서기처와 중앙기위(국가감찰위)의 업무보고를 청취하고 심의한다. 이를 보면, 전국인대에서 선출되는 국가감찰위원회(국감위)가 실제로는 전국인대가 아니라 정치국 상무위원회에 책임을 지고 업무를 보고한다는 점을 알 수 있다. 국감위는 중앙기위와 사실상 한 몸이기 때문에 이런 식으로 운영된다.

또한 정치국 상무위원회는 중앙 국가기관, 즉 국무원, 전국인대, 전국정협, 최고인민법원, 최고인민검찰원에 구성된 당조(黨組)의 업무보고를 청취 및 심의한다. 이를 통해 전국인대가 선출하는 국가기관도 실제로는 전국인대가 아니라 정치국 상무위원회에 우선해서 책임을 지고 감독을 받는다는 사실을 확인할 수 있다. 물론 형식적으로는 전국인대가 이런 국가기관의 활동을 감독한다. 매년 개최되는 전국인대 연례회의에서 전국인대 대표들이 이들 기관이 제출한 업무보고를 심의하는 것이 대표적인 사례다. 그러나 이는 '통과의례'이고, 실제 감독은 공산당 중앙 차원에서 이루어진다.

(3) 운영: '집단지도' 원칙

집단지도 원칙, 즉 '집단결정과 개인 분담 책임의 상호 결합' 원칙은 정치국보다 정치국 상무위원회에서 더욱 분명하게 나타난다. 먼저 중요한 문제는 정치국에서처럼 정치국 상무위원회에서도 회의를 거친 이후에 집단으로 결정된다. 또한 각각의 정치국 상무위원에게는 고유한 책임이 있고, 집단으로 결정한 사항을 각자 책임에 따라 집행해야 한다. 중국에서는 이를 정치국 상무위원 간의 '업무 분담(分工)'이라고 부른다. 참고로 국무원 총리/부총리와 국무위원은 이들이 어떤 업무를 분담하고 있는지를 대외에 발표한다. 반면 공산당 정치국과 정치국 상무위원회는 발표하지 않는다.

그렇지만 우리는 정치국 상무위원이 각각 어느 기관을 대표하는지를 알기 때문에 상무위원의 고유한 업무(책임)가 무엇인지를 파악할 수 있다. 첫 번째로 총서기는 공산당을 대표한다. 동시에 총서기는 중앙군위 주석과 국가 주석을 겸직하고, 이로 인해 인민해방군과 국가를 대표한다. 따라서 총서기의 당내 책임은 개혁·개방의 총괄 지도와 당 전체의 대표(총서기), 당외 책임은 군사 안보(중앙군위 주석)와 외교(국가 주석)다. 1982년 공산당 12차 당대회에서 총서기가 다시 설치된 이후, 총서기의 가장 중요한 임무는 개혁·개방의 총괄 지도다. 이는 지금도 마찬가지다. 이런 업무 분담에 따라 총서기가 개혁위원회나 재경위원회 등 개혁·개방과 관련된 각종 영도소조의 조장을 맡고 관련 업무를 총괄 지도한다.

중앙서기처의 상무 서기를 겸직하는 정치국 상무위원은 총서기를 보좌하여 서기처 업무를 총괄한다. 조직·선전·이념(ideology)과 같은 공산당 업무, 즉 '당무(黨務)'가 바로 그것이다. 예를 들어, 현재 왕후닝(王滬寧) 상무 서기는 중앙 선전 사상공작 영도소조 조장, 중앙 문명건설 지도위원회 주임, 중앙 개혁위원회 판공실 주임을 겸직하고 있다. 그 밖에 시진핑 총서기를 대신하여 공산당 중앙서기처의 판공회의를 개최하는 등 서기처 전체 업무를 총괄한다.

두 번째로 국무원 총리와 상무 부총리를 겸직하는 정치국 상무위원은 경제 관리와 행정을 담당한다. 경제 관리에는 국내뿐만 아니라 대외 업무(예를 들어, 무역과 해외투자)도 포함된다. 앞에서 보았듯이, 코로나19가 발생했을 때 리커창 총리는 행정 책임자로서 코로나19 방역 영도소조 조장을 맡아서 방역 활동을 총지휘했다. 국무원 부총리이면서 정치국원인 쑨춘란(孫春蘭)도 코로나19 방역 '중앙 지도조(中央指導組)' 조장의 신분으로 후베이성과 우한시에 파견되어 방역을 지휘했다. 한정(韓正) 부총리 겸 정치국 상무위원은 리커창 총리를 보좌하여 관련 업무를 담당한다.

세 번째로 전국인대 상무위원회 위원장을 겸직하는 정치국 상무위원은 입법(立法)과 정부 감독을 담당한다. 따라서 전국인대가 제정하는 각종 법률, 전국인대가 국무원과 최고인민법원/검찰원을 대상으로 진행하는 각종 감독은 모두 전국인대 위원장의 지도 아래에서 이루어진다. 네 번째로 전국정협 주석을 겸직하는 정치국 상무위원은 통일전선 업무를 총괄한다. 이런 업무 분담에 따라 전국정협 주석은 소수민족·종교·지식인·화교 등 사회 정책 전반을 책임진다. 이 가운데 종교 정책과 소수민족 정책이 특히 중요하다.

다섯 번째로 중앙기위 서기를 겸직하는 정치국 상무위원은 부패 척결과 공산당 기율 감독을 책임진다. 공산당 중앙은 부패 척결과 기율 준수를 중시하기 때문에, 중앙기위 서기를 정치국 상무위원에 임명하여 이 업무를 총괄하도록 배치한 것이다. 시진핑 집권 1기(2012~2017년)에 강력하게 추진된 부패 척결 정책은 왕치산(王岐山) 서기가 담당했다. 만약 왕치산과 같이 강력한 추진력을 갖추고 있는 인물이 중앙기위 서기를 맡지 않았다면, 그런 단호한 반부패 정책은 가능하지 않았을 것이다.

한편 위에서 정치국 운영을 살펴볼 때, 정치국 상무위원회에서처럼 집단지도가 중요하다는 사실만 지적했지, 정치국원 간의 구체적인 책임(임무) 분담에 관해서는 설명하지 않았다. 이는 정치국 상무위원 간의 책임 분담을 이해하면 정치국원 간의 책임 분담도 쉽게 이해할 수 있기에 그렇게 한 것이다. 집단지도 원칙은 정치국과 정치국 상무위원회가 같기 때문이다.

예를 들어, 25인의 정치국원 가운데 현역 군 장성인 두 명의 정치국원은 군 업무를 책임진다. 마찬가지로 지방 당서기를 겸직하는 정치국원(현재는 6인)은 자기 지역뿐만 아니라 지방과 관련된 업무를 책임진다. 국무원 부총리를 겸직하는 정치국원(3인)은 과학기술·교육·문화·위생이나 경제·통상 등 각자 고유한 책임 분야가 있다. 국무원이나 전국인대의 직위를 맡고 있지 않은 양제츠(楊潔篪) 정치국원은 공산당 중앙 외사공작위원회 판공실(외사판공실) 주임으로, 사실상 외교 실무를 총괄한다. 국무원 국무위원 겸 외교부 부장인 왕이(王毅)는 양제츠의 지휘를 받는다.

(4) 정치국 상무위원회의 구성

〈표 2-13〉은 정치국 상무위원회의 구성 상황을 정리한 것이다. 이를 통해 우리는 정치국 상무위원회가 1997년 공산당 15차 당대회 이후에는 공산당과 국가기관의 현직 책임자로 구성된다는 사실, 그래서 집단지도 체제가 제대로 작동할 수 있는 조건을 갖추었다는 사실을 확인할 수 있다. 이 가운데 공산당 16차(2002년)와 17차(2007년) 당대회 기간은 정치국 상무위원회 규모가 9명으로, 두 명이 예외적으로 추가되었지만 기본 구성은 변화가 없다.

구체적으로 공산당 15차 당대회(1997년) 이후 정치국 상무위원회는 공산당 대표 2명(총서기와 서기처 상무 서기), 국무원 대표 2명(총리와 상무 부총리), 전국인대 대표 1명(위원장), 전국정협 대표 1명(주석), 중앙기위 대표 1명(서기)으로 구성된다. 그리고 이들은 개인 차원에서 정치국 상무위원회의 구성원으로 참여하는 것이 아니라, 자신이 대표하는 당정기관의 현직 책임자로서 참여하는 것이다. 이런 구성으로 인해 우리가 앞에서 말한 집단지도 체제가 운영될 수 있다.

〈표 2-13〉 공산당 정치국 상무위원회의 구성 변화

중앙위원회 시기	총수	공산당 총서기	국무원 총리	전국인대 위원장	전국정협 주석	중앙기위 서기	서기처 상무서기	국무원 부총리	중앙군위 (부)주석	국가 주석	정법위 서기	이념선전 담당
12기 (1982년)	6	0	0			0			0/0	0		
13기 (1987년)	5	0	0			0	0	0				
14기 (1992년)	7	0	0	0	0		0	0	0			
15기 (1997년)	7	0	0	0	0	0	0	0				
16기 (2002년)	9	0	0	0	0	0	0	0			0	0
17기 (2007년)	9	0	0	0	0	0	0	0			0	0
18기 (2012년)	7	0	0	0	0	0	0	0				
19기 (2017년)	7	0	0	0	0	0	0	0				

주: 공산당 14차 당대회(1992년) 이후에는 총서기가 국가 주석과 중앙군사위원회(중앙군위) 주석을 겸직했다. 단 공산당 16차 당대회(2002년)에서는 장쩌민이 중앙군위 주석에 선출되어 2년 동안 직무를 수행한 후에 후진타오에게 이양했다. 총서기 후계자로 선출된 후진타오와 시진핑은 중앙군위 부주석을 겸직했다.

자료: 中共中央組織部·中共中央黨史研究室,『中國共産黨歷屆中央委員大辭典, 1921-2003』(北京: 中共黨史出版社, 2004), pp. 1223, 1227, 1231, 1235, 1239; 조영남,『21세기 중국이 가는 길』(파주: 나남, 2009), pp. 107-108; 조영남,『중국의 꿈: 시진핑 리더십과 중국의 미래』(서울: 민음사, 2013), pp. 93-95: 조영남,「엘리트 정치」, 조영남 책임 편집,『시진핑 사상과 중국의 미래: 중국공산당 제19차 전국대표대회 분석』(서울: 지식공작소, 2018), p. 42.

5. 총서기와
중앙서기처

개인적 카리스마를 자랑하는 마오쩌둥과 덩샤오핑은 공식 직위와는 관계없이 세 가지의 최고 권한을 행사할 수 있었다.[22] 첫째는 정책 결정권, 둘째는 인사권과 후계자 지명권, 셋째는 군 통수권이다.[23] 따라서 마오와 덩은 설사 공식 직위에서 은퇴했어도 이와 관련된 권한을 행사할 수 있었다.

또한 이들의 최고 권한 행사는 공산당의 내부 결정으로 합법화되었다. 마오쩌둥의 경우, 1943년 3월에 개최된 정치국 확대회의에서 "서기처 회의(당시 최고 권력기구-인용자)가 토론하는 문제는 주석(즉 마오쩌둥-인용자)이 최후 결정권을 갖는다"라는 방침이 결정되었다.[24] 비슷하게 덩샤오핑의 최고 권한 행사도 1987년 공산당 13기 중앙위원회 1차 전체회의(13기 1중전회)의 '비밀 결정'을 통해 승인되었다. 즉 덩이 공산당 직위에서 물러나지만, "중대 문제에 대해서는 여전히 의견을 묻고 최종 결정을 내린다"라는 것이다.[25]

(1) 총서기 직권: 회의 소집과 서기처 주재

그러나 개혁·개방 시대의 공산당 총서기는 마오쩌둥이나 덩샤오핑과는 완전히 다르다. 현행 공산당 〈당장〉에 따르면, 총서기의 직권(권한)은 간단하다. 총서기는, "중앙정치국 회의와 중앙정치국 상무위원회 회의를 소집(召集)할 책임이 있고, 서기처 업무를 주재(主持)할 책임이 있다." 〈중앙위 공작조례〉도 총서기의 직권을 똑같이 '소집'과 '주재'로 규정하고 있다.

여기서 '소집'과 '주재'의 차이를 정확히 이해하는 것이 중요하다. 마오쩌둥의 정치 비서 출신으로, 중국의 최고 문필가로 명망이 높았던 후차오무(胡喬木) 전 정치국원이 설명했듯이, '주재'는 총서기가 독자적인 권한으로 서기처를 지도한다는 뜻이다. 반면 '소집'은 말 그대로 회의를 개최하여 사회를 본다는 뜻일 뿐이다.[26] 다시 말해, 총서기는 서기처를 지도하지만, 정치국과 정치국 상무위원회를 지도하지는 않는다. 그래서 공산당 주석 제도와는 달리 총서기 제도가 "공산당의 집단지도와 단결 통일에 유리"하다고 말한다.[27] 이것이 공산당 총서기와 주석 간의 차이점이다. 이에 대해서는 뒤에서 다시 살펴볼 것이다.

반면 〈13기 중앙정치국 상무위원회 공작규칙〉은 총서기의 4대 직권을 명시하고 있다. 즉 총서기는 ① 회의 의제 확정, ② 회의 주재, ③ 회의 공보(公報) 배포, ④ 중앙 문건 서명 배포를 책임진다. 또한 이런 규정에는 없지만, 관례상 총서기는 인사 문제를 결정할 때, 다른 정치국 상무위원보다 더 큰 발언권을 행사한다. 게다가 관례상 총서기는 자파 세력을 성부급 부직(省部級副職), 즉 차관급 직위에도 임명할 수 있다. 이는 신임 총서기에게 집권 초기에 권력 기반을 다질 수 있도록 일정한 인사권을 부여한 '비공식 규범'이다.

국무원 총리에게도 관례상 차관급 직위에 대한 인사권을 일부 허용한다고 한다.

(2) 공산당 주석과 총서기의 차이

공산당의 최고 지도자로서 공산당 중앙위원회 주석(主席, chairman/당 주석)과 중앙위원회 총서기(總書記, general secretary/당 총서기)는 지위와 직권 면에서 큰 차이가 있다.

먼저 두 직위는 지위(official status) 면에서 크게 다르다. 마오쩌둥 시대의 당 주석은 공산당의 위계 제도를 초월한 존재였다. 반면 총서기는 공산당의 위계 제도 내에서 비교적 높은 지위를 차지하는 고위급 간부에 불과했다.[28] 다시 말해, 당시의 당 주석은 '당상(黨上)' 지도자였고, 총서기는 '당내(黨內)' 지도자였다. 이는 1954년에 공산당 중앙 비서장(秘書長)이 신설되고, 그것이 1956년 공산당 8차 당대회에서 총서기로 명칭이 변경될 때 분명해졌다. 개혁기의 공산당 총서기도 마오 시대의 총서기 지위에서 크게 벗어나지 않는다. 즉 총서기는 〈당장〉의 규정처럼 정치국과 정치국 상무위원회 회의를 '소집'하고, 서기처 업무를 '주재'하는 지위일 뿐이다.

또한 두 직위는 직권(official power) 면에서도 크게 다르다. 마오쩌둥 시대의 당 주석은 주요 정책과 인사 문제를 최종적으로 결정하는 직위, 즉 '최후 결정권'을 갖는 직위였다. 이는 마오라는 카리스마적 지도자가 누리는 '특권'이었지만, 동시에 정치국 회의를 통해 공식적으로 인정된 권한이었다. 참고로 화궈펑은 공산당 주석이었지만 마오처럼 '최후 결정권'을 행사하지는 못했다. 그는 과도기적 인물로, 카리스마적 지도력이 없었기 때문이다. 즉 덩샤오핑과 천윈 같은 혁명원로와 비교할 때, 화궈펑의 개인적 권위는 보잘것없었다. 또한 당내 공식 결정을 통해 화궈펑에게 최후 결정권을 부여한 적도 없었다.

반면 개혁·개방 시대의 당 총서기는 주요 정책과 인사 문제를 결정할 때, 다른 정치국 상무위원처럼 단지 한 표를 행사하는 권한을 가질 뿐이다.[29] 다시 말해, 총서기는 마오가 맡았던 당 주석과 달리 '압도적 지위'의 직위도 아니고, 당내 결정을 통해 '최후 결정권'을 부여받은 직위도 아니었다. 이를 현재의 〈당장〉은 총서기의 직권으로 서기처의 '주재'와 정치국과 정치국 상무위원회의 '소집'으로 표현한 것이다. 이에 따라 총서기는 서기처를 지도할 수는 있어도, 정치국과 정치국 상무위원회를 지도할 수는 없다.

이런 이유로 1982년 공산당 12차 당대회에서 마오쩌둥과 같은 독재자가 다시 출현하는 것을 방지하기 위해 공산당의 최고 직위였던 당 주석이 폐지되고 대신 총서기가 신설되었다. 또한 이런 이유로 권력 강화를 노렸던 장쩌민은 1997년 공산당 15차 당대회에서 당 주석의 부활을 고려했다가 반대에 부딪혀 폐기해야만 했다.[30] 2017년 공산당 19차 당대회를 앞두고 시진핑이 자신의 권력을 강화하기 위해 당 주석제를 부활시키려 한다는 소문이 떠돌았

지만, 실제로 그렇게 되지는 않았다.[31]

이처럼 개혁·개방 시대의 공산당 총서기는 마오쩌둥 시대의 당 주석과는 다른 권한을 행사한다. 또한 총서기는 다른 정치국 상무위원의 지위와 비교했을 때도 '압도적 지위'에 있지 않다. 총서기는 말 그대로 서기처 서기들을 총괄 관리하는 '총(總, general)' 서기이고, 정치국 상무위원회와 정치국 회의를 소집하는 총 '서기(書記, secretary)'일 뿐이다. 그래서 총서기를 한국어로 번역하면 '당 대표'가 아니라 '사무총장(事務總長, secretary general)'이 적절하다. 이처럼 지위와 권한 면에서 보면, 현재 공산당에는 '당 대표'가 없고, '사무총장'이 당을 이끌고 있다고 말할 수 있다.

이런 이유로 공산당 총서기와 다른 정치국 상무위원 간의 관계를 '동급자 중 일인자(first among equals)'라고 부른다. 원래 이 말은 영국의 의원내각제에서 총리(Prime Minister)와 내각을 구성하는 장관(Ministers) 간의 관계를 지칭하는 것이다. 의원내각제에서 총리와 장관은 모두 의원(Parliamentary Member/PM)이라는 면에서는 '동급자'다. 그런데 총리는 의회에 장관 임명을 제청하고, 내각 회의를 주재하며, 대외적으로 내각을 대표하기 때문에 '일인자'라고 말한다. 정치국 상무위원회에서 총서기의 지위는 다른 정치국 상무위원과 '동급'이면서 동시에 당을 '대표'하고 회의를 소집한다는 면에서 영국 내각에서 총리의 지위와 비슷하다고 해서 이 말이 사용된다.

(3) 다양한 통치 스타일의 총서기

그렇다고 역대 총서기의 통치 스타일이 같은 것은 결코 아니다.[32] 미국 대통령이 매우 다른 통치 스타일을 보여주듯이, 총서기의 통치 스타일도 매우 다르다. 예를 들어, 공화당의 도널드 트럼프(Donald Trump) 대통령과 민주당의 조 바이든(Joe Biden) 대통령은 정책뿐만 아니라, 통치 스타일 면에서도 상당히 다르다. 장쩌민, 후진타오, 시진핑도 마찬가지다.

| 장쩌민: '권력의 화신'

장쩌민 시기의 엘리트 정치를 분석한 램(Willy Wo-Lap Lam) 교수는 장쩌민을 '권력의 화신'으로 묘사한다. 1994년 무렵에는 혁명원로들이 사망과 질병으로 정치무대에서 퇴장하기 시작했다. 장쩌민은 총서기로서 권력을 제대로 부릴 기회를 잡은 셈이다. 이런 점에서 그는 '행운아'라고 할 수 있다. 장쩌민은 이런 기회를 놓치지 않았다. 모든 수단과 방법을 총동원하여 정치권력을 거머쥐기 위해 분투한 것이다.

먼저 장쩌민은 공산당 중앙서기처 대신에 공산당 중앙 판공청을 강화하여 자신의 핵심 권력기구로 삼았다. 중앙서기처는 총서기 개인이 아니라 정치국 상무위원회와 정치국을 보좌하는 '준(準)' 영도기관이다. 반면 중앙 판공청은 주로 총서기 개인을 보좌하는 직속 사무기구다. 따라서 이를 강화한 것이다. 이를 위해 자신의 오른팔인 쩡칭훙(曾慶紅)을 중앙 판공청 주임으로 임명했다. 임명 직후 쩡칭훙은 중앙 판공청 직원을 기존의 100여 명에서 300여 명으로 세 배나 늘렸다. 동시에 그동안 서기처가 담당했던 정책 준비, 문건 발행과 관리 등의 업무를 중앙 판공청으로 이관했다.

또한 장쩌민은 공산당 중앙 소속의 영도소조 지위와 역할을 대폭 강화했다. 목적은 단 하나였다. 당시 국무원 총리였던 리펑(李鵬)이 아니라 공산당 중앙, 궁극적으로는 총서기인 자신이 개혁·개방과 관련된 제반 정책을 결정하고 집행하는 주도권을 장악할 수 있도록 만들기 위해서였다. 시진핑 시기에 등장한 '영도소조 정치'는 사실 장쩌민 시기에 이미 존재했던 현상이 다시 나타난 것에 불과하다.

이는 특히 중앙 재경(財經) 영도소조(현재는 중앙 재경위원회)의 역할 강화에서 분명하게 나타났다. 1987년 1월에 자오쯔양이 총서기가 된 이후 재경 영도소조는 국무원 총리가 아니라 총서기가 조장을 맡기 시작했다. 후진타오와 시진핑 시기도 마찬가지다. 총서기는 이를 활용하여 경제 권력을 강화할 수 있다. 실제로 조장이었던 장쩌민은 재경 영도소조의 역할을 확대했고, 그 결과 총리가 담당하던 경제 관리에도 영향력을 행사할 수 있었다. 장쩌민은 경제개혁의 주도권을 장악하는 데 성공한 것이다. 1990년대 중반에 시작되어 2001년에 끝난 중국의 세계무역기구(WTO) 가입 협상을 총리인 리펑이 아니라 총서기인 장쩌민이 주도한 것이 대표적인 사례다.

공산당 중앙 외사 영도소조 조장의 직위를 국무원 총리에서 공산당 총서기로 옮긴 것은 또 다른 사례다. 외사 영도소조 조장은 1981년 설립 당시에는 혁명원로인 리셴녠(李先念)이 맡았고, 1987년 공산당 13차 당대회 이후에는 국무원 총리(리펑)가 맡았다. 그런데 1998년에 리펑이 전국인대 상무위원회 위원장으로 자리를 옮길 때, 외사 영도소조 조장 자리를 총리인 주룽지(朱鎔基)에게 주지 않았다. 대신 장쩌민 본인이 조장을 직접 맡았다. 이때부터 외사 영도소조(현재는 위원회) 조장은 총리가 아니라 총서기가 맡는 것이 관례가 되었다. 즉 후진타오 시기와 시진핑 시기 모두 후와 시가 각각 조장을 맡았다.

또한 장쩌민은 지방의 당정간부에 대한 통제도 강화했다. 이를 위해 1995년에 성급(省級: 성·자치구·직할시) 공산당 위원회에 '중심조(中心組)'를 설치하여 이들이 공산당 중앙과 자신에게 충성하도록 유도했다. 같은 해에 '안전 조사조(安全調査組)'를 신설하여 고급간부들의 충성 여부를 점검했다. 또한 당정간부들의 책임제를 강화하고, '삼강(三講)', 즉 학습(學習)·정치(政治)·바른 태도(正氣)를 강조하는 정풍운동을 2년 동안(1999~2000년) 전개했다. 이때 장쩌민은 중앙과 지방의 당정간부가 자신에 대해 어떻게 생각하는지에 '태도 표명(表態)'을 요구했다. 일종의 충성 서약을 강요한 셈이다.

이런 조치 후에 장쩌민은 마오쩌둥을 흉내 내어 자신의 권위를 높이기 위한 개인숭배 활동을 전개하기 시작했다. 공산당 전 조직과 당원이 자신의 통치이념을 학습하도록 강제하는 '삼개대표 중요 사상 학습 운동'을 다시 전개한 것이다. 당시 전국인대 위원장이었던 차오스(喬石)와 연금 상태에 있던 자오쯔양은 이런 장쩌민의 권력 강화 시도를 비판했다. 동시에 그들은, 덩샤오핑이 1989년 6월에 장쩌민을 총서기로 임명하면서 권위를 높여주기 위해 부여했던 '핵심(核心)' 칭호를 폐지할 것을 주장했다.

그러나 이런 정치원로들의 비판은 '찻잔 속의 태풍'으로 그치고 말았다. 장쩌민은 이들의 비판을 무시하고 집권 2기(1997~2002년)에 들어 권력 기반을 더욱 확고히 다져나간 것이다. 그 결과 장쩌민은 2002년 공산당 16차 당대회에서 중앙군위 주석에 세 번째로 취임할 정도로 강력한 총서기가 되었다.[33] 동시에 후진타오 시기(2002~2012년)에도 '상하이방'과 '태자당'이라는 자파 세력(파벌)을 이용하여 정치적 영향력을 행사할 수 있었다. 그 결과 총서기 후진타오의 권한 행사는 큰 제약을 받을 수밖에 없었다. 이처럼 장쩌민은 공식 은퇴 후에도 막강한 권력을 행사하는 '상왕(上王)'이었다.

후진타오: '당내 민주의 실천가'

반면 후진타오는 장쩌민과는 상당히 다른 통치 스타일을 보여주었다. 요컨대 그는 장쩌민 시기에 시작된 엘리트 정치의 제도화와 개방화를 위해 더욱 노력했다. 예를 들어, 정치국 상무위원회가 주요 문제를 결정할 때 상무위원 간의 협의와 타협을 강조했다. 또한 공산당 정치국 회의를 정기적으로 개최하고, 회의 의제와 결과를 대외에 공개했다. 반면 장쩌민 시기에는 정치국 회의조차 외부에 공개하지 않았다.

이와 같은 후진타오의 조치는 정치국 상무위원회에서 다수파였던 장쩌민 세력(상하이방과 태자당 연합)과 맞서기 위해 자신에게 우호적인 세력을 결집하려는 고육지책이었다. 동시에 이는 '당내 민주(黨內民主)'라는 규범, 특히 협의와 타협의 정신을 강조함으로써 장쩌민 세력이 수적 우세를 이용하여 자기들 마음대로 정책을 결정하는 전횡을 부리지 못하도록 막으려는 전략이기도 했다.

또한 후진타오는 공산당 총서기의 권한을 축소하고, 대신 국무원 총리·전국인대 위원장·전국정협 주석 등 국가기관 지도자의 의견과 결정을 존중했다. 이에 따라 정책 결정 과정은 전보다 더욱 민주적으로 바뀌었다. 특히 그는 '당내 민주'를 정치개혁의 핵심 의제로 추진했고, 그것의 한 사례로 정치국 상무위원회와 정치국의 집단지도를 강화했다. 후진타오 정권을 '후진타오-원자바오 체제(胡溫體制)'라고 부르는 것은 이 때문이었다.[34] 반면 '장쩌민-주룽지(朱鎔基) 체제'나 '시진핑-리커창 체제'라는 말은 사용하지 않는다.

시진핑: '감투 수집가(title collector)'

한편 시진핑은 장쩌민에 가까운 통치 스타일, 어쩌면 장쩌민을 능가하는 '권력의 화신'으로서의 모습을 보여주고 있다. 시진핑은 첫째, 공산당 중앙과 총서기 개인으로 권력을 집중시켰다. 그도 장쩌민처럼 '핵심' 칭호를 얻었고, 공산당 중앙의 권위와 함께 총서기의 권위도 수호해야 한다는 '두 개의 수호(兩個維護)'를 강조하고 있다. 둘째, 시진핑은 국무원과 전국인대 등 국가기관이 아니라 공산당이 모든 것을 영도하는 '공산당 전면 영도'를 강화했다. 이는 마오쩌둥의 통치 방침을 부활시킨 것이다.

셋째, 시진핑은 공산당 19차 당대회(2017년) 이후 자신의 통치이념인 '시진핑 신시대 중국 특색의 사회주의 사상'('시진핑 사상')을 공산당 전 조직과 당원에게 학습할 것을 요구하는 등 개인숭배를 조장하고 있다. 이것도 장쩌민과 비슷하다. 넷째, 시진핑은 장쩌민처럼 영도소조를 강화해서 공산당 영도, 궁극적으로는 자신의 통치를 강화하려고 시도하고 있다. 이른바 '영도소조 정치' 혹은 '소조치국(小組治國: 영도소조의 국가통치)'이 다시 등장한 것이다.[35]

이 가운데 시진핑 시기에 들어 분명하게 나타난 현상은, 시진핑이 영도소조를 강화하고, 이를 기반으로 총서기 개인의 권력을 강화하고 있다는 점이다. 그래서 시진핑 시기의 엘리트 정치의 특징을 '공산당 전면 영도' 강화 및 권력 집중과 함께 '영도소조 정치'의 등장으로 규정하기도 한다. 이에 따라 지금까지 비교적 순조롭게 발전해왔던 집단지도 체제가 시진핑 시기에 들어 약화하는 현상이 나타났다. 일부 학자들이 집단지도 체제가 이미 무너졌고, 이를 대신하여 시진핑 '일인 지배 체제'가 등장했다고 주장하는 것은 이 때문이다.

(4) 서기처의 변화: 영도기관에서 사무기구로 추락?

공산당 중앙서기처에 대한 〈당장〉의 규정은 총서기 규정과 비슷하게 비교적 간단하다. "서기처는 중앙정치국과 그 상무위원회의 사무기구(辦事機構)다. 구성원은 중앙정치국 상무위원회가 제청(提名)하여 중앙위원회 전체회의가 통과시킨다."

〈중앙위 공작조례〉도 서기처에 대해 두 가지 규정을 두고 있다. 첫째는 서기처 직권으로, "서기처는 정치국, 정치국 상무위원회, 총서기의 지시에 근거하여 업무를 배치(安排)하고 전개한다." 둘째는 서기처 회의로, "당 중앙의 정책 결정 부서(즉 정치국과 정치국 상무위원회−인용자)와 총서기의 지시 및 요구에 따라, 서기처는 판공회의(辦公會議)를 개최하여 관련 사항을 연구하고 토론한다. 의제는 총서기가 확정한다."

| 1980년의 서기처 위상과 권한

그런데 공산당 중앙서기처의 실제 지위와 역할은 이런 규정보다 훨씬 복잡하다.[36] 서기처는 1980년 2월 공산당 11기 중앙위원회 5차 전체회의(11기 5중전회)에서 다시 설치되었다. 원래 서기처는 1956년 공산당 8차 당대회에서 마오쩌둥 주석을 보좌하여 공산당 중앙의 일상 업무를 처리할 목적으로 설치되었다. 그래서 당시에 서기처의 공식 지위는 '중앙 일상 공작기구(中央日常工作機構)'였다. 이 시기의 총서기가 바로 덩샤오핑이다. 그러나 1966년에 문화대혁명(문혁)이 시작되면서 '중앙 문혁소조(文革小組)'가 마오의 지시하에 서기처를 사실상 대체했다. 이처럼 서기처는 유명무실한 기구로 전락했고, 1969년 공산당 9차 당대회에서는 완전히 폐지되었다.

그런데 1980년에 다시 설치된 서기처는 정치국과 정치국 상무위원회의 단순한 사무기구가 아니었다. 대신 서기처는 특정 문제를 스스로 결정할 수 있는 정책 결정 권한을 갖고 있었다. 당시 규정에 따르면, 서기처는 모두 네 개의 권한을 갖고 있었다. 첫째는 정치국과 정치국 상무위원회가 결정할 문제의 사전 준비다. 둘째는 중앙 일상 업무의 처리다. 셋째는 중앙 명의로 하달하는 일반성 당무 문건의 기초(起草)다. 넷째는 정치국과 정치국 상무위원회가 부과한 기타 사항 처리다. 이 같은 네 가지 권한을 행사하기 위해 서기처는 정책 결정권을 행사한 것이다.[37]

게다가 중앙서기처 서기는 정치국원 및 정치국 상무위원과 마찬가지로 중앙위원회가 직접 선출했다. 즉 정치국이나 정치국 상무위원회가 서기처 서기에 대한 인사권을 행사하지 않았다. 그 결과 서기처 서기의 지위는 정치국 상무위원만큼은 아니지만, 정치국원보다는 높았다고 말할 수 있다. 이처럼 당시의 서기처는 매우 중요한 권력기구였다.[38] 특히 덩샤오핑과 천윈 같은 혁명원로들은 중앙서기처를 '1선(一線)', 정치국과 정치국 상무위원회를 '2선(二線)'으로 부르며, 서기처가 개혁·개방을 주도하는 실제 영도기구임을 강조했다. 동시에 원로들은 서기처가 차세대 지도자를 육성하는 기구라고 중시했다. 서기처 운영과 관련하여 집단지도 체제를 강조한 것도 이 때문이었다.

│ 1987년 서기처 지위의 강등

그런데 공산당 중앙서기처의 위상과 권한은 1987년 공산당 13차 당대회에서 하향 조정된다. 후야오방(胡耀邦)이 총서기로서 서기처의 권한을 남용해서 국무원과 다른 부서의 업무에 개입해서 문제를 일으켰다는 것이 그 이유였다. 서기처는 현재 〈당장〉의 규정처럼 정치국과 정치국 상무위원회의 '사무기구'로 전락하여 이전에 행사했던 정책 결정권을 대부분 상실했다. 또한 운영 원칙도 서기들이 동등하게 권한을 나누어 갖고 중요한 사항을 집단으로 결정하는 '집단결정' 방식에서, 총서기의 지시에 따라 서기들이 업무를 분담하여 처리하는 '업무 분담 사무(分工辦事)' 방식으로 바뀌었다. 즉 '총서기 책임제'가 도입된 것이다.

중앙서기처 서기의 인선 방식도 바뀌었다. 1987년 공산당 13차 당대회 이후, 서기처 서기는 정치국 상무위원회가 임명을 제청(提名)하면 중앙위원회가 심의하여 통과시킨다. 즉 정치국 상무위원회가 사실상 서기처 서기에 대한 인사권을 행사한다. 이렇게 되면서 서기처는 정치국과 정치국 상무위원회의 권한을 초월할 수 없고, 이들 기구 간에는 상하 예속관계가 확립되었다. 그 결과 후야오방 시기에 자주 나타났던 서기처와 국무원 간의 직권 충돌이 발생하지 않았다.[39]

(5) 서기처의 직권과 구성: 사실상의 영도기관

그렇다면 중앙서기처는 실제로도 정치국과 정치국 상무위원회의 단순한 사무기구에 불과한 것인가? 먼저 중국에서 '판공기구(辦公機構)'와 '판사기구(辦事機構)'는 모두 사무기구라는 뜻이지만, 실제 의미(nuance)는 다르다는 사실에 주의해야 한다. '판공기구'는 상급 기관이나 지도자가 하달한 지시를 단순히 집행하는 실무기구인 데 비해 '판사기구'는 그와 함께 특정 영역에서 정책 결정권을 행사하는 결정기구라는 의미도 포함하고 있다. 그래서 국무원 판공청은 '판공기구'라고 부르지만, 공산당 중앙 판공청은 '판사기구'라고 부른다.[40] 뒤에서 보겠지만, 공산당 중앙 판공청은 단순한 실무기구가 아니기 때문이다. 공산당 중앙 조직부와 선전부 등도 마찬가지로 '판공기구'가 아니라 '판사기구'다.

이와 비슷하게 중앙서기처도 정치국과 정치국 상무위원회의 '판공기구'가 아니라 '판사기구'다. 이는 앞에서 우리가 살펴본 그대로다. 그래서 서기처는 겉으로 보면 중앙의 일상 업무를 처리하는 단순한 사무기구로 생각할 수 있지만, 실제로는 중요한 업무를 수행하는 '준(準)' 혹은 '사실상의' 영도기관이라고 할 수 있다.[41] 다만 그런 업무를 정치국과 정치국 상무위원회의 영도하에서만 수행한다는 점에서 1987년 공산당 13차 당대회 이전의 서기처와는 다르다. 그때는 서기처가 단독으로 중요한 사항을 결정할 수 있었다.

| 서기처의 직권

'사실상의' 영도기관으로서 중앙서기처의 특징을 잘 보여주는 것이 바로 〈13기 중앙서기처 공작규칙(시행)〉(1987년)이다. 이것은 공산당 13차 당대회 이후, 즉 서기처의 지위가 강등되고 권한이 축소된 이후에 제정된 것이다. 그런데 그 내용을 보면 서기처가 원래 갖고 있던 권한을 사실상 그대로 계승했다. 이에 따르면, 서기처의 직권은 네 가지다.

첫째, 서기처는 "중앙정치국과 그 상무위원회가 결정할 문제를 준비하는 책임이 있다." 이는 총서기의 4대 직권 중 첫 번째인 '중앙정치국과 그 상무위원회의 의제 확정' 권한과 관련이 있다. 앞에서 보았듯이, 정치국과 정치국 상무위원회 회의 의제는 총서기가 '확정'한다. 총서기는 서기처를 주재하는 책임자로서 서기처 회의를 통해 이런 의제를 사전에 논의하고 준비한다. 〈당장〉에서 "총서기는 서기처 공작을 주재"한다고 하는 의미는 바로 이것이다.

둘째, 서기처는 "중앙의 일상 공작 사항을 처리한다." 이것도 이전 규정과 같다. 셋째, 서기처는 "중앙 명의로 반포하는 일반성 당무(黨務) 공작 문건의 기초(起草)를 책임진다." 이것도 이전 규정과 같다. 중앙 문건이 정치국 상무위원회와 정치국의 심의를 통과한 이후 '당 중앙' 명의로 반포되지만, 문건 기초는 총서기 책임하에 서기처가 담당한다. 넷째, 서기처는 "중앙정치국과 그 상무위원회가 부과하는 기타 사항을 처리한다."[42]

| 서기처 서기의 구성

또한 '사실상의' 영도기관으로서 중앙서기처의 성격을 잘 보여주는 것이 서기처 서기의 구성 상황이다. 〈표 2-14〉는 이를 정리한 것이다.

먼저 서기처는 정치국 상무위원인 상무 서기가 총괄한다. 현재 (2022년 2월)는 왕후닝이 맡고 있다. 또한 서기처 서기는 공산당 중앙 사무기구의 주요 책임자가 필수 구성원으로 참여한다. 중앙 판공청 주임, 조직부장, 선전부장, 중앙기위 부서기는 공산당 16차 당대회(2002년) 이후 항상 서기처 서기를 겸직한다. 정법위원회 서기는 공산당 17차, 18차 당대회 시기에만 서기처에 불참했는데, 이런 측면에서 정법위 서기도 서기처의 필수 구성원이라고 말할 수 있다. 참고로 서기처 필수 구성원은 동시에 정치국원을 겸직하고 있다. 마지막으로 공산당 중앙 통전부장, 정책연구실 주임, 국무원 판공청 비서장, 인민해방군 총정치부 주임도 서기처 서기로 참여했다. 이 중에서 통전부장은 공산당 18차 당대회(2012년) 이후에는

〈표 2-14〉 공산당 서기처 서기의 구성 변화

당대회 시기	총수	상무서기	판공청	선전부	조직부	통전부	중앙기위	정법위원회	정책연구실	국무원	인민해방군
13차(1987년)	5	O	O	O		O	O				
14차(1992년)	5	O	O	O			O	O			
15차(1997년)	7	O	O	O			O	O		O	O
16차(2002년)	7	O	O	O	O		O	O			O
17차(2007년)	6	O	O	O	O		O		O		
18차(2012년)	7	O	O	O	O	O	O			O	
19차(2017년)	7	O	O	O	O	O	O	O			

주: 상무 서기는 정치국 상무위원이 맡는다 / 중앙기율검사위(중앙기위)는 13차·14차·15차까지는 서기, 이후에는 부서기가 맡는다(중앙기위 서기는 정치국 상무위원에 선임되면서 서기처에는 참여하지 않는다) / 정법위원회는 서기가 맡는다 / 국무원은 15차에는 부총리(원자바오), 18차에는 판공청 비서장(양징)이 맡았다 / 인민해방군은 15차에는 중앙군사위원회(중앙군위) 부주석(장완녠), 16차에는 인민해방군 총정치부 주임(쉬차이허우)이 맡았다.

자료:「中國共産黨中央書記處」,〈維基百科〉, www.zh.wikipedia.org (검색일: 2021. 2. 5).

필수 구성원으로 바뀌었다.

정치국원이나 정치국 상무위원처럼 서기처 서기도 자신의 보직에 따라 특정 업무 영역(분야)—중국에서는 이를 '계통(系統)'이라고 부른다—을 전담한다. 예를 들어, 공산당 중앙 조직부 부장을 겸직하는 서기는 조직과 인사 계통, 선전부 부장을 겸직하는 서기는 선전과 이념 계통, 정법위 서기를 겸직하는 서기는 법원·검찰원·공안 등 정법 계통, 통전부 부장을 겸직하는 서기는 소수민족·종교·화교·지식인 등 통전 계통을 책임진다. 그리고 상무 서기(현재는 왕후닝)는 다른 업무에 바쁜 총서기를 대신해서 이들의 업무를 총괄 지휘한다. 또한 총서기가 아니라 상무 서기가 서기처 판공회의를 주재하는 것이 관례다.[43]

〈표 2-15〉 공산당 총서기, 정치국 상무위원회, 정치국, 서기처의 권한과 운영

분류	인사권	정책 결정권	회의와 의결 방식
총서기	1. (비공식) 정치국 상무위원회의 인사 문제 결정 시 영향력 행사* 2. (비공식) 일부 차관급(省部級副職) 인사의 임면(任免)**	중앙 문건 배포	1. 회의 의제 확정 2. 회의 주재 3. 회의 공보 배포
정치국 상무위원회	1. 차관급(省部級副職) 간부 임면 비준(결정): 중앙 각 부·위원회의 부(副)부장·부주임, 성·자치구·직할시의 당 부(副)서기 및 부성장·부주석·부시장 2. 장관급(省部級正職) 간부 제청(提名): 정치국이 임면하는 간부를 사전에 심의하여 임면을 제청	1. 일상 중대 정책 결정과 긴급 사무 처리 2. 정치국이 결정한 방침 및 정책 집행	1. 주1회 회의 개최 2. 합의 도달 노력 3. 표결 시 다수결
정치국	장관급(省部級正職) 간부 임면 비준(결정): 중앙 각 부·위원회의 부장·주임, 성·자치구·직할시의 당서기와 성장·주석·시장	일상적이지 않고 긴급하지 않은 전체(全局) 성격의 문제 방침 및 정책 결정	1. 월1회 회의 개최 2. 합의 도달 노력 3. 표결 시 다수결
서기처	없음	1. 정치국과 정치국 상무위원회 회의 준비 2. 중앙의 일상 공작 처리 3. 중앙 문건 기초(起草)	1. 총서기 책임제 2. 판공회의 개최 (상무 서기 주재)

자료: 필자가 다음 자료를 토대로 작성했다. 施九青·倪家泰, 『當代中國政治運行機制』(濟南: 山東人民出版社, 1993), pp. 538-540; 趙建民, 『中國決策: 領導人、結構、機制、過程』(臺中: 五南, 2014), p. 113; 寇健文, 『中共菁英政治的演變: 制度化與權力轉移 1978-2010』(臺北: 五南圖書出版社, 2011), p. 327; 〈中國共產黨中央委員會工作條例〉(2020년 9월 제정)의 제4장 영도 직권; • Hongyi Harry Lai, "External Policymaking under Hu Jintao: Multiple Players and Emerging Leadership", *Issues & Studies*, Vol. 41, No. 3 (September 2005), p. 214; 楊中美, 『新紅太陽: 中共第五代領袖』(臺北: 時報文化, 2008), pp 31-33; •• Willy Wo-Lap Lam, *The Era of Jiang Zemin* (Singapore: Prentice-Hall, 1999), p. 366.

(6) 정리: 중앙 영도기관의 권한과 운영

지금까지 우리는 공산당 중앙의 영도기관에 대해 자세히 살펴보았다. 〈표 2-15〉는 지금까지 살펴본 영도기관 가운데 공산당 총서기, 정치국 상무위원회, 정치국, 서기처의 권한과 운영을 정리한 것이다.

6. 중앙 사무기구

앞의 〈그림 2-1〉에서 보았듯이, 공산당 중앙의 영도기관 아래에는 다섯 종류의 사무기구가 설치되어 있다. 이들은 공산당 중앙이 주요 정책과 인사 문제를 결정하고 집행하는 데 없어서는 안 되는 매우 중요한 손발이다.

〈표 2-16〉은 공산당 중앙의 사무기구를 좀 더 자세히 분류한 것이다. 공산당 중앙에는 모두 다섯 종류의 사무기구가 있고, 이들은 모두 24개의 부서로 구성된다.

종합 부서

첫째는 종합 부서(綜合部門)로서, 공산당 중앙 판공청을 가리킨다. 중앙 판공청은 비록 조직부나 선전부처럼 장관급 책임자가 주관하지만, 실제 역할은 다른 부서보다 훨씬 중요하다. 한국의 대통

〈표 2-16〉 공산당 중앙의 사무기구와 사업단위

분류		부서 명칭
종합 부서(綜合部門)	1	중앙 판공청
직능 부서(職能部門)	5	중앙 조직부
		중앙 선전부
		중앙 통일전선공작부(통전부)
		중앙 대외연락부
		중앙 정법위원회
사무기구(辦事機構) (영도소조 판공실)	8	중앙 정책연구실(중앙 전면심화 개혁위원회 판공실)
		중앙 국가안전위원회 판공실
		중앙 재정위원회 판공실
		중앙 사이버안전과 정보화위원회 판공실
		중앙 대만공작 영도소조 판공실
		중앙 외사공작위원회 판공실
		중앙 군민(軍民) 융합발전위원회 판공실
		중앙 기구편제(編制)위원회
파출기관(派出機關)	1	중앙 국가기관 공작위원회
중앙 직속 사업단위(事業單位)	9	중앙당교(中央黨校)(국가행정학원)
		중앙 당사문헌연구원(黨史文獻硏究院)
		『인민일보(人民日報)』사(社)
		『광명일보(光明日報)』사
		『구시(求是)』사
		중앙 푸둥(浦東) 간부학원

중앙 직속 사업단위(事業單位)		중앙 징강산(井岡山) 간부학원
		중앙 옌안(延安) 간부학원
		중앙 사회주의 학원
총계	24	

주: 2017년에 제정된 〈공산당 공작기관 조례(工作機關條例)(試行)〉의 '제3장 직책'에 따르면, 공산당 중앙의 직책을 맡아 수행하는 '공작기구(工作機構)'에는 종합 부서, 직능 부서, 사무기구, 파출기구가 있다. 이 규정에 따르면, '중앙 직속 사업단위'는 '공작기구'에는 포함되지 않지만, 공산당 중앙 소속 기구로서 주요 임무를 수행하기 때문에 여기에 포함했다.

자료: 〈中國共產黨工作機關條例(試行)〉(2017년 제정); 「中共中央機構」, 〈維基百科〉, www.zh.wikipedia.org (검색일: 2021. 2. 5); 「中央直屬機構人物庫」, 〈中國經濟網〉, www.ce.cn (검색일: 2021. 2. 5).

령 비서실장과 가장 가까운 보직이 있다면, 바로 중앙 판공청 주임이 될 것이다. 따라서 판공청 주임의 실제 권력은 조직부 부장이나 선전부 부장 등 다른 장관급 간부보다 크다고 할 수 있다. 또한 중앙 판공청은 여러 가지의 업무를 종합적으로 처리하기 때문에 특정 업무, 예를 들어 조직과 인사를 전담하는 조직부, 선전과 이념을 전담하는 선전부보다 더욱 방대하고 복잡하다. 이에 대해서는 뒤에서 자세히 살펴볼 것이다.

│ 직능 부서

둘째는 직능 부서(職能部門)로서, 정치국과 정치국 상무위원회의 지시에 따라 여러 가지의 당무(黨務)를 전문적으로 담당하는 실무 부서를 가리킨다. 인사와 조직 관리를 전담하는 조직부,[44] 선전과 이념을 전담하는 선전부, 통일전선 공작을 전담하는 통일전선

공작부(통전부),[45] 공산당의 국외 활동을 전담하는 대외연락부,[46] 법원·검찰원·공안 등 정법 업무를 전담하는 정법위원회(政法委/정법위)가 바로 그것이다.[47] 이들은 모두 중요한 부서이지만, 그중에도 특히 조직부, 선전부, 정법위가 가장 중요하다. 그래서 이들은 중앙 판공청 주임과 함께 서기처 서기를 겸직할 뿐만 아니라 정치국원에도 선임된다.

| 영도소조 판공실

셋째는 공산당 중앙에 설치된 각종 영도기구의 실무를 책임지고 있는 사무기구(辦事機構)다. 이들은 다른 말로 '영도소조 판공실(辦公室)'이라고 부른다. 공산당 중앙에는 2021년 6월 말 기준으로 36개 이상의 영도소조가 설치되어 있다. 이 가운데 8개의 영도소조 판공실은 공산당 중앙, 실제로는 중앙 판공청 산하에 사무기구를 설치한다. 반면 다른 영도소조 판공실은 관련 부서에 설치한다. 예를 들어, 중앙 선전 사상공작 영도소조는 중앙 선전부, 중앙당 건설공작 영도소조는 중앙 조직부에 판공실을 설치한다. 따라서 공산당 중앙에 사무기구를 둔 영도소조는 매우 중요하고, 일상적으로 처리해야 하는 업무가 많은 기구로 볼 수 있다.

| 파출기관

넷째는 파출기관(派出機關)으로, '중앙 국가기관 공작위원회(工作

委員會)'를 가리킨다. 이 공작위원회는 성급(省級) 공산당 위원회에도 설치된다. 구체적으로 중앙 단위를 사례로 설명하면, 공산당 중앙, 국무원, 전국인대, 전국정협, 최고인민법원, 최고인민검찰원에는 일반적인 공산당 위원회(당 위원회)가 아니라 공작위원회(당 공작위원회)가 설립된다. 그리고 이렇게 설립된 당 공작위원회는 일반적인 당 위원회와 달리 공산당 중앙 국가기관 공작위원회의 '파출기관'으로, 그것의 직접적인 지도를 받는다.

이에 따라 공산당 중앙과 국무원 등 국가기관에 소속된 공산당원은 '당의 조직 생활', 예를 들어 당 소조 모임 개최, 비판과 자기비판 전개, 당 정치 학습을 진행할 때는 국무원이나 전국인대 내의 공산당 지도조직인 당조(黨組)가 아니라, 공산당 중앙 국가기관 공작위원회의 통일적인 지도를 받는다. 다만 소속기관의 고유한 업무, 예를 들어 정부 업무와 의회 업무 등과 관련해서는 소속기관 당조의 지도를 받는다.

이처럼 공산당 중앙과 국무원 등 국가기관에 당 위원회가 아니라 당 공작위원회를 설립하는 이유, 그리고 이들 기관에 소속된 공산당원이 당 공작위원회의 지도하에 활동하도록 하는 이유는 간단하다. 즉 국무원과 전국인대 등 국가기관에 소속된 공산당원이 오로지 소속 당정기관의 이익만을 위해 활동하는 문제를 막기 위함이다. 대신 공산당 중앙 국가기관 공작위원회가 각 기관에 설립된 당 공작위원회를 통해 공산당원을 통일적으로 지도하면 이런 문제가 해결될 수 있다는 것이다.

| 직속 사업단위

다섯째는 중앙 직속 사업단위(事業單位)로, 세 가지 범주의 기관을 가리킨다. 첫째는 중앙당교와 각종 국가 간부학원을 중심으로 하는 교육기관이다. 이들은 싱크 탱크(智庫, think tank) 역할도 수행한다. 둘째는 공산당의 역사와 문헌을 관리하고 연구하는 중앙 당사문헌연구원이다. 셋째는 『인민일보』, 『광명일보』, 『구시(求是)』와 같은 공산당 중앙 기관지와 잡지를 발행하는 기관(언론사)이다.

위에서 언급한 중앙 부서는 모두 살펴보면 좋겠지만, 그렇게 하지 않아도 공산당 중앙의 사무기구를 이해하는 데는 큰 문제가 없다. 여기서는 공산당 중앙 판공청을 자세히 살펴보도록 하자. 이 기구가 매우 중요하기 때문이다.

| 7. 중앙 판공청: 당 운영을 총괄하는 핵심 부서이자 간부 배양학교

중국의 엘리트 정치에서 비서(祕書, secretary)가 매우 중요한 역할을 담당한다는 것은 잘 알려진 사실이다. 일반적으로 비서는 '기관 비서'와 '개인 비서'로 구분된다. 기관 비서는 공산당과 각종 국가기관 내에 설치된 판공청(辦公廳)을 가리킨다. 이런 이유로 정부 판공청과 지방 당 위원회 판공청 책임자를 '비서장(祕書長: 비서들의 총책임자)'이라고 부른다. 다만 공산당 중앙 판공청 책임자는 이들과 구별하기 위해 '주임(主任)'이라고 부른다.

반면 개인 비서는 차관급(副部級) 이상의 영도간부가 활용하는 각종 비서를 가리킨다. 여기에는 정치비서(政治秘書: 문건 작성과 회의 참석), 기요비서(機要秘書: 기밀문서와 정보 취급), 경위비서(警衛秘書: 경호원), 생활비서(生活秘書: 일상생활 지원) 등이 포함된다. 원래 개인 비서는 공산당 판공청이 임명하도록 규정되어 있다. 그러나 실제로는 각 지도자가 자신에게 친숙한 사람을 개인적으로 임명하고, 공산당 조직부가 그것을 승인하는 방식으로 임명된다.[48]

(1) '판공청 계통'의 중요성과 구성

공산당 중앙 판공청과 각급 당 지방위원회 판공청은 흔히 '판공청 계통(系統)'으로 불린다. 이들 판공청 계통은 크게 두 가지 측면에서 중요한 의의가 있다.

| '판공청 계통'의 중요성

첫째, 판공청 계통은 공산당 조직 체계의 내부 작동을 원활하게 보장하는 '핵심 부서(要害部門)'다. 중앙과 지방의 공산당 조직 체계는 판공청 계통의 지원 없이는 원활하게 움직일 수 없다.[49] 동시에 공산당 판공청 계통은 중앙에서 지방까지 정부 관료조직을 통제하고 통합하는 핵심 역할을 담당한다. 특히 공산당 중앙은 판공청 계통을 이용하여 지방의 당 조직과 당정간부를 감시하고 통제할 수 있다.[50] 왜 그런지는 뒤에서 판공청의 임무를 살펴보면 쉽게 이해할 수 있다.

둘째, 판공청 계통은 '간부 배양학교(幹部培養學校)'로 불릴 정도로 중앙과 지방의 지도자를 배출하는 중요한 통로다. 1990년대 이후 공산당과 각종 국가기관의 판공청에 종사하는 인원을 합하면 모두 100만 명이 넘는다.[51] 이들은 중앙과 지방의 지도자들과 밀접한 관계를 맺으면서 정치 지도자로 성장한다. 예를 들어, 공산당 중앙 판공청 주임은 자신의 '주군(主君)'인 최고 지도자(예를 들어, 당 주석과 총서기)에게 절대적으로 충성하면서 '주군'과 공생공멸(共生共滅)의 관계를 유지한다. 충성에 대한 보상으로 '주군'은 판공청 주임의 출세를 보장한다. 마오쩌둥과 양상쿤(楊尚昆) 및 왕둥싱(汪東興), 덩샤오핑과 야오이린(姚依林)·후치리(胡啓立)·차오스(喬石)·왕자오궈(王兆國)·원자바오(溫家寶), 장쩌민과 쩡칭훙(曾慶紅) 및 왕강(王剛), 후진타오와 링지화(令計劃), 시진핑과 리잔수(栗戰書) 및 딩쉐샹(丁薛祥)의 관계가 대표적이다.[52]

이들 외에도 많은 고위급 지도자가 판공청 간부와 개인 비서를 통해 정치에 입문했다. 한 연구에 의하면, 2002년에 공산당 중앙위원과 중앙기위 위원 가운데 41%가 판공청에 근무했거나 개인 비서로 일한 경험이 있다. 또한 성급 지도자 가운데도 다수가 판공청 간부 혹은 개인 비서 출신이다. 예를 들어, 2002년에 31명의 성급 당서기 가운데 16명(전체의 52%), 31명의 성장·주석·시장 가운데 22명(전체의 71%)이 판공청 간부 혹은 개인 비서 출신이다.[53] 시진핑 총서기도 국무원 국방부 부장의 비서로 정계에 입문한 개인 비서 출신이다.

중앙 판공청의 구성과 주요 임무

공산당 중앙 판공청에는 모두 14개의 국(局)과 실(室)이 설치되어 있다. 이 가운데 핵심 부서는 비서국(秘書局), 경위국(警衛局), 신방국(信訪局), 조사연구실(調研室), 기요국(機要局)이다. 나머지 부서는 기요교통국(機要交通局), 기관사무관리국(機關事務管理局), 특별회계실(特別會計室), 노간부국(老幹部局), 인사국(人事局), 기관당위원회(機關黨委), 마오주석기념당(毛主席紀念堂) 관리국, 국가 암호관리국(國家密碼管理局)이다. 국가 주석/총서기 판공실(일명 '시진핑 판공실')은 중앙 판공청의 부서가 아니지만, 실제로는 판공청 산하에 둔다.

이들 공산당 중앙 판공청의 14개 부서는 세 개의 업무를 기준으로 다시 분류할 수 있다. 첫째는 비서 업무를 전담하는 부서다. 여기에는 ① 정보 수집과 편집(비서국), ② 중앙 지도자의 시찰 및 여행 계획(비서국), ③ 문서 전달(비서국과 기요교통국), ④ 비밀 자료 처리

(기요국과 기요교통국), ⑤ 회의 조직(비서국)이 포함된다. 둘째는 통신과 신방(信訪: 편지와 방문) 업무로, 신방국이 담당한다. 셋째는 중앙 지도자의 후근(後勤) 업무 지원 부서다. 여기에는 ① 안전과 경호(경위국), ② 일상 업무 처리(비서국과 기관사무관리국)가 포함된다.[54]

이 가운데 가장 중요한 임무를 살펴보면 다음과 같다.

(2) 임무 1: 업무 조정과 갈등 해결

공산당 중앙 판공청의 첫 번째 임무는 업무 조정(coordination)과 갈등 해결이다. 총서기의 비서실장 역할을 담당하는 중앙 판공청 주임은 최대한 공평하게 처신하면서 공산당 중앙 지도자 간의 갈등이나 이견(異見)을 조정해야 한다. 또한 판공청 주임은 공산당 중앙 사무기구, 예를 들어 조직부와 선전부 간의 업무를 조정하고 갈등을 해결해야 한다. 공산당 중앙과 지방 기관 간의 업무 협조와 조정도 중앙 판공청이 책임져야 한다. 이런 업무 조정과 갈등 해결 임무는, 중앙 지도자 간의 공적 업무뿐만 아니라 사적인 은원(恩怨)관계도 모두 고려해야 하는, 또한 중앙과 지방의 각 기관과 부서의 이해관계도 균형 있게 고려해야 하는 매우 어려운 일이다. 그래서 이런 임무를 잘 수행하는 판공청 주임이나 간부는 승진이 보장된다고 말하는 것이다. 공산당 판공청 계통을 '간부 배양학교'로 부르는 데는 다 그만한 이유가 있다.[55]

예나 지금이나 공산당 지도자들이 직접 교류하면서 의견을 교환하고 업무상 각종 문제를 해결하는 경우는 극히 드물다. '당내 파벌 금지'는 공산당의 엄격한 불문율이고, 이 때문에 이들이 공식 모임(예를 들어, 정치국과 정치국 상무위원회 회의)과 활동(예를 들어, 공산당 창당기념일과 국경일 기념 활동)을 제외하고는 사적으로 함부로 만날 수가 없기 때문이다. 게다가 개혁·개방 이후 국내외 상황이 복잡해지고 정책이 신속하게 변화하면서 지도자들이 직접 만나는 것보다 전문가인 비서를 통해 소통하는 것이 더 효과적인 경우가 많아졌다. 이런 이유로 정치 지도자들 간에는 비서를 통해 소통하고 의견을 조정하는 관행이 하나의 제도로 정착되었다.[56] 특히 중앙 지도자의 개인 비서 가운데 정치비서는 '주군'을 대신하여 내부 회의 소집, 외부 회의 참석, 연설문 초고 작성 등 중요한 업무를 수행한다. 그래서 정치비서를 '왕비서(大祕)'라고 부른다.

중앙 판공청 주임은 총서기의 대리인으로 다른 중앙 지도자들의 정치비서(왕비서)를 만나 이들 간의 업무와 갈등을 조정하는 역할을 담당한다. 판공청 주임의 노련한 조정을 거친 후에 정치국 회의나 정치국 상무위원회 회의가 개최되어야 중요한 문제가 큰 갈등 없이 원만히 처리될 수 있다. 그렇지 않은 경우는 정치국원과 정치국 상무위원이 회의에서 직접 충돌하는 일이 발생할 수 있다. 이는 공산당의 분열을 의미하는 것으로, 결코 일어나서는 안 되는 일이다. 그만큼 판공청 주임의 역할과 임무가 중요하다는 뜻이다. 공산당 중앙 부서 간, 중앙과 지방 당 위원회 간의 업무 소통과 갈등 해결도 역시 중앙 판공청의 조정을 통해서만 원활하게 이루어질 수 있다.

(3) 임무 2: 중요 정보 수집과 배포

공산당 중앙 판공청의 두 번째 임무는 전국의 중요한 정보를 수집하여 정리한 후에 이를 필요로 하는, 혹은 이에 대한 권한을 가지고 있는 중앙 지도자들에게 신속하고 정확하게 전달하는 일이다. 공산당 중앙 판공청과 각급 당 지방위원회 판공청 간에는 비상 상황 모니터링 체계가 갖추어져 있다. 그래서 전국 어디에서 중요한 사건이 발생하면 15분 이내, 늦어도 20분 이내에 최고 지도자, 즉 총서기와 정치국 상무위원에게 전달된다. 이처럼 신속하고 정확한 정보 수집과 유통을 통해 공산당 중앙은 지방과 각급 당정 기관을 통제할 수 있다.

| 정보 수집소 제도

이를 위해 '판공청 계통'은 1986년 무렵부터 전국적으로 '정보 직보점(信息直報點, information reporting points)'으로 불리는 정보 수집소 제도와 정보 공작원 체계를 운영하고 있다. 공산당 중앙 판공청은 전국적으로 200여 개의 정보 수집소를 통해 공공질서와 관련된 사건, 중요한 여론 동향, 중대한 정치 사회적 문제 등에 대한 정보를 직접 수집한다. 정보 수집소는 기업, 공공기관, 사회조직 등 여러 분야의 다양한 곳에 설치된다. 즉 정보 수집소는 당정기관에만 설치되는 것이 아니다.[57] 이는 지방도 마찬가지다. 예를 들어, 헤이룽장성(黑龍江省) 공산당 판공청은 1990년대에 모두 1,649개의 정보 수집소를 설치하고, 4,696명의 정보 공작원을 운영했다. 이렇게 해서 수집한 중요하고 긴급한 정보는 공산당 중앙 판공청에 즉시 보고된다.[58]

| 내부 간행물과 '붉은 전화기'

공산당 중앙 판공청은 중요한 정보를 수집할 뿐만 아니라, 그것을 전달하고 유통하기 위해 다양한 내부 출판물을 직접 편집하여 발행한다. 『중앙판공청 통신(中辦通訊)』, 『관점요약(觀點摘編)』, 『내부참고(內部參考)』, 『매일 종합보고(每日匯報)』, 『종합과 요약보고(綜合與摘報)』, 『공작상황 교류(工作情況交流)』, 『최근 사회동태 보고(近期社會動態專稿)』, 『읽기 참고자료(參閱資料)』 등이 대표적이다. 이것은 국가 통신사인 신화사(新華社)나 공산당 기관지인 『인민일보』가 내부 보고용으로 작성하는 각종 비공개 보고서와는 다른 계통으로, 중앙 판공청이 직접 작성하여 제한된 범위 내에서만 유통하는 내부 간행물이다.[59] 중앙 지도자들은 대개 아침에 『매일 종합보고』 등을 검토하면서 하루를 시작한다고 한다.[60]

한편 공산당 중앙 판공청은 수집된 정보를 처리한 이후 중앙위원 이상의 지도자에게 신속하고 정확하게 전달하기 위해 1984년부터 특별한 통신체계를 운영하고 있다. 예를 들어, 공산당 중앙위원에게는 '붉은 전화기(紅機, red-colored phone)'로 불리는 비밀 통신 전화기가 지급된다. 이 전화 통신선은 베이징 전화(北京電話) 39전용국(三九專用局/三九局)이 관리하고, 공산당 중앙 판공청 기요국과 기요교통국이 통제한다.[61] 그래서 사무실 책상 위에 놓여있는 '붉은 전화기'는 권력의 상징물이 되었다.

(4) 임무 3: 중앙 문서의 배포와 회의 준비

공산당 중앙 판공청은 모든 공산당 문서의 집합소(clearinghouse) 역할을 담당한다.[62] 각급 당정기관과 당 지방위원회에서 공산당 중앙으로 올라오는 문서는 중앙 판공청을 거쳐야 한다. 반대로 공산당 중앙에서 각급 당정기관과 당 지방위원회로 내려가는 문서도 중앙 판공청을 거쳐야 한다. 예를 들어, 당 지방위원회가 작성하여 공산당 중앙에 보고하는 문서는 중앙의 수령기관과 지도자의 상황에 따라 새롭게 편집되고 검열된 이후에 전달된다. 공산당 중앙 각 부서가 작성하여 중앙 영도기관에 보고되는 문서도 중앙 판공청의 편집과 검열을 거쳐 전달된다.

또한 공산당 중앙 판공청은 총서기, 정치국 상무위원회, 정치국의 지시에 따라 자체적으로 특정 문서나 특별 보고서를 작성하여 제출한다. 특별 보고서를 작성할 때는, 필요하다면 중앙 판공청 산하의 조사연구국을 통해 필요한 자료를 수집하거나, 아니면 관련된 당정기관을 동원하여 관련 자료를 수집하여 분석하기도 한다. 이렇게 작성된 문서와 보고서는 요청한 영도기관과 중앙 지도자에게 규정된 시간 안에 전달된다. 특별한 경우에는 직급에 맞추어 다른 당정기관과 지도자에게 배포되기도 한다.

중앙 판공청은 직급에 맞추어 일반 문서와 비밀문서를 전달하는 체계도 운영하고 있다. 이것은 인편을 통한 전달, 우편을 통한 전달, 전자 통신망을 통한 전달 등 다양한 방식이 있다. 일반 문서로서 공산당 중앙 판공청이 작성한 경우는 중앙판공청 발신, 즉 '중판발(中辦發)'이라는 명의로 하달된다. 중앙 판공청은 이들 문서를 단독으로 하달하지만, 국무원 판공청(國辦發)과 공동명의로 작성하여 하달하기도 한다. 비밀문서 전달을 관리하기 위해 중앙 판공청은 '특별 우편(特別郵政)' 체계를 운영한다.[63]

공산당 중앙의 각종 회의를 계획하고 준비하는 것도 역시 중앙 판공청의 중요한 임무다. 이는 주로 비서국이 담당한다. 여기에는 회의 의제의 초안 작성, 각종 결의안과 결정문 초안 작성, 회의 녹음과 속기록 작성 등이 포함된다. 또한 회의 종결 이후에 대외로 배포하는 회의 공보(公報) 작성도 판공청이 담당해야 할 일이다. 그 밖에도 회의에 참석하는 지도자의 일정 안배, 편의 제공 등도 중앙 판공청이 담당한다.[64]

(5) 임무 4: 중앙 지도자의 후근 지원과 경호

공산당 총서기나 정치국 상무위원 같은 중앙 지도자의 각종 후근 지원 업무도 중앙 판공청의 매우 중요한 임무다. 중앙 지도자가 외부 기관을 시찰하거나 지방을 여행할 때, 관련 일정의 작성, 생활 편의의 제공, 교통 통신 시설의 확보, 관련 기관 및 인원과의 회의 준비 등 모든 중요한 활동 준비를 중앙 판공청이 담당한다. 또한 중앙 지도자의 안전과 경호 업무도 중앙군위 연합참모부 경위국과 국무원 공안부의 담당 부서와 협력하여 중앙 판공청이 담당한다. 중앙 지도자들에게 경위비서라는 개별 경호원이 있지만, 외부 활동이나 행사에 참여할 때는 중앙 판공청이 관련 부서와 협력하여 경호를 담당한다.[65]

중앙 지도자에게는 직급에 따라 소위 '특공(特供: 특별공급)'이라는 특별 음식물이 차등적으로 공급되는데, 이것도 중앙 판공청의 중요한 임무다. 예를 들어, 중앙 지도자들은 쥐산농장(巨山農場)이라는 곳에서 유기농법으로 재배된 신선한 채소와 과일, 각종 육류와 유가공품을 안전하게 공급받는다. '중난하이(中南海) 특공주(特供酒)'로 불리는 술이나 고급 담배도 마찬가지다. 중앙 지도자들이 사용하는 각종 생활필수품도 역시 '특공' 형태로 공급된다.

마지막으로 공산당 총서기뿐만 아니라 정치국 상무위원과 정치국원 등 중앙 지도자의 건강도 중앙 판공청의 책임하에 특별 관리된다. 중앙 지도자에게는 개별적인 주치의가 있지만, 중앙 판공청이 주치의를 포함하여 별도의 조직을 통해 중앙 지도자의 건강을 직접 관리한다. 이를 위한 조직이 바로 중앙보건위원회(中央保健委員會)다. 중앙보건위원회는 인민해방군 관련 부서와 함께 중앙 지도자들의 건강을 정기적으로 점검하고 유지하는 책임을 맡는다.[66]

당조와 영도소조: '특별한' 영도조직

공산당 밖에는 수많은 국가기관, 국유기업, 공공기관(사업단위), 인민단체가 있다. 공산당이 이들을 영도하기 위해서는 간부에 대한 인사 통제만으로는 부족하다. 예를 들어, 공산당이 국유기업 경영자를 직접 임명한다고 해서 그들이 자기의 이익이 아니라 공산당의 이익을 위해 활동한다는 보장은 없다. 마찬가지로 공산당이 국무원 상무부(商務部) 간부를 임명한다고 해서 이들이 공산당의 이익을 최우선으로 생각하고 활동한다는 보장도 없다. 이들에게 자기 이익은 손안에 있는 '내 일'인 데 비해 공산당 이익은 멀리 있는 '남의 일'이기 때문이다.

또한 공산당 중앙이 당 조직과 당원에 대해서는 지시를 내리고 복종을 요구할 수 있지만, 국가기관, 국유기업, 공공기관, 인민단체에는 그렇게 할 수 없다. 법률적으로 이들은 공산당의 하부 기관이 아니기 때문이다. 예를 들어, 전국인민대표대회(전국인대)는 〈헌법〉에 따르면, 중국의 '최고 국가 권력기관'이다. 마찬가지로 국무원은 중앙정부로서 '최고 행정기관'으로, 전국인대에 의해 구성되고, 전국인대의 감독을 받는다. 즉 공산당 중앙에 책임지는 국가기관이 아니다. 이 때문에 법률적으로는 공산당이 이들 국가기관에 직접 지시를 내릴 수 없다.

그렇다면 공산당 밖에 있는 수많은 기관과 조직을 어떻게 영도할 수 있을까? 각 기관과 조직 내에 구성된 공산당 위원회(당 위원회)만으로 충분할까? 공산당 위원회는 '원칙적으로는' 해당 기관과 조직에서 당의 노선과 방침을 집행하는 '영도 핵심' 역할을 담당해야 한다. 그런데 만약 이들 당 위원회가 공산당 '중앙' 혹은 '당 전체'의 이익이 아니라, 자기 기관과 조직의 이익을 위해 활동한다면 어떻게 할 것인가? 실제로 수많은 당 위원회는 자기 지역과 조직의 이익을 위해 활동한다. 중국에 존재하는 '지방 보호주의(地方保護主義, local protectionism)'와 '부서 이기주의(部門主義, departmentalism)'라는 말은 이런 문제가 흔하다는 사실을 증명한다.

결국 공산당 영도 체제를 유지하기 위해서는 당 위원회 이외의 확실한 조직 통제 기제가 필요하다. 공산당은 대안을 가지고 있다. 즉 두 가지의 '특별한' 영도조직을 활용해 이런 문제를 해결할 수 있다는 것이다.

첫 번째 조직 통제 수단은 당조(黨組, party group)다. 당조는 공산당 밖의 중요한 국가기관, 국유기업, 공공기관, 인민단체, 즉 중요한 '비당(非黨) 조직'의 지도부들로만 구성된 공산당의 '핵심 영도기관'이다.[1] 당조는 이들 기관과 조직에 구성된 당 위원회와는 성격이 다른 일종의 '파견기관'이다. 단적으로 당조는 파견기관이기 때문에 소속기관이 아니라 자신을 파견한 당 위원회의 이익을 위해 활동해야 하고, 그것의 명령과 지시에 무조건 복종해야 한다. 따라서 공산당은 '비당 조직'을 통제하는 수단으로 당조를 활용할 수 있다.

두 번째 조직 통제 수단은 영도소조(領導小組, leading small group)다. 공산당 영도 체제를 유지하기 위해서는 당조만으로 충분하지 않다. 선결 과제가 하나 더 남아있기 때문이다. 공산당, 정부, 인대(人大: 의회), 법원, 검찰원, 정협(政協: 통일전선 조직), 군 등 다양한 당정기관의 각 부서를 통일적으로 조정하고 영도하는 과제가 그것이다. 이 과제를 잘 수행해야만 공산당은 국가와 사회에 대한 '전면 영도'와 함께 '전체 총괄(總攬全局) 및 각 기관 조정(協調各方)'의 '영도 핵심' 역할을 제대로 발휘할 수 있다. 이런 역할을 담당하는 '특별한' 영도조직이 바로 영도소조다.

예를 들어, 외교 업무에는 '외사 계통(外事系統)'의 다양한 기관과 부서가 참여한다. 중앙 단위를 사례로 들면, 공산당 중앙에서는 선전부·대외연락부·통일전선부, 국무원에서는 외교부·국방부·국가안전부·상무부·재정부·국가발전개혁위원회·신화통신사, 군에서는 중앙군사위원회(중앙군위) 연합참모부, 전국인대에서는 외사(外事) 전문위원회가 바로 그것이다. 이때 제기되는 과제는, 공산당 중앙이 어떻게 이들 외사 계통의 각 기관과 부서를 통일적으로 조정하고 영도하는가다. 이들 기관과 부서는 각자의 입장과 이익이 있고, 그래서 정책 선호도가 같을 수가 없다. 만약 공산당 중앙이 이들 기관과 부서에 대해 통일적으로 조정하고 영도하지 않으면 '구룡치수(九龍治水)', 즉 아홉 마리의 용이 물을 다스리는 아주 혼란스러운 상황이 발생할 수 있다.

다른 업무 영역(계통)도 마찬가지다. 예를 들어, 정법(政法) 업무는 '정법 계통'의 여러 당정기관과 부서가 담당한다. 공산당 중앙에는 정법위원회가 있고, 국무원에는 공안부(公安部)·국가안전부·사법부(司法部)가 있다. 최고인민법원과 최고인민검찰원도 사법기관으로서 정법 업무를 담당한다. 인민 무장경찰 부대도 사회질서 유지와 치안 업무에 참여한다. 공산당 기율검사위원회와 국가감찰위원회는 부패 척결과 당 기율 유지를 전담하는데, 정법 업무와 관련이 있다. 그렇다면 이런 많은 '정법기관'을 어떻게 통일적으로 조정하고 영도할 것인가 하는 과제가 제기된다. 이도 역시 공산당이 담당해야 할 몫이다.

이처럼 특정한 업무 영역(계통)에서 활동하는 다양한 당정기관과 부서를 통일적으로 조정하고 영도하기 위해 공산당이 설립한 '특별한' 영도조직이 바로 영도소조다. 영도소조의 세부 명칭은 다양하다. 어떤 것은 '영도소조'라 하지만, 어떤 것은 '위원회(委員會)'라고 부른다. 또 어떤 것은 '조정소조(協調小組)' 혹은 '공작소조(工作小組)'라고 부른다. 명칭은 달라도 성격과 임무는 다르지 않다.

이처럼 공산당은 기본 조직인 당 위원회 이외에 당조와 영도소조라는 '특별한' 영도조직을 가지고 국가와 사회를 통치하고 영도한다.[2] 이 장에서 살펴보려고 하는 것이 바로 이것이다. 먼저 당조에 대해 자세히 살펴본 다음에 영도소조에 대해 살펴보자.

1. 당조의 성격과 임무

당조는 처음에는 '당단(黨團)'이라는 이름으로 등장했다. 공산당은 1925년에 개최된 4차 당대회에서 당단 구성을 결정했다. 이는 국공합작(國共合作)(1924년), 즉 국민당과 공산당이 협력을 위해 조직을 통합하여 운영한다는 방침에 따른 조치였다. 국공합작은 말이 좋아 '합작'이지, 실제로는 공산당이 국민당에 '흡수 통합'되는 것이었다. 공산당원이 개인 자격으로 국민당에 가입해야 했기 때문이다. 이런 국공합작에 대비해서 공산당은 국민당과 다른 주요 기관에서 정치영도를 수행할 조직을 설립해야만 했다. 당단은 그렇게 해서 등장했다.

1945년 공산당 7차 당대회에서는 당단을 '당조'로 명칭을 변경했

다. 또한 정부뿐만 아니라 노동조합과 농민회 등 군중 조직의 영도
기관에도 각 조직을 이끄는 세 명 이상의 당원 지도자가 있으면 당
조를 설립한다고 결정했다. 1956년 공산당 8차 당대회에서 수정된
〈당장〉에도 같은 규정이 들어갔다. 1982년 공산당 12차 당대회에
서 수정된 〈당장〉은 당조의 구성 범위를 확대하여 '경제조직, 문화
조직 및 기타 비당(非黨) 조직의 영도기관'에 당조를 설립할 수 있다
고 규정했다.[3] 이런 규정은 지금까지 이어지고 있다.

(1) 당조의 성격: 비당(非黨) 조직의 핵심 영도기관

〈당장〉과 〈공산당 당조 공작조례〉(2019년 4월 개정)는 당조의 설립
과 성격을 이렇게 규정하고 있다.

"중앙과 지방의 국가기관, 인민단체, 경제조직, 문화조직과 기타 비
당(非黨) 조직의 영도기관 내에 당조를 설립할 수 있다. 당조는 영도
핵심 역할(作用)을 발휘한다." (〈당장〉)

"당조는 당이 중앙과 지방의 국가기관, 인민단체, 경제조직, 문화조
직과 기타 비당 조직의 영도기관에 설립하는 영도기관이다. [당조는]
본 단위에서 영도 역할을 발휘하고, 당이 비당 조직을 영도하는 중요
한 조직 형식이다." (〈공산당 당조 공작조례〉)

이를 종합하면, 당조는 공산당 밖의 주요 기관과 조직, 소위 '비당 조직'에 설립되어 각 기관과 조직의 '영도 핵심 역할'을 담당하는 공산당의 '영도기관'이다. 공산당은 이를 통해 공산당 이외의 기관과 조직에 대한 영도를 실현할 수 있다.

| 당조의 두 가지 특징

당조는 일반적인 공산당 위원회(당 위원회)와는 성격이 완전히 다르다. 첫째, 당조는 어떤 한 등급의 당 조직이 아니라, 공산당 위원회가 공산당 밖의 기관과 조직에 설립한 일종의 '파견기구'다. 따라서 당조에는 조직부나 선전부와 같은 별도의 사무기구(업무부서)가 없다. 또한 당조에는 일반 당원도 없고, 당 지부 등 기층조직도 없다. 대신 당조는 오직 서기·부서기·성원으로만 구성되며, 이들은 각 기관과 조직의 책임자들이다. 예를 들어, 국무원 상무부(商務部) 당조는 상무부 부장, 부(副)부장, 기검조(紀檢組) 조장 등 10명 내외의 영도간부로만 구성된다. 당연히 일반적인 당 위원회가 담당하는 당원의 접수와 훈련 등의 일상 활동도 전개하지 않는다.

둘째, 당조의 지도부, 즉 서기·부서기·성원은 선거로 구성되지 않는다. 대신 당조의 설립을 비준한(혹은 파견한) 공산당 위원회가 직접 결정(임명)한다. 또한 당조는 설립을 비준한 당 위원회의 영도에 무조건 복종하고, 그에 책임진다. 다시 말해, 당조는 자신을 파견한 당 위원회의 영도를 대신하여 본 기관과 조직 내에서 당 업무를 지도한다. 반면 일반적인 당 위원회의 지도부, 즉 당서기·부서기·위원은 소속 당원의 투표로 선출되고, 상급 당 조직의 비준을 받아 확정된다. 또한 당 위원회 지도부는 정기적으로 당원대회 등을 개최하여 당원에게 업무를 보고하고 감독을 받아야 한다. 이런 면에서 당 위원회는 소속 당원에게 책임진다.

(2) 당조의 임무: 당 중앙의 노선과 방침 집행

한편 〈당장〉은 당조의 세부 임무로 모두 일곱 가지를 규정한다.

"당조의 임무는, [첫째] 당 노선·방침·정책의 집행 관철을 책임진다; [둘째] 본 단위의 당 조직건설 영도를 강화하고, 전면적으로 엄격한 당 관리의 책임을 이행한다; [셋째] 본 단위의 중대 문제를 토론 결정한다; [넷째] 간부 관리 공작을 잘한다; [다섯째] 기층 당 조직의 설치와 조정, 발전당원과 당원 처분 등 중요사항을 토론 결정한다; [여섯째] 당 밖의 간부와 군중을 단결하여 당과 국가가 부여한 임무를 완성한다; [일곱째] 기관과 직속 단위에 설립된 당 조직의 공작을 영도한다."

〈공산당 당조 공작조례〉는 이를 더 세밀하게 구분하여 당조의 직책을 12개 항목으로 나열한다. (1) 공산당 중앙 및 상부 당 조직의 결정 사항 집행, (2) 법규 제정과 문건 작성, (3) 업무 발전전략,

중대 배치 및 사항의 결정, (4) 중대 개혁 사항의 추진, (5) 인사 임면(任免), (6) 중대 프로젝트(項目)의 배치, (7) 대규모 자금의 사용과 자산 처리 및 예산의 배정, (8) 기구조정과 인원 편제의 배치, (9) 각종 감독 사항의 추진, (10) 중대 사상(思想) 행동의 정치 인도, (11) 당 건설, (12) 기타 당조가 토론 결정할 중대 사항이 그것이다. 이를 보면, 해당 지역과 기관의 모든 중요한 정책 및 인사 문제는 당조가 결정한다는 사실을 확인할 수 있다.

또한 〈공산당 당조 공작조례〉에 따르면, 당조는 '당조 회의' 형식을 통해 주요 문제를 처리한다. 당조 회의는 당조 서기가 매달 1회 소집하고, 중요한 사항이 있으면 언제든지 소집할 수 있다. 회의 의제는 당조 서기가 제출하거나, 당조 성원이 건의한 이후 당조 서기가 종합적으로 고려하여 확정한다. 회의 성원은 일반 안건은 재적인원의 1/2 출석, 인사 안건은 2/3가 출석해야 성립한다. 표결은 구두, 거수, 무기명 투표, 기명 투표 방식을 사용한다.

2. 당조의 종류: '당조'와 '당조 성질의 당위'

지금까지는 당조가 한 종류인 것처럼 이야기했다. 사실은 그렇지 않다. 즉 당조에는 지금까지 말한 당조와 함께 '당조 성질의 당위(黨委)'가 있다. 여기서 말하는 '당위'는 공산당 위원회의 준말인 당위(黨委)와 혼동하면 안 된다. 비록 중국어(한자)는 똑같지만 말이다. 그래서 〈공산당 당조 공작조례〉는 이런 혼동을 피하려고 '당조 성질의 당위'라고 표기한다(이 책에서는 '당위'로 표기한다). 당조와 '당위'는 성격이 같지만 설치되는 장소와 임무가 조금 다르다.

| 당조의 설립 조건

먼저 당조를 살펴보자. 당조는 현급(縣級) 이상, 즉 중앙(中央), 성급(省級), 시급(市級)/지급(地級), 현급의 ① 정부, 인대, 정협, 법원, 검찰원 등 국가기관, ② 국가기관의 직속 사업부서, 파견기관, 공공기관(사업단위), ③ 공산주의 청년단(共靑團)을 제외한 인민단체에 설립한다. 또한 ④ 중앙 관리 기업(中管企業)에도 반드시 당조를 설립한다. ⑤ 전국을 포괄하는 중요한 문화조직과 사회조직에도 대개 당조가 설립된다.

특이한 점은, 인민단체 중에서 공청단에만 당조가 설립되지 않는다는 점이다. 이는 공청단이 다른 인민단체와 비교해서 중요하지 않아서가 아니다. 공청단은 공산당이 직접 관리하기 때문에 당의 파견기관인 당조가 필요 없기 때문이다. 〈당장〉에는 공산당과 공청단 간의 직접적인 영도-복종 관계를 명시하고 있다. 즉 "공청단 중앙위원회는 당 중앙위원회의 영도"를 받고, "공청단의 지방각급 조직은 동급 당 위원회의 영도와 공청단 상급 조직의 영도"를

〈표 2-17〉 공산당 당조(黨組)의 설립 규정

분류	설립 기관
설립 필수	(1) 현급(縣級) 이상의 인대, 정부, 정협, 법원, 검찰원 (2) 현급 이상의 정부 공작부서, 파출기관(가도판사처 제외), 직속 사업단위 (3) 현급 이상의 총공회(總工會: 노조연합회), 부녀연합회(婦聯) 등 인민단체 (4) 중앙 관리 기업(中管企業) (5) 현급 이상의 정부가 설립한 유관 위원회의 공작부서 (6) 기타 당조 설립이 필요한 단위
설립 가능	(1) 전국 성격의 중요한 문화조직과 사회조직 (2) 기타 당조 설립이 필요한 단위
설립 불가	(1) 영도기관의 당원 지도자(領導成員)가 3인 미만인 곳 (2) 공산당 기관과 합병하여 설립된 곳 (3) 공산당 기관이 대신 관리하여 당 기관에 들어온 곳 (4) 현급 이상 정부 직속 단위 이외의 기타 사업단위 (5) 공청단(共靑團) 조직 (6) 중앙 관리 기업(中管企業)의 소속 기업과 지방 국유기업 (7) 지방의 문화조직과 사회조직

자료: 〈中國共產黨黨組工作條例〉(2019년 4월 개정)

받는다고 규정한다. 〈당장〉은 공청단을 제외한 다른 인민단체에 대해서는 별도의 규정을 두고 있지 않다. 이는 공산당이 공청단을 그만큼 중시한다는 것을 의미한다.

| '당조 성질의 당위(黨委)'의 특수한 설립 조건과 임무

반면 '당조 성질의 당위'는 세 가지 특징이 있는 '비당(非黨) 조직'에 설립된다. 첫째, 상부 조직이 하부 조직에 '집중통일 영도'와 '수직 영도'가 필요한 조직이다. 예를 들어, 국가 민항국(民航局), 공안기관(경찰), 국가 안전기관(정보기관), 응급 대응 기관이 이에 속한

〈표 2-18〉공산당 '당조 성질의 당위(黨委)'의 설립 규정

번호	설립 기관
1	하부 소속 단위에 집중통일 영도를 실행하는 국가 공작 부문(部門)
2	중앙의 권한을 받아(授權) 유관 단위가 집중통일 영도를 실행하는 국가 공작 부문
3	정치적 요구가 높고, 공작 성질이 특수하며, 계통의 규모가 큰 국가 공작 부문
4	하급 단위에 수직 영도를 실행하는 국가 공작 부문
5	금융 감독 관리 기구
6	중앙 관리 금융기업

자료: 〈中國共產黨黨組工作條例〉(2019년 4월 개정)

다. 둘째, 업무의 특성상 '정치적 요구'가 강하고, 업무 성질이 '특수'하며, 규모가 큰 조직이다. 예를 들어, 교도소 같은 사법행정 기관, 외교부와 외국 주재 대사관 등 외사 계통 기관 등이 이에 해당한다. 셋째, 중앙의 경제 관리 기관과 금융기관이다. 국무원 국유자산 감독관리위원회(국자위), 은행업 감독관리위원회(은감위), 증권 감독관리위원회(증감위), 보험 감독관리위원회(보감위), 인민은행이 이에 속한다.

또한 '당조 성질의 당위'는 〈공산당 당조 공작규칙〉에 따르면, 당조의 공통 임무 이외에 별로도 두 가지 임무를 추가로 담당한다. 첫째는 "해당 계통 내 당 조직의 공작에 대한 영도"다. 둘째는 "하부 소속 단위 공작의 계획 배치, 기구 설치, 간부 대오 관리, 당 건설 등 중대 사항의 토론 결정"이다. 즉 중앙에서 지방까지 전체 계통의 중요 업무를 중앙기관 내에 있는 '당위'가 영도한다는 점이 당조와 다른 '당위' 임무의 특징이다.

예를 들어, 국무원 외교부 '당위'는 외국에 설치된 중국대사관과 영사관 등 외사 계통 전체의 당무(黨務), 기구 설치, 인원 배치를 직접 지도한다. 마찬가지로 국무원 공안부 '당위'는 베이징시(北京市) 공안국과 베이징시 하이뎬구(海淀區) 공안국의 당무, 기구 설치, 인원 배치를 직접 지도한다. 이처럼 '당위'의 경우, 중앙기관 내에 설치된 '당위'가 같은 계통의 지방 기관의 업무까지 총괄 지도한다. 반면 국무원 상무부 '당조'는 상무부의 업무만 지도한다. 베이징시 상무국 업무는 베이징시 상무국에 설립된 당조, 베이징시 하이뎬구 상무처 업무는 그곳에 설립된 당조가 알아서 지도한다.

| 한 기관 내 복수의 당조('당위') 설립

한편 당조('당위')는 한 기관에 여러 개가 설립될 수 있다. 예를 들어, 국무원에는 층위에 따라 각기 다른 세 종류의 당조('당위')가 설립된다. 첫째는 국무원 전체를 지도하는 '국무원 당조'로, 총리·부총리·국무위원 등 국무원 지도부만으로 구성된다. 둘째는 국무원 기관 당위원회 내에 설립된 당조, 즉 '기관(機關) 당조'다. 국무원 기관당 위원회는 공산당 중앙에 설립된 '중앙 국가기관 공작위원회'의 파견기관이다. 국무원 소속 당원은 기관 당위원회에 소속되어 '당의 조직 생활'에 참여한다. 여기에도 당조가 설립된다는 것이다.

〈표 2-19〉국무원·전국인대·전국정협 당조(黨組)의 구성 상황 (2021년 1월 말 기준)

기관	당조 직위	기관 직위	구성원
국무원 (10명)	서기(1명)	총리	리커창(李克强)
	부서기(1명)	상무 부총리	한정(韓正)
	성원(8명)	부총리	쑨춘란(孫春蘭), 후춘화(胡春華), 류허(劉鶴)
		국무위원	웨이펑허(魏鳳和), 왕융(王勇), 왕이(王毅), 샤오제(肖捷), 자오커즈(趙克志)
전국인대 (10명)	서기(1명)	위원장	리잔수(栗戰書)
	부서기(1명)	상무 부위원장	왕천(王晨)
	성원(8명)	부위원장	차오젠밍(曹建明), 장춘셴(張春賢), 천야오야오(沈躍躍), 지빙쉬안(吉炳軒), 아이리겅·이밍파하이(艾力更·依明巴海), 왕둥밍(王東明), 바이마츠린(白瑪赤林), 양전우(楊振武)
전국정협 (12명)	서기(1명)	주석	왕양(汪洋)
	부서기(1명)	상무 부주석	장칭리(張慶黎)
	성원(10명)	부주석	류치바오(劉奇葆), 루잔궁(盧展工), 왕정웨이(王正偉), 마뱌오(馬飆), 샤바오룽(夏寶龍), 양촨탕(楊傳堂), 리빈(李斌), 바터얼(巴特爾), 왕융칭(汪永清), 허리펑(何立峰)

자료: 「李克强主持召開國務院黨組會議」,〈人民網〉2021년 1월 27日, www.people.com.cn (검색일: 2021. 1. 28); 「國務院黨組」,〈維基百科〉, zh.wikipedia.org (검색일: 2021. 1. 28); 「中國共產黨全國人大常委會黨組擧行會議」,〈人民網〉2021년 1월 27日, www.people.com.cn (검색일: 2021. 1. 28); 「中國共產黨全國人大常委會黨組」,〈維基百科〉, zh.wikipedia.org (검색일: 2021. 1. 28); 「中國共產黨全國政協黨組」,〈維基百科〉, zh.wikipedia.org (검색일: 2021. 1. 28).

셋째는 상무부, 외교부, 교육부 등 국무원 각 부서에 설립되는 '분(分) 당조(당위)'다. 이런 '기관 당조'와 '분 당조'는 '국무원 당조'의 영도하에 활동한다. 이와 같은 당조 구성은 전국인대도 마찬가지다.

즉 '전국인대 당조', '전국인대 기관 당조', '전국인대 분 당조'가 설립된다.

〈표 2-19〉는 국무원, 전국인대, 전국정협에 구성된 당조의 구성 상황을 정리한 것이다. 이에 따르면, 당조는 각 기관의 지도자로만 구성된다. 예를 들어, 국무원 당조는 총리·부총리·국무위원으로만 구성된다. 전국인대 당조는 전국인대 위원장과 부위원장, 전국정협 당조는 전국정협 주석과 부주석만으로 구성된다. 당조는 공통으로 서기·부서기·성원으로 이루어지고, 그 규모는 10명 안팎이다. 국무원 분 당조, 즉 국무원 각 부서에 설치된 당조('당위')나, 전국인대 분 당조, 즉 전국인대 각 전문위원회(한국의 국회 상임위원회)에 설립된 당조도 이와 같다. 즉 부장, 부부장, 기검조 조장 등 보통 10명 이내의 각 부서 지도자로 구성된다.

| 당조('당위')의 분포 상황

그럼 전국적으로 얼마나 많은 당조('당위')가 구성되어 있을까? 이에 대해서는 공산당이 통계자료를 발표하지 않아 정확히 알 수 없다. 다만 정부 내의 당조에 대해서는 2008년에 발표한 통계자료가 있다. 〈2008년 공산당 당내 통계 공보(公報)〉에 따르면, 전국의 행정기관(즉 정부) 내에는 모두 8만 6,000개의 당조('당위')가 설립되어 있다. 이 중에서 국무원 부서 당조('당위')는 64개, 31개 성급(省級) 정부 부서 당조('당위')는 1,377개(성 정부마다 평균 44.4개), 333개 시급(市級) 정부 부서 당조('당위')는 1만 5,000개(시 정부마다 평균 45개), 2,846개 현급(縣級) 정부 부서 당조('당위')는 약 7만 개(현 정부마다 평균 24.6개)였다.[4]

지방 차원에서는 공산당 상하이시(上海市) 위원회가 정부 기관의 당조('당위')에 대한 통계자료를 발표한 적이 있다. 이에 따르면, 2010년 상하이시 지역의 정부 기관 당조('당위')는 모두 516개였다. 이 중에서 상하이시 정부 부서 당조('당위')는 44개, 시할구(市轄區) 정부 부서 당조('당위')는 444개, 현(縣) 정부 부서 당조('당위')는 28개였다.[5] 아마 광둥성이나 쓰촨성처럼 성 소속의 시 정부나 현 정부가 더 많은 지역에서는 정부 당조가 더 많이 설립되었을 것이다.

3. 영도소조의 종류와 역사

이제 공산당 영도소조로 넘어가자. 당조와 마찬가지로 영도소조도 중국에만 있는 매우 독특한 조직으로 외국인이 이해하기는 쉽지 않다. 그래서 대학에서 학생들에게 중국 정치론을 가르칠 때, 가장 애를 먹은 곳이 바로 당조와 영도소조다.

그동안 영도소조는 비공개로 운영되면서 조직, 구성, 활동이 제대로 알려지지 않았다. 이 때문에 중국 정치에서 영도소조가 중요하다는 것은 상식에 속하지만, 실제 정치 과정에서 그것이 어떤 역할을 어떻게 수행하는지를 정확히 할 수가 없었다. 다행히도 후진타오 시기에 들어 영도소조 활동이 많이 공개되면서 이를 더 잘 파악할 수 있게 되었다.[6]

(1) 영도소조의 성격과 임무: 정책 결정 의사 조정 기구

중앙 단위를 사례로 설명하면, 원래 영도소조는 최고 권력기구인 정치국 상무위원회와 정치국, 그리고 공산당·정부·군의 실무부서 중간에 위치하여 다리 역할을 담당하는 '의사 조정 기구(議事協調機構)'였다. 이런 영도소조의 성격은 2007년 공산당 17차 당대회의 정치 보고에서 공식으로 규정되었다.[7] 이에 따르면, 영도소조는 공산당과 국가기관의 주요 부서가 함께 모여 중요한 문제를 논의하는 '의사(議事) 기구'다. 또한 영도소조는 공산당과 국가기관 간의 각종 업무를 조정하고 정책 집행을 감독하는 '조정(協調) 기구'다. 이는 지방 단위에도 그대로 적용된다.

그런데 2018년 2월 공산당 19기 중앙위원회 3차 전체회의(19기 3중전회)에서 공산당과 국가기구에 대한 개혁 방안을 설명하면서 시진핑 총서기는 영도소조의 성격을 "정책 결정 의사 조정 기구(決策議事協調機構)"라고 규정했다.[8] 이로써 영도소조는 원래 성격인 '의사 기구'와 '조정 기구'에 더해, '정책 결정(決策) 기구'의 성격도 아울러 갖게 되었다. 이후로 중국에서 영도소조는 '정책 결정 의사 조정 기구'라고 부른다. 물론 이전 용법을 사용하여 '의사 조정 기구'라고 부르기도 한다.

│ 영도소조의 세 가지 임무

중앙 단위를 사례로 살펴보면, '정책 결정 의사 조정 기구'로서
영도소조의 임무는 크게 세 가지다. 이는 지방 단위에도 그대로 적
용된다. 첫째는 정책(의사) 조정과 결정이다. 즉 정치국 상무위원회
와 정치국이 심의할 주요 정책을 사전에 조율하고 결정하는 일이
다. 예를 들어, 외교 문제는 외사공작위원회, 재정 경제 문제는 재
경위원회가 당·정·군의 관련 부서 간에 의견을 조정하여 정치국
상무위원회와 정치국이 결정할 정책 초안을 작성한다. 이렇게 공
산당과 국가기관 간의 조정을 거쳐야만 정책이 만들어질 수 있고,
또한 그렇게 조정된 정책이라야 결정 이후에도 실무 부서에서 제대
로 집행될 수 있다.

둘째는 정책 집행 감독이다. 즉 정치국 상무위원회와 정치국이
결정한 정책을 당·정·군의 각 부서가 제대로 집행하도록 촉구하
고 감독하는 일이다. 공산당 중앙이 정책을 결정한 다음의 핵심 과
제는, 당·정·군의 담당 부서가 해당 정책을 제대로 집행하는 일이
다. 아무리 중요한 정책이라도 담당 실무 부서가 제대로 집행하지
않으면 아무 소용이 없다. 영도소조는 당·정·군을 망라하여 주요
관련 부서의 책임자로 구성되기 때문에 이 기구를 통해 각 부서의
정책 집행을 촉구하고 감독할 수 있다.[9] 특히 영도소조 산하에 설

치된 영도소조 판공실은 상설기관으로, 해당 부서의 업무 수행을 일상적으로 감독하는 역할을 담당한다.

셋째는 특정한 목적을 달성하는 임무다. 위에서 살펴본 기본 임무 외에도 영도소조는 특정 목적, 예를 들어 부패 척결을 위한 정풍운동이나 당원 학습 교육 운동을 총괄 지도할 목적으로 설립되기도 한다. 예를 들어, 2020년에 중국이 코로나19 방역 활동을 전개할 때 중앙과 지방에 코로나19 방역을 지도할 목적으로 '코로나19 방역 영도소조'를 설립했다. 목적이 달성되면 이런 영도소조는 해체하거나 활동을 중지한다. 이처럼 임시 영도소조는 상설 영도소조와는 성격이 다르다. 따라서 이를 구분하여 살펴볼 필요가 있다.

(2) '탸오-콰이 관계(條塊關係)'와 당조 및 영도소조

공산당 당조와 영도소조에 대해 좀 더 체계적이고 깊이 있게 설명하도록 하겠다. 독자가 이를 제대로 이해하기 위해서는 약간의 인내심이 필요하다. 그렇다고 엄청 어려운 내용은 아니므로 겁먹을 필요까지는 없다.

| '콰이-콰이 관계(塊塊關係)'와 당조

이 장의 전반부에서 우리는 '당조'의 설립과 운영에 대해 살펴보았다. 당조는, 공산당 위원회가 동급의 국가기관, 국유기업, 공공기관, 인민단체 등에 설립한 파견기구 성격의 '핵심 영도기관'이라고 말했다. 목적은 해당 조직에서 공산당 영도를 관철하는 것으로, 당조는 해당 조직의 지도자들로만 구성된다. 여기서 우리가 알 수 있는 것은, 당 위원회와 동급의 국가기관·국유기업·공공기관·인민단체 간에는 수평적인 영도-복종의 관계를 맺고 있다는 점이다.

이처럼 공산당이 동급의 국가기관 및 사회조직 등과 맺고 있는 수평적인 영도-복종의 관계, 간단히 줄여서 수평관계(橫向關係, horizontal relationship)를 중국에서는 '콰이-콰이 관계(塊塊關係)' 혹은 '콰이 관계(塊關係)'라고 부른다. 당조는 공산당 위원회가 '콰이 관계'에 있는 '비당(非黨) 조직'에 설립한 영도기관인 셈이다. 중앙단위를 사례로 들면, 공산당 중앙위원회(정치국/정치국 상무위원회)와 전국인대, 국무원, 전국정협, 최고인민법원/검찰원 간의 수평관계가 '콰이 관계'다. 베이징시를 사례로 들면, 베이징시 공산당 위원회와 시 정부·인대·정협·법원·검찰원 간에는 '콰이 관계'가 있다고 말한다.

이런 '콰이 관계'는 공산당뿐만 아니라 특정한 국가기관 내의 수평관계(영도-복종 관계)에도 적용된다. 국무원을 사례로 들면, 국무원의 영도기구로는 전체회의(한국의 국무회의)와 상무회의(국무원 총리·부총리·국무위원이 참여하는 회의기구)가 있다. 이들 지도기구는 총리의 영도하에 정부 업무와 관련된 중요한 문제를 결정한다. 이런 국무원 영도기구는 국무원에 설치된 각 부서, 예를 들어 상무부·외교부·재정부 등과 '콰이 관계'에 있다. 베이징시 정부와 소속 부서 간에도 역시 같은 방식으로 '콰이 관계'에 있다.

여기서 '콰이(塊)'는 '하나의 덩어리(piece)' 정도로 이해하면 된다. 중앙 단위에서는 공산당 중앙위원회(정치국/정치국 상무위원회)의 영도하에 전국인대·국무원·전국정협·최고인민법원/검찰원 등이 한 덩어리로 활동하고, 베이징시에서는 베이징시 당 위원회의 영도하에 시 정부·인대·정협·법원·검찰원이 한 덩어리로 활동한다는 의미에서 '콰이 관계'라고 부른다. 국무원도 역시 영도기구(전체회의/상무회의)의 영도하에 각 부서가 한 덩어리로 활동한다는 뜻에서 국무원 영도기구와 각 부서 간의 관계를 '콰이 관계'라고 부른다. 베이징시 정부 내부의 관계도 역시 마찬가지다.

| '탸오-탸오 관계(條條關係)'와 영도소조

그런데 중국 정치 체제에서는 동급의 수평적인 영도-복종의 관계뿐만 아니라, 같은 업무 영역(계통)별로 상·하급 기관 간에 맺는 수직적인 영도-복종의 관계, 줄여서 수직관계(縱向關係, vertical relationship)도 존재한다. 이 장의 도입부에서 말했던 '외사 계통'과 '정법 계통' 내에 있는 중앙과 지방의 여러 기관과 부서가 바로 그런 수직적인 영도-복종의 관계에 놓여있다. 이처럼 같은 '계통' 내에서 수직관계에 있는 여러 부서를 공산당이 통일적으로 영도하기 위해 만든 '특별한' 영도조직이 바로 영도소조다.

참고로 외교나 정법 같은 특정한 업무 영역을 중국에서는 '계통(系統)'이라고 부를 뿐만 아니라 '구(口)'라고도 부른다. 일반적으로 '구'는 '계통'보다 조금 넓은 업무 영역을 가리킨다. 그런데 현실에서는 이 두 가지를 명확히 구분하지 않고 섞어서 쓴다. 예를 들어, '농업계통(農業系統)'을 '농업구(農業口)'라고 부르기도 한다. 모두 농업과 관련된 당정기관과 부서를 가리킨다. 따라서 이 책에서는 '계통'과 '구'를 같이 쓰기로 한다.

이처럼 같은 '계통'이나 '구'에 속한 당정기관 간의 수직적인 영도-복종의 관계를 '탸오-탸오 관계(條條關係)', 줄여서 '탸오 관계(條關係)'라고 부른다. 예를 들어, 공산당 중앙 조직부는 아래 등급인 베이징시 당 위원회 조직부, 그 아래 등급인 베이징시 하이뎬구 당 위원회 조직부와 '조직 계통의 탸오 관계'에 있다. 즉 이들은 모두 같은 '조직 계통' 내에서 수직적인 영도-복종의 관계에 있다. 비슷하게, 중앙정부인 국무원 교육부는 베이징시 교육청, 베이징시 하이뎬구 교육처와 '교육 계통의 탸오 관계'에 있다.

여기서 '탸오(條)'는 '하나의 선(line)' 정도로 이해하면 된다. 공산당 중앙 조직부와 각급 당 지방위원회 조직부는 같은 '조직 계통'으로서 하나의 선으로 연결된 영도-복종의 관계라는 의미에서 '탸오 관계'라고 부른다. 비슷하게, 국무원 교육부와 각급 지방정부의 교육청 혹은 교육처는 역시 같은 '선전 계통'으로서 하나의 선으로 연결된 영도-복종의 관계라는 의미에서 '탸오 관계'라고 부른다. 이런 '탸오 관계'에서 하급 기관(부서)은 상급 기관(부서)의 영도를 따라야 한다. 예를 들어, 베이징시 당 위원회 조직부는 중앙 조직부의 영도, 베이징시 정부 교육청은 국무원 교육부의 영도를 따라야 한다.

이처럼 중국 내에 있는 모든 당정기관은 '탸오-콰이 관계(條塊關係)'라는 수평관계와 수직관계의 복잡한 영도-복종의 관계망(network) 속에 놓여있다. 예를 들어, 베이징시 공산당 위원회 조직부는 베이징시 당 위원회와는 '콰이 관계'(수평적 영도-복종 관계)에 있고, 공산당 중앙 조직부와는 '탸오 관계'(수직적 영도-복종 관계)에 있다. 따라서 베이징시 당 위원회 조직부가 자신의 업무(조직과 인사)를 수행할 때는 베이징시 당 위원회와 공산당 중앙 조직부의 영도를 동시에 받아야 한다. 이를 '이중 영도 관계(雙重領導關係)'라고 부른다. 다만 여기서 주(主)는 '탸오 관계(수평영도)'이고, 이를 '속지관리(屬地管理: 소속 지역 관리) 원칙'이라고 부른다.

베이징시 정부도 마찬가지다. 베이징시 정부는 베이징시 당 위원회와는 '콰이 관계'(수평적 영도-복종 관계)에 있고, 중앙정부인 국무원과는 '탸오 관계'(수직적 영도-복종 관계)에 있다. 따라서 베이징시 정부가 업무를 수행할 때는 베이징시 당 위원회와 국무원의 영도를 동시에 받아야 한다. 이는 다른 지방에도 그대로 적용된다. 여기에서도 우리는 '이중 영도 관계'를 발견할 수 있다. 단 여기에도

'속지관리 원칙'이 적용된다.

| '계통(系統)'과 소속기관 및 부서

그렇다면 중국에는 모두 몇 개의 '계통(系統)'이라는 업무 영역이 존재할까? 학자마다 분류법이 조금씩 다른데, 나는 크게 일곱 가지의 계통(系統)으로 나눌 수 있다고 생각한다. 〈표 2-20〉은 이것을 정리한 것이다.

〈표 2-20〉 공산당 영도 체제의 '계통(系統)'과 주요 소속 부서

계통	주요 소속 부서
조직	공산당 조직부, 국무원 인력자원·사회보장부, 인민단체
선전	공산당 선전부, 국무원 교육부, 언론·방송·출판·영화·여행·문화 등 관련 부서
정법	공산당 정법위원회, 국무원 공안부, 국가안전부, 민정부, 사법부, 최고인민법원, 최고인민검찰원 등 치안 및 집법(執法) 관련 부서
재경	국무원 발전개혁위원회, 공업정보부, 재정부, 자원환경부, 교통부, 수리부(水利部), 농업농촌부, 상무부, 인민은행, 심계서, 국유자산 감독관리위원회, 은행·증권·보험 감독관리위원회 등 재정과 경제 관련 부서
외사	공산당 대외연락부, 국무원 외교부, 신화통신사 등 외교 관련 부서
통전	공산당 통전부, 정협, 민주당파, 공상련, 국무원 국가민족위원회, 국가종교사무국, 대만 판공실, 홍콩·마카오 판공실, 화교 판공실 등 부서
군사	인민해방군, 인민 무장경찰 부대 등 군사 관련 부서

자료: 다음을 참고하여 필자가 정리. 景躍進·陳明明·肖濱 主編, 『當代中國政府與政治』(北京: 中國人民大學出版社, 2016), pp. 115-119; Kenneth Lieberthal, *Governing China: From Revolution through Reform* (New York and London: W.W. Norton and Company, 1995), p. 194; Yan Huai, "Organizational Hierarchy and the Cadre Management System", Carol Lee Hamrin and Suisheng Zhao (eds.), *Decision-Making in Deng's China: Perspectives from Insiders* (Armonk: M.E. Sharpe, 1995), pp. 39-40; Zheng Yongnian, *The Chinese Communist Party as Organizational Emperor: Culture, Reproduction and Transformation* (London and New York: Routledge, 2010), pp. 109-110.

일곱 개의 계통 중에서 첫째는 조직 인사 계통으로, 줄여서 '조직(組織) 계통'이라고 부른다. 둘째는 선전 교육 계통으로, 줄여서 '선전(宣傳)' 혹은 '선교(宣敎) 계통'이라고 부른다. 셋째는 정치 법률 계통으로, 줄여서 '정법(政法) 계통'이라고 부른다. 넷째는 재정 경제 계통으로, 줄여서 '재경(財經) 계통'이라고 부른다. 다섯째는 통일전선 계통으로, 줄여서 '통전(統戰) 계통'이라고 부른다. 여섯째는 '외사(外事) 계통'인데, 외교 활동과 관련된 업무 영역을 가리킨다. 일곱째는 '군사(軍事) 계통'이다.[10] 이런 계통에는 공산당, 정부, 인대, 정협, 법원, 검찰원, 군 등 당정기관의 관련 부서가 모두 포함

〈그림 2-2〉 '탸오-콰이 관계(條塊關係)'와 당조 및 영도소조

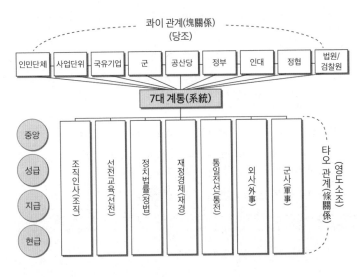

자료: 필자 작성

된다.

이상에서 살펴본 '탸오—콰이 관계'와 당조, 영도소조, 계통과의 관계를 그림으로 정리한 것이 〈그림 2-2〉다.

(3) '계통'과 영도소조의 분류

공산당 영도소조는 위에서 살펴본 특정한 업무 영역, 즉 '계통(系)'과 밀접히 연관되어 있다. 간단히 말해, 영도소조는 공산당이 특정한 '계통(系)' 내에서 수직적인 영도—복종의 관계에 있는 주요

〈표 2-21〉 '계통' 분류와 영도소조

계통	영도소조
조직	중앙 기구편제(編制)위원회/중앙 당 건설공작 영도소조/중앙 인재공작 조정소조(協調小組)/중앙 당무(黨務)공개공작 영도소조
선전	중앙 선전 사상공작 영도소조/중앙 정신문명건설 지도위원회/중앙 교육공작 영도소조/중앙 문화체육 개혁발전공작 영도소조/중앙 당사(黨史) 학습교육 영도소조
정법	중앙 전면 의법치국(依法治國)위원회
재경	중앙 재경위원회/중앙 농촌공작 영도소조/중앙 심계(審計)위원회
외사	중앙 국가안전위원회/중앙 외사(外事)공작위원회/중앙 대만(臺灣)공작 영도소조
통전*	중앙 통일전선공작 영도소조/중앙 티베트(西藏)공작 조정소조/중앙 신장(新疆)공작 조정소조/중앙 홍콩·마카오(港澳)공작 조정소조
군사	중앙 군민(軍民)융합발전위원회

주: • 중앙 홍콩·마카오(港澳)공작 조정소조는 중앙 대만공작 영도소조처럼 넓은 의미의 외사 영도소조로도 분류할 수 있다.

자료: 필자가 분류하여 정리

당정기관과 부서를 통일적으로 조정하고 영도하기 위해 설립한 '특별한' 영도조직이다. 공산당은 영도소조라는 조직 통제 기제를 통해 당·정·군을 망라한 전체 기관과 부서의 업무를 총괄하여 조정하고 영도할 수 있다. 이를 정리한 것이 〈표 2–21〉이다.

물론 모든 영도소조가 이와 같은 특정한 계통에 일대일로 대응하는 것은 아니다. 예를 들어, 중앙 전면심화(全面深化) 개혁위원회(改革委員會)는 정치, 경제, 사회, 문화, 생태 등 전체 업무 영역을 포괄하는 종합적인 영도소조다. 따라서 이를 하나의 계통에 속한 영도소조로 볼 수는 없다. 이는 지방에도 그대로 해당한다.

또한 모든 영도소조가 위에서 살펴본 일곱 개의 계통에 맞추어서 만들어진 것도 아니다. 처음에는 계통에 맞추어 영도소조가 만들어졌지만, 시간이 흘러 업무가 분화되고 복잡하게 변화하면서 새로운 영도소조가 많이 만들어졌다. 이런 영도소조 중에는 기존 계통을 무시하고 만들어진 것도 많다. 예를 들어, 중앙 사이버안전과 정보화위원회가 대표적이다. 이 영도소조는 군사 계통에 속할 수도 있고, 정법 계통이나 선전 계통에도 속할 수도 있다. 또한 재경 계통에도 속할 수 있다. 이처럼 이 영도소조는 일곱 개의 계통으로 포괄할 수 없는 복수의 업무 영역을 담당한다.

| 공산당 중앙 소속의 영도소조

이런 상황을 종합하여 현재 존재하는 공산당 중앙 소속의 영도

〈표 2-22〉 공산당 중앙 소속의 영도소조(2021년 2월 1일 기준)

번호	영도소조 명칭	번호	영도소조 명칭
1	중앙 전면심화(深化) 개혁위원회	19	전국 황색 출판물 소제 및 불법 출판 활동 타격 공작소조(小組)
2	중앙 국가안전위원회	20	중앙 인재공작 조정소조(協調小組)
3	중앙 재경위원회	21	중앙 문화체육 개혁발전공작 영도소조
4	중앙 사이버안전과 정보화위원회	22	중앙 홍콩·마카오(港澳)공작 조정소조
5	중앙 대만(臺灣)공작 영도소조	23	중앙 상업뇌물치리(治理) 영도소조
6	중앙 외사(外事)공작위원회	24	전국 흑악(黑惡) 제거투쟁 조정소조
7	중앙 전면 의법치국(依法治國)위원회	25	중앙 당무(黨務)공개공작 영도소조
8	중앙 심계(審計)위원회	26	중앙 순시(巡視)공작 영도소조
9	중앙 군민(軍民)융합발전위원회	27	중앙 선진(先進) 기층당 조직 건설과 우수당원 쟁취활동 영도소조
10	중앙 기구편제(編制)위원회	28	중앙 티베트(西藏)공작 조정소조
11	중앙 농촌공작 영도소조	29	중앙 신장(新疆)공작 조정소조
12	중앙 직칭(職稱)개혁공작 영도소조	30	중앙 반(反)부패공작 조정소조
13	중앙 당 건설공작 영도소조	31	중앙 당 군중노선 교육실천활동 영도소조
14	중앙 선전 사상공작 영도소조	32	중앙 통일전선공작 영도소조
15	중앙 정신문명건설 지도위원회	33	중앙 보건위원회
16	당국가 공훈영예표창 공작위원회	34	중앙 교육공작 영도소조
17	중앙 보밀(保密)위원회	35	중앙 당사(黨史) 학습교육 영도소조
18	중앙 암호(密碼)공작 영도소조	36	중앙 국가 헌법개정공작 영도소조

자료: 「中共中央機構」, 〈維基百科〉, www.zh.wikipedia.org (검색일: 2021. 2. 5).

소조를 정리한 것이 〈표 2-22〉이다.

이에 따르면, 2021년 2월 1일을 기준으로, 공산당 중앙 산하에는 모두 36개 이상의 영도소조가 있다. 여기서 주의할 점은, 영도소조 중에는 공산당이 공개한 것도 있지만 그렇지 않은 것도 있어 이를 현재 공산당 중앙에 소속된 모든 영도소조로 볼 수 없다는 점이다. 즉 공산당 중앙 소속의 영도소조는 이것보다 더 많을 수 있다. 또한 일부 영도소조는 공식적으로 해체를 결정하지 않았지만 실제로는 활동을 중지한 것도 있다. 이 점을 기억하고 보아야 한다.

| 영도소조의 구분

영도소조는 다양한 기준으로 나눌 수 있다. 첫째, 영도소조가 속한 기관, 즉 공산당 중앙인지, 아니면 국무원 등 다른 국가기관인지에 따라 나눌 수 있다. 〈표 2-23〉처럼 공산당 중앙에 속한 영도소조를 '반자급(班子級) 영도소조'라고 부른다. 이는 공산당 중앙의 '영도집단(領導班子)'인 정치국과 정치국 상무위원회의 구성원이 영도소조 조장을 맡는 경우를 말한다. 다시 말해, '반자급' 영도소조는 공산당 중앙에 소속되어 있고, 조장은 정치국 상무위원이나 정치국원이 맡는다.[11]

다른 하나는 '부급(部級) 영도소조'다. 이는 국무원 지도자나 부서 책임자, 예를 들어 국무원 각 부의 부장 등이 영도소조 조장을 맡는 경우를 말한다. 지금 우리는 공산당 영도 체제를 이해하기 위해 주로 공산당 중앙 소속의 영도소조를 살펴보고 있다. 그런데 영도소조는 국무원 산하에도 많이 설치되어 있다. 예를 들어, 국무원 소속 영도소조는 2013년에는 34개였다가, 2017년 9월에는 57개로 증가했다.[12] 많았을 때는 85개까지 설치된 적도 있다.[13] 새로운 임무가 등장하면, 그 임무를 맡을 새로운 영도소조가 만들어지기 때문에 시간이 가면서 국무원 소속 영도소조가 증가하는 경향이 있다.

둘째, 상설 영도소조와 임시 영도소조로 나눌 수 있다. 개혁위원회, 국가안전위원회, 재경위원회, 외사공작위원회 등은 상설 영도소조다. 반면 황색 출판물 소제 및 불법 출판 활동 타격 공작소조, 흑악(黑惡) 제거투쟁 조정소조, 당 군중노선 교육실천활동 영도소조, 당사(黨史) 학습교육 영도소조, 국가 헌법개정공작 영도소조는 임시 영도소조다. 이들 임시 영도소조는 특정한 임무와 목적을 달성하기 위해 임시로 만든 것으로, 그런 임무와 목적이 달성되면 대개 활동이 정지된다.

예를 들어, 2021년 초에 만들어진 당사(黨史) 학습교육 영도소조는 공산당 중앙 선전부 부장(정치국원)이 조장인 임시 '반자급' 영도소조다. 2021년 7월 1일은 공산당 창당 100주년 기념일인데, 공산당은 이를 준비하면서 전당적으로 당의 역사를 학습하고 교육하는 활동을 연초부터 대대적으로 전개했다. 이 영도소조는 바로 이를 총괄 지도하기 위해 임시로 만든 영도조직이다. 따라서 2021년 연말이면 이 영도소조의 임무는 완료되기 때문에 휴면 상태에 들어간다. 비슷하게 중앙 국가 헌법개정공작 영도소조는 〈헌법〉을 개정할 때만 활동하고, 그렇지 않은 때에는 활동하지 않는다.

셋째, 영도소조는 '동일 구성(同構)' 영도소조와 '다른 구성(異構)' 영도소조로 나눌 수 있다. 동일 구성 영도소조는 중앙에서 지방까지 같은 성격의 영도소조를 구성하는 것이다. 예를 들어, 개혁위원회, 국가안전위원회, 재경위원회, 외사공작위원회는 중앙뿐만 아니라 지방에도 설립된다. 이를 '동일 구성' 영도소조라고 부른다. 반면 일부 영도소조는 중앙과 지방에 모두 있을 필요가 없다. 따라서 중앙과 지방은 각자의 필요에 따라 특수한 임무를 수행할 영도소조를 알아서 만든다. 이를 '다른 구성' 영도소조라고 부른다.[14]

| 영도소조의 특징

이와 같은 검토를 통해 우리는 영도소조가 일반적인 당정기관과는 다른 몇 가지 특징을 가지고 있다는 사실을 알 수 있다.

첫째, 영도소조는 당정기관의 공식 조직표에는 없는 '은닉성(隱匿性)' 기구다. 영도소조는 문패도 없고, 특별한 사무 공간도 없다. 대신 영도소조 판공실은 관련 기관의 부서가 대행하는 방식으로 운영된다. 이와 같은 성격으로 인해 영도소조의 실제 규모와 구성 상황, 활동 등을 파악하기가 매우 어렵다. 그러나 영도소조는 공산당 영도 체제를 유지하고 실현하는 데 없어서는 안 되는 매우 중요한 조직 통제 수단이다.

둘째, 영도소조는 특정한 임무를 전문적으로 수행하기 위해 설립된다. 그래서 영도소조에 대해 "일이 있으면 만들어지고(因事設組), 일이 끝나면 해체한다(事畢撤組)"라고 말하기도 한다. 이는 주로 임시 영도소조를 가리키는 표현이지만, 상설 영도소조도 특정한 임무 수행을 위해 만들어진다는 성격, 즉 '특정한 임무 수행을 위한 영도조직'이라는 성격은 변함이 없다.

셋째, 영도소조는 모두 간헐적으로만 활동한다. 일부 영도소조는 비록 뜸하기는 하지만 정기적으로 활동한다. 예를 들어, 개혁위원회는 시진핑 집권 1기(2012~2017년)에는 매달, 집권 2기(2017~2022년)에는 두세 달에 한 번씩 회의를 소집했다. 반면 대부분의 영도소조는 평상시에는 잠을 자다가 필요할 때만 일어나서 활동한다. 예를 들어, 외사공작위원회는 중요한 외교 사건이 터지거나, 외교 정책을 조정할 필요가 있을 때 주임(총서기)이 소집한다. 마치 한국의 NSC가 북한이 핵실험을 하거나 대륙간탄도미사일(ICBM)을 발사했을 때 긴급히 소집되는 것처럼 말이다. 재경위원회나 다른 영도소조도 마찬가지다. 물론 영도소조가 소집되지 않을 때도 각 영도소조 판공실은 상설기관으로 일상적으로 활동한다.

넷째, 이런 특징으로 인해 영도소조의 내부 조직은 간단하게 구성된다. 소조와 판공실이 바로 그것이다. 소조에는 조장·부조장·성원이 있고, 판공실은 대개 공산당이나 국무원의 유관 부서에 위탁하여 설치한다. 다만 영도소조 중에서 중요하고 업무가 많은 여덟 개의 영도소조는 공산당 중앙(실제로는 중앙 판공청 산하)에 판공실을 둔다. 개혁위원회, 국가안전위원회, 사이버안전과 정보화위원회, 재경위원회, 대만공작 영조소조, 외사공작위원회, 군민 융합발전위원회, 기구편제위원회가 그것이다. 반면 중앙 선전 사상공작 영도소조 판공실은 공산당 중앙 선전부, 중앙 교육공작 영도소조 판공실은 국무원 교육부 산하에 둔다. 즉 이들 부서가 영도소조 판공실의 업무를 대행한다.[15]

영도소조 판공실은 주로 비서 업무를 수행하는데, 이를 크게 세 가지 업무로 나눌 수 있다. 첫째는 회의에 필요한 각종 정책 문건의 기초(起草)다. 영도소조 조장은 이렇게 작성된 문건을 가지고 회의를 소집하여 정책을 결정한다. 둘째는 조사 연구(調研)다. 각 영도소조가 정치국과 정치국 상무위원회가 결정할 정책 초안을 준비하기 위해서는 많은 조사와 연구가 필요하다. 영도소조 판공실이 바로 이런 임무를 맡는다. 셋째는 감독이다. 영도소조가 준비한 정책이 정치국과 정치국 상무위원회에서 결정되면 관련된 당정기관과 부서는 이를 집행해야만 한다. 영도소조 판공실은 이런 정책의 집행을 촉구하고, 실제로 정책이 제대로 집행되고 있는가를 일상적으로 감독한다.[16]

(4) 영도소조의 역사: 공산당 영도 체제의 형성과 발전 과정

그렇다면 언제부터 특정 업무 영역이 계통(구)으로 구분되고, 영도소조는 언제부터 같은 계통(구)에 속한 당정기관과 부서를 지도하는 '특별한' 영도조직이 되었을까?

공산당은 중국 건국 직후에 소련의 간부 인사제도를 도입했다. 1953년 11월에 〈간부 관리 공작 강화 결정〉을 하달하면서 '분부(分部) 분급(分級) 관리' 체제를 시작한 것이다. 이를 위해 공산당은 당정간부를 모두 아홉 개의 범주로 구분하고, 공산당 각 부서가 이들 간부를 나누어서 관리하기 시작했다. 이것이 '분부 관리' 체제다. 예를 들어, 문교(文敎) 계통 간부는 공산당 선전부, 계획과 공업 계통 간부는 공산당 계획공업부, 교통과 운수 계통 간부는 공산당 교통운수부가 관리했다. '분급 관리'는, 공산당 중앙과 각급 당 지방위원회가 등급을 나누어 간부를 관리하는 체제를 말한다.[17]

│ 1953년 〈간부 관리 공작 강화 결정〉과 영도소조의 원형 형성

1953년 〈결정〉에 의해 계통 및 영도소조와 관련하여 두 가지 초보적인 내용이 만들어졌다. 첫째, 계통 구분의 원형(原型)이 만들어졌다. ① 군대, ② 문교, ③ 계획과 공업, ④ 재정과 무역, ⑤ 교통과 운수, ⑥ 농업·임업·수리(水利), ⑦ 통전(소수민족·종교·정협·민주당파·공상련), ⑧ 정법, ⑨ 공산당과 군중 조직(黨群) 등 아홉 개의 범주가 바로 그것이다. 이런 범주는 이후에 약간의 변형을 거쳐 현재까지 이어지고 있다. 앞에서 살펴본 일곱 개의 계통(口) 구분이 바로 그것이다.

둘째, 공산당 각 부서가 특정 계통에 속한 당정기관과 부서를 맡아 지도하는 공산당 영도 체제의 원형이 만들어졌다. 공산당 각 부서는 처음에는 주로 정부와 다른 국가기관의 '인사(人事)' 영역만 영도했다. 그런데 국가기관에 대해 공산당 영도를 강화한다는 공산당 중앙의 방침이 결정되면서 이후에는 영도 범위가 점차 '업무(業務)' 영역으로까지 확대되었다. 그 결과 공산당 각 부서가 같은 계통(口)에 있는 당정기관과 부서의 인사와 업무 모두를 전면적으로 영도하는 공산당 영도 체제가 서서히 등장하기 시작했다.

| 1955년 〈중앙 공작보고〉와 '분구영도(分口領導)' 제도

이런 변화를 보여주는 대표적인 사례가 바로 1955년 8월 1일 공산당 중앙 조직부가 〈중앙 공작보고〉를 통해 '분구영도(分口領導)' 혹은 '귀구영도(歸口領導)' 모델을 제기한 것이다. 여기서 '분구(分口) 영도'는 공산당 각 부서가 '구(즉 계통)를 나누어 영도한다'라는 의미다. '귀구(歸口)영도'는 '각 구(즉 계통)를 해당 공산당 부서에 귀속시켜 영도하도록 한다'라는 의미다. 표현은 달라도 내용은 같다. 즉 공산당 각 부서가 같은 구(계통)에 속한 정부 부서를 각각 나누어 영도한다는 뜻이다.

구체적으로 〈중앙 공작보고〉에 따르면, 중앙과 지방의 공산당 위원회는 산하에 기존 부서, 즉 조직부·선전부·통일전선부·대외 연락부 이외에 새롭게 공업교통부·재정무역부·문화교육부·정법 공작부 등을 설치한다. 만약 이런 부서를 이미 설치했다면 그대로 운영하고, 그렇지 않은 지역은 새롭게 설치하라는 지시다. 이렇게 설치된 공산당 부서가 정부의 관련 부서를 분담하여 업무를 지도 한다.[18] 이렇게 되면서 공산당이 정부와 국가기관의 각 부서 업무 를 직접 지도하는 '통합형' 혹은 '일원화(一元化)' 영도 체제가 서서 히 등장하기 시작했다.

| 1958년 〈5개 소조(小組) 성립 통지〉와 영도소조 체제의 확립

이를 이어 공산당 중앙은 영도소조 체제를 확립한다는 방침을 공식적으로 결정했다. 1958년 6월 10일에 공산당 중앙은 〈재경(財 經)·정법(政法)·외사(外事)·과학(科學)·문교(文教) 각 소조(小組) 설 립에 대한 통지〉를 하달한 것이다.

"당 중앙은 재경·정법·외사·과학·문교의 각 소조의 설립을 결정한 다. 각 소조는 당 중앙 소속으로 중앙정치국과 서기처에 직속되고, 이들에 직접 보고한다. 큰 정치 방침(大政方針)은 정치국이 담당하 고, 구체적인 배치(部署)는 서기처가 담당한다. 단지 하나의 '정치설계원(政治設計院)'이 있을 뿐, 두 개의 '정치설계원'은 없다. 큰 정치 방침과 구체적인 배치는 모두 일원화(一元化)하며, 당정은 나누지 않는다(黨政不分).

구체적인 집행과 세부적인 정책 결정(決策)은 정부 기구와 그것의 당조(黨組)에 속한다. 큰 정치 방침과 구체적인 배치에 대해 정부 기구와 그것의 당조는 건의할 권한이 있다. 단 [그것을] 결정할 권한은 당 중앙에 있다. 정부 기구와 그것의 당조, 당 중앙은 [큰 정치 방침과 구체적인 배치에 대해] 함께 검사(檢查)할 권한이 있다."[19]

1958년 〈통지〉를 통해 공산당 중앙은 두 가지 사실을 분명히 했다. 첫째, 앞으로 '큰 정치 방침'과 그것을 실행하기 위한 '구체적인 배치'는 모두 공산당 중앙정치국과 중앙서기처가 담당한다. 즉 중국에는 공산당 중앙(즉 정치국과 서기처)이라는 '하나의 정치설계원'만이 존재한다. 국무원이나 전국인대 등 다른 국가기관은 공산당 중앙이 결정한 '큰 정치 방침'과 '구체적인 배치'를 집행하는 역할만 담당할 뿐이다. 이로써 공산당과 국가가 결합하는 '당정결합(黨政不分)' 원칙이 확립되고, 공산당이 일괄적으로 국가를 영도하는 '통합형' 영도 체제가 등장했다. 마오쩌둥은 1958년부터 대약진운동을 힘 있게 추진하기 위해 이처럼 공산당 주도의 일사불란한 '통합형' 영도 체제를 구축한 것이다.

둘째, 〈통지〉는 '당정결합' 원칙과 '통합형' 영도 체제를 실현하기 위해 다섯 개의 영도소조를 별도로 설치하여 국무원과 다른 국가 기관의 업무를 영도한다는 방침을 확정했다. 이로써 공산당 각 부서가 당정기관의 관련 부서를 나누어서 영도하는 '분구영도' 혹은 '귀구영도' 체제는 더욱 강화되었다. 이제는 공산당 각 부서뿐만 아니라, 특별히 설치된 다섯 개의 공산당 영도소조가 같은 계통(구)에 속한 당정기관과 부서를 영도하는 체제가 등장했기 때문이다. 동시에 이런 조치로 인해 국무원과 지방정부는 정책 결정과 관련하여 자율성을 완전히 상실하고, 공산당 중앙과 각급 지방 공산당 조직의 하부 집행기구로 전락했다.

이처럼 대약진운동의 시작과 함께 확립된 '통합형' 영도 체제는 시간이 가면서 더욱 맹위를 떨치기 시작했다. 예를 들어, 마오쩌둥은 1962년 2월에 개최된 중앙 확대 공작회의에서 이렇게 선언했다. "공(工)·농(農)·상(商)·학(學)·병(兵)·정(政)·당(黨), 이 일곱 개 방면은 당이 일체를 영도한다. 당은 공업(工)·농업(農)·상업(商)·문화와 교육(學)·군대(兵)·정부(政)·정당(黨)을 영도한다."[20] "당은 일체를 영도한다!"라는 구호 아래, 공산당 영도는 단편적으로 이해되어 당 정기관과 사회조직의 모든 업무에 대한 전면적·절대적·직접적 영도를 의미하는 것이 되었다.[21] 영도소조는 이를 실현하는 중요한 도구가 되었다.

개혁·개방 시대(1978년~현재)에 들어서도 영도소조는 계속 확대되었다. 비록 획일화된 '통합형' 영도 체제는 어느 정도 개선되었지만, 공산당 영도 체제 자체가 바뀐 것은 아니기 때문이다. 예를 들어, 1993년에는 공산당 중앙 산하에 모두 12개의 영도소조가 설치되었다. 재경 영도소조, 대만공작(對臺工作) 영도소조, 기구편제위원회, 외사공작 영도소조, 농촌공작 영도소조, 당 건설공작 영도소조, 선전 사상공작 영도소조, 당사(黨史) 영도소조, 사회치안 종합치리(綜合治理)위원회, 비밀(保密)위원회, 암호(密碼)공작 영도소조, 보건위원회가 그것이다. 공산당 15차 당대회(1997년) 이후에도 안정공작(維護穩定工作) 영도소조, 국가안전 영도소조, 순시공작 영도소조 등이 계속 설치되었다.[22]

4. 시진핑 시기의 '영도소조 정치'

그런데 시진핑 시기(2012년~현재)에 들어와서 마오쩌둥 시대에 강조되었던 '공산당 전면 영도'의 강화 방침이 다시 강조되고, 이를 뒷받침하기 위해 다양한 조치가 취해졌다. 영도소조의 급격한 증가와 활동 강화는 그중 하나다.

(1) 영도소조의 급격한 증가와 활동 강화

이는 시진핑이 2012년 공산당 18차 당대회에서 총서기에 취임

〈표 2-23〉 공산당 18차 당대회(2012년) 전후의 영도소조 증가 규모

	18차 당대회 이전	18차 당대회 이후 신설	총계
공산당 중앙 소속	18	8	26
국가 소속	36	21	57
총계	54	29	83

자료: Christopher K. Johnson, Scott Kennedy, Mingda Qiu, "Xi's Signature Governance Innovation: The Rise of Leading Small Groups" (2017, CSIS), www.csis.org (검색일: 2017. 11. 15).

한 이후 영도소조의 신설과 역할 확대를 통해 공산당 중앙의 권한을 강화할 뿐만 아니라, 총서기 자신의 권력도 강화하기 위해 취한 조치라고 말할 수 있다. 이를 정리한 것이 〈표 2-23〉이다.

〈표 2-23〉에 따르면, 공산당 18차 당대회(2012년) 이전까지 영도소조는 모두 54개였다. 이 중에서 공산당 중앙 소속이 18개였고, 국가(주로 국무원) 소속이 36개였다. 그런데 공산당 18차 당대회 이후에 공산당 중앙 소속 8개와 국가 소속 21개 등 모두 29개의 영도소조가 신설되었다. 그 결과 2017년 9월에는 영도소조가 83개로 증가했다. 이 중에서 공산당 중앙 소속은 26개, 국가 소속은 57개였다.

이처럼 시진핑 정부 들어 2017년 9월까지 모두 83개의 영도소조 중에서 29개를 신설하여 35%의 증가율을 보였다. 그중에서 공산당 중앙 소속의 영도소조만 보면, 26개 중에서 8개를 신설하여 30.8%의 증가율을 보였다. 이는 전체 영도소조의 1/3이 시진핑 집권 이후 5년 동안 신설된 것으로, 영도소조가 시진핑 시기에 들어 급격히 증가했음을 보여준다.

| 시진핑의 주요 영도소조 독점

또한 시진핑 총서기는 신설된 공산당 중앙 산하의 주요 영도소 조 조장(組長) 혹은 위원회 주임(主任)을 독점함으로써 최고 지도자 로서 더욱 강력한 권한을 행사할 수 있게 되었다. 〈표 2-24〉는 이 를 정리한 것이다. 이에 따르면 시진핑은 모두 10개의 영도소조 조 장(혹은 위원회 주임)을 겸직하고 있다. 다른 연구는 2016년 5월까지 시진핑이 모두 12개의 영도소조 조장을 맡았다고 주장한다.[23]

시진핑은 원래 〈헌법〉과 〈당장〉이 보장하는 세 개의 직위인 공 산당 총서기, 중앙군사위원회(중앙군위) 주석, 국가 주석을 맡고 있 다. 또한 그는 군 통수권자로서 연합작전 지휘센터의 '총지휘(總指 揮)' 직책도 가지고 있다. 여기에 더해 최소한 10개 영도소조 조장 에 취임함으로써 그는 역대 최다의 직위(즉 최소 14개 직위)를 보유한 총서기가 되었다. 본인이 조장을 맡은 영도소조 판공실 주임에 측 근을 고용함으로써 영도소조에 대한 장악력도 한껏 높였다. 시진 핑이 조장을 맡는 중앙 재경위원회 판공실 주임에 자신의 경제 참 모인 류허(劉鶴) 정치국원 겸 국무원 부총리를 임명한 것이 대표적 이다.[24]

〈표 2-24〉시진핑 조장(주임)의 공산당 중앙 영도소조(위원회): 총 10개

번호	영도소조	부주임(부조장)	판공실 주임
1	중앙 전면심화 개혁위원회	리커창(李克强), 왕후닝(王滬寧), 한정(韓正)	장진취안(江金權/중앙 정책연구실 주임)
2	중앙 국가안전위원회	리커창, 리잔수(栗戰書)	딩쉐샹(丁薛祥/중앙 판공실 주임)
3	중앙 재경위원회	리커창	류허(劉鶴/국무위원)
4	중앙 사이버안전과 정보화위원회	리커창, 왕후닝	좡룽원(莊榮文/중앙 선전부 부부장)
5	중앙 대만공작 영도소조	왕양(汪洋)	류제이(劉結一/국무원 대만판공실 주임)
6	중앙 외사공작위원회	리커창	양제츠(楊潔篪/정치국원)
7	중앙 전면 의법치국(依法治國)위원회	리커창, 리잔수, 왕후닝	궈성쿤(郭聲琨/중앙 정법위원회 서기
8	중앙 심계위원회	리커창, 자오러지(趙樂際)	후쩌쥔(胡澤君/전국정협 인구자원환경위원회 부주임)
9	중앙 군민(軍民)융합발전위원회	리커창, 왕후닝, 한정	한정(국무원 부총리)
10	중앙군위 심화(深化) 국방군대개혁 영도소조	쉬치량(許其亮), 장유샤(張又俠)	중샤오쥔(鍾紹軍/중앙군위 판공실 주임)

주: 조장(주임)은 정치국 상무위원이 맡는다. '중앙군위 심화 국방군대개혁 영도소조'의 부조장은 중앙군위 부주석이 맡는다; 판공실 주임은 장관급이 맡는다. 다만 '중앙 군민융합발전위원회'는 예외다.

자료: 「中共中央機構」, 〈維基百科〉, zh.wikipedia.org (검색일: 2021. 2. 5).

| 시진핑 시기의 '포괄적' 영도소조

시진핑이 조장인 영도소조 가운데 특히 중요한 것으로 네 가지를 들 수 있다. 첫째는 중앙 개혁위원회다. 개혁위원회는 2013년

12월에 개혁 영도소조로 신설되었다가, 2018년 3월에 위원회로 승격했다. 둘째는 2014년 1월에 신설된 중앙 국가안전위원회다. 이에 대해서는 뒤에서 다시 살펴볼 것이다. 셋째는 중앙 사이버안전과 정보화위원회로, 2014년 2월에 영도소조로 신설된 후, 2018년 3월에 위원회로 승격했다. 넷째는 중앙군위 심화 국방군대 개혁위원회(군대 개혁위원회)다. 이 위원회는 2014년 3월에 영도소조로 신설되었다가, 2018년 3월에 위원회로 승격했다.[25]

여기서 일부 영도소조는 위원회로 '승격'했다고 말했는데, 영도소조와 위원회가 무슨 차이가 있는지는 명확하지 않다. 다만 중국에서는 영도소조를 정책 결정 의사 조정 기구, 위원회를 당정 부문 기구(部門機構)로 구분하여 부른다. 이를 적용하여 해석하면, 영도소조는 상설기구이지만 일이 있을 경우만 회의를 개최하여 업무를 처리하는 임시기구(ad hoc task force)의 성격을 띤다. 반면 위원회는 공산당의 공식 기구로 편성되어 일상적으로 관련 업무를 처리한다. 이런 이유로 위원회가 영도소조보다 더 체계적이고 권위가 있다고 평가된다.[26] 정법 영도소조가 1990년에 정법위원회로 명칭이 변경되고, 다시 1993년에 당정 부문 기구로 성격이 바뀐 것이 대표적인 사례다.[27]

이와 같은 포괄적 영도소조는 이전의 영도소조와는 달리 여러 분야를 포괄하고, 복수의 정치국 상무위원이 참여하는 대규모 영도소조라는 특징이 있다. 예를 들어, 2013년 12월 설립 당시에 중앙 개혁 영도소조 산하에는 모두 여섯 개의 전문소조(專門小組)가 설치되었다. ① 문화 체제 개혁 전문소조, ② 민주 법치 개혁 전문소조, ③ 기율 검사 체제 개혁 전문소조, ④ 당 건설 제도 개혁 전문소조, ⑤ 경제 체제와 생태 문명 체제 개혁 전문소조, ⑥ 사회 체제 개혁 전문소조가 그것이다. 이는 포괄적인 영도소조 내에 또 다른 전문화된 영도소조(전문소조)가 포진해 있는 모양새다.

또한 중앙 개혁 영도소조는 시진핑(총서기)이 조장, 리커창(총리)·류윈산(당시 서기처 상무 서기)·장가오리(당시 국무원 상무 부총리)가 부조장을 맡고, 영도소조 판공실 주임은 왕후닝(당시 공산당 중앙 정책 연구실 주임)이 맡았다. 여기에 당·정·군의 주요 책임자 43명이 성원으로 참여했다.[28] 마오쩌둥 시대와 개혁·개방 시대를 불문하고 이렇게 방대하고 포괄적인 영도소조가 구성된 적은 많지 않았다. 특히 일곱 명의 정치국 상무위원 중에서 네 명이 하나의 영도소조 구성원으로 참여하는 경우는 매우 드물다. 아마 개혁위원회, 전면 의법치국위원회, 군민융합발전위원회를 제외하고는 이런 사례가 없을 것이다.

(2) '영도소조 정치'의 출현

또한 '포괄적' 영도소조가 신설되면서 공산당 정치국 상무위원회와 정치국의 권한이 침해당하는 문제가 발생했다. 〈표 2-25〉는 정치국, 〈표 2-26〉은 중앙 개혁 영도소조(지금은 개혁위원회)가

<표 2-25> 중앙정치국의 회의 수와 안건 수(2014~2016년)

연도	회의 빈도(회)	안건 수(건)	회의 개최 빈도수 / 안건 수
2014	12	12	매월 1회 / 매 회의당 1건
2015	13	33	매월 1회 / 매 회의당 2.5건
2016	12	18	매월 1회 / 매 회의당 1.5건

자료: 胡鞍鋼·楊竺松, 『創新中國集體領導體制』(北京: 中信出版集團, 2017), pp. 157-163.

<표 2-26> 중앙 개혁 영도소조의 회의 수와 안건 수(2014~2016년)

연도	회의 빈도(회)	안건 수(건)	회의 개최 빈도수 / 안건 수
2014	8	37	1.5개월 1회 / 매 회의당 4.6건
2015	11	65	매월 1회 / 매 회의당 5.9건
2016	11	96	매월 1회 / 매 회의당 8.7건

자료: 조영남, 「2016년 중국 정치의 현황과 전망」, 국립외교원 중국연구센터, 『2016 중국정세보고』(서울: 역사공간, 2017), p. 26.

2014년부터 2016년까지 3년 동안 개최한 회의 수와 각 회의에서 처리한 안건 수를 정리한 것이다.

이 표들을 보면 2014년부터 2016년까지 3년 동안 정치국은 매월 1회 회의를 개최했고, 회의 때마다 한두 건의 안건을 처리했다. 비공개 안건은 통계를 작성할 수 없어 제외했는데, 이를 포함하면 처리한 안건 수는 약간 증가할 것이다. 반면 중앙 개혁 영도소조는 매월 1회 회의를 개최했고, 회의 때마다 평균 6.4건의 안건을 처리했다. 정치국과 개혁 영도소조의 회의 개최 수는 같은데, 문제는 공개된 안건을 기준으로 했을 때, 개혁 영도소조가 처리한 안건이 정치국이 처리한 안건보다 더욱 광범위하고 수적으로도 여섯 배나 많다는 점이다.

이런 사실은 정치국이 심의해야 하는 안건을 개혁 영도소조가 대신하거나, 개혁 영도소조가 이런 안건을 심의하면 정치국은 절차에 따라 그것을 그냥 추인(비준)할 가능성이 크다는 점을 보여준다. 말 그대로 정치국과 정치국 상무위원회가 아니라 영도소조가 정치를 주도하는 '영도소조 정치' 혹은 '소조치국(小組治國: 영도소조의 국가통치)'이 등장한 것이다.[29] 물론 이런 문제는 장쩌민 시기에도 나타났던 현상으로 시진핑 시기만의 특징이라고 할 수는 없다. 다만 그 정도가 시진핑 시기에 들어와서 더욱 심해진 것은 분명한 사실이다.

5. 외교 정책 결정 구조와 영도소조의 사례

지금까지는 공산당 영도소조 자체에만 초점을 맞추어 설명했다. 이를 통해서도 우리는 영도소조를 충분히 이해할 수 있었을 것이다. 그러나 독자들의 이해를 돕기 위해 외교 분야를 사례로 입체적인 방식으로 영도소조와 다른 기구 간의 관계를 살펴보려고 한다. 〈그림 2-3〉은 이를 정리한 것이다. 외사 계통의 정책 결정 및 집행 체계는 크게 네 개의 층위로 구성된다. 이는 조직, 선전, 정법 등 다른 계통에도 그대로 적용된다.

첫 번째 층위는 공산당 중앙, 즉 정치국 상무위원회와 정치국이다. 외교 정책은 공산당 중앙이 최종적으로 결정한다. 군사 영도기관으로 중앙군위가 있지만, 중앙군위가 공산당 중앙을 대신해서 중요한 외교 안보 정책을 결정할 수는 없다. 마오쩌둥 시대(1949~1976년)와 덩샤오핑 시대(1978~1992년)에는 마오와 덩이 외교 정책을 거의 독점적으로 결정했다. 따라서 이때의 최고 정책 결정권자는 정치국이나 정치국 상무위원회가 아니라 마오와 덩이라고 해야 한다. 그러나 덩샤오핑 이후 시대에는 그렇지 않다.

두 번째 층위는 영도소조다. 〈그림 2-3〉은 외교 정책과 관련된 영도소조를 정리한 것이다. 중요한 순서대로 말하면, 중앙 국가안전위원회(國安委/국안위), 외사공작위원회(外事委/외사위), 대만공작영도소조(對臺工作領導小組/대만영도소조), 홍콩·마카오공작 조정소조(協調小組)(홍콩·마카오소조)가 그것이다. 참고로 대만공작 영도소조와 홍콩·마카오공작 조정소조는 통전 계통에도 속한다. 그러나 이것이 전부가 아니다. 만약 여기에 군사 안보와 관련된 영도소조를 더한다면 관련 영도소조는 더욱 많아진다. 이는 뒤에서 다시 살펴볼 것이다.

세 번째 층위는 외교 정책을 집행하는 공산당, 국가기관, 인민해방군의 중앙 실무기구다. 공산당 중앙에는 대외연락부·선전부·

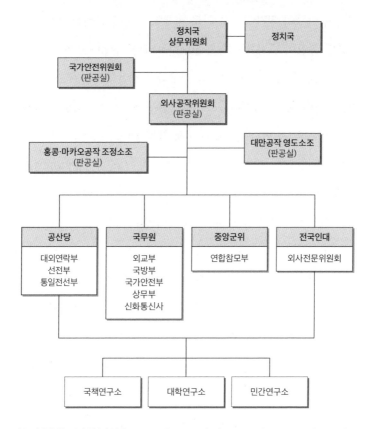

〈그림 2-3〉 중국 외교 안보 정책의 결정 및 집행 구조

정치국
상무위원회

정치국

국가안전위원회
(판공실)

외사공작위원회
(판공실)

홍콩·마카오공작 조정소조
(판공실)

대만공작 영도소조
(판공실)

공산당	국무원	중앙군위	전국인대
대외연락부 선전부 통일전선부	외교부 국방부 국가안전부 상무부 신화통신사	연합참모부	외사전문위원회

국책연구소

대학연구소

민간연구소

자료: 다음을 참고하여 필자가 작성. Lu Ning, *The Dynamics of Foreign-Policy Decisonmaking in China* (Second Edition) (Boulder: Westbiew Press, 2000). p. 197; Michael D. Swaine, *The Role of the Chinese Military in National Security Policymaking* (Santa Monica: RAND, 1996), p. 23; Hongyi Lai, *The Domestic Sources of China's Foreign Policy: Regimes, Leadership, Priorities, and Process* (London and New York: Routledge, 2010), p. 135.

통일전선부, 국무원에는 외교부·국방부·국가안전부·상무부·재
정부·국가발전개혁위원회·신화통신사, 중앙군위(인민해방군)에는

연합참모부, 전국인대에는 외사 전문위원회가 있다. 이외에도 다양한 부서들이 직간접으로 외교 정책의 집행에 관여한다. 이들은 공산당 중앙이 결정한 정책을 집행하는 핵심 부서다.

네 번째 층위는 외교 정책을 연구하고 제안하는 연구기관이다. 이는 국책연구소, 대학연구소, 민간연구소 등 세 가지로 나눌 수 있다. 이 중에서 민간연구소는 현재 거의 없다고 보아도 무방하다. 전에는 활동하는 민간연구소가 있었는데, 시진핑 시기(2012년~현재)에 들어서는 대부분 활동을 중단했기 때문이다. 따라서 외교 정책의 연구와 제안은 국책연구소와 대학연구소가 주도한다.

(1) 공산당 중앙: 정치국 상무위원회와 정치국

정치국 상무위원회와 정치국은 공산당 당대회와 중앙위원회를 대신하여 일상적으로 '당 중앙'의 역할을 맡는 사실상의 최고 권력 기관이다. 이 두 기관 중에서 정치국 상무위원회가 더 중요하다. 정치국은 매월 1회 모이는 데 비해 정치국 상무위원회는 매주 1회, 혹은 일이 있으면 수시로 모여서 정책을 결정하기 때문이다.

│ 정치국: 중요한 외교 문제 결정

기본적으로 공산당 정치국은 군사 충돌을 포함한 전쟁과 평화 문제, 외교 정책의 근본적인 조정이나 변경 등 매우 중요하고 전략적인 외교 방침과 정책을 결정한다. 그 외에 일상적인 외교 정책이나 긴급 돌발 사안은 정치국 상무위원회가 결정한다. 그래서 정치국 상무위원회가 외교 정책 결정에서는 더 중요하다고 말하는 것이다.[30]

그러나 정책의 중요도에 따라 긴급 돌발 사안이라도 공산당 정치국 상무위원회가 아니라 정치국이 직접 결정하는 경우가 있다. 예를 들어, 1999년 5월 8일에 동유럽 세르비아의 수도인 베오그라드(Belgrade)에서 중국 대사관이 미군이 발사한 미사일 공격을 받아 수많은 사상자가 발생한 사건이 있었다. 이때 정치국 상무위원회가 아니라 정치국이 소집되어 이 문제를 처리했다. 일반적으로 대사관은 자국 영토로 인정되기 때문에, 대사관이 공격을 받았다는 것은 곧 자국 영토가 공격을 받았다는 것을 의미한다.

사건 직후 미군은 오발 사고임을 발표하고 중국에 사과했다. 대사관 피폭 사건은 돌발 사안이지만 너무 중대한 문제라서 정치국 상무위원회가 아니라 정치국이 논의해야만 했다. 그래서 장쩌민 총서기는 정치국 긴급회의를 소집해서 중국의 대응 방안을 논의했다. 이후 장쩌민은 다시 중앙군위 주석의 신분으로 중앙군위 상무부주석에게 중앙군위 긴급회의 소집을 지시했다. 이후 중앙군위 긴급회의가 소집되었고, 이를 이어 중앙군위 상무회의가 소집되어 중국의 군사 대응 방안을 논의했다.[31]

| 정치국 상무위원회: 일상적인 외교 문제 결정

그러나 중국의 국가이익 측면에서 중대하지 않은 돌발 사안은 대부분 정치국 상무위원회가 소집되어 정책을 결정한다. 예를 들어, 2001년 9월 11일에 미국의 워싱턴과 뉴욕에서 테러리스트에 의해 납치된 민간 항공기가 국방부 건물(펜타곤)과 쌍둥이 무역빌딩을 공격하는 사건, 일명 '9·11 테러 사건'이 발생했을 때가 그랬다.

이 사건에 대해 중국은 즉각 입장을 발표해야 하는지, 만약 발표해야 한다면 어떤 내용으로 발표해야 하는지를 결정하기 위해 장쩌민이 정치국 상무위원회를 소집했다. 당시 중국의 선택지는 세 가지였다. 첫째, 냉정히 관찰하지만, 분명하고 즉각적인 입장은 발표하지 않는다. 둘째, 미국 등 관련국의 반응과 행동을 지켜본 후에 입장을 발표한다. 셋째, 즉시 테러 행위를 비난하고 미국에 깊은 애도의 뜻을 표시한다. 정치국 상무위원회는 논의 후에 세 번째 방안을 결정했다. 이 결정에 따라 장쩌민은 베이징시 시간으로 9월 12일 새벽 1시 47분에 부시 대통령에게 직접 전화를 걸어 테러 행위를 비난하고, 미국 정부와 국민에게 깊은 애도의 뜻을 전달했다.[32]

정치국 상무위원회와 정치국이 외교 정책을 결정할 때는 당연히 중앙 외사공작위원회(외사위) 같은 영도소조, 군사 문제의 경우는 중앙군위가 사전에 준비한 정책 초안에 근거하여 정책을 심의한다.[33] 공산당 총서기와 국무원 총리가 중앙 외사위의 조장과 부조장으로 참여하여 정책 초안을 준비한 것이기 때문에, 특별한 경우가 아니면 외사위가 제안한 정책은 정치국 상무위원회에서 거의 그대로 통과한다. 군사 정책도 마찬가지로 중앙군위가 사전에 준비하여 제안한 정책이 거의 그대로 채택된다. 단 군사 정책이라도 중앙군위가 독자적으로 결정할 수는 없고, 반드시 정치국 상무위원회의 심의와 결정을 거쳐야 한다.[34]

이상을 정리하면, 외교 정책과 관련하여 공산당 중앙, 즉 정치국 상무위원회와 정치국의 역할은 다음과 같다. 첫째, 외교 정책의 기본 방침과 정책을 결정한다. 둘째, 외국과의 갈등(군사 충돌 포함)을 일으킬 가능성이 있는 군사작전을 승인한다. 셋째, 아시아와 같은 주요 지역의 정책, 미국·러시아·일본 등 중요 국가의 정책을 결정한다. 넷째, 미국과 일본 등 중요 국가의 정책을 집행하는 과정에서 발생하는 중요한 문제를 결정한다. 다섯째, 중국의 외교 관계에 중대한 영향을 미칠 수 있는 민감한 지역이나 국가에 대한 방침과 정책, 주요 쟁점 문제(issues)에 대한 방침과 정책을 결정한다. 예를 들어, 북한과 인도 등 주요 주변 국가와 관련된 문제는 공산당 중앙이 직접 결정한다.[35]

| 총서기: 외교 업무 분담

그렇다면 공산당 총서기와 같은 최고 지도자의 역할은 없는가? 그렇지 않다. 현재 시진핑 총서기는 동시에 중앙군위 주석과 국가 주석을 겸직하고 있다. 소위 '삼위일체(三位一體)'의 지위에 있다는 것이다. 이런 지위에 걸맞게 정치국 상무위원 중에서 총서기는 공산당을 대표할 뿐만 아니라, 외교와 안보 업무를 분담(分工)하고 있다. 또한 위에서 살펴보았듯이, 시진핑은 최소한 10개의 영도소조 조장을 겸직하고 있다. 이런 이유로 총서기는 외교와 군사 안보 정책 결정에서 다른 그 누구보다 중요한 역할을 맡는다.[36]

다만 덩샤오핑 이후 시기의 총서기, 즉 장쩌민, 후진타오, 시진핑은 마오쩌둥이나 덩샤오핑처럼 단독으로 외교 안보 정책을 결정할 수 없다. 즉 총서기도 정치국 상무위원회의 일원으로서 외교 안보 정책에 영향력을 행사하는 것이지, 단독으로 그런 정책을 결정하는 것은 아니다. 이것이 마오 및 덩과 다른 덩 이후 시기의 총서기가 가지는 한계다. 시진핑도 예외는 아니다.

(2) '외사(外事) 계통'의 영도소조

다음 층위는 영도소조다. 외교와 군사 안보는 밀접히 관련되어 있다. 따라서 〈그림 2-3〉에 있는 영도소조만이 외교 정책의 결정에 관여하는 것은 아니다. 만약 여기에 군사 안보와 관련된 영도소조를 더한다면 그 종류는 더욱 많아진다. 〈표 2-27〉은 이를 정리한 것이다. 여기서는 이 중에서 '외사 계통'의 영도소조를 중심으로 살펴보도록 하자.

〈표 2-27〉외교 안보와 관련된 중앙 영도소조

구분	영도소조	주요 임무
종합	국가안전위원회	국내외 안전과 외교 정책 총괄 담당
외교 계통	외사공작위원회	외교 정책
	대만공작 영도소조	대만 정책
	홍콩·마카오공작 조정소조	홍콩과 마카오 정책
안보 계통	재경위원회	대외 경제정책(무역협정, 공적개발원조 등)
	신장(新疆)공작 조정소조	신장 정책(국내 안전)
	티베트(西藏)공작 조정소조	티베트 정책(국내 안전)
	사이버안전과 정보화위원회	국내외 사이버 안보 정책
	'일대일로' 건설추진공작 영도소조	'일대일로' 정책
	안정유지공작 영도소조	국내 사회정치 안정 정책
	전면심화 개혁위원회	개혁 관련 모든 정책(외교 안보 포함)
	심화 국방군대개혁 영도소조	군 개혁 정책
	중앙 군민(軍民)융합발전위원회	군민 과학기술 발전 정책

자료: 다음을 참고하여 필자가 정리. Wen-Hsuan Tsai and Wang Zhou, "Integrated Fragmentation and the Role of Leading Small Groups in Chinese Politics", *China Journal*, No. 82 (July 2019), pp. 17-18; Weixing Hu, "Xi Jinping's 'Big Power Diplomacy' and China's Central National Security Commission (CNSS)", *Journal of Contemporary China*, Vol. 25, No. 98 (March 2016), p. 170; Hongyi Lai, *The Domestic Sources of China's Foreign Policy: Regimes, Leadership, Priorities, and Process* (London and New York: Routledge, 2010), pp. 139-141.

| 영도소조에서 주의할 점

그런데 여기서 주의할 점이 있다. 앞에서도 강조했지만, 우리가 지금 살펴보는 각 영도소조의 구성원은 공산당이나 중국 정부가 공식적으로 발표한 명단이 아니다. 따라서 각 영도소조의 구성원 명단에 오류가 있을 수 있다. 실제로 각 영도소조의 구성원에 대해서는 학자나 관계 기관마다 조금씩 다르다. 특히 대만공작 영도소조처럼 대만 정책을 결정하는 기구에 대해 매우 민감하게 생각하는 대만학계나 관련 기관에서 발표하는 자료도 조금씩 다르다.[37]

그중에서도 공산당 중앙 재경 영도소조(현재는 재경위원회)의 조장에 대해서는 적지 않은 국내외 중국 전문가조차 잘못된 견해를 갖고 있다. 예를 들어, 장쩌민 시기와 후진타오 시기에는 재경 영도소조 조장을 국무원 총리인 주룽지(朱鎔基)와 원자바오(溫家寶)가 맡았다고 보는 것이 대표적이다. 이를 근거로 시진핑 시기에 들어 총리(리커창)가 아니라 총서기(시진핑)가 재경위원회 주임을 맡았고, 이것이 시진핑의 권력이 강화되었다는 하나의 중요한 근거로 제시되었다. 즉 시진핑 총서기가 리커창 총리의 경제 관련 권한을 빼앗았다는 것이다.[38]

그러나 공산당 중앙 재경 영도소조 조장은 1987년에 자오쯔양(趙紫陽)이 총리에서 총서기로 자리를 옮기면서 총서기가 맡은 이후로 현재까지 계속 총서기가 맡아왔다. 당시는 임시방편의 성격이 강했다. 즉 국무원 총리에 임명된 리펑이 경제 문제를 잘 몰랐던 것에 비해 자오는 경제 문제를 잘 알았기 때문에, 총서기가 된 이후에도 자오에게 재경 영도소조 조장을 맡긴 것이다. 한편 이는 정치국 상무위원 간의 업무 조정을 다시 한 결과이기도 하다. 총서기의 중요한 임무 중 하나가 '개혁·개방의 총괄 지도'이고, 재정과 경제

(재경) 업무는 이런 개혁·개방 정책과 밀접히 관련되기 때문이다.[39] 이처럼 영도소조의 조장과 성원에 대해서는 중국 전문가조차 틀릴 수 있다는 점을 인정하고 명단을 봐야 한다.

| 중앙 국가안전위원회(국안위)

공산당 중앙 국가안전위원회(國安委/국안위)는 국내외 국가안보를 총괄 조정하고 지도하는 역할을 담당한다. 국안위의 설립 문제는 1997년 무렵부터 논의되었다. 미국 방문 이후에 장쩌민이 이 조직의 설립 필요성을 강력하게 제기한 것이다. 그러나 다른 정치국 상무위원들이 장쩌민으로 권력이 집중될 것을 우려하여 설립을 반대했다. 결국 타협이 이루어져서 2000년에 '국가안전 영도소조'가 설립되었다. 그러나 국가안전 영도소조는 외사공작 영도소조와 함께 운영되고, 영도소조 판공실도 공동으로 사용했다. 모양새는 장쩌민의 주장이 수용된 것처럼 보이지만, 실제 내용을 보면 외사공작 영도소조의 임무가 추가되는 형태로 끝났다.

시진핑 정부가 들어선 다음 해인 2013년 봄부터 국안위 설립 논의가 다시 시작되었다. 직접 배경은, 외교 안보 정책의 결정 및 집행과 관련하여 중앙의 당정기관 사이뿐만 아니라, 중앙정부와 지방정부 사이에서도 다른 목소리가 나오는 문제를 해결해야만 했던 사실이다. 즉 외교 안보 정책의 결정과 집행 과정에서 조정 부재(不在) 문제가 심각했다. 간접 배경은, 중국의 국력이 증강되고, 국제적 지위가 높아지면서 당면한 외교 안보 과제가 더욱 복잡해지고 광범위하게 변했다는 사실이다. 특히 시진핑은 집권 초기부터 외교 문제 대응을 국내 문제 대응 못지않게 중시했다. 그 결과 기존 기구로는 이런 과제에 제대로 대응할 수 없다는 주장이 설득력을 얻었다.[40]

국안위는 2013년 공산당 18기 중앙위원회 3차 전체회의(18기 3중전회)에서 설립이 결정되고, 2014년 1월의 정치국 회의에서 조직 구성이 완료되었다. 이에 따르면, 주석은 시진핑 총서기가 맡고, 부주석은 리커창 총리와 장더장(張德江) 전국인대 위원장이 맡았다. 이를 보면 공산당(시진핑), 정부(리커창), 의회(장더장)의 책임자이면서 동시에 공산당 서열 1·2·3위인 최고 지도자가 지도부를 구성했다.

국안위의 책임자는 '주임(主任)'이나 '조장(組長)'이 아니라 '주석(主席)'이라고 부른다. 이는 이 기구가 일반 영도소조보다 지위가 높을 뿐만 아니라, 활동도 일상적임을 보여준다. 또한 약간 명의 상무위원과 위원을 둔다고 했는데, 구체적인 명단은 공개되지 않았다.[41] 특히 실무를 총괄할 비서장(秘書長)이 중요한데, 당시 공산당 중앙판공청 주임(현재는 전국인대 위원장 겸 정치국 상무위원)인 리잔수(栗戰書)가 맡은 것으로 알려졌다.[42]

〈표 2–28〉은 2017년 2월 17일에 개최된 국가안전공작 좌담회에 참석한 사람을 기준으로 작성된 명단이다. 이를 통해 우리는 국안위의 구성원이 누구인가를 엿볼 수 있다. 이 표를 볼 때는 사람보

〈표 2-28〉 공산당 국가안전위원회의 구성 사례(2017년)

직책	이름	소속
주석	시진핑(習近平)	공산당 총서기, 국가 주석, 중앙군위 주석
부주석	리커창(李克强)	정치국 상무위원, 국무원 총리
	장더장(張德江)	정치국 상무위원, 전국인대 위원장
상무위원	왕후닝(王滬寧)	정치국원, 중앙정책연구실 주임
	류치바오(劉奇葆)	정치국원, 서기처 서기, 중앙 선전부 부장
	쑨정차이(孫政才)	정치국원, 충칭시 당서기
	판창룽(范長龍)	정치국원, 중앙군위 부주석
	멍젠주(孟建柱)	정치국원, 중앙정법위원회 서기
	후춘화(胡春華)	정치국원, 광둥성 당서기
	리잔수(栗戰書)	정치국원, 서기처 서기, 중앙판공청 주임
	궈진룽(郭金龍)	정치국원, 베이징시 당서기
	한정(韓正)	정치국원, 상하이시 당서기
	양징(楊晶)	서기처 서기, 국무원 국무위원, 판공청 비서장
	궈성쿤(郭聲琨)	국무원 국무위원, 공안부 부장, 정법위원회 부서기
	장예수이(張業遂)	국무원 외교부 부부장
	양제츠(楊潔篪)	국무원 국무위원, 중앙 외사공작판공실 주임
	저우샤오촨(周小川)	전국정협 부주석, 인민은행 행장
	팡펑후이(房峰輝)	중앙군위 위원, 연합참모부 참모장
	장양(張陽)	중앙군위 위원, 정치공작부 주임
	자오커스(趙克石)	중앙군위 위원, 후근보장부 부장
	장유샤(張又俠)	중앙군위 위원. 장비발전부 부장
위원	미상	미상

자료: 「中央國家安全委員會」, <維基百科>, zh.wikipedia.org (검색일: 2021. 6. 28): Wen-Hsuan Tsai and Wang Zhou, "Integrated Fragmentation and the Role of Leading Small Groups in Chinese Politics", *China Journal*, No. 82 (July 2019), pp. 18-19; You Ji, "China's National Security Commission: Theory, Evolution and Operations", *Journal of Contemporary China*, Vol. 25, No. 98 (March 2016), p. 194.

다 그 사람이 소속된 기관과 부서에 주목할 필요가 있다. 주석과 부주석은 앞에서 말한 그대로 총서기와 총리 및 전국인대 위원장이 맡았다. 상무위원은 공산당 정치국원, 서기처 서기, 국무원 국무위원, 중앙군위 위원으로 구성되었다. 이는 국안위 상무위원의 정치적 지위가 매우 높다는 사실을 보여준다. 위원의 명단은 공개되지 않았는데, 당·정·군의 부서 책임자(장관급)로 구성되었을 가능성이 크다.[43]

국안위의 성격에 대해 정치국 회의는 "국가안전 업무의 정책 결정 및 의사 조정 기구"라고 규정했다. 즉 국안위는 영도소조다. 또한 국안위의 임무는 "국가안전과 관련된 중대 사항과 중요 업무를 종합 조정"하는 것이다. 즉 주요 임무는 정책 및 업무 조정이다. 마지막으로 국안위는 국가기구가 아니라 공산당 조직으로, 정치국과 정치국 상무위원회의 하부 기관이다. 그래서 조직 구성, 활동 계획, 예산과 관련하여 국가 권력기관인 전국인대의 비준을 받거나 감독을 받아야 할 의무가 없다.[44]

국안위가 담당하는 '국가안전'은 전통 안보뿐만 아니라 비전통 안보, 예를 들어 사이버 안보, 환경보호, 질병 통제, 에너지 확보, 식량 확보, 경제 안보 등이 포함된다. 또한 '국가안전'에는 대외 안보뿐만 아니라 국내 안보도 포함된다. 테러와 폭동, 소수민족 지역의 소요, 파룬궁(法輪功)이나 불법 종교 조직의 활동에 대한 대응이 이에 해당한다.[45] '국가안전' 중에서 핵심은 공산당 영도 체제를 굳건히 지키는 일이다. 이런 점에서 국안위는 외교 안보 정책의 조정만을 담당하는 한국과 미국의 국가안전보장회의(NSC)보다 포괄적인 임무를 맡고 있다.

| 중앙 외사공작위원회와 외사공작판공실

〈표 2-29〉, 〈표 2-30〉, 〈표 2-31〉은 외교 정책을 결정하는 데 직접적으로 관여하는 세 가지 영도소조, 즉 중앙 외사공작위원회, 대만공작 영도소조, 홍콩·마카오공작 조정소조의 구성 사례를 보여준다.

먼저 〈표 2-29〉에 따르면, 중앙 외사공작위원회 주임은 총서기, 부주임은 총리가 맡는다. 장쩌민 집권 1기(1992~1997년)에는 총리인 리펑(李鵬)이 조장을 맡기도 했지만, 1998년에 리펑이 전국인대 위원장으로 자리를 옮긴 다음부터는 총서기가 조장을 맡는다. 위원은 외교 정책의 집행을 담당하는 당·정·군의 중요한 부서 책임자가 맡는다. 공산당에서는 선전부와 대외연락부, 국무원에서는 외교부·상무부·국가안전부·공안부·각종 판공실(대만, 홍콩·마카오, 화교, 신문), 군에서는 중앙군위 위원(국무원 국방부장 겸직)이 그들이다. 이외에도 왕치산 국가 부주석, 중앙 외사공작판공실 주임인 양제츠가 구성원으로 참여한다.

이 중에서 양제츠가 담당하는 중앙 외사공작판공실(外事工作辦公室), 줄여서 외사판공실(外事辦公室)은 매우 중요하다. 공산당

〈표 2-29〉 공산당 중앙 외사공작위원회의 구성 사례(2018년)

직책	이름	소속
주임	시진핑(習近平)	공산당 총서기, 국가 주석, 중앙군위 주석
부주임	리커창(李克强)	정치국 상무위원, 국무원 총리
위원	왕치산(王岐山)	국가 부주석
	양제츠(楊潔篪)	정치국원, 외사공작위원회 판공실 주임
	황쿤밍(黃坤明)	정치국원, 중앙 선전부 부장
	왕이(王毅)	국무원 국무위원, 외교부 부장
	웨이펑허(魏鳳和)	중앙군사위원회 위원, 국무위원, 국방부 부장
	자오커즈(趙克志)	국무원 국무위원, 공안부 부장
	쑹타오(宋濤)	공산당 중앙 대외연락부 부장
	천원칭(陳文清)	국무원 국가안전부 부장
	왕원타오(王文濤)	국무원 상무부 부장
	류제이(劉結一)	국무원 대만 사무판공실 주임
	샤바오룽(夏寶龍)	국무원 홍콩·마카오 사무판공실 주임
	쉬린(徐麟)	중앙 대외선전판공실, 국무원 신문판공실 주임
	판웨(潘岳)	국무원 화교 사무판공실 주임

자료: 「中央外事工作委員會」, 〈維基百科〉, zh.wikipedia.org (검색일: 2021. 6. 28).

중앙에서 외교 '실무'를 총괄 지도하는 업무를 담당하기 때문이다.
이 기구는 원래 1981년에 국무원 외사판공실(Foreign Affairs Office/
FAO)로 시작했다. 그해에 혁명원로인 리셴녠(李先念)이 외교 업무를
총괄하는 정치국 상무위원에 선임되었다. 문제는 그가 경제전문가

로서 외교에 대해 아는 것이 별로 없는 데다가, 정부 내에서 어떤 직위(직책)도 맡고 있지 않다는 사실이다. 이런 문제를 해결하기 위해 중앙 외사공작 영도소조가 신설되어 리셴녠이 조장을 맡고, 그를 보좌하는 외교 실무 부서로서 국무원 외사판공실이 설치되었다. 이때 외사판공실 주임은 차관급으로, 정통 외교 관료 출신자가 맡았다. 따라서 이때의 외사판공실 주임(차관급)은 국무원 외교부 부장(장관급)보다 지위가 낮았다.

그런데 장쩌민과 후진타오 시기에 들어 공산당 내에서 외교 업무의 중요성이 인정되면서 외사판공실의 지위도 동시에 높아지기 시작했다. 먼저 장쩌민은 1998년에 외사판공실의 소속을 '국무원'에서 '공산당 중앙'으로 변경했다. 이는 장쩌민이 그해부터 리펑을 대신해서 공산당 중앙 외사공작 영도소조 조장을 맡으면서 외교 업무에 대해 공산당 중앙(구체적으로는 자신)의 통제를 강화하려는 의도에서 취해진 조치였다.

이어서 후진타오는 2002~2003년 무렵에 중앙 외사판공실 주임에 공산당 중앙 대외연락부 부장 출신인 다이빙궈(戴秉國)를 임명함으로써 주임의 지위를 장관급으로 높였다. 이로써 외사판공실은 행정 직급 면에서 외교부와 동급의 기관이 되었다. 다시 2007년에는 다이빙궈가 국무원 국무위원(부총리급)에 선임됨으로써 처음으로 외사판공실 주임이 외교부 부장보다 지위가 높아졌다.

시진핑 시기에 들어서도 중앙 외사판공실의 지위와 역할은 계속 강화되었다. 시진핑은, 중국 외교가 이제는 국력에 맞게 상향 조정되어야 한다고 주장했다. 2016년 무렵에 '대외교(大外交, greater diplomacy)' 혹은 '대외사(大外事, greater foreign affairs)' 방침을 제기한 것이 이를 상징적으로 보여준다. 이에 따르면, 중국 외교는 이제 당당히 세계의 중심 무대에서 국가 이익을 확대하는 활동에 매진해야 한다. 또한 이런 '대외교' 방침을 힘 있게 추진하기 위해서는 외교 업무를 전문 외교 관료에게만 맡겨놓아서는 안 된다.

이런 방침을 실현하기 위해 시진핑은 2017년에 외사판공실 주임인 양제츠를 정치국원에 선임했다. 이를 이어 2019년에는 "외교 대권(大權)은 (공산당) 중앙에 있고, 당이 전체 외교 업무를 총괄한다"라는 방침을 다시 천명했다. 이렇게 되면서 외사판공실은 공산당 중앙을 대신하여 외교 실무 업무를 총괄하는 핵심 부서로 활동할 수 있게 되었다.[46] 이에 비해 국무원 외교부는 외사판공실의 지도를 받는 실무 부서에 불과하다. 외교부 부장도 현재는 국무위원으로 일반적인 부장보다는 한 등급 높아졌지만, 정치국원인 외사판공실 주임과 비교하면 한 단계 낮은 등급이다.

| 대만공작 영도소조와 홍콩·마카오공작 조정소조

〈표 2-30〉에 따르면, 현재 중앙 대만공작 영도소조 조장은 총서기인 시진핑, 부조장은 전국정협 주석인 왕양이 맡고 있다. 성원은 대만 업무를 담당하는 당·정·군 부서의 책임자로 구성된다. 이는

〈표 2-30〉 공산당 중앙 대만공작 영도소조의 구성 사례(2008년)

직책	이름	소속
조장	시진핑(習近平)	공산당 총서기, 국가 주석, 중앙군위 주석
부조장	왕양(汪洋)	정치국 상무위원, 전국정협 주석
성원	류허(劉鶴)	정치국원, 국무원 부총리
	딩쉐샹(丁薛祥)	정치국원, 서기처 서기, 중앙 판공청 주임
	황쿤밍(黃坤明)	정치국원, 서기처 서기, 중앙 선전부 부장
	쉬치량(許其亮)	정치국원, 중앙군위 부주석
	왕이(王毅)	국무원 국무위원, 외교부 부장
	양제츠(楊潔篪)	정치국원, 중앙 외사공작위원회 판공실 주임
	유취안(尤權)	공산당 중앙 통전부 부장
	류제이(劉結一)	중앙(국무원) 대만공작판공실 주임
	중산(鐘山)	국무원 상무부 부장
	천원칭(陳文淸)	국무원 국가안전부 부장

자료: 「中央對臺工作領導小組」, <維基百科>, zh.wikipedia.org (검색일: 2021. 6. 28).

중앙 외사공작위원회의 구성 방법과 같다. 공산당에서는 중앙 판공청·선전부·통전부, 국무원에서는 부총리·외교부·상무부·국가안전부·대만판공실, 군에서는 중앙군위 부주석이 구성원으로 참여한다. 중앙 외사판공실 주임인 양제츠는 여기에도 참여한다.

마지막으로 〈표 2-31〉은 중앙 홍콩·마카오공작 조정소조의 구성 상황을 보여준다. 조장은 공산당 총서기인 시진핑이 아니라 정치국 상무위원이면서 국무원 상무 부총리인 한정이 맡고 있다. 이

〈표 2-31〉 공산당 중앙 홍콩·마카오공작 조정소조의 구성 사례(2018년)

직책	이름	소속
조장	한정(韓正)	정치국 상무위원, 국무원 부총리
부조장	자오커즈(趙克志)	중앙위원, 정법위원회 부서기, 국무원 공안부 부장
	샤바오룽(夏寶龍)	전국정협 부주석, 홍콩·마카오 판공실 주임
성원	리시(李希)	정치국원, 광둥성 당서기
	양제츠(楊潔篪)	정치국원, 외사공작위원회 판공실 주임
	유취안(尤權)	공산당 서기처 서기, 통전부 부장
	왕이(王毅)	중앙위원, 국무원 국무위원, 외교부 부장
	장샤오밍(張曉明)	중앙위원, 홍콩·마카오 판공실 부주임
	뤄후이닝(駱惠寧)	중앙위원, 홍콩·마카오 판공실 부주임, 홍콩연락판공실 주임
	푸쯔잉(傅自應)	후보위원, 홍콩·마카오 판공실 부주임, 마카오연락판공실 주임
	마싱루이(馬興瑞)	중앙위원, 광둥성 성장

자료: 「中央港澳工作領導小組」, 〈維基百科〉, zh.wikipedia.org (검색일: 2021. 6. 28).

는 이 조정소조가 외사공작위원회나 대만공작 영도소조보다는 정치적 지위가 조금 낮다는 사실을 보여준다.

영도소조 부조장은 두 명으로, 국무원 공안부 부장과 홍콩·마카오 판공실 주임이 맡고 있다. 공안부 부장이 부조장을 맡는다는 것은 중화권 언론매체의 보도에 근거한 것으로 확실하지는 않다. 만약 이것이 사실이라면 2019년과 2020년 홍콩에서 발생한 민주화 시위 때문에 공안부 부장을 일반 성원에서 부조장으로 상향 조정한 것으로 볼 수 있다. 실제로 시위 기간에 공안부 부장은 광둥성에 상주하다시피 하면서 홍콩의 시위 진압을 지휘한 것으로 알려졌다.

영도소조 성원은 홍콩·마카오 업무와 관련된 책임자로 구성되었다. 공산당에서는 통일전선부 부장, 국무원에서는 외교부 부장과 관련 판공실 주임이 참여한다. 양제츠는 공산당 중앙의 외교 실무 총괄 책임자로서 여기에도 참여한다. 특이한 점은 홍콩과 지리적으로 연결된 광둥성 당서기와 성장이 성원으로 참여한다는 점이다. 이는 두 지역이 경제적인 면뿐만이 아니라, 사회 정치적인 면에서도 밀접히 연결되어 있기 때문이다.

(3) 당·정·군의 외교 집행 부서

각종 영도소조 산하에는 공산당·정부·군의 중앙 부서가 포진해 있다. 공산당 중앙이 외교 정책을 결정하는 기관이고, 영도소조가 이를 조정 및 감독하는 기관이라면, 이들 중앙 부서는 외교 정책을 집행하는 실무기구다.

1990년대 이후 중국 외교 정책의 결정과 집행에서는 두 가지 특징이 나타났다. 첫째, 외교 정책을 집행하는 행위자가 다양해졌다. 둘째, 다양한 행위자가 활동할 수 있는 외교 공간이 전보다 더욱 확대되었다. 이런 두 가지 특징은 마오쩌둥 시대와 덩샤오핑 시대에는 없었던 새로운 현상이다. 이를 초래한 요소는 1990년대 이후에 나타난 '사화(四化)', 즉 네 가지 변화다. 첫째는 전문화 (professionalization), 둘째는 다원화(corporate pluralization), 셋째는 분권화(decentralization), 넷째는 세계화(globalization)가 그것이다.[47]

| 외교의 전문화와 분권화 심화

외교의 전문화는 국무원 외교부뿐만 아니라 다른 부서의 변화도 가리키는 현상이다. 중국 외교는, 1980년대까지는 미국과 러시아를 중심으로 하는 '강대국 외교', 군사와 안보를 중심으로 하는 '정치 외교'를 벗어나지 못했다. 당시는 아직 미국과 소련을 중심으로 하는 냉전 체제가 지속되었고, 중국의 개혁·개방도 아직 초기 단계에 머물러 있었기 때문에 외교에서 이런 현상이 나타난 것으로 볼 수 있다.

그런데 1990년대에는 상황이 변화하기 시작했다. 먼저 아시아·아프리카·라틴아메리카의 개발도상국도 중시하는 '제3세계 외교'가 전보다 더욱 강화되었다. 아시아 지역을 대상으로 하는 '주변국 외교(지역 외교)'도 이때 등장했다. 또한 군사와 안보 중심의 정치 외교에서 경제와 문화도 중시하는 외교로 영역이 확장되었다. 즉 '경제외교'와 '문화외교'도 등장한 것이다. 여기에 유엔(UN)이나 동남아시아 국가연합(ASEAN) 등 다자기구에서의 활동도 증가하면서 '다자외교'도 중요한 외교 영역으로 등장했다. 이렇게 1990년대에 들어 외교 영역이 확대되고 활동이 증가하면서 이를 수행할 외교 전문 인력, 이를 담당하는 전문 부서와 기구도 증가했다.

그 밖에도 1990년대 이후에는 북한 핵 협상과 이란 핵 협상 같은 지역 분쟁, 기후변화와 환경보호 등 비전통 안보 분야, 석유와 천연자원 확보를 위한 에너지 및 자원 외교, 인권 외교와 공공 외교 등 다양한 새로운 외교 분야가 등장했다. 이에 따라 이를 담당하는 전문가와 기구도 역시 증가했다. 전체적으로 외교의 전문화가 더욱 깊어진 것이다.

| 국무원 외교부의 '주변화'와 실제 역할

외교의 다원화와 분권화는 또한 국무원 외교부 이외에 경제 관련 부서, 예를 들어 국무원 상무부·재정부·국가발전개혁위원회(發改委/발개위) 등의 대외 활동이 증가한 현상도 가리킨다. 동시에 중앙정부뿐만 아니라 각급 지방정부의 외교 활동도 전보다 훨씬 활발해진 현상을 가리킨다.

예를 들어, 국무원 상무부는 2001년 중국의 세계무역기구(WTO) 가입, 주요 국가 및 지역과의 자유무역협정(FTA) 체결 등을 주도하면서 경제 외교의 새로운 강자로 등장했다. 국무원 국가발전개혁위원회도 해외직접투자(FDI)와 공적개발원조(ODA)의 확대, '일대일로(一帶一路, Belt and Road Initiative)' 정책의 추진 등을 중심으로 역시 경제 외교에 적극적으로 참여하는 중요한 행위자가 되었다. 국무원 재정부도 국책은행의 투자자로서, 막대한 투자금을 무기로 해외직접투자(FDI) 방침이나 국제 경제 협력 체결과 관련하여 일정한 발언권을 행사했다.

이와 같은 외교의 다원화와 분권화는 전에 없었던 두 가지 현상을 불러왔다. 첫째, 외교 영역에서 정부 부서(부처)가 치열하게 상호 경쟁하는 현상이 나타났다. 외사공작위원회는 외교 정책의 작성과 집행 감독 과정에서 역할을 발휘하는 영도조직으로, 실무 차원에서 정책을 집행할 때는 중앙 각 부서의 역할이 중요하다. 이런 부서들이 각자의 조직 이익을 위해 활동하면서 이들 간의 이견과 대립을 조정하는 문제가 대두되었다. 또한 이들 부서는 각자가 획득한 정보를 공산당 중앙과 국무원에 직접 전달하면서 영향력을 확대하려는 '정보 경쟁'도 전개했다. 그러면서 외교 정보 수집과 분석이 분산되고, 수집한 정보를 효율적으로 활용하지 못하는 문제도 나타났다.[48] 사실 이는 정도의 차이는 있지만 전 세계 대부분 국가에서 보편적으로 나타나는 문제다.

둘째, 이런 과정에서 국무원 외교부가 주변으로 밀려나는 현상이 나타났다. 이는 역시 중국만이 아니라 미국을 제외한 전 세계 국가에서 보편적으로 나타나는 현상이기도 하다. 원래 중국에서 외교부는 선천적으로 공산당에 충성하는 성향이 강했다. 저우언라이(周恩來)가 총리 겸 외교부 부장으로 근무하면서 강조했던 '외교관 16자(字) 방침'은 이를 잘 보여준다. 이에 따르면, 외교관은 "정치 입장을 확고히 하고(站穩立場), 정책을 완전히 파악하며(掌握政

策), 실무에 능숙하고(熟悉業務), 기율을 엄격히 준수해야 한다(嚴守紀律)." 그 결과 외교관은 "군복을 입지 않은 해방군 전사(不穿軍裝的解放軍戰士)"가 되어야 한다.[49] 중국 외교관의 공격적이고 전투적인 외교 행태를 지칭하는 '전랑외교(戰狼外交: 늑대 전사 외교)'는 2017년 이후에 새롭게 등장한 것이 아니라 원래부터 내재해 있던 속성이 밖으로 드러난 것일 뿐이다.

또한 외교 전문화에 따라 외교관들이 주로 외국어를 습득하고 특정 분야의 전문 지식과 실무 능력을 기르는 데 주력하면서 기술 관료(technocrat)로서의 특징이 더욱 강화되었다. 그 결과 외교관들이 공산당과 국가의 전체 업무를 영도하는 정치가(politician)로 성장하여 공산당 중앙에 진입하는 일은 전보다 더욱 어려워졌다. 이는 곧 외교 정책을 정치 엘리트가 결정하고, 외교관은 이를 보좌하는 부수적인 역할에 머무는 결과를 초래했다. 최근에는 저우언라이나 천이(陳毅)같이 외교부 부장이면서 동시에 중앙 정치 지도자로 활동하는 큰 인물이 없다는 점이 이를 잘 보여준다.

동시에 이는 국무원 외교부가 공산당 중앙의 정책을 단순히 집행하는 기구로 전락하면서 지시를 받고 따라야만 하는 '시어머니'가 전보다 더욱 늘어났다는 사실을 뜻한다. 여기에 인터넷과 소셜 미디어(SNS)가 발전하면서 외교부를 비판하는 사회적 압력은 더욱 거세어졌다. 그 결과 외교부는 낮은 지위에서 위와 아래 모두로부터 압력을 받으면서 궂은일을 도맡아 처리하는 '천덕꾸러기 며느

리' 같은 존재가 되었다.[50]

그렇다고 외교 정책 집행에서 외교부가 수행하는 역할이 없거나 무시해도 좋다는 뜻은 결코 아니다. 외교부는 크게 세 가지의 중요한 역할을 맡는다. 첫째는 외교 정책의 해석과 구체화다. 공산당 중앙이 결정한 외교 노선과 방침은 대개 추상적이고 원론적이다. 외교부는 여기에 피와 살을 붙여 실행 가능한 정책으로 만들어 집행하는 역할을 담당한다. 따라서 외교부의 정확한 해석과 정책으로의 구체화 작업이 없다면 공산당 중앙의 외교 노선과 방침은 일선에서 집행되기 어렵다.

둘째는 외교 정책의 집행 과정에서 정책을 통제하는 역할이다. 민감한 외교 문제는 공산당 중앙이 결정한다. 그러나 국가별 세부 정책이나 영역별 세부 정책을 집행하는 과정에서 발생하는 문제는 외교부가 자체적으로 결정한다. 이를 통해 외교 정책이 공산당 중앙의 외교 노선과 방침에서 벗어나지 않도록 통제하는 역할을 담당한다.

셋째는 외교 정책과 관련된 정보 제공 역할이다. 외교부는 전 세계에 흩어져 있는 수많은 대사관과 영사관 등 자체 공관을 통해 각종 정보를 실시간으로 수집하고, 중요한 정보는 별도로 편집하여 공산당 중앙과 국무원 지도부에 전달한다.[51] 국무원 산하의 신화통신사도 비슷한 국제 정보 전달 역할을 담당한다.

| 공산당 대외연락부의 역할 축소

외교 정책의 집행 부서 중에서 지위와 역할이 가장 축소된 곳은 공산당 중앙 대외연락부다.[52] 대외연락부는 냉전 시대에는 공산권 국가와의 '공산당 대 공산당 외교'를 전담했던 부서였다. 그러면서 외교 영역에서 상당한 발언권을 행사할 수 있었다. 그런데 1980년대 말과 1990년대 초에 소련과 동유럽 사회주의 국가가 대부분 붕괴한 이후에는 대외연락부의 활동 공간이 급속히 축소되었다. 단적으로 현재 사회주의 국가는 북한, 베트남, 쿠바 세 나라뿐이다.

그렇다고 공산당 대외연락부가 활동이 없는 것은 아니다. 첫째, 중앙 및 지방의 공산당 지도자가 해외를 방문할 때, 사전 준비와 현지 활동 배치를 담당한다. 후진타오의 북한과 베트남 방문이 대표적이다. 둘째, 사회주의 국가와 밀접한 관계를 유지하고, 이들 국가의 지도자를 초청한다. 셋째, 국제 정당 회의에 참석하고, 중국에서 세계 정당 회의를 개최한다. 넷째, 해외에서 중국과 공산당을 선전하고, 대만과의 외교 경쟁을 전개한다. 다섯째, 외국 전문가의 중국 내 연구를 지원한다. 그 밖에도 외국 정당 및 단체와 협력을 모색하고, 해외 시찰을 통해 사회주의 진영의 변화를 조사하여 공산당 중앙에 보고한다.[53]

| 외교 안보 정책과 인민해방군의 역할

외교 안보 정책의 결정 및 집행과 관련하여 인민해방군이 어떤 역할을 얼마나 수행하는가는 아직도 논쟁이 끝나지 않은 주제다. 결론적으로 말하면, 첫째, 공산당이 외교 안보 정책을 결정하는 과정에서, 군이 근본적인 측면에서 지속적이고 결정적이며 중요한 영향력을 행사한다는 주장은 잘못이다. 군은 정치국과 정치국 상무위원회, 중앙군위, 영도소조를 통해 영향력을 행사하지만, 결정은 공산당 중앙이 맡는다. 이 과정에서 중앙군위 주석을 겸직하는 총서기가 군의 입장과 이익을 대변하는 역할을 담당한다. 둘째, 그러나 군사 안보 분야에서 위기가 발생할 때, 정책 결정의 낮은 층위에서 군은 결정적인 역할을 담당할 수 있다. 군사 정보의 제공과 분석, 안보 위기 행태의 군사적 측면에서의 감독, 군사적 대응 방안의 제시 등이 그것이다.[54]

외교 안보 분야에서 인민해방군과 공산당은 몇 가지 대원칙에 동의한다. 따라서 중요한 외교 안보 문제를 놓고 당과 군이 대립할 가능성은 크지 않다. 첫째, 군은 예나 지금이나 공산당에 '절대복종'한다는 원칙을 견지한다. 반대로 말하면, 공산당은 군에 대해 '절대영도'를 실행한다. 예를 들어, 외교 안보 방침과 정책은 공산당 중앙이 결정한다. 반면 군은 전략 평가, 정보 분석, 정책 선택지(option) 제시, 조언 등의 보조적인 역할을 맡는다. 즉 군이 공산당을 대신하여 외교 안보 방침과 정책을 결정하지 않는다. 동시에 군은 공산당이 결정한 방침과 결정을 '무조건' 집행한다.

둘째, 군과 공산당은 국내 안정 우선과 경제발전 우선에 동의한다. 외교 안보는 모두 이런 목표를 달성하는 데 복무(服務)해야만 한다. 이것이 공산당의 '정치노선'이다. 이는 개혁·개방을 시작하면서 덩샤오핑이 확정한 방침으로, 지금까지 지켜지고 있다. 셋째, 군과 공산당은 서로 분화된 조직이지만, 동시에 '이익공동체(利益共同體)'이자 '운명공동체'를 이룬다. 공산당 통치가 유지되어야만 군도 특권을 누릴 수 있고, 군이 공산당을 지지해야만 공산당도 통치를 유지할 수 있다. 따라서 양자의 근본적인 이익과 운명은 일치한다. 넷째, 군과 공산당은 외교에서 강경하게 대응해야 할 대상과 영역에 동의한다. 소위 '핵심 이익(核心利益)'이라고 불리는 주권, 안전, 영토, 발전 이익이 그것이다.[55]

외교 안보 정책에서 군의 영향력은 분야에 따라 다르게 나타난다. 전체적으로 보면, 마오쩌둥 시대와 비교할 때, 개혁·개방 시대에는 정치 영역에서 군의 영향력이 전반적으로 줄어들었다고 평가할 수 있다. 예를 들어, 공산당의 권력승계 과정에서 군은 더 이상 결정적인 역할을 담당하지 않는다. 그러나 순수한 군사 영역에서는 군의 자율성과 영향력이 여전히 크다. 예를 들어, 무기 수출 문제, 대만 문제, 미국과 일본 등 강대국과의 안보 관계, 해양 영토 분쟁에서는 군의 영향력을 무시할 수 없다.[56] 또한 새로운 군사 무기 실험이나 해외 군사작전 등에서는 군의 자율성이 크고, 민간과 군이 이런 문제를 조정 및 협조하는 기제가 별로 없다.[57]

(4) 외사 계통의 싱크 탱크

마지막 층위는 싱크 탱크(智庫, think tanks)다. 한 외국 학자의 조사에 따르면, 2015년 기준으로, 중국에는 모두 435개의 싱크 탱크가 있다. 같은 시기 미국에는 1,835개, 영국에는 288개의 싱크 탱크가 있다. 반면 중국 연구자들은 중국의 싱크 탱크가 이보다 더 많다고 본다. 즉 2012년 기준으로, 중국에는 약 2,400개의 각종 싱크 탱크가 있다는 것이다.[58]

| 싱크 탱크의 영향력 행사 방식

싱크 탱크가 공산당과 정부의 정책 결정에 영향력을 행사하는 방식은 분야마다 조금씩 다르다. 전체적으로 보면, 네 가지 방식을 이용하여 영향력을 행사한다. 첫째는 정책 보고서 발간이다. 각 연구소와 그에 소속된 전문가들은 정책 보고서를 공개적으로 발간하기도 하지만, 당·정·군의 최고 지도자와 관련 부서를 위해 비공개로 발간하기도 한다. 이를 통해 정책 결정에 영향을 미치려고 한다. 다만 실제로 정책 결정자들이 이런 정책 보고서를 어느 정도로 참고하는지는 알 수 없다.

둘째는 특정 정치 엘리트만 보는 내부 간행물의 발행이다. 공산당 중앙 판공청도 여러 종류의 내부 간행물을 발행하고, 신화통신사와 『인민일보』도 마찬가지다. 이런 내부 간행물에는 대외적으로 공개했을 때 민감할 수 있는 내용이 다수 포함된다. 외교 안보와 관련된 주요 연구소도 자신의 전문 분야를 중심으로 이런 내부 간행물을 발행하여 특정한 당정기관과 지도자에게만 배포한다. 다만 이런 내부 간행물이 어느 선까지 전달되고, 해당 기관의 지도자가 내부 간행물을 실제로 읽고 정책을 결정할 때 어느 정도로 활용하는지는 단정적으로 말할 수 없다.

일반적으로 싱크 탱크가 작성한 보고서나 내부 간행물은 세 가지 경우에만 직접 공산당 중앙과 국무원의 지도부에 전달되어 영향을 미친다고 한다. 먼저 총서기나 정치국 상무위원 등 최고위급 지도자가 특정 연구소에 보고서 작성을 지시한 경우다. 다음으로 연구소의 전문가가 최고위급 지도자의 비서 혹은 참모와 개인적인 관계가 있어서 보고서와 내부 간행물을 전달하는 경우다. 마지막으로 외교 정책을 결정하는 권위 있는 기구, 예를 들어 외사판공실이나 대만공작 영도소조 판공실에 있는 담당자가 특정 보고서나 간행물이 중요하고 긴급하다고 판단한 경우다.[59]

셋째는 싱크 탱크 소속의 전문가들이 당정 지도자를 직접 만나서 특정 분야와 주제에 대해 강의(특강)를 하거나 정책을 보고(briefing)하는 경우다. 방식은 다양하다. 정치국 집단학습과 같은 권위 있는 공식 모임에서 발표하는 방식이 있을 수 있다. 아니면 특정 지도자의 요청으로 개별적으로 만나서 관련 주제와 정책 내용을 보고하는 방식도 있다. 안정적인 방식으로는, 연구소의 전문가가 당정의 외교 안보 관련 위원회나 자문회의의 정식 구성원으로

〈표 2-32〉 외교 정책과 관련된 주요 싱크 탱크 사례

분류	연구소	소속
국책	아태세계전략연구원(亞太與全球戰略研究院)	중국사회과학원
	세계경제정치연구소(世界經濟與政治研究所)	중국사회과학원
	중국 국제문제연구소(中國國際問題研究所)	외교부
	중국 현대국제관계연구원(中國現代國際關係研究院)	국가안전부
	국제문제연구소(國際問題研究所)	상하이 사회과학원
	상하이 국제문제연구원(上海國際問題研究院)	상하이시 정부
	국제전략연구원(國際戰略研究院)	중앙당교(中央黨校)
	국제방무학원(國際防務學院)	국방대학(國防大學)
	대만연구소(台灣研究所)	중국사회과학원, 국무원 대만판공실, 국가안전부
	평화발전연구소(和平與發展研究所)	인민해방군, 국가안전부
	신화사세계문제연구센터(新華社世界問題研究中心)	신화통신사(新華通訊社)
	중국 인민외교협회(中國人民外交協會)	외교부
	중국 국제우호연락회(中國國際友好聯絡會)	인민해방군, 국가안전부
	국제전략연구기금회(國際戰略研究基金會)	인민해방군
대학	국제관계연구소(國際關係研究所)	베이징대학
	국제전략연구원(國際戰略研究院)	베이징대학
	미국문제연구원(美國問題研究院)	푸단대학(復旦大學)
	국제문제연구원(國際問題研究院)	푸단대학
	국제문제연구소(國際關係研究所)	외교학원(外交學院)
민간	차하얼학회(察哈爾學會)	

자료: Pascal Abb, "China's Foreign Policy Think Tanks: Institutional Evolution and Changing Roles", *Journal of Contemporary China*, Vol. 24, No. 93 (2015), pp. 531-553; David Shambaugh, "China's International Relations Think Tanks: Evolving Structure and Process", *China Quarterly*, No. 171 (September 2002), pp. 575-596; Cheng Li, *The Power of Ideas: The Rising Influence of Thinkers and Think Tanks in China* (Singapore: World Scientific, 2017), pp. 24-26.

참여하여 정기적으로 관련 내용을 전달하는 것이 있다.

넷째는 각종 국내 및 국제 학술회의 혹은 정책회의를 조직하여 연구 결과를 발표하는 방식이다. 이것이 언론에 보도되고, 그것을 관련 당정간부나 지도자들이 보고 정책에 참고할 수 있다.[60]

싱크 탱크는 앞에서 말했듯이 국책연구소, 대학연구소, 민간연구소로 나눌 수 있다.[61] 〈표 2-32〉는 이를 정리한 것이다. 이들이 외교 정책에 영향력을 미치는 방법은 앞에서 살펴본 그대로다. 즉 정책 보고서 작성과 제출, 내부 간행물 발행, 강의와 보고, 회의 조직이 그것이다. 이들이 실제로 외교 정책에 어느 정도 영향을 미치는지는 정확히 알 수 없지만, 일반적으로 국책연구소가 대학연구소보다 영향력이 더욱 큰 것으로 알려져 있다.

◆◆◆◆
공산당 지방조직과 기층조직

앞 장에서는 공산당 중앙의 영도기관과 사무기구, 공산당의 '특별한' 영도조직인 당조와 영도소조에 대해 자세히 살펴보았다. 이 장에서는 공산당의 지방위원회(당 위원회)와 기층조직에 대해 살펴보려고 한다. 비유적으로 공산당 중앙의 영도기관을 우리 몸의 '머리'라고 한다면, 공산당 지방위원회는 '몸통'이라고 할 수 있다. 따라서 공산당 조직 체계는 '머리'인 중앙과 '몸통'인 당 위원회가 함께 유기적으로 작동되어야 완전체가 될 수 있다.

그런데 현급 이상의 지방 단위, 즉 성급(省級)·지급(地級)·현급(縣級) 지방에 설치된 공산당 위원회의 영도기관과 사무기구는 중앙의 그것과 크게 다르지 않다. 다시 말해, 공산당 중앙의 제도를 거의 그대로 복사해서 지방에 설치했다고 해도 지나친 말이 아니다. 따라서 앞에서 이미 공산당 중앙의 영도기관과 사무기구에 대해 자세히 살펴보았기 때문에, 당 지방위원회는 간략히 살펴보아도 문제가 없다.

한편 공산당 조직 체계를 이해하기 위해서는 중앙 및 지방의 조직뿐만 아니라 기층조직(基層組織, basic organization)도 함께 보아야 한다. 공산당 기층조직은 우리 몸에 비유하면 '말초신경'에 해당한다. 말초신경은 머리·몸통·손발과 달리 우리 눈에는 잘 보이지 않지만, 우리 몸 구석구석에 분포되어 있다. 우리는 말초신경을 통해 사물을 파악하고, 그에 근거하여 알맞은 판단을 내리고 필요한 동작을 취한다. 만약 말초신경이 제대로 작동하지 않으면, 머리는 정확히 판단할 수 없고, 몸통과 손발은 제대로 움직일 수 없다. 이는 공산당 조직 체계에서도 마찬가지다.

공산당 기층조직은 크게 다섯 종류의 '지역'과 '단위'에 설치된다. 첫째는 농촌 지역이다. 둘째는 국유기업이다. 셋째는 당정기관, 즉 공산당과 국가기관이다. 이곳에 설치된 당 기층조직을 '기관 당조직'이라고 부른다. 여기에는 국가가 운영하는 병원·연구소·박물관·도서관 등 공공기관(사업단위), 공산당이 직접 관리하는 총공회(總工會: 노조연합회), 공산주의청년단(共靑團), 부녀연합회(婦聯)와 같은 인민단체도 포함된다. 위에서 말한 세 가지 당 기층조직은 옛날부터 있었던 전통적인 당 조직으로, 기층조직에서 중추 역할을 담당한다.

넷째는 2000년대 이후 도시 지역에서 주민 거주 지역을 중심으로 새롭게 조성한 사구(社區, community)다. 다섯째는 흔히 '양신조직(兩新組織: 두 개의 새로운 조직)'으로 불리는 '신 경제조직'(사영기업)과 '신 사회조직'이다. 이 중에서 신 사회조직은 민간이 결성한 다양한 비정부조직(NGO)으로, 공산당이 관리하는 인민단체와는 성격이 다르다. 공산당 중앙은 2000년대 이후 넷째와 다섯째에 당 기층조직을 설립하기 위해 다양한 정책을 추진해왔다.[1]

1. 행정등급 체계와 지방의 공산당 위원회

공산당 지방조직은 행정등급에 따라 설립된다. 따라서 이를 이해하기 위해서는 먼저 중국의 행정등급을 이해해야 한다.

(1) 5등급의 행정등급 체계

〈표 2-33〉은 중국의 행정등급을 정리한 것이다. 여기서 알 수 있듯이, 행정등급은 크게는 '중앙(中央, center)', '지방(地方, local level)', '기층(基層, basic level)' 등 세 등급으로 나눈다. 기층 아래에는 대중 자치(自治, self-administration) 조직이 있는데, 이는 공식 행정등급에는 포함되지 않는다.

'중앙'은 한국과 똑같이 하나만 존재한다. 일반적으로 '중앙'이라

〈표 2-33〉 행정등급 구분과 주요 소속기관(2019년 12월 기준)

행정 구역 (소계)	구분(개수)		주요 소속기관
중앙(1)			공산당 중앙, 중앙기위, 국무원, 전국 인대, 전국정협, 국가감찰위원회, 최고 인민법원, 최고인민검찰원, 중앙군위
지방 (3,210)	성급 (省級) (31)*	성(省)(22)	공산당 성(省) 위원회, 성 기위, 성 정 부, 성 인대, 성 정협, 성 감찰위원회, 고 급인민법원, 고급인민검찰원, 성 군구(軍區)
		자치구(自治區)(5)	
		직할시(直轄市)(4)	
	지급/시급 (地級/市級) (333)	지급시(市)(293)	공산당 시(市) 위원회, 시 기위, 시 정 부, 시 인대, 시 정협, 시 감찰위원회, 중급인민법원, 중급인민검찰원
		자치주(州)(33)	
		지구(地區)(7)	
	현급 (縣級) (2,846)	현(縣)(1,440)	공산당 현(縣) 위원회, 현 기위, 현 정 부, 현 인대, 현 정협, 현 감찰위원회, 기 층 인민법원, 기층 인민검찰원
		시할구(市割區)(965)	
		현급시(市)(387)	
		기(旗)(52)	
		기타(2)	
기층 (38,755)	향급 (鄕級) (38,755)	향(鄕)(9,067)	• 공산당 향(鄕) 위원회, 향 기위, 향 정부, 향 인대 • 공산당 가도공작위원회, 가도판사 처
		진(鎭)(21,015)	
		가도(街道)(8,519)	
		기타(154)	
자치 단위 (639,081)	사구(社區)(105,257)		공산당 총지부/지부, 사구 거민위원회
	행정촌(村)(533,824)		공산당 총지부/지부, 촌민위원회

주: • 중국의 공식 통계에서는 성급 행정 단위가 34개다. 여기에는 '대만성', 홍콩 특별행정구, 마카오 특별행정구 가 포함된다.

자료: 「2019年民政事業發展統計公報」, <中華人民共和國民政部> 2020년 9월 8일, www.mca.cn (검색일: 2021. 2. 5); 「2019年中國共產黨黨內統計公報」, <人民網> 2020년 6월 30일, www.people.com.cn (검색일: 2020. 7. 1).

고 하면, ① 공산당 중앙(당대회, 중앙위원회, 정치국, 정치국 상무위원회), ② 중앙군사위원회(중앙군위), ③ 국무원, ④ 전국인민대표대회(전국인대), ⑤ 중국 인민정치협상회의 전국위원회(전국정협), ⑥ 중앙기율검사위원회(중앙기위)로 구성된 중앙 단위의 당정기관 전체를 의미한다. 중국에서는 이를 중앙의 '6대 권력기구(六套班子)'라고 부른다.

또한 아무런 설명 없이 그냥 '중앙'이라고 하면, '공산당 중앙'을 의미한다. 예를 들어, '중앙기구'는 공산당 중앙기구, '중앙 조직부'는 공산당 중앙 조직부를 가리킨다. '중앙 공작회의'도 역시 공산당 중앙이 개최하는 특정 분야의 업무 회의를 말한다. '중앙 재경 공작회의', '중앙 정법 공작회의', '중앙 농촌 공작회의', '중앙 사상선전 공작회의' 등이 대표적이다. 모두 공산당 중앙의 관련 기관이 개최하는 업무 회의를 말한다.

반면 '지방'은 구체적으로 세 개의 층위로 구분된다. 첫째는 모두 31개로 이루어진 '성급(省級, provincial level)'이다. 이것은 22개의 일반적인 성, 5개의 소수민족 자치구, 4개의 중앙이 직접 관리하는 직할시, 즉 베이징시·톈진시·상하이시·충칭시를 가리킨다. 홍콩 및 마카오 특별행정구도 성급에 속한다. 따라서 만약 홍콩과 마카오까지 포함하면 중국의 성급 행정단위는 모두 33개가 된다. 중국에서는 대만(중화민국)도 '대만성(臺灣省)'이라고 하여 성급 행정단위에 포함한다. 그러나 대만은 중국의 통치 범위 밖에 있으므로 이를 중국의 행정등급 체계에 포함하는 것은 적절하지 않다.

둘째는 '지급(地級, prefecture level)'인데, '시급(市級, metropolitan level)'으로도 부른다. 즉 지급과 시급은 혼용한다. 지급시(地級市), 자치주(自治州), 지구(地區)가 이에 속한다. 자치주는 소수민족 자치 지역에 설치되는데, 수적으로는 얼마 되지 않는다. 반면 지급(시급) 행정단위 가운데 가장 일반적인 것 혹은 가장 많은 것이 바로 지급시(地級市)다. 지급을 시급으로 부르는 이유는 이 때문이다.

지급시가 아래 등급의 현급시(縣級市, county-level city)와 다른 점은, '시가 관리하는 구', 즉 시할구(市轄區)가 설치되어 있다는 점이다. 한국에 비유하면, 구(區)가 설치된 경기도 수원시나 충청남도 천안시가 중국의 지급시에 해당한다. 지급시를 공식적으로는 '국무원이 인정한 비교적 큰 시(比較大的市)' 또는 '구가 설치된 시(設區的市)'라고 부른다. 원래 지급(시급)은 임시 행정등급이었는데, 시간이 가면서 독립된 등급으로 굳어졌다.

셋째는 '현급(縣級, county level)'이다. 여기에는 농촌 지역에 있는 현(縣), 앞에서 살펴본 지급시 산하에 설치된 시할구(市割區), 도시 지역에 있는 현급시(縣級市), 소수민족 지역에 있는 자치기(自治旗)가 포함된다. 한국에 비유하면, 현은 농촌 지역의 군(郡), 현급시는 일반적인 시, 시할구는 서울시나 수원시의 구에 해당한다. 일반 국민의 생활과 직접 연관이 있는 행정단위는 현급과 향급이다. 이 가운데 현급은 지역 경제발전이나 주민 생활에 직접적인 영향을 미치는 통치기구, 예를 들어 현 공산당 위원회와 현 정부가 있다. 이처럼 어느 지역의 경제발전을 책임지는 기본 단위는 현급이고, 교육과 위생 등 주민 생활을 책임지는 기본 단위도 현급이다.

마지막으로 '기층(基層)'은 농촌 지역에 설치된 향(鄉)과 진(鎭), 도시 지역인 시나 시할구에 설치된 가도(街道)를 가리킨다. 한국에 비유하면, 향은 농촌 지역의 면(面)에 해당하고, 진은 읍(邑)에 해당한다. 가도는 도시 지역에 있었던 동(洞)에 해당한다. 그래서 중국의 가도판사처(街道辦事處)는 한국의 이전 동사무소(현재는 동 주민센터)와 비슷한 성격의 기구라고 할 수 있다.

이런 기층 밑에 '주민자치' 단위가 있다. 도시 지역에는 사구(社區, community) 거민위원회(居民委員會/거민위), 농촌 지역에는 촌민위원회(村民委員會/촌민위)가 구성되어 있다. 사구 거민위와 촌민위는 기층정부의 행정 업무를 일부 담당하지만, 법률적으로는 주민(촌민) 자치기구로서 행정기관이 아니다. 한국에 비유하면, 농촌의 마을 회의나 도시의 주민자치 회의 또는 아파트 주민위원회와 비슷한 기구다.

이상에서 살펴본 것처럼, 중국의 행정등급은 크게는 3등급, 즉 '중앙(中央)－지방(地方)－기층(基層)'으로 나눈다. 세분해서는 5등급, 즉 '중앙(中央)－성급(省級)－지급(地級)/시급(市級)－현급(縣級)－향급(鄉級)'으로 나눈다. 그래서 흔히 중국의 행정등급을 '5등급제'라고 말한다. 일반적인 호칭도 이에 따른다. 예를 들어, '기층정부'라고

하면 향 정부, 진 정부, 가도판사처를 가리킨다. 반면 '지방정부'라고 하면 현 정부, 시 정부, 성 정부를 가리킨다. 다시 말해, '지방정부'에는 향 정부나 진 정부가 포함되지 않는다. '중앙정부'라고 하면 국무원을 가리킨다.

(2) 공산당 지방위원회와 기층조직

행정등급을 공산당 지방조직 체계에 적용한 것이 〈표 2–34〉다. 각급 지방에는 공산당 위원회(당 위원회)가 설치된다. 구체적으로 성급(省級)에는 공산당 성(자치구·직할시) 위원회, 지급(地級) 혹은 시급(市級)에는 공산당 시(자치주) 위원회, 현급(縣級)에는 공산당 현(시·구·기) 위원회가 바로 그것이다. 예를 들어, 성급에는 베이징시 공산당 위원회(北京市黨委), 시급에는 베이징시 하이뎬구(海淀區) 공산당 위원회(海淀區黨委)가 있다.

기층에는 공산당 기층위원회가 설치된다. 구체적으로 가도 공산당 공작위원회, 향과 진의 공산당 기층위원회가 그것이다. 여기서 가도에는 '당 기층위원회'가 아니라 '당 공작위원회(工作委員會)'가 설치된다는 점에 주의하기를 바란다. 당 기층위원회가 독립적인 당 조직인 데 비해 당 공작위원회는 상급 당 조직의 '파견기구'라는 차이가 있다. 구체적으로 가도 당 공작위원회는 상급의 시(市) 또는 구(區) 당 위원회의 파견기구로서, 상급 당 위원회의 지시를 받아 활동한다. 따라서 가도 당 공작위원회는 향/진 당 위원회와 비교해서 실제적인 정치적 지위가 더 높다고 할 수 있다. 이렇게 가도에 당 위원회가 아니라 당 공작위원회를 설치하는 이유는, 상급의 당 위원회가 도시 전체의 공산당 조직을 통일적으로 관리하기 위해서다.

마지막으로 대중 자치 단위인 도시의 사구(社區)와 농촌의 행정촌(行政村)에는 공산당 기층조직이 구성된다. 당원의 규모에 따라 공산당 기층위원회(基層委員會)(당원 100명 이상), 당 총지부(總支部)(당원 50~100명), 당 지부(支部)(당원 3~50명)가 그것이다. 공산당원은 모두 당 지부에 소속되어 일상적으로 '당의 조직 생활', 예를 들어 당

〈표 2-34〉 공산당 지방위원회와 기층조직의 변화(2008~2021년)

단위: 개

연도	성급 (省級)	지급 (地級)	현급 (縣級)	가도 (街道)	향급 (鄉級)	사구 (社區)	행정촌 (行政村)
2008	31	401	2,792	-*	34,321	77,000	605,000
2010	31	396	2,795	6,869	32,220	82,000	594,000
2012	31	-	-	7,245	33,000	87,000	588,000
2014	31	397	2,790	7,565	32,753	92,581	577,273
2016	31	396	2,780	8,138	31,819	97,911	550,636
2018	31	398	2,779	8,561	31,610	102,555	545,189
2021**	31	397	2,771	8,942	29,692	113,268	491,748

주: • '-' 표시는 발표되지 않았거나 발표에 포함하지 않은 것을 의미한다; •• 2021년 통계는 2020년 1월부터 2021년 6월 5일까지의 통계다.

자료: 中國共産黨 中央組織部, 「中國共産黨黨內統計公報」(2006-21年), <人民網>, www.people.com.cn.

소조 모임, 정치 학습, 비판과 자기비판 활동에 참여해야 한다.

〈표 2-34〉는 '지역'에 설치된 공산당 지방조직을 정리한 것이다. 이에 따르면, 2021년 6월 기준으로, 공산당 지방위원회는 성급에 31개, 지급(시급)에 397개, 현급에 2,771개가 설립되어 있다. 또한 공산당 기층위원회는 가도에 8,946개와 향급(향·진)에 2만 9,692개 등 모두 3만 8,638개가 설립되어 있다. 마지막으로, 공산당 기층조직은 사구에 11만 3,268개와 행정촌에 49만 1,748개 등 모두 60만 5,016개가 설립되어 있다.

그런데 우리가 알다시피 공산당 조직은 '지역' 이외에도 공산당원이 세 명 이상이 있는 국가기관, 군대, 기업, 사회단체, 학교 등 '단위'에도 설립된다. 따라서 지역에 있는 공산당 기층조직이 전부라고 생각하면 안 된다. 즉 공산당 기층조직은 단위에도 설립되어 있고, 기층조직의 규모를 파악할 때는 이 두 가지 범주의 조직을 합해서 계산해야 한다.

이렇게 보면, 공산당의 기층 조직 규모는 훨씬 증가한다. 구체적으로 2021년 6월을 기준으로, 전국에는 '지역'과 '단위'를 합하여 모두 486만 4,000개의 공산당 기층조직이 있다. 이 가운데 공산당 기층위원회가 27만 3,000개, 당 총지부가 31만 4,000개, 당 지부가 427만 7,000개다. 결국 지역에 설립된 공산당 기층조직(약 60만 개)은 전체 기층조직(약 486만 개)의 12% 정도밖에 되지 않는다. 즉 공산당 기층조직은 대부분 '지역'이 아니라 '단위'에 설립되어 있다.

2. 공산당 지방위원회

성급(省級) 지방의 공산당 위원회(당 위원회)를 사례로 지방조직 체계를 간략하게 살펴보자. 〈공산당 지방위원회 공작조례〉(2015년 12월 수정)에 따르면, 현급 이상의 당 위원회에는 모두 세 종류의 영도기관이 구성된다.

첫째는 공산당 지방대표대회(지방 당대회)로, 5년에 한 번 개최된다. 이것은 중앙의 전국대표대회(당대회)에 해당한다. 둘째는 공산당 지방위원회 전체회의(全體會議)로, 중앙의 중앙위원회 전체회의에 해당한다. 지방 당 위원회 전체회의는 약칭으로 '전회(全會)'라고 부른다. 공산당 중앙위원회 전체회의를 '중전회(中全會)'라고 줄여서 부르는 것과 같은 용법이다. 다만 중앙의 '중전회'가 매년 1회 개최되는 것에 비해 지방의 '전회'는 매년 2회 개최된다는 점이 다르다.

셋째는 공산당 지방위원회 상무위원회(常務委員會)로, 약칭으로 '상위회(常委會)'라고 부른다. 이는 공산당 중앙정치국과 정치국 상무위원회를 결합한 성격의 영도기관이다. 지방 당 위원회 상위회는 매달 두 번의 회의를 개최하고, 필요할 경우는 수시로 개최할 수 있다. 〈공산당 지방위원회 공작조례〉에 따르면, 지방 당 위원회 상위회의 규모는 정해져 있다. 성급은 11~13명, 지급(시급) 및 현급은 9~11명이다. 지도부는 당서기 1명, 부서기 2명인데, 소수민족 지역에서는 부서기를 한 명 더 둘 수 있다. 공산당 지도부는 상급 (上級) 당 위원회가 선임한다. 예를 들어, 성(省) 당 위원회가 시(市) 당 위원회 지도부, 시 당 위원회가 현(縣) 당 위원회 지도부를 선임한다.

성급 지방위원회의 사례: 베이징시·광둥성·신장자치구

〈표 2-35〉는 베이징시(北京市), 광둥성(廣東省), 신장 위구르 자치구(新疆維吾爾自治區)의 공산당 영도기관의 구성 상황을 정리한 것이다.

먼저 공산당 지방위원회 전체회의는 해당 지역의 당원 규모에 따라 결정되기 때문에 지역마다 규모가 다를 수밖에 없다. 베이징시는 104명, 광둥성은 109명, 신장자치구는 98명이다. 공산당 중앙위원회 위원(중앙위원)이 정위원과 후보위원으로 나뉘는 것처럼, 지방 당 위원회 전체회의 위원도 정위원과 후보위원으로 나뉜다.

공산당 지방위원회 상무위원회는 〈공산당 지방위원회 공작조례〉가 규정한 대로 구성되었다. 예를 들어, 베이징시는 12명, 광둥성은 11명, 신장자치구는 13명이다. 광둥성이 베이징시에 비해 위원이 한 명 적은 이유는, 한 사람이 두 가지의 직무를 겸직하기 때문이다. 신장자치구의 위원이 한 명 더 많은 이유는, 이곳이 소수민족 자치구라서 한 명의 부서기가 추가되었기 때문이다.

또한 지방 당 위원회 상무위원회의 구성 방식과 중앙정치국 및

〈표 2-35〉 베이징시, 광둥성, 신장 위구르 자치구의 공산당 위원회 전체회의와 상무위원회의 구성 상황(2021년 1월 31일 기준)

단위: 명

직위		소속	베이징시		광둥성		신장 자치구	
전체 회의	위원	정위원	104	88	109	92	98	81
		후보위원		16		17		17
상무 위원회	서기	서기	1		1		1	
	부서기	성장·주석·시장	2	1	2	1	3	1
		소계 당무(黨務) 담당 부서기		1		1		1
		기타		0		0		1*
	상무 위원	기율검사위원회 서기	9	1	8	1	9	1
		조직부 부장		1		1		1
		선전부 부장				1		1
		통전부 부장		1		1		
		소계 정법위원회 서기		1		1		1
		판공청 비서장		1		1**		1
		정부 부성장·부주석·부시장		2		1		2
		관내 시·구 당서기***		1		1		1
		군구(軍區) 대표****		1		1		1
	총계		12		11		13	

주: * 기타는 신장 생산건설 병단(兵團) 당서기; ** 판공청 비서장이 선전부 부장을 겸직; *** 베이징시 둥청구(東城區) 당서기, 광둥성 광저우시(廣州市) 당서기, 신장자치구 우루무치시(烏魯木齊市) 당서기; **** 베이징 위수구(衛戌區) 정치위원(政委), 광둥성 군구(軍區) 사령원(司令員), 신장 군구 정치위원.

자료: 「地方領導資料庫」, 〈人民網〉, www.people.com.cn (검색일: 2021.2.12); 「中國共產黨北京市委員會」, 〈維基百科〉, zh.wikipedia.org (검색일: 2021.2.12); 「中國共產黨廣東省委員會」, 〈維基百科〉, zh.wikipedia.org (검색일: 2021.2.12); 「中國共產黨北京市第十二屆委員會」, 〈維基百科〉, zh.wikipedia.org (검색일: 2021.2.12); 「中國共產黨廣東省第十二屆委員會」, 〈維基百科〉, zh.wikipedia.org (검색일: 2021.2.12); 「中國共產黨新疆維吾爾自治區第九屆委員會」, 〈維基百科〉, zh.wikipedia.org (검색일: 2021.2.12).

정치국 상위회의 구성 방식은 크게 다르지 않다. 공산당 부서 책임자(예를 들어, 판공청 비서장·기율검사위원회 서기·정법위원회 서기·조직부 부장·선전부 부장), 정부 지도자(즉 시장과 부시장), 지역(즉 시와 구) 대표, 군(위수구와 군구) 대표가 참여하고 있다.

현급 이상의 공산당 위원회의 사무기구도 공산당 중앙의 사무기구와 크게 다르지 않다. 즉 판공청, 조직부, 선전부, 통일전선부(통전부), 대외연락부, 정법위원회, 정책연구실이 설치된다. 역시 공산당 중앙에 중앙기위가 설치되듯이 지방에도 지방 기율검사위원회(지방기위)가 설치된다. 또한 당교(黨校)와 간부학원, 기관지와 잡지를 발행하는 언론기관도 별도로 두고 있다.

다만 지방에는 공산당 중앙군위와 같은 군 영도기관을 별도로 두지 않는다는 특징이 있다. 군은 특수 계통으로, 중앙군위가 전국을 통일적으로 지휘하기 때문이다. 대신 성급 지방 단위에는 성급 군구(軍區), 위수구(衛戍區)(베이징시), 경비구(警備區)(톈진시·상하이시·충칭시)가 설치된다.

3. 공산당 기층조직의 지위와 임무

다음으로 공산당 기층조직의 지위, 조직 상황, 임무에 대해 간략히 살펴보자. 〈당장〉을 포함한 당규는 이에 대해 자세히 규정하고 있다.

(1) 지위와 설립 상황: '당의 전투 보루'

공산당 기층조직에 대해 〈당장(黨章)〉과 〈공산당 당 지부(黨支部) 공작조례〉(2018년 11월 시행)(이하 〈당 지부 공작조례〉)는 다음과 같이 규정한다.

> "당의 기층조직은 사회 기층조직에 있는 당의 전투 보루(戰鬪堡壘)이고, 당 전체 공작과 전투력의 기초다." (〈당장〉)

> "당 지부(黨支部)는 당의 기층조직이고, 당 조직이 공작을 전개하는 기본 단위(單元)다. [당 지부는] 사회 기층조직 중의 당의 전투 보루이고, 당 전체 공작과 전투력의 기초다. [당 지부는] 당원을 교육하고 관리하고 감독하며, 군중을 조직하고 선전하며 응집하고, [군중에] 복무(服務)하는 직책을 직접 담당한다." (〈당 지부 공작조례〉)

공산당 기층조직은 당원이 세 명 이상인 곳에 설립된다. 기본 설립 단위는 크게 '단위(單位)'와 '구역(區域)'으로 나뉜다. 기업·학교·연구소·사회조직 등이 '단위'고, 농촌의 행정촌과 도시의 사구가 '구역'에 해당한다. 또한 앞에서 말했듯이, 공산당 기층조직은 당원 규모에 따라 기층위원회(基層委員會)(기층당위)(당원 100명 이상),

〈표 2-36〉 공산당 기층조직의 변화(2006~2021년)

단위: 만 개

연도	기층위원회	총지부	지부	총계
2006	17.3	21.5	317.6	356.4
2008	17.9	22.9	331.0	371.8
2010	18.7	24.2	346.3	389.2
2013	20.3	26.5	383.5	430.4
2015	21.3	27.6	392.4	441.3
2017	22.8	29.1	405.2	457.2
2019	24.9	30.5	412.7	468.1
2021*	27.3	31.4	427.7	486.4

주: • 2021년 통계는 2020년 1월부터 2021년 6월 5일까지의 통계를 가리킨다.

자료: 中國共産黨 中央組織部, 「中國共産黨內統計公報」(2006-2021년), 〈人民網〉, www.people.com.cn.

총지부(總支部)(당 총지부)(당원 50~100명), 지부(支部)(당 지부)(당원 3~50명)로 나뉜다. 이와 같은 공산당 기층조직은 상급 당 위원회의 비준(批准)을 받아 설립할 수 있다.

〈표 2-36〉은 2006년부터 2021년까지 전국에 설립된 공산당 기층조직의 변화를 정리한 것이다. 세 종류의 기층조직은 모두 2006년 이후 계속 증가했다. 즉 2006년 356만 4,000개의 조직은 2011년 6월까지 486만 4,000개로, 5년 동안 1.4배가 증가했다. 이 가운데 가장 빠르게 증가한 시기는 2010년부터 2013년까지의 기간으로, 3년 동안에 41만 2,000개가 증가했다.

또한 2021년 6월을 기준으로, 각 공산당 기층조직의 비중을 살펴보면, 기층위원회가 28만 3,000개로 전체의 5.61%, 총지부가 31만 4,000개로 전체의 6.46%, 지부가 427만 7,000개로 전체의 87.93%를 차지했다. 즉 공산당 기층조직의 약 88%는 당 지부다. 당원은 바로 당 지부에 소속되어 활동한다.

(2) 임무: 당 정책의 선전과 집행, 조직, 감독

〈당장〉과 〈당 지부 공작조례〉는 공산당 기층조직의 기본 임무로 모두 여덟 가지를 들고 있다. 첫째는 공산당 노선·방침·정책의 선전과 집행이다. 둘째는 공산당 이론과 지도이념, 노선·방침·정책의 학습이다. 셋째는 당원의 교육과 관리다. 넷째는 군중과의 연계 강화 및 군중 조직의 영도다. 다섯째는 당원 모집과 육성이다. 여섯째는 당정간부가 국가 법률을 엄격히 준수하면서 업무를 제대로 수행하고 있는지에 대한 감독이다. 일곱째는 공산당 조직건설과 업무에 대한 의견을 제시하거나 건의하기, 중요 상황에 대해 상급 당 조직에 보고하기다. 여덟째는 당원과 일반 대중에게 공산당의 업무 상황을 보고하고 관련 사무를 공개하기다. 이는 모든 기층조직에 적용된다.

그런데 공산당 기층조직은 설립된 단위와 구역에 따라 중점 임무가 다르다. 〈당장〉과 〈당 지부 공작조례〉는 이를 별도로 규정한다. 예를 들어, 지역의 기층 단위인 향(鄕)·진(鎭)·가도(街道)에 설립된 공산당 기층위원회, 농촌의 행정촌과 도시의 사구에 설립된 당 총지부와 당 지부는 "해당 지역의 업무와 기층의 사회 거버넌스(治理)를 영도하고, 행정조직·경제조직·군중 조직이 직권을 충분히 행사할 수 있도록 지지하고 보장"해야 한다.

반면 국유기업에 설립된 당 기층조직은 기업 내에서 "영도 역할을 발휘"하고, "규정에 따라 기업의 중대 사항을 토론하여 결정"해야 한다. 사영기업에 설립된 당 기층조직도 기업 내에서 "당의 방침과 정책을 관철하고, 기업이 국가 법률과 법규를 준수하도록 인도하고 감독하며, 노동조합이나 공청단과 같은 군중 조직을 영도하고, 직공 군중을 단결 응집하며, [기업과 노동자] 쌍방의 합법적 권익을 수호하고, 기업의 건강한 발전을 촉진"해야 한다.

공산당은 각 기층조직의 중점 업무를 〈당장〉과 〈당 지부 공작조례〉에 명시하는 데 멈추지 않고, 세부 내용을 담은 별도의 조례를 제정하여 집행하고 있다. 〈공산당 농촌 기층조직 공작조례〉, 〈공산당 국유기업 기층조직 공작조례〉, 〈공산당 당과 국가기관 기층조직 공작조례〉, 〈공산당 일반대학(普通高等學校) 기층조직 공작조례〉가 바로 그것이다.

4. 공산당 기층조직 제도와 운영

〈당 지부 공작조례〉에 따르면, 공산당 기층조직에는 모두 세 종류의 조직이 구성되어 있다. 당 지부 당원대회, 당 지부 위원회, 당 소조(小組, party cell)가 그것이다.

(1) 삼회(三會: 세 개의 회의): 공산당 지부의 기본 조직

첫째는 소속 당원 전체가 참여하는 당 지부 당원대회다. 당원대회는 '의사 결정 기구(議事決策機構)'로, 분기마다 1회씩 매년 총 4회가 개최된다. 당원대회는 당서기가 소집하고 주재한다. 직권은 모두 다섯 가지다. 첫째는 당 지부 위원회의 업무보고 청취와 심의, 둘째는 상급 당대회에 참가할 후보의 추천과 선출, 셋째는 예비당원의 입당 결정, 넷째는 당원 상벌 결정, 다섯째는 기타 중대 사항 결정이 그것이다. 특히 농촌의 기층조직과 도시의 사구 기층조직에서는 중요한 사항, 군중 이익과 밀접히 관련된 사항은 반드시 당원대회를 소집하여 결정해야 한다.

둘째는 공산당 지부(당 지부) 위원회다. 당 지부 위원회는 당 지부의 일상 업무를 담당하는 영도기관이면서 동시에 당원대회의 집행기구이기도 하다. 당서기 등 당 지도부는 당원의 선거를 통해 선출되고, 상급 당 기층위원회의 비준을 받아 확정된다. 상황에 따라서는 상급 당 기층위원회가 당 지부 지도부를 직접 파견할 수 있다.[2] 당 지부 위원회 회의는 매월 개최하고, 필요할 경우는 언제든지 개최할 수 있다. 회의는 당서기가 소집하고 주재한다.

셋째는 당 소조다. 당 소조는 세 명 이상의 당원으로 구성되는 공산당 조직 계통의 최소 단위다. 원칙적으로 모든 당원은 당 소조에 가입되어 당의 조직 생활에 참여해야 한다. 소조 회의는 매달 개최되며, 당원의 정치 학습, 당원 간의 상호 비판과 자기비판, 당원 간의 상호 대화 등의 활동을 전개한다. 당 소조 회의는 소조 조장이 소집하고 주재한다.

(2) 공산당 기층조직과 당서기의 역할

앞에서 보았듯이, 공산당 기층조직에는 영도기관이자 집행기관으로서 당 위원회(委員會, party committee), 즉 기층위원회, 총지부 위원회, 지부 위원회가 설치된다. 이 중에서 가장 아래 단계의 기층조직인 당 지부에 위원회가 설치되려면 최소한 일곱 명 이상의 당원이 있어야 한다. 대개 당 지부 위원회는 세 명에서 다섯 명으로 구성된다. 당서기(黨書記), 조직위원(組織委員), 선전위원(宣傳委員), 기율검사위원(紀檢委員)이 필수 구성원이고, 필요할 경우는 한 명의 부서기를 둘 수 있다. 당 지부 위원회의 임기는 '구역'과 '단위'가 다르다. 즉 농촌의 행정촌과 도시의 사구 같은 '구역'은 5년이고, 기관과 조직 같은 '단위'는 3년이다.

이러한 공산당 기층조직, 특히 당 지부 위원회에서는 당서기의 역할이 매우 중요하다. 당서기는 당 지부 전체의 업무를 주재하고, 당 지부 위원들의 직무 수행을 지도하고 감독한다. 당 지부 설립과 발전도 당서기가 책임진다. 또한 당서기는 당원대회와 상급 당 조직에 해당 당 지부의 업무를 보고한다. 당서기가 이와 같은 직책을 원활히 수행할 수 있도록 현급(縣級) 공산당 위원회는 이들에 대한 집체 교육과 훈련을 매년 1회 이상 실시해야 한다.

공산당은 기층 당서기의 활동을 적극적으로 장려하기 위해 인센티브(incentive) 제도를 두고 있다. 예를 들어, 우수한 기층 당서기 가운데 상급 조직인 향·진·가도의 영도간부를 선발하거나, 기층 당서기 가운데 공무원과 공공기관의 직원을 채용하기도 한다. 이에 대한 반대급부로, 기층 당서기는 매년 상급 당 조직에 자신의 업무 수행 상황을 보고(述職)하고 평가받아야 한다. 한편 공산당 기층조직이 사용하는 경비는 일차적으로 자체 당비(黨費)로 충당한다. 만약 자체 당비로 경비를 다 충당할 수 없는 경우는 상급 당 조직이 지원한다.

또한 공산당 기층조직 당서기는 해당 기관의 책임자가 맡도록 규정하고 있다. 예를 들어, 당정기관, 국유기업, 공공기관의 당서기는 해당 기관의 주요 책임자가 맡아야 한다. 사영기업의 당서기는 기업 소유자(owner)나 기업 경영자가 맡아야 한다. 만약 상황이 여의치 않으면 외부에서 당서기를 충원할 수도 있다. 농촌과 도시에서는 당서기가 촌민위원회 주임과 거민위원회 주임을 겸직하고, 당 지부의 다른 위원들도 촌민위원회와 거민위원회의 위원으로 참여해야 한다. 이를 위해 당서기는 촌민위원회 선거와 사구 거민위원회 선거에 출마하여 촌민(주민)의 선택을 받아야 한다.

5. 공산당의 조직 생활

공산당의 당내 법규(黨規) 가운데 〈당장〉 다음으로 중요한 당규가 바로 〈당내 정치 생활 준칙(黨內政治生活準則)〉(2016년 10월 수정)이다. 〈준칙〉 제9항은 말한다. "모든 당원은 직위 고하를 막론하고 당의 조직 생활(組織生活)에 반드시 참여해야 한다." 비슷하게 〈당 지부 공작조례〉도 당원은 "엄격한 조직 생활 제도를 유지하고, 비판과 자기비판을 전개해야 한다"라고 명시하고 있다. 이처럼 당원은 개인이 아니라 조직의 일원으로 활동하고, 당원 신분을 유지하는 한 반드시 조직 생활에 참여해야 한다.

(1) 삼회일과(三會一課)

당원들이 반드시 참가해야 하는 조직 생활의 기본은 '삼회일과(三會一課: 세 개의 회의와 하나의 학습)'다. 여기서 '삼회(三會)'는 ① 당원대회, ② 당 지부 위원회 회의, ③ 당 소조 회의를 가리킨다. '일과(一課)'는 흔히 '당과(黨課)'라고 불리는 당원의 정치 학습을 말한다.

즉 모든 당원은 세 개의 회의에 참석하고, 공산당이 주관하는 정치 학습에도 반드시 참여해야 한다. 이는 당의 조직 생활을 간단하게 표현한 말이지, 조직 생활 전체를 표현한 말은 아니다.

〈표 2-37〉은 각종 규정을 근거로, 공산당 기층조직이 수행하는 다양한 '당의 조직 생활'을 정리한 것이다.

〈표 2-37〉 공산당 기층조직이 수행하는 '당의 조직 생활' 종류와 내용

시기	종류	내용
매월	당 지부 위원회 회의	당서기, 부서기, 위원 참석. 현안 논의와 결정 등
	당 소조(黨小組) 회의	일반 당원 참석. 현안 논의, 학습 등
	당원 활동일(主題黨日)	집중 학습, 봉사 활동 등 특별 활동 전개
매분기	당 지부 당원대회	당 지부 위원회의 업무보고 청취, 당 지부 위원 선거, 당대회 대표 추천, 예비당원 결정, 당원 상벌 결정 등
	당 학습(黨課)	당 이론, 노선, 정책 등 집중 학습(당 소조 회의, 당원대회 등 다양한 형식 활용)
	당 지부 위원회 업무보고	당 지부 당원대회에서 보고 및 토론
	당원 사상 보고	지부 소속 당원의 정치사상 상황 보고
매년	당 지부(소조) 조직생활회	일반 당원의 활동 평가, 비판과 자기비판 전개
	당 간부 민주생활회	당 간부의 활동 평가, 비판과 자기비판 전개
	당원 민주평의(民主評議)	당원대회에서 입당 선서에 입각한 당원 활동 평가, 당성 분석, 상호 평가, 민주 평가(투표) 등 전개
일상	당원 대화(談心談話)	당 지부 간부와 일반 당원 간, 당원 간에 수시 진행

자료: 本書編寫組 編,『黨支部工作實用圖解』(北京: 人民出版社, 2019), pp. 15, 35;〈中國共產黨支部工作條例〉(2018年).

우선 매달 전개하는 당의 조직 생활로는, 공산당 지부 위원회 회의, 당 소조 회의, 당원 활동일(主題黨日) 활동이 있다. 여기서 당원 활동일 활동은, 당원들이 매달 하루를 정해 특정 주제(主題)를 잡아 함께 활동하는 것을 가리킨다. 공산당 기념일이나 국경일에 혁명유적지나 기념관을 방문하여 당성을 함양하는 활동, 양로원 등 특별 시설을 방문하여 위문품을 전달하고 봉사 활동을 전개하는 활동 등 내용과 종류는 다양하다. 이 밖에도 농구 대회나 탁구 대회 등 체육 활동, 사진 촬영 등 취미 활동, 명승지 답사나 유원지 단체 소풍 등 야유회 활동도 이에 포함된다.

또한 분기마다(연 4회) 개최되는 당원대회가 있다. 이때 당원들은 지난 3개월 동안 당 지부 위원회가 전개한 활동을 보고받고 평가한다. 또한 당원대회의 직권에 맞추어 중요한 사항을 토론하고 결정한다. 예를 들어, 1년 동안 교육과 훈련에 참여했던 입당 적극분자(入黨積極分子)를 예비당원(豫備黨員)으로 전환할 것인가를 토론하여 결정한다. 정치적 잘못을 범한 당원에 대한 징계 여부도 이때 토론하여 결정한다. 당원이 참여하는 각종 선거도 이때 실시된다.

당원의 집중 정치 학습도 분기마다 연 4회 이상 진행된다. 학습 내용은 기본적으로 공산당 중앙의 계획에 따라 결정된다. 예를 들어, 2021년 7월 1일은 공산당 창당 100주년 기념일인데, 이에 맞추어 연초부터 전 당원의 당사(黨史) 및 중국 근현대사 학습 운동이 전개되었다. 공산당 기층조직의 당원 집중 학습은 당연히 이에 맞추어 계획되고 집행되었다. 방식은 책이나 문헌 자료 학습을 기본으로 하지만, 다른 방식도 사용된다. 전문 강사의 특강과 토론, 혁명 영화 감상과 토론, 혁명유적지 방문과 토론 등이 그것이다.

(2) 조직생활회와 민주생활회: 비판과 자기비판의 생활화

공산당 기층조직이 전개하는 가장 중요한 조직 생활로는 일반 당원이 참여하는 조직생활회(組織生活會)와 당원 민주평의(民主評議), 간부 당원(특히 영도간부)만이 참여하는 민주생활회(民主生活會)가 있다.

| 평당원의 조직생활회

평당원의 조직생활회는 대개 매년 연말(12월)에 당 소조 회의 혹은 당 지부 당원대회 형식으로 개최된다. 이때는 모든 소속 당원이 참여해야 한다. 만약 당 소조 회의에서 조직생활회가 개최될 경우는 당서기 같은 당 지부의 간부가 참석하여 감독한다. 반면 당 지부 당원대회에서 조직생활회가 개최될 경우는 상급 당 기층위원회의 간부가 참석하여 감독한다.

조직생활회의 순서와 내용을 보자. 먼저 각 당원은 자기의 활동과 정치사상을 발표한다. 이때는 지난 1년 동안 자신이 전개한 각종 활동과 자신의 정치사상을 객관적이고 솔직하게 평가해야 한다. 여기에는 당연히 자신의 문제점에 대한 비판, 즉 '자기 검토(自

我檢查)'가 포함되어야 한다. 이런 내용을 담은 '자기 검토서'는 사전에 문서로 작성하여 당 지부에 제출하는 것이 원칙이다. 다음으로 다른 당원들은 발표자의 활동 내용과 정치사상을 평가하고 비판한다. 이런 식으로 당원 상호 간에 비판과 자기비판이 전개된다. 마지막으로 민주생활회 모임에 참석한 당 간부가 총괄 평가한다.

당원 민주평의는 일반 당원 간에 진행되는 일종의 당성(黨性: 공산당에 대한 충성과 헌신) 평가다. 당 지부는 대개 연말에 당원대회를 개최하여 당원 개인의 자기 평가, 당원 상호 간의 평가, 민주 평가(測評)(대개 투표) 순서로 당원 평의(評議)를 진행한다. 이때 당원들은 지난 1년 동안 각자가 전개한 활동 내용을 입당 선서(宣誓)에 근거하여 세밀히 검토한다. 이런 검토에 기반하여 당원들은 서로에 대해 과연 당원 자격에 합당한 당원인가를 평가하는 것이 민주 평의다. 소위 '당성 분석(黨性分析)'이다. 이런 당원 민주평의는 앞에서 살펴본 조직생활회와 함께 개최하여 진행할 수도 있다. 두 개의 활동이 비슷한 성격을 갖고 있기 때문이다.

| 간부 당원의 민주생활회

간부 당원(영도간부)만이 참여하는 민주생활회는 매우 엄격하게 진행된다. 민주생활회는 공산당 기층조직에서부터 중앙조직에 이르기까지 영도기관과 영도간부가 있는 모든 지역과 단위에서 1년에 1회 이상 개최된다. 간부 당원은 당연히 일반 당원 신분으로 조직생활회에도 참석한다. 결국 간부 당원은 매년 최소한 두 번 이상의 생활회에 참석하는 셈이다.

민주생활회의 내용과 절차는 조직 층위와 관계없이 거의 같다. 따라서 우리는 공산당 중앙조직과 지방조직에서 진행되는 민주생활회 사례를 살펴봄으로써 공산당 기층조직에서 전개되는 민주생활회를 이해할 수 있다. 예를 들어, 공산당 중앙정치국은 매년 12월에 총서기가 주재하고 정치국원 전원이 참석하는 민주생활회를 개최한다.

2020년을 사례로 정치국의 민주생활회를 살펴보자. 그해 12월 24일과 25일 이틀 동안 시진핑 총서기의 주재 아래에 25명의 정치국원이 전원 참석한 민주생활회가 개최되었다. 민주생활회의 대략적인 활동 내용은 언론을 통해 외부에 공개된다. 공산당 중앙이 먼저 솔선수범하는 자세를 보이기 위한 몸짓이다. 참고로 시진핑 시기 이전에는 똑같이 중앙과 지방에서 민주생활회가 개최되었지만, 그 개최 사실과 활동 내용은 외부로 공개되지 않았다.

이때 각 정치국원은 먼저 공산당 중앙이 제시한 '5개 중점(重點)'을 중심으로 지난 1년 동안 자신이 전개한 활동을 평가했다. 즉 '자기 검토(自我檢查)'를 발표한 것이다. 5개 중점은 ① '시진핑 사상'의 학습과 관철, ② '공산당 전면 영도' 강화의 실천, ③ 주요 갈등과 문제 해결 등 임무 수행, ④ 공산당 중앙의 결정 및 결의의 집행 관철, ⑤ 중앙 '8항 규정'의 엄격한 준수 여부를 말한다. 이처럼 정치국원은 각자 자신의 활동과 정치사상을 검토하고 당성(黨性)을 분석했다. 이때 발표한 '자기 검토서'는 사전에 정치국에 서면으로 제출했다. 발표 이후 다른 정치국원의 평가와 비판이 이어졌다. 이런식으로 이틀 동안 정치국원 상호 간에 비판과 자기비판이 진행되었다. 마지막으로 시진핑 총서기가 민주생활회를 결산하여 총괄 평가했다.[3]

그런데 민주생활회는 연말에만 개최되는 것이 아니다. 공산당은 정풍운동(整風運動)을 전개할 때마다 일반 당원이 참여하는 조직생활회와 영도간부가 참여하는 민주생활회를 개최한다. 2013년 하반기부터 약 1년 동안 전개된 '군중노선 교육 실천 활동'(이하 군중노선 활동)이 대표적인 사례다.[4] 군중노선 활동은 당정간부의 잘못된 '네 가지 풍조(四風)', 즉 형식주의·관료주의·향락주의·사치풍조를 해결함으로써 공산당 기율을 강화하고, 이를 통해 대중과의 긴밀한 관계를 유지하려는 목적으로 시진핑 정부가 실시한 첫 번째 정풍운동이었다. '네 가지 풍조'를 해결하기 위해서는 고위 당정간부가 솔선수범해야 하고, 그래서 정풍운동의 중점 대상은 현처급(縣處級) 이상의 영도간부였다.

군중노선 활동은 다른 정풍운동처럼 중앙이 지휘하고 지방이 집행하는 방식으로 추진되었다. 이때 공산당 중앙은 각 지역의 영도간부가 민주생활회를 엄격히 개최하도록 지시했다. 2013년 8월 초부터 10월 초까지 모두 다섯 개의 '통지(通知)'를 하달한 것이다.[5]

그 결과 민주생활회는 전국적으로 매우 진지하게 개최되었다. 중국 언론에 등장하는 "(영도간부들이 민주생활회에서) 진검승부를 한다(眞刀眞槍)", "얼굴이 붉어지고 가슴이 뛰고 진땀이 난다(紅臉心跳出汗)"라는 표현은 민주생활회가 어떻게 개최되었는가를 잘 보여준다.

예를 들어, 시진핑은 2013년 9월 23일부터 25일까지 3일간 진행된 허베이성(河北省) 공산당 위원회의 민주생활회에 직접 참석했다. 민주생활회는 공산당 성 위원회 전체 상황에 대한 당서기의 검토 보고, 당 위원회 위원들의 개인 검토 보고, 당 위원회 위원 간의 상호 비판, 중앙이 파견한 민주생활회 감독조(監督組) 조장의 평가, 시진핑 총서기의 총괄 평가 순으로 진행되었다. 다른 지역과 기관에서도 비슷한 방식으로 민주생활회가 개최되었다.[6] 민주생활회가 이렇게 진행되기 때문에, 이에 참여한 간부들은 서로에 대해 '진검승부'를 할 수밖에 없고, 그래서 '얼굴이 붉어지고', '진땀'을 흘릴 수밖에 없다. 이후에는 민주생활회에서 제기된 문제를 해결하기 위한 개선 활동이 전국적으로 전개되었다.[7]

'당의 조직 생활'의 마지막으로, 공산당 기층조직은 '당원 대화(談心談話)'를 전개한다. 이것은 특정한 시간이나 기간을 정해놓고 하는 것이 아니라, 당 지부가 일상적으로 전개하는 활동이다. 다만 최소한 1년에 1회 이상 당 간부와 평당원 간에 당원 대화를 진행해야 한다. 예를 들어, 당서기는 문제가 있다고 판단되는 당원을 찾아가 허심탄회하게 대화한다. 이를 통해 문제를 해결하여 나중에 발생할지 모르는 잘못을 예방한다. 당원 대화는 일반 당원 상호 간에도 진행된다. 당원 간의 단결을 높일 수 있기 때문이다.

**2-1 중국공산당 제19차 전국대표대회(당대
회)(2017년 10월)**

공산당 당대회는 두 가지 중요한 역할을 담
당한다. 첫째, 공산당 지도자들의 업적을 신
성시하고 합법화함으로써 이들의 권력 행사
에 정통성을 부여한다. 둘째, 당대회를 통해
정치 엘리트들은 중요한 문제에 합의하고,
이를 통해 공산당 지도부의 권력 행사에 합
법성과 정통성을 부여한다. 주요 안건이 당
대회에서 통과되었다는 것은 정치 엘리트의
합의와 사상통일이 완료되었음을 뜻한다.
동시에 당대회에서 통과된 인선안은 합법성
을 갖기 때문에 신임 지도자들은 정당하게
권력을 행사할 수 있다.

2-2 중국공산당 제19기 중앙위원회 제1차 전체회의(2017년 10월)

매기(每期) 중앙위원회 3차 전체회의(3중전회)는 공산당이 생각하는 가장 중요한 의제, 주로 개혁·개방과 관련된 의제를 결정한다. 예를 들어, 1978년 12월에 개최된 공산당 11기 3중전회에서는 개혁·개방 노선이 결정되었다. 1984년 10월에 개최된 공산당 12기 3중전회에서는 도시 개혁이 결정되었다. 1993년 11월에 개최된 공산당 14기 3중전회에서는 '사회주의 시장경제론'에 근거한 전면적인 시장제도 도입이 결정되었다.

2-3 중국공산당 제19기 중앙 정치국 회의
(2017년 12월)

'공산당 중앙'은 정치국과 정치국 상무위원
회를 중심으로 운영된다. 이유는 간단하다.
이들 기구가 소규모로 구성되어 쉽게 만날
수 있기 때문이다. 정치국은 현재 25명으로
구성되어, 매달 한 번씩 소집된다. 정치국 상
무위원회는 현재 7명으로 구성되어, 매주 한
번씩 소집된다. 그래서 '공산당 중앙'은 실제
로는 정치국과 정치국 상무위원회를 지칭하
는 경우가 많다. 〈당장〉에 따르면, 중앙위원회
의 폐회 기간에는 정치국과 정치국 상무위원
회가 중앙위원회의 직권을 대행할 수 있다.

2-4 중국공산당 제19기 중앙 정치국 상무위원(2017년 10월)

정치국 상무위원회는 '집단결정과 개인 분담 책임의 상호 결합'이라는 '집단지도(集體領導) 원칙'에 따라 운영된다. 첫째, 중요한 정책과 인사는 정치국 상무위원회가 '집단'으로 결정한다. 둘째, 각 정치국 상무위원에게는 고유한 책임이 있고, 집단으로 결정한 사항을 각자 책임에 따라 집행해야 할 의무가 있다. 이를 '업무 분담(分工)'이라고 부른다. 집단지도 체제는 마오쩌둥 시대의 일인 지배 체제와 완전히 다른, 개혁기 엘리트 정치의 가장 중요한 특징이다.

**2-5 중국공산당 19차 당대회에 참석한 소수
민족 대표들(인민대회당/2017년 10월)**

전체 공산당 당원 중에서 소수민족 출신의
당원 비중은 계속 증가했다. 1949년에는
2.53%였는데, 1980년에는 4.91%로 두 배
가 증가했고, 2021년 6월 5일에는 7.5%에
달했다. 그런데 2020년 인구조사에 따르
면, 전체 인구에서 소수민족 인구의 비중은
8.89%였다. 이를 고려할 때, 소수민족 당원
비중은 아직 인구 비중인 약 9%에는 미치지
못한다. 이는 공산당이 여전히 한족 중심의
정당이라는 사실을 의미한다.

2-6 중국공산당 중앙 조직부 건물

공산당 영도 체제를 유지하는 가장 효과적
인 통제기제는 공산당만이 간부를 관리한
다는 원칙, 즉 '당관간부(黨管幹部)' 원칙이
다. 이에 따라 공산당을 제외한 그 어떤 정치
세력도 당정기관, 국유기업, 공공기관, 인민
단체 등의 인사 문제에 개입할 수 없다. 공산
당은 이 원칙을 굳건히 지키고 있고, 앞으로
도 그럴 것이다. 이 원칙의 포기는 곧 권력의
포기를 의미하기 때문이다. 공산당 중앙 조
직부는 이 원칙에 따라 당정간부를 관리하
는 핵심 권력기관이다.

2-7 중국공산당 중앙 선전부 기자회견
(2021년 6월)

공산당의 선전을 담당하는 핵심 부서는 중앙 선전부다. 선전부는 전체 선전 계통의 '신경센터'로서, 이데올로기와 관련된 포괄적인 기능을 담당한다. 동시에 선전 계통을 구성하는 당정기관, 즉 국무원의 문화관광부·교육부·국가신문출판서·신문판공실·신화통신사, 공산당의 『인민일보』, 『광명일보』, 『구시(求是)』 등을 총괄한다. 또한 중앙 선전부는 '당관매체(黨管媒體)' 원칙, 즉 공산당만이 언론매체를 관리한다는 원칙에 따라 모든 매체를 통제한다. 중국에서 언론매체는 '공산당의 입(黨的喉舌)'일 뿐이다.

2-8(위) 인민일보사 (2021년 2월)

2-9(아래) 광명일보사

중국에서 전국적으로 발행되고, 또한 당정
기관이 의무적으로 구독해야 하는 신문(일
간지)과 잡지는 '삼보일간(三報一刊: 세 개의
신문과 하나의 잡지)'밖에 없다. '삼보'는 공산
당 중앙의 종합 일간지인 『인민일보』와 『광
명일보』, 국무원의 경제지인 『경제일보』
를 가리킨다. '일간'은 공산당 중앙의 이론
지인 『구시(求是)』를 가리킨다. 어떤 지역과
기관도 『인민일보』와 『광명일보』를 제외하
고는 전국을 대상으로 하는 종합 일간지를
발행할 수 없다. 그 결과 중국에서는 『뉴욕
타임스(New York Times)』와 『워싱턴 포스
트(Washington Post)』처럼 지방지에서 시
작하여 전국지로 발전한 종합 일간지가 나
올 수 없다.

2-10 공산당 중앙 외사판공실 주임 양제츠(楊潔篪)(우)와
국무원 외교부 부장 왕이(王毅)(좌)(2021년 10월)

시진핑은 2017년에 외사판공실 주임인 양제츠를 공산
당 중앙 정치국원에 임명했다. 2019년에는 '외교 대권(大
權)은 공산당 중앙에 있고, 당이 전체 외교 업무를 총괄
한다'라는 방침을 천명했다. 이렇게 되면서 외사판공실
은 공산당 중앙을 대신하여 외교 실무를 총괄하는 핵심
부서가 되었다. 이에 비해 국무원 외교부는 외사판공실
의 지도를 받는 하급 실무 부서에 불과하다. 외교부 부장
도 정치국원인 외사판공실 주임과 비교하면 한 단계 낮
은 등급의 장관일 뿐이다.

2-11 '공산당 중앙 코로나 대응 영도소조' 회의를 주재하는 쑨춘란(2020년 5월)

경제와 외교 등 특정한 업무 영역(계통)에서 활동하는 다양한 당정기관을 통일적으로 조정하고 지도하기 위해 공산당은 '특별한' 지도조직인 영도소조(領導小組)를 설립하여 운영하고 있다. 한국의 정치조직 중에서는 국가안전보장회의(NSC)가 이에 가깝다. 영도소조는 '영도소조,' '위원회(委員會),' '조정소조(協調小組),' '공작소조(工作小組)' 등 다양한 이름으로 불린다. 현재 중앙에는 36개 이상의 다양한 공산당 영도소조가 있고, 국무원 산하에도 그것보다 많은 정부 영도소조가 있다.

2-12(위, 왼쪽) 중국공산당 광둥성 제12차 대표대회(2017년 5월)

2-13(위, 오른쪽) 중국공산당 상하이시 제11차 대표대회(2017년 5월)

2-14(아래) 중국공산당 신장 위구르 자치구 제10차 대표대회(2020년 1월)

성급(省級) 지방 단위의 공산당 위원회에는 세 종류의 영도기관이 구성된다. 첫째는 공산당 지방대표대회(지방 당대회)로, 5년에 1회 개최된다. 이것은 중앙의 전국대표대회(당대회)에 해당한다. 둘째는 공산당 지방위원회 전체회의(全體會議)로, 매년 2회 개최된다. 이는 중앙의 중앙위원회에 해당한다. 셋째는 공산당 지방위원회 상무위원회(常務委員會)로, 매달 두 번 이상 개최된다. 이는 공산당 중앙 정치국과 정치국 상무위원회를 결합한 성격의 영도기관이다.

2-15 공산당 지방위원회 상무위원회 회의
(후난성 화이화시 훼둥현/2022년 2월)

공산당 중앙의 영도기관을 우리 몸의 '머리'
라고 한다면, 공산당 지방위원회는 '몸통'이
라고 할 수 있다. 공산당 조직체계는 '머리'
인 중앙과 '몸통'인 지방의 당 위원회가 함께
유기적으로 작동되어야만 완전체가 될 수
있다. 공산당 지방위원회는 성급(省級) · 지급
(地級) · 현급(縣級) 단위에 설치된다. 향급(鄕
級)에는 공산당 기층위원회가 설치된다. 현
급은 지역 경제발전이나 주민 생활에 직접적
인 영향을 미치는 행정 단위로서 매우 중요
하다.

2-16 공산당 기층조직 회의(산둥성 라이양시 리위안사구/2020년 12월)

공산당 기층조직은 우리 몸에 비유하면 '말초신경'에 해당한다. 말초신경은 머리·몸통·손발과 달리 우리 눈에는 잘 보이지 않지만, 우리 몸 구석구석에 분포되어 있다. 우리는 말초신경을 통해 사물을 파악하고, 그에 근거하여 알맞은 판단을 내리고 필요한 동작을 취한다. 만약 말초신경이 제대로 작동하지 않으면 머리는 정확히 판단할 수 없고, 몸통과 손발은 제대로 움직일 수 없다. 이는 공산당 조직체계에서도 마찬가지다.

**2-17 공산당 기층조직 당원대회(허난성 저우
커시 톈커우향 천로우촌/2020년 12월)**

"당 지부(黨支部)는 당의 기층조직이고, 당
조직이 공작을 전개하는 기본 단위다. [당 지
부는] 사회 기층조직 중의 당의 전투 보루고,
당 전체 공작과 전투력의 기초다. [당 지부는]
당원을 교육하고 관리하고 감독하며, 군중
을 조직하고 선전하며 응집하고, [군중에] 봉
사(服務)하는 직책을 직접 담당한다. [중략]
[당 지부는] 당 지부 당원대회, 당 지부 위원회,
당 소조(小組)로 구성된다."(《당 지부 공작조례》
중에서)

제3부

공산당 당원

공산당원의 증가와 구성 변화
공산당원의 입당과 활동

◆◆◆◆

앞 장에서 살펴본 공산당 기층조직이 우리 몸의 '말초신경'이라면,
공산당 당원(黨員, party member)은 우리 몸을 구성하는 '세포'라고
할 수 있다. 실제로 공산당원 세 명 이상으로 구성된 최소 조직 단
위를 '당세포(party cell)'라고 부르고, 중국어로는 '당 소조(黨小組)'로
번역한다. 세포가 병들거나 약하면 머리, 몸통, 팔다리는 물론 말
초신경도 제대로 작동할 수 없다. 반대로 세포가 왕성하게 분열하
여 성장하면 우리 몸은 병들지 않고 건강하게 유지될 수 있다. 그
래서 당 지부가 각 지역과 기관에서 인재를 발굴하여 당원으로 입
당시키고, 그런 우수한 당원으로 구성된 기층조직을 확대하는 일
을 '당 건설(黨建, party-building)'이라고 부른다. 이처럼 당 건설의 핵
심은 당원 증가와 기층조직의 활성화다.

　공산당의 발전 과정을 전문적으로 분석한 한 학자는, 공산당

발전의 비결을 일반 당원의 활동에서 찾는다. 도시와 농촌의 기층 사회에 공산당원이 존재하기 때문에 국가 정책이 더 잘 집행될 수 있고, 공산당이 국가를 더 잘 통치할 수 있다는 것이다. 예를 들어, 국가의 세금 징수나 산아제한 정책은 공산당원이 많은 지역일수록 훨씬 효과적이고 철저하게 집행되었다. 이는 평당원이 국가 정책의 선전과 집행에 적극적으로 나서기 때문이다.

또한 공산당은 평당원의 활동 덕택에 여러 차례의 위기에서 벗어나 살아남을 수 있었다. 단적으로 마오쩌둥 시대의 대약진운동(1958~1960년)과 문화대혁명(1966~1976년) 기간에도 공산당원이 밀집한 지역에서는 그렇지 않은 지역에서보다 상대적으로 정치 경제적 피해가 적었다. 이는 공산당만이 당을 관리한다는 '당요당관(黨要黨管)' 원칙에 따라 공산당원들이 학생 홍위병(紅衛兵)과 노동자 조반파(造反派) 등 당외 세력이 공산당 조직에 침투하여 파괴하는 행위를 막고, 자체적으로 지역과 주민을 보호하는 활동을 적극적으로 전개했기 때문에 가능한 일이었다.[1]

이런 주장은 분명 과장이다. 공산당 발전에는 평당원의 활동도 중요하지만, 지금까지 살펴본 공산당의 중앙조직과 지방조직, 이를 뒷받침해주는 기층조직의 활동도 매우 중요하기 때문이다. 또한 평당원뿐만 아니라 간부 당원, 특히 중앙의 최고 지도자와 영도 간부의 활동은 공산당의 발전 과정에서 결코 간과할 수 없는 중요한 요소다. 그렇지만 이 주장은 사실을 담고 있다. 공산당원이 없는 공산당 조직은 생각할 수 없기 때문이다.

제3부에서는 공산당원의 증가와 구성 변화, 그리고 공산당원의 입당과 일상적인 활동을 차례대로 살펴볼 것이다.

공산당원의 증가와 구성 변화

먼저 지난 100년 동안 공산당 당원(공산당원)이 구체적으로 어떤 변화를 겪어왔는지를 간략히 살펴보자. 이는 크게 두 가지 측면에서 살펴볼 수 있다. 하나는 공산당원의 양적 증가와 전체 인구 중에서 공산당원이 차지하는 비중(비율)의 변화다. 다른 하나는 공산당원의 구성 변화다. 여기에는 나이와 직업, 성별과 민족 등 다양한 요소가 포함된다.

이와 같은 공산당원의 객관적이고 거시적인 상황 변화를 먼저 이해한 후에 공산당원이 일상에서 전개하는 구체적인 활동을 파악하는 것이 이들의 활동을 이해하는 데 도움이 된다.

1. 공산당원의 증가 상황

2021년 7월 1일은 공산당 창당 100주년이 되는 기념일이었다. 창당 당시 공산당은 50여 명의 지식인으로 구성된 소모임에 지나지 않았다. 그런데 그로부터 100년이 지난 2021년 6월에는 당원 규모가 약 9,500만 명에 달하는 세계 최대의 '엘리트 결사체'로 성장했다.

단순히 당원 규모로만 볼 때는 1억 8,000만 명의 당원을 자랑하는 인도인민당(Bharatiya Janata Party/BJP)이 세계 최대의 정당일 것이다. 그러나 인도인민당은 주로 선거 때만 움직이는 선거용 정당이라는 점에서 일상적으로 활동하는 공산당과는 성격이 다르다. 또한 당원 구성면에서도 공산당은 각계각층의 상위 6~7%의 엘리트로만 구성된 '엘리트 결사체(elite association)' 또는 '엘리트 정당(elite party)'이라는 점에서 인도인민당과는 다르다.[2]

(1) 당원의 절대 규모 증가

〈그래프 3-1〉은 1949년 중국 건국부터 2021년까지 공산당원이 증가한 상황과 전체 인구에서 차지하는 비중(비율)의 변화를 정리한 것이다. 이에 따르면, 공산당원의 절대 수는 급속히 증가했다. 1949년 중국 건국 당시 449만 명이었던 당원은 약 30년 후인 1982년에는 4,024만 명으로 약 9배가 증가한 것이다. 다시 약 30년

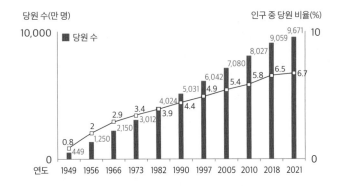

〈그래프 3-1〉 공산당원의 증가와 전체 인구 중 비중의 변화(1949~2021년)

자료: 中共中央組織部 信息管理中心, 『中國共産黨內統計資料匯編 1921-2000』(北京: 黨建讀物出版社, 2000), pp. 2-3; 中國共産黨 中央組織部, 「中國共産黨內統計公報」(2006-2021年), 〈人民網〉, www.people. com.cn; 李小軍 編, 『數讀中國60年1949-2009』(北京: 社會科學文獻出版社, 2009), pp. 6-129.

후인 2010년에는 8,027만 명으로 다시 두 배가 증가했다. 이후로도 공산당원은 계속 증가하여 2021년 6월에는 9,514만 8,000명, 같은 해 12월에는 9,671만 2,000명을 기록했다.[3]

(2) 전체 인구 중 공산당원의 비중 증가

전체 인구 중에서 공산당원이 차지하는 비중(비율)도 계속 증가했다. 1949년 중국 건국에는 그 비중이 0.8%에 불과했는데, 약 30년 후인 1982년에는 3.9%로, 5배나 증가했다. 다시 약 30년 후인 2010년에는 그 비중이 5.8%, 2021년에는 6.7%로 증가했다. 만약 공산당 입당이 허용되는 나이(즉 만 18세 이상)의 인구를 기준으로 계산하면, 전체 인구 중에서 공산당원이 차지하는 비중은 현재 대략

10% 정도가 될 것이다.

참고로 1980년대에 소련공산당 당원의 인구 대비 비중도 6% 정도였다.[4] 반면 베트남공산당의 당원은 2020년 기준으로 520만 명인데, 이는 전체 인구 9,642만 명(2019년 기준)의 5.4%에 해당한다. 이는 중국공산당과 소련공산당이 베트남공산당보다 수적으로 더 많은 당원을 보유하고 있을 뿐만 아니라, 인구 비례에서도 약 1% 포인트 정도 많은 당원을 보유하고 있다는 사실을 보여준다.

2. 공산당원의 구성 변화

지난 100년 동안 공산당원은 수적으로 증가했을 뿐만 아니라 구성 상황에서도 커다란 변화를 보였다. 여기에는 나이·직업·학력·성별·민족 등 다양한 요소의 변화가 포함된다. 이를 순서대로 간략히 살펴보자.

(1) 공산당원의 나이 분포

〈표 3-1〉과 〈표 3-2〉는 공산당원의 나이 변화를 정리한 것이다. 이를 두 개의 표로 나눈 이유는, 공산당이 발간한 통계자료의 나이 구분 기준이 바뀌었기 때문이다.

이에 따르면, 1949년 중국 건국 당시 공산당원은 매우 젊었다.

<표 3-1> 공산당원의 나이 분포 I(1949~2000년)

단위: 퍼센트(%)

연도	25세 이하	26~35세	36~45세	46~55세	56~60세	61세 이상
1949	24.60	61.73		13.67		-
1960	18.01	73.43		8.56		0.61
1971	13.55	29.38	51.83		5.24	-
1980	5.75	28.99	29.96	35.30		4.96
1990	4.03	18.47	28.74	24.43	11.81	12.52
2000	4.63	17.67	23.93	22.72	9.54	20.51

자료: 中共中央組織部 信息管理中心, 『中國共產黨內統計資料匯編1921-2000』(北京: 黨建讀物出版, 2002), pp. 22-25.

즉 전체 당원 가운데 25세 이하의 비율이 24.6%였고, 26세 이상 45세 이하는 61.73%였다. 이 둘을 합하면 86.33%로, 절대다수 당원이 45세 이하였다. 46세 이상자는 13.67%에 불과했다. 참고로 1949년 중국 건국 당시 최고 지도자였던 마오쩌둥은 56세(1893년 출생), 류샤오치(劉少奇)와 저우언라이(周恩來)는 51세(1898년 출생)였다. 건국 직후에는 50대의 최고 지도자가 중국을 통치하는 시대였다는 사실을 보여준다.

이후 공산당원은 나이가 들기 시작했고, 이에 따라 공산당도 늙어만 갔다. 구체적으로 1980년에는 25세 이하의 당원 비중이 5.75%로 떨어졌고, 2000년에는 4.63%로 1% 포인트 정도가 더 떨어졌다. 반면 46세 이상의 당원 비중은 1980년에는 40.26%, 2000년

<表 3-2> 공산당원의 나이 분포 II(2006~2021년)

단위: 퍼센트(%)/만 명

연도	% 만 명	35세 이하	36~45세	46~59세	60세 이상
2008	100	23.5	22.6	29.3	24.6
	7,593.1	1,785.5	1,719	2,222	1,866.6
2010	100	24.3	21	29	25.7
	8,026.9	1,951.1	1,688.3	2,327.9	2,059.5
2013	100	25.8	20.4	27.2	26.6
	8,668.6	2,237.6	1,767.3	2,359.7	2,304.1
2015	100	23.1	20.1	28	26.5
	8,875.8	2,054.4	1,781.4	2,486.2	2,353.7
2017	100	24.9	19.1	27.8	28.1
	8,956.4	2,233.7	1,713.3	2,491.1	2,518.3
2019	100	24.2	19	27.8	28.9
	9,191.4	2,226.1	1,747.1	2,560.7	2,657.7
2021*	100	24.9	19.1	27.7	28.3
	9,514.8	2,367.9	1,815	2,639	2,693**

주: * 2021년 통계는 2020년 1월부터 2021년 6월 5일까지의 통계다; ** 2021년에는 '60세 이상'을 '61세 이상'으로 분류 기준을 변경했다.

자료: 中國共產黨 中央組織部, 「中國共產黨黨內統計公報」(2006-2021년), 〈人民網〉, www.people.com.cn.

에는 52.77%, 2010년에는 54.7%, 2021년에는 56%로 증가했다. 즉 2000년을 기점으로 공산당원의 반 이상이 46세 이상의 장년층과 노년층이다.

(2) 공산당원의 직업 분포: '농민 정당'에서 '비(非)농민 정당'으로 변화

〈표 3-3〉, 〈표 3-4〉, 〈표 3-5〉는 공산당원의 직업 분포 변화를 정리한 것이다. 이를 세 개의 표로 나눈 이유도 역시 공산당이 발간한 통계자료의 직업 분류 기준이 변경되었기 때문이다.

〈표 3-3〉 공산당원의 직업 분포 I(1949~1965년)

단위: 퍼센트(%)/만 명

연도	% 만 명	노동자	농민	직원	학생
1949	100	2.50	59.62	11.10	0.89
	448.8080	11.2202	267.5793	49.8177	3.5905
1955	100	7.38	56.50	21.47	1.67
	939.3394	69.3330	530.6857	202.6103	15.6607
1960	100	17.06	49.20	25.76	1.04
	1,740.6054	296.9870	856.4054	448.4190	18.1516
1965	100	15.52	52.04	25.72	0.19
	1,871.0353	234.3095	973.7312	481.2979	3.5443

자료: 中共中央組織部 信息管理中心, 『中國共產黨內統計資料匯編1921-2000』(北京: 黨建讀物出版, 2002), p. 98.

〈표 3-4〉 공산당원의 직업 분포 II(1971~1980년)

단위: 퍼센트(%)/만 명

연도	% 만 명	노동자	농민	영업직/ 서비스직	전문 기술직	간부	학생
1971	100	16.09	49.69	2.33	3.26	16.83	0.14
1971	2,673.4487	430.2283	1,328.3426	62.1680	87.2473	450.0050	3.7157
1975	100	17.01	48.86	2.43	-	20.86	0.72
1975	3,337.8910	567.6137	1,631.0584	81.1616	-	696.3581	23.9027
1980	100	18.87	45.73	2.44	7.52	15.95	0.20
1980	3,829.3569	734.4588	1,779.8545	94.9739	292.5498	621.0061	8.2559

자료: 中共中央組織部 信息管理中心, 『中國共產黨黨內統計資料匯編 1921-2000』(北京: 黨建讀物出版, 2002), p. 99.

〈표 3-5〉 공산당원의 직업 분포 III(2006~2021년)

단위: 퍼센트(%)/만 명

연도	% 만 명	노동자	농어민	당정 기관	관리 기술직	학생	퇴직	기타
2008	100	9.7	31.1	8.2	22.2	2.7	18.8	7.4
2008	7593.1	733.6	2361.2	620.8	1687.6	201.4	1428.2	560.1
2010	100	8.7	30.1	8.5	22.9	3.2	18.5	7.8
2010	8026.9	698.9	2442.2	681.2	1841.3	253.9	1485.2	623.6
2012	100	8.5	29.8	8.4	24.2	3.4	18.2	7.9
2012	8512.7	725	2534.8	715.7	2019.6	290.5	1553.8	673.3
2014	100	8.4	29.5	8.4	24.5	2.6	18.5	8.1
2014	8779.3	734.2	2593.7	739.7	2154.8	224.7	1621.6	710.5
2016	100	7.9	29	8.4	25.2	2.1	18.9	8.4
2016	8944.7	709.2	2596	756.2	2255.7	187	1692.7	748.5
2018	100	7.2	28.1	8.3	26.3	2	20	8.1
2018	9059.4	651.4	2544.3	756.4	2380.7	180.5	1814.8	731.4
2021*	100	6.8	27.1	8.1	27.0	3.2	20.1	7.6
2021*	9514.8	648.1	2581.7	777.3	2568.5	306.7	1911.8	720.5

주: '노동자'는 생산기술직 노동자, 판매직 노동자, 영업직 노동자 등을 가리킨다; '당정기관'은 공산당과 국가기관 (정부·인대·법원·검찰원·정협·인민단체)의 공무원을 가리킨다; '관리기술직'은 기업의 전문기술직과 관리직, 공공기관(병원·학교·연구소·문화단체 등 비영리기관)의 전문기술직과 관리직을 가리킨다; '기타'는 자영업자(個體戶), 자유직업인 등을 가리킨다; • 2021년 통계는 2020년 1월부터 2021년 6월 5일까지의 통계다.

자료: 中國共產黨 中央組織部, 「中國共產黨黨內統計公報」(2006-2021년), 〈人民網〉, www.people.com.cn.

| 노동자 당원: 말로만 공산당의 주도 세력

표에 따르면, 전체 공산당원에서 노동자 당원이 차지하는 비중은 시간이 가면서 조금씩 증가했다. 그러나 전체적으로 보면 노동자 당원은 여전히 소수에 지나지 않는다. 예를 들어, 1949년에는 그 비중이 2.5%였다가 1980년에는 18.87%로, 7.5배가 증가했다. 그런데 이런 급격한 증가는 노동자 당원이 실제로 증가한 것보다는 노동자의 범위를 넓게 보고 통계를 작성해서 그렇게 된 것일 수도 있다. 예를 들어, 공장에서 관리자로 일하는 사람을 '관리기술직'으로 분류할 수도 있지만 '노동자'로 분류할 수도 있다. 이런 식으로 통계 방식을 조금만 변경해도 결과는 달라질 수 있다.

이를 증명하는 것이, 2000년대에 발표한 통계에는 노동자 당원 비중이 다시 10% 이하로 낮아졌다는 사실이다. 즉 2008년에 9.7%로 정점을 찍은 이후 계속 감소하여, 2021년에는 6.8%에 불과했다. 따라서 최소한 공산당원의 구성면에서 볼 때 예나 지금이나 공산당은 결코 노동자계급의 정당이라고 말할 수 없다.

| 농민 당원: '농민 정당'에서 '비농민 정당'으로 변화

또한 공산당원의 직업 변화를 놓고 볼 때, 공산당은 '농민 정당'에서 '비농민 정당'으로 급격히 변화했다고 할 수 있다. 구체적으로 1949년에 전체 공산당원 중에서 농민 당원이 차지하는 비중은 무려 59.62%로, 압도적 다수를 차지했다. 당시에는 당원 10명 중에서

6명이 농민인 셈이다. 이는 어쩌면 당연한 일이다. 당시에는 전체 인구 중에서 농민의 비중이 90%에 달했기 때문이다.

개혁·개방 초기인 1980년에도 농민 당원 비중은 45.73%로 여전히 다른 직업군에 비해 큰 비중을 차지했다. 그런데 2000년대에는 상황이 변화하기 시작했다. 단적으로 2008년에 '농어민'은 31.1%로 정점을 찍은 후에 계속 감소하여 2021년에는 27.1%였다. 개혁·개방이 전면적으로 확대되면서 산업구조에도 큰 변화가 발생했다. 단적으로 농업은 축소되고 공업과 서비스업이 급증한 것이다. 그 결과 인구 중에서 농민의 비중은 당연히 감소하고, 그것이 공산당원 구성에 반영되어 농민 당원의 비중도 감소한 것이다.

2021년 6월을 기준으로 보면, 현재 공산당원 가운데 노동자와 농어민의 비중은 33.9%에 불과하다. 즉 전체 당원을 열 명이라고 하면, 그중에서 노동자·농어민 당원은 세 명에 불과하다는 것이다. 이런 현재의 공산당원 구성을 놓고 볼 때도, 공산당은 '노동자와 농민의 연맹(勞農聯盟)'에 근거한 정당이라고 말할 수 없다. 물론 지향하는 가치와 목표, 즉 사회주의와 공산주의의 실현이라는 점에서 보면 '노동자와 농민의 연맹'이라고 주장할 수 있을 것이다. 그러나 그럴 경우도 그것이 구체적으로 무엇을 의미하는가는 여전히 의문으로 남는다.

| '관리기술직'과 '퇴직자'의 급격한 증가

반면 공산당원 가운데 '관리기술직'의 비중은 계속 증가했다. 1971년 통계에 처음으로 등장한 '전문기술직' 당원은 전체 당원 중 3.26%를 차지했고, 1980년에는 7.52%를 차지했다. 그런데 2000년 대 들어 그 비중이 급격히 증가했다. 즉 2008년 '관리기술직'은 22.2%를 차지했고, 2021년에는 27%를 차지하여 농어민(27.1%)과 거의 비슷한 직업군이 되었다. 이는 개혁기에 들어 경제발전을 위해 필요한 전문 인력, 특히 기술관료(technocrats)를 대거 입당시키면서 나타난 결과다.

또한 공산당원의 나이가 많아지면서 '퇴직자'가 증가했고, 이에 따라 전체 당원 중 퇴직자의 비중도 급격히 높아졌다. 퇴직자 비중이 통계에 처음 등장한 2008년에는 18.8%였는데, 2021년에는 20.1%를 차지했다. 그 결과 현재 당원의 직업군 가운데 퇴직자가 농어민(27.1%)과 관리기술직(27%) 다음으로 많다.

공산당원은 '정치 신분'이기 때문에 직업이 바뀌거나 현직에서 물러났다고 해서 공산당원이 아닌 것, 다시 말해 정치 신분을 잃는 것은 아니다. 따라서 시간이 갈수록 '퇴직자'가 증가하는 현상, 더 나아가서는 공산당원의 나이가 많아지고 공산당이 늙어가는 현상은 당연한 결과라고 할 수 있다. 다만 이것이 공산당의 노선과 방침, 공산당 지도부의 변화와 활동 등에 어떤 영향을 미치는가에 대해서는 면밀하고 실증적인 분석이 필요하다.

'당정기관' 종사자의 비중

공산당원 중에서 '당정기관' 종사자의 규모와 비중도 눈여겨볼 필요가 있다. 이들은 당원 가운데서 공산당, 국가기관, 공공기관 (사업단위), 인민단체에 종사하는 공무원이나 '준(準)공무원'을 가리킨다. 이런 면에서 이들은 공산당원이라는 '정치 신분'을 가지고 있는 사람일 뿐만 아니라, 당정기관에서 근무하면서 '공산당과 국가의 일'을 직업으로 생활하는 사람들, 즉 정치 신분과 직업 신분이 일치하는 사람이라고 할 수 있다. 중국에서는 이를 '국가 밥(皇糧)을 먹는 사람들'이라고 부른다.

공산당원 가운데 이들의 비중은 2008년 이후 지금까지 약 8% 선을 유지하고 있다. 수치로 보면, 2021년 6월에 777만 3,000명이다. 이는 전체 공산당원 가운데 약 8% 정도만 당정기관에 종사하고, 나머지 92%는 그것과 관련이 없는 직업에 종사한다는 사실을 보여준다. 마치 특정 종교를 믿는 신자가 각자의 생업에 종사하다가 일요일이나 종교 기념일에 성당 등을 찾아 신앙생활을 하는 것처럼, 당원의 92%는 각자의 생업에 종사하다가 공산당원이라는 정치 신분 보유자로서 한 달에 한두 번 혹은 서너 번 '당의 조직 생활'에 참여하는 사람들이다.

사영기업가와 자영업자: 사라진 계층?

주목할 점은, 〈표 3-5〉에는 사영기업가(자본가)와 자영업자(個

體戶)에 대한 통계가 없다는 사실이다. 공산당은 2000년대에 들어 사영기업가에게도 입당을 공식적으로 허용했다. 2002년 공산당 16차 당대회에서 장쩌민의 '삼개대표 중요 사상'이 공산당의 지도이 념으로 결정된 것이 이를 증명한다. 그 결과 2000년대 들어 사영기 업가 중에서 공산당원의 비중은 계속 증가했다.

구체적으로 사영기업가 중에서 공산당원인 사람들의 비율을 살펴보면, 1993년에는 13%, 1995년에는 17%, 1999년에 20%였다 가, 2002년에는 30%로 증가했다. 1993년의 비율(13%)과 비교하면, 2002년의 비율(30%)은 2.3배가 증가한 것이다. 공산당 16차 당대회 (2002년) 이후 2년이 지난 2004년에는 사영기업가 중 공산당원의 비 율이 34%를 기록했다.[5] 이 무렵이 되면 사영기업가 열 명 중에서 최소한 세 명은 공산당원인 셈이다.

중국 경제에서 사영기업이 차지하는 규모와 비중도 계속 증가했 다. 예를 들어, 중국의 공식 통계에 따르면, 2018년에 사영기업 수 는 약 1,561만 개로, 전체 기업과 공업 기업에서 차지하는 비중이 각각 84%였다. 사영기업이 공업 분야 고용에서 차지하는 비중도 약 52%였다.[6] 이런 수치를 이용하여 2018년에 사영기업가(1,561만 명) 중에서 공산당원의 비율(34%)을 계산하면, 대략 530만 명 정도 는 된다고 추산할 수 있다. 그런데도 공식 통계의 분류 범주에는 이들이 빠져있다.

이런 점은 개혁·개방 시대에 공산당이 직면한 '고민'을 보여준다. 노동자와 농민 등 인민의 정당임을 강조하는 공산당이 사영기업가를 별도의 당원 범주(항목)로 분류하여 통계를 제시하기에는 정치적으로 상당한 부담을 느끼고 있다는 것이다. 이 가운데 사영기업가(자본가)는 특히 그렇다. 따라서 사영기업가 당원(530만 명)은 720만 명(7.6%)의 '기타' 항목으로 분류할 수밖에 없었다. 이처럼 사영기업가 당원은 '사회주의' 중국에서 공산당원이면서도 당원으로서의 정당한 대접을 받지 못하는 '기타'라고 평가할 수 있다.

(3) 공산당원의 학력·여성·소수민족 분포

〈표 3-6〉은 공산당원의 학력, 성별, 소수민족 상황을 정리한 것이다. 먼저 공산당원의 학력은 급격히 높아졌다. 구체적으로 1949년에 전문대졸 이상자는 0.32%에 불과했는데, 1980년에는 3.23%로 10배나 증가했다. 다시 20년이 지난 2000년에는 21.08%로 다시 7배나 증가했다. 이후 전문대졸 이상자가 계속 증가하여 2021년 6월에는 52%를 넘었다. 공산당원 가운데 반 이상이 전문대졸 이상자라는 뜻이다.

이는 우연히 일어난 결과가 아니라 공산당이 입당 정책을 바꾸면서 나타난 '의도적 결과'라고 할 수 있다. 간단히 말해, 공산당이 개혁·개방 시대에 고학력자를 중심으로 공산당원을 충원한 것이다. 다른 관점에서 보면, 여러 가지의 입당 기준 중에서 공산당은 대졸 학력을 매우 중요시했다는 사실을 보여준다. 참고로 마오

<표 3-6> 공산당원의 학력·여성·소수민족 상황(1949~2021년)

단위: 만 명(%)

연도	학력(전문대 이상)	여성	소수민족
1949	1.4363(0.32)	53.2287(11.86)	–
1954	6.5345(0.83)	80.8460(10.29)	19.9066(2.53)
1960	27.2240(1.56)	210.1524(12.08)	78.1560(4.50)
1971	49.6787(1.86)	321.6837(12.03)	115.7593(4.33)
1980	125.6636(3.23)	523.8116(13.46)	190.9721(4.91)
1990	517.8228(10.29)	730.5166(14.52)	280.1044(5.57)
2000	1,360.4534(21.08)	1,119.8855(17.36)	401.1396(6.22)
2015	3,932.4(44.3)	2,227.8(25.1)	618(7)
2018	4,493.7(49.6)	2,466.5(27.2)	664.5(7.3)
2019	4,661.5(50.7)	2,559.9(27.9)	680.3(7.4)
2021*	4,951.3(52.0)	2,745.0(28.8)	713.5(7.5)

주: • 2021년 통계는 2020년 1월부터 2021년 6월 5일까지의 통계다.

자료: 中國共産黨 中央組織部,「中國共産黨黨內統計公報」(2006-2021년), 〈人民網〉, www.people.com.cn; 中共中央組織部 信息管理中心, 「中國共産黨黨內統計資料匯編1921-2000」(北京: 黨建讀物出版, 2002), pp. 9, 17, 50-53.

쩌둥 시대에는 이와는 달리 '출신 성분(계급)'과 '당성(혁명성)'이 입당의 중요한 기준이었다. 그 결과 대부분 문맹이거나 반(半) 문맹인 노동자·농민·군인, 특히 농민이 공산당원의 절대다수를 차지했다.

공산당원 중 여성 비중도 계속 증가했다. 1949년에는 그 비중이 11.86%였는데, 1980년에는 13.46%로 증가했고, 2021년 6월에는

382

28.8%가 되었다. 다만 여성 인구가 전체 인구 가운데 반 정도를 차지한다는 사실을 고려할 때, 이 통계는 공산당이 여전히 남성이 주도하는 정당이라는 사실을 보여준다. 즉 공산당원의 성별 구성 상황을 놓고 볼 때, 공산당은 결코 남녀평등을 실현한 정당은 아니다.

소수민족 출신의 공산당원이 차지하는 비중도 계속 증가했다. 1949년에는 그 비중이 2.53%였는데, 1980년에는 4.91%로 두 배가 증가했고, 2021년 6월 5일에는 7.5%에 달했다. 그런데 2020년 인구조사(人口普查)에 따르면, 전체 인구에서 소수민족 비율은 8.89%였다. 이를 고려할 때, 소수민족 당원 비중은 아직 인구 비중인 약 9%에는 미치지 못하고 있다. 이는 소수민족 당원의 비중이 증가하기는 했지만, 전체적으로 보면 공산당이 여전히 한족 중심의 정당을 벗어나지 못했음을 보여준다.

공산당원의 입당과 활동

이제 공산당원의 입당과 일상 활동에 대해 자세히 살펴보자. 공산
당이 국가와 사회를 통치하고 영도하는 '집권당' 및 '영도당'으로 남
기 위해서는 끊임없이 우수한 당원을 충원해야 한다. 동시에 이렇
게 충원된 공산당원들이 각자의 거주지와 근무지에서 공산당의
노선·방침·정책을 충실히 집행하는 '공산당인(共産黨人, communist)'
으로 활동해야 한다. 이를 위해서는 무엇보다 먼저 엄격한 절차에
따라 자격 조건에 부합하는 사람만을 당원 후보(예비당원)로 선발
해야 한다. 또한 그렇게 선발된 당원 후보(예비당원)를 체계적으로
교육해서 정식당원으로 육성해야 한다. 우리가 공산당의 당원 입
당 문제에 주목하는 이유는 이 때문이다.

그런데 공산당원에게는 입당 이후에 더 많은 과제가 놓여있다.
앞에서 말했듯이, 공산당은 단순히 '집권당'일 뿐만 아니라 동시에

'영도당'이다. 이런 성격에 맞게 공산당은 '사회주의의 실현'(궁극적으로는 공산주의의 실현)이라는 당의 목표를 달성하기 위해 당원이 일상적으로 '당의 조직 생활'에 참여해야 한다고 요구한다. 물론 '당의 조직 생활'의 실제 목적은 공산당 영도 체제를 유지하기 위해 공산당원의 지지와 참여를 동원하는 것이다. 만약 공산당원이 정당한 이유(예를 들어, 건강의 악화) 없이 이런 공산당의 요구에 부응하지 않으면 제명된다.

이처럼 공산당원은 '개인'이 아니라 '조직의 일원'으로 존재하고 활동한다. 이런 기율이 작동하기 때문에 공산당이 영도당의 지위를 유지할 수 있다는 것이다. 공산당 입당을 검토한 다음에 공산당원이 일상적으로 전개하는 '당의 조직 생활'을 자세히 살펴보아야 하는 것은 이 때문이다.

1. 공산당 입당 조건과 당원의 의무

(1) 세 가지의 입당 조건

〈당장〉 '제1장 당원'의 제1조와 제2조에 따르면, 당원은 다음과 같은 사람이어야 한다.

"〈제1조〉 나이 만 18세의 중국 노동자·농민·군인·지식인과 기타 사회계층의 선진분자(先進分子)로서, 당의 강령과 장정(章程)을 승인하고, 당의 조직에 참여하여 적극적으로 공작을 전개하고, 당의 결의를 집행하며, 기한에 맞추어 당비를 납부하기를 원하는 자는 중국공산당에 가입을 신청할 수 있다."

"〈제2조〉 중국공산당 당원은 중국 노동자계급의 공산주의 각오(覺悟)를 품고 있는 선봉전사(先鋒戰士)다.

중국공산당 당원은 반드시 온 마음을 다해(全心全意) 인민을 위해 복무(服務)해야 하고, 개인의 일체 희생을 아끼지 말아야 하며, 공산주의의 실현을 위해 죽을 때까지(終身) 분투해야 한다.

중국공산당 당원은 영원히 노동 인민의 평범한 일원(普通一員)이다. 법률과 정책이 규정한 범위 내의 개인 이익과 업무 직권 이외에, 모든 공산당원은 어떠한 개인 이익(私利)과 특권도 추구할 수 없다."

이에 따르면, 공산당의 입당 조건은 세 가지다. 첫째, 만 18세 이상자로, 중국 국적을 갖고 있어야 하며, 노동자·농민·군인·지식인 등 각계각층의 '선진분자'여야 한다. 둘째, 공산당의 강령과 〈당장〉을 승인해야 한다. 셋째, 공산당 조직에 참여하여 활동하고, 공산당의 결의를 집행하며, 기한에 맞추어 당비를 납부해야 한다.

여기서 가장 중요한 조건은 '선진분자', 우리식으로는 엘리트여

야 한다는 규정이다. 이는 입당을 원한다고 해서 아무나 공산당원
이 될 수 있는 것은 아니라는 사실을 보여준다. 누가 선진분자인가
는 오직 공산당만이 결정할 수 있다. 따라서 공산당의 엄격한 심사
를 통과한 사람만이 선진분자로 인정받아 공산당원이 될 수 있다.
그래서 나는 공산당을 각계각층의 상위 6~7% 정도의 엘리트들이
모인 '엘리트 결사체(elite association)' 혹은 '엘리트 정당(elite party)'으
로 부른다. 이는 다른 나라의 정당과 공산당이 다른 결정적인 차이
점이다.

　또한 이에 따르면, 입당한 이후에도 당원은 인민을 위한 봉사에
최선을 다해야 하고, 필요하다면 생명을 포함한 모든 것의 희생도
마다해서는 안 된다. 동시에 공산당원은 "노동자계급의 선봉전사"
로서 "공산주의의 실현"을 위해 "죽을 때까지 분투"해야만 한다. 이
외에도 공산당원은 "노동 인민의 평범한 일원"으로, 법률과 정책이
허용한 범위 이외의 어떠한 사리사욕과 특권도 추구해서는 안 된
다. 이는 공산당원이 인민의 이익을 위해 모든 것을 다 바치는 고
귀한 봉사자의 삶, 공산주의의 실현을 위해 평생 투쟁하는 치열한
혁명가(전사)의 삶을 살 것을 요구한 것이다. 만약 공산당원이 이런
〈당장〉의 요구대로 실천한다면, 중국은 머지않은 장래에 공산주의
가 실현된 '지상낙원(paradise)'이 될 것이다.

(2) 당원의 여덟 가지 의무와 권리

또한 〈당장〉은 공산당원이 반드시 지켜야 하는 여덟 가지의 의무와 여덟 가지의 권리를 나열하고 있다. 여덟 가지의 의무에는 다음이 포함된다. ① 마르크스–레닌주의 등에 대한 학습과 이를 통한 인민에 복무하는 능력(本領)의 향상, ② 당의 기본 노선과 방침 정책 등의 관철 집행과 선봉 모범 역할의 수행, ③ 당과 인민 이익 최우선의 견지와 개인 이익의 당과 인민 이익에의 복종 견지, ④ 당 기율과 국가 법률의 자각적인 준수, 당과 국가 비밀의 엄격한 수호, ⑤ 당의 단결 및 통일 수호와 모든 파벌 활동에 대한 굳건한 반대, ⑥ 비판과 자기비판의 절실한 전개와 부패 반대 투쟁의 전개, ⑦ 군중과의 긴밀한 연계와 군중의 정당한 이익 수호, ⑧ 사회주의 신기풍(風尙) 발양과 사회주의 핵심 가치(核心價値)의 선도적인 실천 등이 그것이다.

반면 공산당원으로서 누릴 수 있는 여덟 가지의 권리에는 다음이 포함된다. ① 회의 참가, 당 문건 구독, 당 교육 훈련 참가, ② 당 회의와 기관지를 통해 당의 정책 문제 토론, ③ 당 업무에 대한 건의와 창의(倡義) 제기, ④ 당 회의에서 당 조직과 당원 등에 대한 문제 제기와 처벌 요구, ⑤ 표결권·선거권·피선거권의 행사, ⑥ 자신의 처벌 문제 논의 시 변론과 증거 제시, ⑦ 당 결의와 정책에 동의하지 않는 경우 결의를 집행한다는 전제하에서 자신의 원래 의견 유지와 상급 조직에의 이의 제기, ⑧ 당 중앙 등 당의 상급 조직에 요청 및 고소 제기와 답변 요구 등이 그것이다.

한편 공산당은 당원의 권리를 더 잘 보장하기 위해 별도의 조례를 제정하여 실행하고 있다. 2004년에 제정되고 2020년에 수정된 〈공산당 당원 권리보장 조례〉가 바로 그것이다. 여기에는 당원의 권리를 반드시 존중하고 보장해야 한다는 규정과 함께, 당원이 누리는 권리를 모두 13개 항목으로 나누어 제시하고 있다. 당내 알권리(知情權), 당내 교육 훈련 권리, 당내 토론 참여 권리, 당내 건의 및 창의권(倡議權), 당내 감독권, 당내 파면 요구권, 당내 표결권, 당내 선거권과 피선거권, 당내 변론 신청권, 당내 부동의(不同意) 의견 제출권, 당내 도움 청구권, 당내 신소권(申訴權: 당내 처분에 불복하여 항소할 수 있는 권리), 당내 공고권(控告權: 합법적인 권익이 침해받았을 때 개선을 요구할 수 있는 권리)이 그것이다.

2. 입당 절차: 엄격한 선발과 체계적인 교육

그렇다면 일반인이 공산당에 입당하려면 어떤 절차를 밟아야만 할까? 이를 설명하는 지침서에 따르면, 입당 절차는 30개에 달한다.[1] 어떤 지침서는 이를 25개 절차로 설명하기도 한다. 이는 공산당 입당이 그만큼 까다롭고 복잡하다는 사실을 말해준다. 〈공

산당 발전당원(發展黨員) 공작세칙(工作細則)〉(이하 〈발전당원 공작세칙〉)
(1990년 제정/2014년 수정)은 공산당 입당 절차에 대해 상세히 규정하
고 있다.

이에 따르면, 입당 절차는 크게 네 단계로 나눌 수 있다. 첫째는
'입당 적극분자(積極分子)'의 확정과 육성(培養) 교육이다. 둘째는 '발
전대상'의 확정과 고찰(考察)이다. 셋째는 '예비당원(豫備黨員)'의 접
수와 입당이다. 넷째는 예비당원의 교육 및 고찰과 '정식당원(正式
黨員)'으로의 전환(轉正)이다. 입당 절차를 모두 밟는 데 걸리는 시
간은 최소 2년 6개월에서 3년 정도다. 이 중에서 예비당원 기간은
1년인데, 필요할 경우는 1년을 더 연장할 수 있다. 따라서 입당에
는 4년 이상이 걸릴 수도 있다.

(1) '입당 적극분자'의 확정과 육성 교육

〈발전당원 공작세칙〉에 따르면, 입당을 원하는 사람은 '입당신
청서'를 자신의 근무지('단위')에 있는 당 지부 또는 자신의 거주지
('구역')에 있는 당 지부에 제출해야 한다.[2] 당 지부는 입당신청서를
접수한 이후 1개월 이내에 신청인을 만나 기본 사실을 파악하고 상
황을 조사한 이후에 입당 신청의 수용 여부를 결정해야 한다. 수
용 방식은 다른 정식당원이 추천하거나, 공청단(共靑團) 지부가 추
천하는 방식을 취한다. 심사를 거쳐 입당 신청이 수용되면, 신청인
의 신분은 '입당 적극분자'로 전환된다. 입당 적극분자의 확정 사실

은 상급 공산당 기층위원회에 보고(備案)해야 한다.

입당 적극분자가 확정되면 다음 단계로 교육과 훈련에 들어간다. 먼저 정식당원 가운데 적당한 사람 한두 명을 골라 입당 적극분자를 교육하여 당원이 되도록 인도하는 '육성 연계인(培養聯係人)'으로 지정한다. 육성 연계인은 적극분자에게 공산당의 기본지식을 소개하고, 육성 교육의 전체 과정에서 조언자와 인도자의 역할을 맡는다. 육성 연계인의 중요 임무는 적극분자의 성장 상황을 정기적으로 당 지부에 보고하는 일이다. 당 지부가 적극분자를 '발전 대상'으로 선정할지를 결정할 때, 자신의 의견을 제시하는 임무도 있다. 적극분자가 확정되면 '적극분자 등기표'를 작성하여 당 지부에 보관하는데, 여기에는 육성 연계인이 보고한 내용이 자세히 기록되어 있다.

입당 적극분자의 육성 교육은 다양한 방식으로 진행된다. 이들은 일반 당원과 함께 당 지부에서 실시하는 각종 정치 학습과 조직 활동에 참여한다. 이들에게는 다양한 봉사 활동의 임무가 주어지기도 한다. 또한 적극분자는 상급 당 기층위원회나 해당 당 지부가 주최하는 집중 교육 프로그램에 참여하기도 한다. 이를 통해 적극분자는 공산당의 성질과 강령, 조직 원칙과 기율, 당원의 의무와 권리를 알게 되고, 원래의 입당 동기를 가다듬게 된다. 당 지부는 적극분자의 상황을 정확히 파악하기 위해 6개월에 한 번씩 고찰(考察)을 진행한다. 당 지부의 상급 조직인 당 기층위원회는 당 지부의 보고에 기초하여 매년 한 번씩 적극분자 전체의 상황을 분석 평가한다.

(2) '발전대상'의 확정과 고찰: 엄격한 '정치심사(政治審査)'

입당 적극분자는 1년 이상의 육성 교육을 거친 이후에 발전대상으로 확정할지가 결정된다. 당 지부 위원회는 먼저 적극분자가 가입하여 활동한 당 소조와 그들을 지도한 육성 연계인의 의견을 듣는다. 또한 일반 당원과 군중의 의견도 청취한다. 이후 당 지부 위원회 회의를 소집하여 확정 여부를 심의하여 결정한다. 당 지부 위원회는 이런 결정 사항을 반드시 상급 당 기층위원회에 보고하여 비준을 받아야 한다. 상급 당 기층위원회의 비준을 받은 이후에 적극분자는 '발전대상'에 편입된다.

입당 적극분자가 발전대상에 편입되면 교육과 고찰이 다시 시작된다. 먼저 정식당원 가운데 다시 한두 명을 골라 발전대상의 '입당소개인(入黨紹介人)'으로 임명한다. 입당 소개인은 이전의 육성 연계인이 맡는 것이 보통이다. 입당 소개인의 임무는 육성 연계인의 임무와 같다. 발전대상에게 당의 강령과 〈당장〉을 설명하고, 당원의 조건·의무·권리를 알려준다. 또한 발전대상의 입당 동기, 정치 각오, 도덕 품성, 업무 상황, 행동 등의 상황을 파악하여 당 지부에 보고한다. 그 밖에도 입당 소개인은 나중에 발전대상이 공산당 '입당지원서'를 작성하는 데 도움을 주고, 거기에 자신의 의견도 기록해야 한다. 특히 입당 소개인은 당 지부 당원대회가 개최되어 발전대상을 예비당원으로 확정할지를 놓고 투표를 할 때, 당원들 앞에서 발전대상을 소개(대개 동의 발언)할 의무가 있다.

발전대상은 적극분자 때와 비슷하게 공산당 상급 조직이 실행하는 각종 집중 교육 훈련 과정에 참여해서 교육을 받아야 한다. 발전대상에 대한 집중 교육 훈련은 공산당 기층위원회 혹은 그것의 상급 기관인 현급 당 위원회 조직부가 담당한다. 교육 훈련 시간은 3일 혹은 24시간보다 많아야 한다. '특별한 조건'이 아니면, 이와 같은 집중 교육 훈련을 거치지 않은 발전대상은 예비당원이 될 수 없다.

여기서 '특별한 조건'은 '특별 입당'을 말한다(《발전당원 공작세칙》 제28조 규정). 예를 들어, 자연재해나 비상 상황에서 모범적으로 활동한 발전대상이나 예비당원은 이런 집중 교육 훈련을 거치지 않고 당원이 될 수 있다. 실제로 2019년 코로나19가 발생했을 때, 전국적으로 방역 활동에 공이 많은 발전대상과 예비당원을 보상(격려)하는 차원에서 각각 예비당원과 정식당원으로 전환해 주었다. 이는 공산당 중앙의 특별 지시에 따른 조치였다.

이 단계가 전 단계와 다른 점은 '정치심사(政治審査)'가 있다는 점이다. 당 지부 위원회는 집중 교육 훈련을 받은 발전대상에 대해 반드시 정치심사를 진행해야 한다. 정치심사를 거치지 않거나 불합격한 사람은 '절대로' 예비당원이 될 수 없다. 심사 내용은 네 가지다. 첫째는 공산당 이론과 노선·방침·정책에 대한 이해와 태도다. 둘째는 공산당 정치 역사(예를 들어, 문화대혁명)와 중대한 '정치투쟁'(예를 들어, 1989년 톈안먼 민주화 운동)에 대한 태도다. 셋째는 국가 법률과 당 기율의 준수 여부, 사회도덕의 준수 여부다. 만약 세금 포탈 등 범죄 혐의가 있거나, 혼외정사 등의 심각한 추문이 있다면 당원이 될 수 없다. 넷째는 직계 친족과 본인의 사회관계와 정치 상황이다. 당원이 되기 위해서는 본인뿐만 아니라 직계 친족에게도 정치 문제가 없어야 한다. 정치심사 방법은 본인과의 대화, 관련 자료의 검토, 관련 단위 및 인원과의 면담 등이 포함된다.

(3) '예비당원' 신청과 입당: 엄중한 입당 의식

정치심사를 통과한 발전대상은 예비당원이 될 자격이 있다. 발전대상이 예비당원 입당을 신청하면, 당 지부 위원회는 이를 상급 조직인 당 기층위원회에 보고하고, '예비 심사(豫審)'를 정식으로 요청해야 한다. 요청받은 상급 당 기층위원회는 발전대상의 조건, 육성 교육 상황 등에 대한 심사를 진행한다. 이때에는 경찰과 검찰원 등 법률 집행기관(執法機關)에 발전대상에 대한 신원 조회를 의뢰한다. 이런 과정을 거쳐 예비 심사가 완료되면 상급 당 기층위원회는 당 지부 위원회에 심사 결과를 서면으로 통보하고, 발전대상에게도 공산당 '입당지원서'를 발부한다.

│ 입단 결정과 상급 당 조직의 비준

이후 발전대상은 입당 소개인의 도움을 받아 입당지원서를 작성하여 당 지부 위원회에 제출한다. 당 지부 위원회는 이를 접수한 후에 당원대회를 개최하여 발전대상의 입당 여부를 안건으로 상정하여 토론에 부친다. 당원대회에서는 먼저 발전대상의 보고(발표)가 있다. 발전대상은 공산당에 대한 인식, 입당 동기, 본인의 경력, 가정 및 주요 사회관계에 대해 당원들에게 보고한다. 이어서 입당 소개인이 발전대상의 상황에 대한 설명과 함께 입당 여부에 대한 자신의 의견을 발표한다. 다음 순서로 당 지부 위원회가 발전대상에 대한 심사 결과를 보고한다. 마지막 순서로 당원 토론과 표결이 진행된다. 표결은 무기명 투표 방식으로 이루어진다. 예비당원 입당은 당원대회 참석자의 과반수 찬성으로 통과된다.

공산당 지부 당원대회에서 입당이 결정되었다고 입당 절차가 완료되는 것은 아니다. 발전대상의 예비당원 확정은 상급 조직인 당 기층위원회의 심사와 비준이 필요하기 때문이다. 이를 위해 당 지부 위원회는 당 기층위원회에 공식으로 비준(審批)을 요청해야 한다. 이때에는 당원대회의 결의(決議) 내용(즉 입당 결정)이 기록된 입당지원서, 정치심사 자료, 육성 교육과 고찰 자료 등 발전대상과 관련된 주요 자료를 함께 제출해야 한다. 비준을 요청받은 상급 당 기층위원회는 비준 요청서를 접수한 이후 3개월 이내에 비준 심사를 완료해야 한다.

비준을 요청받은 상급 공산당 기층위원회는 먼저 당 위원회 위원 혹은 조직부 간부를 해당 당 지부에 파견하여 발전대상에 대한 실사(實査)를 진행한다. 이때는 발전대상은 물론 당 지부 위원회의 간부와 소속 당 소조의 조장 등과도 직접 만나서 대화를 진행한다. 모두 발전대상의 실제 상황을 세밀히 파악하기 위한 목적에서다. 다음 단계로, 상급 당 기층위원회는 발전대상에 대한 실사 자료를 참고하여 비준 여부를 심의 표결한다. 표결을 거쳐 비준이 결정되면, 상급 당 기층위원회는 비준 의견을 공산당 입당지원서에 기록하여 비준을 요청한 당 지부 위원회에 돌려준다. 그러면 당 지부 위원회는 이를 발전대상 본인에게 통보하고, 당 지부 당원대회에서도 선포한다. 또한 이런 사실을 다시 상급 당 기층위원회 조직부에 보고(備案)한다.

엄중한 입당 의식

이렇게 하여 발전대상의 예비당원 입당이 최종적으로 확정되면 입당 의식이 거행된다. 입당 의식은 대개 공산당 기층위원회나 총지부 위원회에서 거행된다. 가끔 특별 이벤트가 열리기도 한다. 예를 들어, 2021년 6월 22일에 중앙과 지방에서 공산당 창당 100주년을 기념하는 신입 당원 '입당 선서 활동'이 성대하게 거행되었다. 중앙의 입당 의식은 베이징시에 있는 공산당 역사전람관에서 공산당 중앙정치국원이면서 중앙 조직부 부장인 천시(陳希)의 주재로 열렸다. 여기에는 중앙 국유기업, 중앙 금융기관, 중앙이 관리하는 중점대학, 인민해방군과 무장경찰 부대 등 각계각층의 신입 당원을 대표하여 1,000여 명이 참석했다. 마치 미국에서 독립기념일에 시민권 발급 행사를 전국적으로 거창하게 거행하는 것과 유사한 정치행사가 열렸다.

입당 의식의 순서는 다음과 같다. 먼저 공산당 기층위원회 혹은 총지부 위원회 서기의 개회 선언이 있다. 이어서 〈국제가(國際歌, The Internationale)〉 합창이 있다. 이후 당서기의 축사가 있다. 다음으로 당서기 주재로 공산당 깃발(黨旗) 앞에서 예비당원 전체의 입당 선서가 진행된다. 선서 내용은 〈당장〉에 나와 있다.

"나는 중국공산당에 가입하기를 원하고, 당의 강령을 옹호하고, 당의 장정(章程)을 준수하며, 당원의 의무를 이행하고, 당의 결정을 집행하며, 당의 기율을 엄수하고, 당의 비밀을 수호하며, 당에 충성하고, 공작에 적극적이며, 공산주의를 위해 죽을 때까지 분투하고, 당과 인민을 위해 일체를 희생할 준비가 항상 되어 있으며, 영원히 당을 배반하지 않을 것이다(永不叛黨)."

선서 이후에는 예비당원의 입당 소감과 다짐 등이 이어진다. 마지막으로 당서기의 훈화(訓話)가 있다. 이렇게 하여 예비당원의 입당이 완료된다.

(4) 예비당원 교육 및 고찰과 '정식당원'으로의 전환

공산당 예비당원은 아직 정식당원이 아니기 때문에 당원의 경력 기간을 의미하는 '당령(黨齡)'에는 계상되지 않는다. 일종의 수습 기간이라고 할 수 있는 1년의 예비기(豫備期)가 지나야 정식당원이 될 자격이 주어진다. 또한 예비당원이 정식당원이 되기 위해서는 당 지부 위원회에 '정식당원 전환 신청서'를 제출해야만 한다. 만약 1년의 예비기가 부족하다면 6개월을 연장할 수 있지만 1년을 넘길 수는 없다. 예비당원은 예비기 동안에 일반 당원과 똑같이 당지부와 당 소조에 편입되어 당의 조직 생활에 참여한다. 단 예비당원에게는 표결권이 없다.

정식당원으로 전환하기 위한 절차는 그렇게 복잡하지 않다. 먼저 예비당원 본인이 전환 신청서를 당 지부 위원회에 제출해야 한다. 당 지부 위원회는 전환 신청서를 접수한 이후 예비당원이 소속된 당 소조에 의견을 조회한다. 또한 예비당원에 대한 다른 당원과 일반 군중의 의견도 청취한다. 이후 당 지부 위원회는 회의를 소집하여 전환 여부를 심사한다. 심사에 통과할 경우, 당 지부 위원회는 당원대회를 개최하여 정식 안건으로 상정한다. 당원대회에서 당원들은 토론과 표결을 거쳐 통과 여부를 결정한다. 통과될 경우, 당 지부 위원회는 관련 자료를 종합하여 상급 당 기층위원회에 제출하고 비준을 요청한다. 상급 당 기층위원회는 3개월 이내에 심사 결과(비준 여부)를 통보해야 한다.

이 모든 과정이 끝나면 예비당원은 정식당원으로 전환된다. 정식당원 전환에서는 별도의 입당 의식이 없다. 이후 공산당 지부 위원회는 정식당원 전환자에 대한 모든 자료를 취합하여 '당원 당안(檔案, personal file)'을 만들어 보관한다. 입당지원서, 입당신청서, 정치심사 자료, 정식당원 전환 신청서, 육성 교육 고찰 자료 등이 이에 포함된다. 당안은 당 조직부가 보관하며, 당원이 죽거나 혹은 탈당할 때까지 유지된다. 물론 본인은 원칙적으로 당안의 내용을 볼 수 없다.

(5) 공산당원의 증가와 입당 비율

그렇다면 실제로 얼마나 많은 사람이 이런 복잡한 과정을 거쳐 정식당원이 될까? 〈표 3-7〉은 이를 정리한 것이다.

먼저 〈표 3-7〉에 따르면, 2013년부터 2019년까지 당원 증가율이 급격히 감소했다. 구체적으로 2012년의 252만 5,000명에서 2013년의 155년 9,000명으로, 1년 사이에 증가율이 38.6% 포인트나 줄었다. 이후 당원 증가 규모가 계속 감소하여 2017년에는 11만 7,000명까지 떨어졌다. 이를 2012년의 당원 증가 규모(252만 5,000명)와 비교하면, 5%에 불과한 수치다. 이는 입당 신청자가 줄어서 나타난 현상이 아니다. 표가 보여주듯이, 이 기간에도 입당 신청자는 계속 약 2,000만 명 선을 유지했다. 급격한 감소 원인은 공산당의 입당 정책이 2013년에 변화되었기 때문이다.

〈표 3-7〉 공산당원의 증가와 '발전(發展)' 상황(2006~2021년)

단위: 만 명

연도	당원(증가)	신청자 (1)	적극분자 (2)	발전대상 (3)	2/1(%)*	3/1(%)**
2006	7,239.1(158.1)	1,907.3	1,002.2	263.5	52.55	-
2007	7,415.3(176.2)	1,950.6	998.9	278.2	51.21	14.59
2008	7,593.1(177.8)	-	-	280.7	-	14.39
2009	7,799.5(206.5)	-	-	297.1	-	-
2010	8,026.9(227.4)	2,101.7	1,055.5	307.5	50.22	-
2011	8,260.2(233.3)	2,160.4	1,068.4	316.7	49.45	15.07
2012	8,512.7(252.5)	-	-	323.3	-	14.94
2013	8,668.6(155.9)	2,166.1	1,051.3	240.8	48.53	-
2014	8,779.3(110.7)	2,181.5	1,029.7	205.7	47.20	9.50
2015	8,875.8(96.5)	2,224.7	998.3	195.5	44.87	8.96
2016	8,944.7(68.8)	2,026.4	940.2	191.1	46.40	8.59
2017	8,956.4(11.7)	1,927.5	916.1	198.2	47.53	9.78
2018	9,059.4(103)	1,922.6	918.5	205.5	47.77	10.66
2019	9,191.4(132)	1,892.2	902.4	234.4	47.69	12.12
2021	9,514.8(323.4)	2,005.4	1,005.7	473.9	50.15	25.04

주: • 신청자 중 '입당 적극분자(入黨積極分子)' 비율(적극분자 ÷ 해당 연도 신청자): 입당 적극분자는 신청자 가운데 당해 연도에 심사를 거쳐 선정하기 때문에, 당해 연도의 적극분자를 당해 연도의 신청자로 나누어 구할 수 있다; •• 신청자 중 '발전대상(發展對象)' 비율(발전대상 ÷ 직전 연도 신청자): 적극분자가 된 후 1년 동안 교육 훈련을 받은 후에 발전대상으로 선정되기 때문에, 당해 연도의 발전대상을 직전 연도의 신청자로 나누어야 구할 수 있다. 예비당원이 된 후에 다시 최소한 1년 정도 교육 훈련을 받아야만 '정식당원(正式黨員)'이 될 수 있다. 매년 증가하는 당원은 예비당원 가운데 정식당원이 된 사람을 가리킨다. 2007년을 예로 들면, 2006년의 예비당원 263만 5,000명 가운데 176만 2,000명(예비당원의 66.87%)이 정식당원이 되었다. 2008년을 예로 들면, 2007년의 예비당원 278만 2,000명 가운데 177만 8,000명(예비당원의 63.91%)이 정식당원이 되었다; 2021년 통계는 2020년 1월부터 2021년 6월 5일까지의 통계를 가리킨다. 이렇게 약 5개월(2021년 1월~2021년 6월 5일)의 통계가 더해지면서 전체 통계 숫자가 증가했다. 동시에 공산당 100주년 기념으로 발전대상을 대폭 늘렸다. 즉 2020년 1월부터 12월까지의 발전대상이 242만 7,000명인데, 2021년 1월부터 6월 5일까지의 발전대상이 231만 2,000명이다. 이와 같은 두 가지 이유로 2021년의 발전대상 증가율은 25.04%로 이전의 두 배가 되었다.

자료: 中國共産黨 中央組織部, 「中國共産黨內統計公報」(2006-2021년), 〈人民網〉, www.people.com.cn.

조금 더 자세히 설명하면, 2013년 1월에 공산당 중앙정치국은 입당과 관련된 '16자(字)' 방침을 결정했다. "(입당) 총량 통제(控制總量), (당원) 구성 개선(優化結構), (당원) 소질 제고(提高質量), (당원) 역할 발휘(發揮作用)"가 그것이다. 이 방침은 2014년에 수정된 〈발전당원 공작세칙〉에도 포함되었다. 핵심은 엄격한 기준에 따라 적극분자·발전대상·예비당원을 선발하고, 여러 단계의 입당 심사 과정에서는 '정치 표준'을 가장 중요한 기준으로 삼아 철저히 심사하라는 것이다.[3] 그 결과 당원 증가 규모가 급격히 감소했다.

또한 〈표 3-7〉에 따르면, 2006년 이후 매년 약 2,000만 명 정도가 입당을 신청하고, 이 가운데 약 1,000만 명 정도가 '입당 적극분자'로 선정된다. 입당 신청자의 1/2만이 적극분자가 되는 것이다. 1년 이상이 지난 후에는 약 1,000만 명의 입당 적극분자 가운데 다시 약 200만 명에서 300만 명이 '발전대상'으로 선정된다. 최초 입당 신청자(약 2,000만 명) 대비 발전대상(200만~300만 명)의 선정 비율은 10%에서 15% 정도다. 이 가운데 다시 '정식당원'이 되는 규모는 매년 100만 명에서 200만 명 정도다. 즉 발전대상의 1/2 혹은 2/3만이 정식당원이 된다.

이를 정리하면, 입당 적극분자가 되겠다고 신청한 약 2,000만 명 중에서 최후로 정식당원이 되는 사람은 약 100만 명에서 200만 명에 불과하다. 그 비율을 백분율로 표시하면 5%에서 10% 정도다. 쉽게 말해, 매년 당원이 되겠다고 100명이 신청하면, 그 가운데 실제로 정식당원이 되는 사람은 5명에서 10명 정도밖에 되지 않는다는 것이다. 이를 보면, 중국에서 공산당원이 되는 일은 매우 어렵다고 할 수 있다.

물론 한 번 입당했다고 해서 평생 공산당원 신분이 보장되는 것은 결코 아니다. 앞에서 살펴본 '당의 조직 생활'에 참여하지 않으면 당원 신분은 박탈된다. 또한 특별한 이유 없이 당비를 6개월 이상 내지 않아도 제명된다. 그 밖에도 당 지부가 부과한 임무를 특별한 이유 없이 수행하지 않아도 역시 제명된다. 당적이 박탈되는 경우는 이것 외에도 많다. 당정간부의 경우는 뇌물 수수 등 부패 혐의와 관련된 범죄를 저지르면 형사처벌을 받기 전에 먼저 당적이 박탈된다. 그 결과 매년 수십만 명의 당원이 제명된다. 예를 들어, 2010년에만 32만 명의 당원이 여러 가지 이유로 제명되었다.[4]

3. 입당 동기와 당원 혜택

그렇다면 중국에서 사람들은 왜 그렇게 치열하게 공산당원이 되려고 노력하는 것일까? 마르크스-레닌주의에 입각한 투철한 신념에서 입당하는 것일까? 아니면 승진과 출세 등 현실적인 이익 때문에 입당하는 것일까? 또한 공산당은 어떤 사람들을 입당시키려고 할까? 즉 입당 기준은 무엇일까? 이처럼 입당 문제는 두 가지 다른 관점에서 살펴볼 수 있다. 하나는 입당 신청자의 관점에서 본 입당 동기다. 다른 하나는 공산당의 관점에서 본 입당 심사 기준이다.

(1) 입당 동기: 이념에서 실용으로 변화

입당 동기를 먼저 살펴보자. 결론적으로 말하면, 세대별과 직업별로 입당 동기가 다르다. 예를 들어, 2008년과 2013~2015년 사이에 베이징 시민을 대상으로 실시된 두 번의 설문 조사 결과에 따르면, 입당 동기는 크게 두 가지로 나눌 수 있다. 첫째는 이념(ideology)이다. '인민을 위한 봉사와 헌신', '공산주의의 실현', '중국을 영도하는 가장 좋은 조직인 공산당에의 봉사' 등이 이에 해당한다. 둘째는 실용(pragmatic)이다. '개인의 경력 개발', '사회적 지위 향상', '정치적 기회 확보', '수입 증가', '승진에 유리한 조건 마련' 등이 그것이다.

또한 공산당원은 입당 시점을 기준으로 5세대로 나눌 수 있다. 사회주의 건설 시기(1949~1965년), 문화대혁명 시기(1966~1976년), 개혁 초기(1980년대), 개혁 후기(1990년대), 2000년대 이후 시기가 그것이다. 이 가운데 늙은 세대의 당원일수록 이념 동기가 강한 데 비해 젊은 세대의 당원일수록 실용 동기가 강하다.[5] 이는 당연한 결과다. 1990년대 이후에 입당한 당원은 개혁·개방의 이익을 경험한 세대로, 이들에게는 이전 세대들이 가졌던 이념적 지향이 매우 약하다. 이들 눈에 공산당은 '혁명의 도구'가 아니라 '실용의 도구'일 뿐이다. 이는 2010년에 도시 주민을 대상으로 실시된 설문 조사 결과에서도 확인되는 내용이다.[6] 다른 조사에서도 마찬가지다.[7]

세대 외에도 직업군에 따라 입당 동기가 다르게 나타난다. 단적으로 공산당 신분이 업무와 승진에 필요한 곳에서는 입당 동기가 매우 강하고, 그런 곳에는 더 많은 당원이 분포한다. 국가 공무원이 대표적이다. 공산당 중앙 조직부 관계자가 말했듯이, 전체 공무원 가운데 당원 비율은 80%가 넘고, 영도간부(領導幹部), 즉 중앙 기관의 처장(處長)(한국의 과장급) 이상과 지방의 현장(縣長)(한국의 군수·시장급) 이상의 고위급 간부 가운데 당원 비율은 95%에 달한다.

반면 사영기업 관리자나 전문기술직 혹은 과학기술 연구소의 연구원은 역시 사회 엘리트이지만, 이들에게는 공산당원이라는 정치적 신분이 그렇게 중요하지 않다. 대신 이들에게는 경영 능력이나 전문 지식이 더욱 중요하다. 따라서 이들에게는 입당 동기가 강하지 않고, 실제로 이런 곳에서는 공산당원이 50% 정도밖에 되지 않는다.[8] 물론 이것도 매우 높은 비율이다. 전체 인구 가운데 당원은 6~7% 정도이고, 18세 이상자 중에서도 당원 비율은 10% 정도밖에 되지 않기 때문이다. 그러나 국가 공무원이나 영도간부와 비교하면 낮은 비율이다.

(2) 입당 심사 기준의 변화와 두 가지 엘리트 경로

다음으로 공산당의 입당 심사 기준을 살펴보자. 입당 심사 기준은 마오쩌둥 시대와 개혁·개방 시대가 크게 다르다. 마오 시대에는 출신 성분(계급), 정치적 충성도(혁명성), 부모의 당적 유무(혈통) 등 '선천적 요소'가 중요한 기준이었다. 따라서 당시에는 입당에 가장 유리한 계층은 노동자·농민·군인이었고, 가장 불리한 계층은 지주·자본가·지식인이었다. 마오 시대에 공산당원 대다수가 농민이거나 군인 혹은 노동자였던 것은 이 때문이다.

반면 개혁·개방 시대에는 그것보다는 개인의 조건과 능력 등 '후천적 요소', 특히 본인의 대학 학력 여부가 중요한 기준이 되었다. 이는 개혁·개방에 필요한 인재를 당원으로 충원하려는 공산당 중앙의 입당 정책이 반영된 결과였다. 이런 사실은 각종 설문 조사 결과를 통해 확인할 수 있다. 즉 아버지의 당적 유무나 계급 성분은 입당에 영향을 미치지 않는 데 비해 교육 수준, 특히 대학 졸업 여부는 입당에 큰 영향을 미친다.[9]

입당 심사 기준의 변화는 당정간부의 충원에도 그대로 적용된다. 마오쩌둥 시대에는 간부가 되기 위해서는 공산당원이라는 정치 신분이 필수 요소였다. 따라서 간부가 되고 싶은 사람은 먼저 공산당원이 되어야만 했다. 그러나 개혁·개방 시대에는 공산당원이라는 정치 신분만으로는 부족하다. 여기에 교육 수준이 중요한 요소로 추가되었기 때문이다. 따라서 공산당원이면서 대학교를 졸

업한 사람이 간부가 되기에 가장 유리하다. 이와 비슷하게 농촌에서 간부가 되기 위해서는 당원 신분보다 교육과 함께 향진기업(鄕鎭企業)의 경영자라는 경영 능력이 중요한 조건이 되었다. 이처럼 개혁기에는 입당 심사 기준처럼 간부 충원 기준도 정치적 충성도에서 교육 수준과 전문 능력으로 바뀌었다.[10]

재미있는 사실은, 같은 사회주의 국가였던 소련과 중국에서 엘리트의 승진 경로가 달라졌다는 점이다. 소련에서는 과학기술의 발전과 급속한 사회경제적 변화로 인해 공산당 당적과 상관없이 교육받은 집단(특히 대졸자)이 사회 엘리트가 되는 '단일 엘리트 경로'가 등장했다. 소련 사회가 급속한 산업화를 경험하면서 엘리트 성장 면에서는 자본주의 사회와 유사한 모습으로 변화한 것이다.

반면 중국에서는 마오쩌둥 시대에 '두 개의 엘리트 경로'가 등장했다. 이는 소련의 상황과 다른 것이다. 하나는 간부 행정직(cadre administrative position) 경로로, 여기서는 공산당원이라는 정치 신분이 대학교육과 같은 지식이나 능력보다 더 중요한 출세 요소였다. 다른 하나는 대학교수와 엔지니어 등 전문직(professional position) 경로로, 여기서는 대학교육이 공산당원 신분보다 더 중요한 승진 요소였다.

이와 같은 중국의 '두 개의 엘리트 경로'는 개혁·개방 시대에도 그대로 이어졌다. 즉 당정기관과 국유기업 등에서는 공산당 입당이 엘리트가 되기 위한 필수 요소인 데 비해 사영기업이나 대학 및 연구소 등에서는 대졸 이상의 고학력이 엘리트가 되기 위한 필수 요소가 되었다는 것이다.[11] 이처럼 중국에는 현재에도 '공산당 입당 → 당정간부 경로'와, '고등교육 → 전문직 종사자 경로'라는 두 개의 엘리트 경로가 존재한다. 이는 공산당이 당정기관의 인사권을 행사하면서 나타난 자연스러운 현상이다. 이에 대해서는 제2권 제1부 '인사 통제'에서 자세히 살펴볼 것이다.

(3) 당원의 각종 혜택과 그것을 초래한 원인: 두 가지 다른 설명

공산당원에게는 어떤 혜택이 있고, 그것이 왜 가능한지를 살펴보자. 공산당원은 비(非)당원과 비교해서 여러 가지 면에서 더 많은 혜택을 누린다. 근무 기관(조직)과 지역에 따라 약간의 차이는 있지만, 기본적으로 당원이 비당원에 비해 임금이 더 많고, 승진이 더 빠르며, 권위 있는 직위도 더 많이 차지한다. 또한 당원일수록 도시에 더 많이 거주하고, 더 많이 교육받는다. 이는 여러 가지 조사를 통해 확인되는 객관적인 사실이다.[12]

그런데 공산당원의 수입이 높고, 승진이 빠르며, 교육 혜택이 더 큰 이유를 설명하는 방식은 학자마다 다르다. 첫째는 정치자산 효과(political capital effect)다. 이에 따르면, 공산당원이라는 정치자산을 획득하면 공산당이 제공하는 여러 가지의 혜택을 볼 수 있고, 그래서 이런 결과가 나온다. 둘째는 자기 선택 효과(self-selection effect)다. 이에 따르면, 공산당원은 당원이 되기 전부터 원래 우수한 사람이었다. 그래서 이들은 공산당원이라는 정치자산의 획득 여부와는 상관없이 각종 혜택을 많이 받을 수 있다. 앞에서 살펴 본 대부분 학자는 명시적 혹은 묵시적으로 정치자산 효과를 주장 하고, 소수의 학자만이 자기 선택 효과를 주장한다.[13]

현실에서는 이 두 가지 설명이 모두 설득력이 있다. 먼저 특정 직업군에서는 공산당원이라는 정치 신분이 출세에 필수 요소이고, 공산당 입당은 커다란 혜택을 가져온다. 국가 공무원, 국유기업 관리자, 군 장교, 공공기관 간부가 이에 해당한다. 반면 입당 신청자 는 원래부터 각계각층의 상위 6~7% 정도에 포함되는 '선진분자'(엘리트)다. 따라서 이들은 공산당원이 되지 않았어도 다른 사람들보다 혜택을 더 많이 받을 가능성이 크다. 전문 지식과 능력이 더 뛰어난 사람들이기 때문이다. 다만 이런 경우도 특정 직업군에서는 공산당원이라는 정치자산이 승진 등 혜택에 필요하다는 점을 부정할 수 없다. 이런 측면에서 공산당원의 정치자산 효과는 여전히 유효하다.

**3-1 '젊은 지도자' 마오쩌둥(56세)(좌)과 저우
언라이(51세)(우)(1949년 10월)**

1949년 중국 건국 당시 공산당 당원은 매
우 젊었다. 전체 당원 가운데 25세 이하의 비
율이 24.6%였고, 26세 이상 45세 이하는
61.73%였다. 이 둘을 합하면 86.33%로, 절
대다수 당원이 45세 이하였다. 반면 46세
이상자는 13.67%에 불과했다. 1949년 중
국 건국 당시 최고 지도자였던 마오쩌둥(毛
澤東: 공산당 주석)은 56세(1893년 출생), 류샤
오치(劉少奇: 국가 부주석)와 저우언라이(周恩
來: 정무원 총리)는 51세(1898년 출생)였다. 건
국 직후는 50대의 최고 지도자가 중국을 통
치하는 시대였다.

3-2(위) 입당 신청 서류(2020년 2월)

3-3(아래) 작성된 입당 신청 서류
(2020년 3월)

공산당 입당 절차는 세부적으로는
30개 단계, 크게는 네 단계로 나눌 수
있다. 첫째는 '입당 적극분자(積極分子)'
의 확정과 육성 교육이다. 둘째는 '발전
대상(發展對象)'의 확정과 고찰이다. 셋
째는 '예비당원(豫備黨員)'의 접수와 입
당이다. 넷째는 예당원의 교육 및 고찰
과 '정식당원(正式黨員)'으로의 전환이
다. 입당에는 최소 2년 6개월에서 3년
정도의 시간이 걸린다. 입당을 원하는
사람은 '입당신청서'를 작성하여 자신
의 근무지나 거주지에 있는 공산당 지
부에 제출해야 한다.

**3-4 입당 적극분자 교육반(중국인민대학 경제
학원/2021년 11월)**

공산당 지부는 입당신청서를 접수한 이후
1개월 이내에 신청인을 만나 기본 사실을 파
악한 이후에 입당 신청의 수용 여부를 결정
해야 한다. 수용 방식은 다른 정식당원이 추
천하거나, 공청단(共靑團) 지부가 추천하는
방식을 취한다. 심사를 거쳐 입당 신청이 수
용되면, 신청인의 신분은 '입당 적극분자'
로 전환된다. 이후 이들을 인도할 '육성 연계
인(培養聯係人)'이 정당원 중에서 한두 명이
배정되고, 이들에 대한 다양한 육성 교육이
1년 동안 진행된다.

3-5 당원 발전대상의 단기 훈련반(후베이성 징저우시 사스구/2021년 4월)

입당 적극분자는 1년 이상의 육성 교육을 거친 이후에 엄격한 심사와 상급 조직의 비준을 거쳐 '발전대상'으로 확정된다. 이후 정당원 중에서 '입당 소개인(入黨紹介人)'이 한두 명 배정되고, 1년 동안 발전대상에 대한 교육과 고찰이 다시 시작된다. 발전대상은 적극분자 때와 비슷하게 공산당 상급 조직이 실행하는 각종 집중 교육 훈련 과정에 참여해야 한다. 교육 훈련 시간은 3일 혹은 24시간보다 많아야 한다.

3-6 당원 발전대상의 정치심사(둥베이전력대
학 기계공정원/2018년 6월)

발전대상이 예비당원의 신분으로 입당하기
위해서는 반드시 '정치심사(政治審査)'를 받
아야만 한다. 즉 정치심사를 거치지 않거나
불합격한 발전대상은 '절대로' 예비당원이
될 수 없다. 심사 내용은 네 가지다. 첫째는
공산당 이론과 노선에 대한 이해와 태도다.
둘째는 공산당 정치 역사와 중대한 '정치투
쟁'(예를 들어, 1989년 톈안먼 민주화 운동)에 대
한 태도다. 셋째는 국가 법률과 당 기율의 준
수 여부, 사회도덕의 준수 여부다. 넷째는 직
계 친족과 본인의 사회관계와 정치 상황이
다. 정치심사는 본인과의 대화, 관련 자료의
검토, 관련 기관 및 인원과의 면담 등을 통해
이루어진다.

3-7 신입 당원의 입당 선서(충칭시 훙옌 혁명기념관/2021년 6월)

예비당원 입당이 최종적으로 확정되면 입당 의식이 엄중하게 거행된다. 먼저, 공산당 서기의 개회 선언이 있다. 이어서 〈국제가(The Internationale)〉 합창이 있다. 이후 당서기의 축사가 있다. 다음으로, 당서기 주재로 공산당 깃발(黨旗) 앞에서 예비당원 전체의 입당 선서가 진행된다. 선서 이후에는 예비당원의 입당 소감과 다짐 발표 등이 이어진다. 마지막으로, 당서기의 훈화가 있다. 이렇게 하여 예비당원의 입당이 완료된다.

3-8 중국공산당 창당 100주년 기념 입당
선서식(베이징시 공산당 역사전람관/2021년 6월)

2021년 6월 22일에 전국적으로 공산당 창
당 100주년을 기념하는 신입 당원 '입당 선
서식'이 성대하게 거행되었다. 중앙의 입당
의식은 베이징시에 있는 공산당 역사전람관
에서 공산당 중앙 조직부 부장인 천시(陳希)
의 주재로 열렸다. 여기에는 중앙 국유기업,
중앙 금융기관, 중앙이 관리하는 중점대학,
인민해방군과 무장경찰 부대 등 각계각층의
신입 당원을 대표하여 1,000여 명이 참석했
다. 마치 미국에서 독립기념일에 시민권 발
급 행사를 전국적으로 거창하게 거행하는
것과 유사한 정치행사였다.

3-9 중국공산당 '입당선서문'

"나는 중국공산당에 가입하기를 원하고, 당의 강령을 옹호하고, 당의 장정(章程)을 준수하며, 당원의 의무를 이행하고, 당의 결정을 집행하며, 당의 기율을 엄수하고, 당의 비밀을 수호하며, 당에 충성하고, 공작에 적극적이며, 공산주의를 위해 죽을 때까지 분투하고, 당과 인민을 위해 일체를 희생할 준비가 항상 되어 있으며, 영원히 당을 배반하지 않을 것이다." (《당장》 중에서)

3-10 반당(反黨) 발언 엄금(嚴禁) 만화
(2018년 5월)

공산당원은 여덟 가지의 의무를 이행해야
한다. 첫째는 학습과 인민 봉사 능력 향상, 둘
째는 공산당 노선과 방침의 관철 및 선봉 역
할 수행, 셋째는 당과 인민 이익 최우선 견지,
넷째는 당 기율과 국가 법률의 준수와 비밀
엄수, 다섯째는 당의 단결 및 통일 수호와 파
벌 반대, 여섯째는 비판과 자기비판의 전개
와 부패 반대 투쟁, 일곱째는 군중노선 견지,
여덟째는 사회주의 신 기풍 발양과 사회주
의 핵심 가치의 실천이다.

3-11 중국공산당 당원증 (2021년 10월)

중국에서는 매년 2,000만 명이 입당을 신
청하는데, 그중에서 엄격한 선발 과정을 거
쳐 정식당원이 되는 사람은 150만 명에서
200만 명에 불과하다. 그렇다면 사람들은
왜 그렇게 치열하게 공산당 당원이 되려고
노력하는 것일까? 공산당원은 비(非)당원과
비교해서 더 많은 혜택을 누리기 때문이다.
당원은 비당원과 비교해서 임금이 더 많고,
승진이 더 빠르며, 권위 있는 직위도 더 많이
차지한다. 또한 당원일수록 도시에 더 많이
거주하고, 더 많이 교육받는다. 이런 점에서
당원은 '새로운 특권 집단'이라고 할 수 있다.

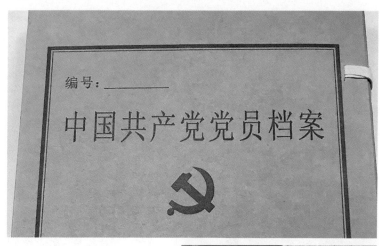

3-12(위) 공산당 당원 당안(檔案)
(2018년 10월)

3-13(아래) 공산당 당원 당안
(2018년 10월)

1년의 예비기(豫備期)가 지나면 예비 당원은 엄격한 심사와 상급 기관의 비준을 거쳐 정식당원으로 전환된다. 정식당원 전환에서는 별도의 입당 의식이 없다. 이후 공산당 지부는 정식당원 전환자에 대한 모든 자료를 취합하여 '당원 당안(檔案, personal file)'을 만들어 보관한다. 여기에는 입당지원서, 입당신청서, 정치심사 자료, 정식당원 전환 신청서, 육성 교육 고찰 자료 등이 포함된다. 당안은 당 조직부가 보관하며, 당원이 죽거나 혹은 탈당할 때까지 유지된다. 물론 본인은 원칙적으로 당안의 내용을 볼 수 없다.

3-14 공산당 당원의 모범적인 활동(코로나19 방역 자원봉사/2022년 1월)

자원봉사 활동은 당원이라면서 반드시 참여해야 하는 필수 사항이다. 다만 활동 방식은 지역마다 다를 수 있다. 예를 들어, 랴오닝성(遼寧省) 선양시(瀋陽市)에 있는 공산당 지부는 지역 주민을 위해 채소 가게를 운영한다. 도매시장에서 채소를 싸게 사서 이윤을 남기지 않고 주민에게 파는 일종의 사회적 기업이다. 또한 선양시 적십자병원의 의사가 주도하는 공산당 지부는 의료 봉사 활동을 활발히 전개한다. 여기에는 선양시 적십자병원, 재난구호반, 둥베이대학 봉사자 등 300여 명이 참여한다.

3-15 공산당 당원의 '조직 생활': 중국공산당 창당 100주년 기념 전시회 단체 방문(베이징시 중화세기단/2021년 6월)

당원은 매달 하루 이상 '당원 주제일(主題黨日)' 활동 특정 주제를 잡아 당원이 함께 참여하는 활동 에 참여해야 한다. 공산당 기념일이나 국경일에 혁명유적지나 기념관을 방문하여 당성을 함양하는 활동, 양로원과 고아원 등 특별 시설을 방문하여 위문품을 전달하고 봉사하는 활동 등 종류는 다양하다. 이 밖에도 농구 대회나 탁구 대회 등 체육 활동, 사진 촬영 등 취미 활동, 명승지 답사나 유원지 단체 소풍 등 야유회 활동도 있다.

3-16 여성 공산당 당원의 '조직 생활'(간쑤성 딩시시 웨이안법원/2020년 3월)

당원이 반드시 참가해야 하는 조직 생활의 기본은 '삼회일과(三會一課: 세 개의 회의와 하나의 학습)'다. 여기서 '삼회'는 당원대회, 당 지부 위원회 회의, 당 소조 회의를 가리킨다. '일과'는 흔히 '당과(黨課)'라고 불리는 당원의 정치 학습을 말한다. 즉 모든 당원은 세 개의 회의에 참석하고, 공산당이 주관하는 정치 학습에도 반드시 참여해야 한다. 실제로 당원은 이것 이외에도 더 많은 다양한 활동에 참여한다.

3-17 소수민족 공산당 당원의 '조직 생활'(중국공산당 창당 90주년 기념 활동 참석/2011년 7월)

당원은 연 4회 이상(대개 분기마다 한 번) 집중 정치 학습에 참여해야 한다. 학습 내용은 기본적으로 공산당 중앙의 계획에 따라 결정된다. 예를 들어, 2021년 7월 1일은 공산당 창당 100주년 기념일인데, 이에 맞추어 연초부터 전 당원의 당사(黨史) 및 중국 근현대사 학습 운동이 전개되었다. 2021년의 당원 집중 학습은 이에 맞추어 계획되고 집행되었다. 방식은 책이나 문헌 자료 학습을 기본으로 하지만, 전문 강사의 특강과 토론, 혁명 영화 감상과 토론, 혁명유적지 방문, 공산당 기념 활동 참가 등의 방법도 사용된다.

3-18 사영 기업가 당 지부의 당원대회(쓰촨성 쑤이닝시 청년기업가 상회(商會)/2017년 12월)

사영기업에 설립된 공산당 기층조직은 '기업 내 당의 전투 보루'이자 '기업 직원 군중의 핵심'으로, '정치 인도 역할'을 수행한다. 또한 당 조직은 사영기업 내에서 당의 기본 임무를 수행한다. 당 정책의 선전과 관철, 직원 군중의 단결과 결집, 기업과 노동자 쌍방의 합법적인 이익 옹호, 선진 기업문화의 건설, 기업의 건강한 발전 촉진 등이 그것이다. 이를 위해 조건에 부합하는 사영기업가는 공산당에 입당시킨다. 만약 입당이 여의찮을 때는 이들이 '중국 특색 사회주의 사업에 합당한 건설자'가 되도록 교육하고 인도한다.

3-19(위) 중국공산당 창당 100주년 기념 공연(2021년 6월)

3-20(아래) 중국공산당 창당 100주년 기념 공연(2021년 6월)

2021년 7월 1일은 공산당 100주년 창당기념일이었다. 1921년 50여 명의 지식인 조직으로 출발한 공산당은 100년이 지난 현재는 9,600만 명의 당원을 거느린 거대한 집권당이 되었다. 100주년을 맞아 공산당은 지난 100년 동안 자신이 이룩한 업적을 대중매체는 물론 학교와 군대 등 모든 수단과 방법을 총동원하여 대대적으로 선전했다. 공산당의 창당 축하 행사는 100주년으로 끝날 것 같지는 않다. 즉 공산당 영도 체제는 '최소한 당분간', 그것이 구체적으로 언제까지인지는 모르겠지만, 커다란 위기 없이 유지될 것으로 보인다.

제4부

결론

공산당 영도 체제의 평가와 전망

♦♦♦♦

지금까지 우리는 '공산당 영도 체제'를 자세히 살펴보았다. 먼저, 공산당 영도 체제와 국가 헌정 체제로 구성되는 중국의 당–국가 체제를 살펴보았다. 이어서 공산당 영도 체제를 뒷받침하는 네 가지 영도 원칙, 영도 원칙의 실행 수단인 공산당 조직 체계와 행위자인 공산당원을 살펴보았다. 결론적으로, 공산당 영도 체제는 네 가지 영도 원칙과 현실에서 그것을 실행하는 공산당 조직 체계와 공산당원의 활동 덕분에 제대로 유지되고 작동할 수 있다. 그 결과 개혁·개방 시대에도 공산당 일당 체제는 붕괴하지 않고 '권위주의의 끈질김'을 자랑할 수 있는 것이다.

그러나 이것만으로는 앞에서 내가 제기한 질문에 제대로 답할 수 없다. 다시 말해, 공산당이 권위주의 체제를 굳건히 유지하면서 동시에 눈부신 사회경제적 발전을 달성할 수 있으려면 공산당 영도 체제 이외에 '다른 그 무엇'이 더 필요하다는 것이다. 공산당 영도 체제를 성공적으로 지탱해주는 효과적이고 효율적인 '공산당 통제 기제'가 바로 그것이다. 과연 그런 것이 있을까? 이는 제2권에서 살펴볼 몫이다.

이제 지금까지 살펴본 내용을 토대로, 공산당 영도 체제를 평가하고 전망하면서 이 책을 끝맺도록 하자.

◆◆◆◆

공산당 영도 체제의 평가와 전망

공산당 영도 체제는 2021년 공산당 창당 100주년을 넘어 언제까지 지속될 수 있을까? 시진핑 시기(2012년~현재)라는 현재 시점에서 볼 때, 그것은 또 다른 100주년을 축하할 수 있을까? 사실 소련공산 당과 동유럽 사회주의 국가의 공산당이 30여 년 전에 붕괴한 것과 비교할 때, 공산당 영도 체제는 단순히 살아남았을 뿐만 아니라 사회경제적 발전과 중국의 국제적 지위 향상을 주도하면서 나날이 더욱 공고해지는 것처럼 보인다. 그렇다면 앞으로도 계속 그럴 것 인가?

나는 네 가지 측면에서 공산당 영도 체제의 지속가능성을 평가 할 수 있다고 생각한다. 첫째는 공산당과 국민 간의 관계다. 이는 공산당의 통치 정통성(legitimacy)과 관련된 문제다. 국민이 공산당 통치를 정당하게 생각하고, 그것을 수용하는지는 공산당 영도 체제의 지속 여부를 결정하는 가장 중요한 요소다. 만약 국민이 수용하고 지지하면 공산당 영도 체제는 지속될 수 있지만, 그렇지 않으면 지속될 수 없기 때문이다. 이와 관련하여 개혁·개방 시대 40여년 동안 공산당이 이룩한 사회경제적 발전과 정치안정 유지에 대해 국민이 어떻게 평가하는지, 또한 현재 강화되고 있는 시진핑 정부의 권위주의 통치에 대해 어떻게 생각하는지가 매우 중요한 문제다.

둘째는 공산당과 국가 간의 관계다. 이는 공산당의 국가 통치 체제(governing system)가 얼마나 안정적이고 효율적인가의 문제다. 이것도 역시 공산당 영도 체제의 지속가능성을 평가할 때 반드시 주목해야만 하는 중요한 요소다. 안정적이고 효율적인 국가 통치 체제가 구축되어야만 경제를 발전시키고 사회를 효과적으로 관리할 수 있다. 이는 국민이 공산당 영도 체제를 지지할지를 결정하는데 커다란 영향을 미친다. 이와 관련하여 시진핑 시기에 나타난 새로운 현상, 즉 '공산당 전면 영도' 강화와 이에 따른 공산당 중앙 및 시진핑 총서기로의 권력 집중 현상에 초점을 맞추어 살펴볼 필요가 있다.

셋째는 공산당 영도 체제를 이론적으로 정당화하는 이데올로기(ideology) 혹은 통치이념이다. 이데올로기는 공산당이 내부 통합과 단결을 유지하는 데 관련이 있을 뿐만 아니라, 국민이 공산당 영도 체제를 수용할 것인지와도 관련이 있는 중요한 문제다. 이데올로기가 공산당 영도 체제의 유지에 커다란 영향을 미치는 요소라는 점은 두말할 필요가 없다. 우리가 이미 살펴보았듯이, 공산당의 지도이념에는 마르크스-레닌주의 외에도 마오쩌둥 사상, 덩샤오핑 이론, 장쩌민의 삼개대표 중요 사상, 후진타오의 과학적 발전관, 시진핑 신시대 중국 특색의 사회주의 사상(이하 '시진핑 사상')이 있다. 이 중에서 현재 시점에서 공산당 영도 체제의 지속가능성을 평가하는 데는 '시진핑 사상'이 가장 중요하다.

넷째는 엘리트 정치 체제다. 중국과 같은 권위주의 정치 체제에서 정치적으로 문제가 발생한다면 일차적으로 엘리트 정치에 균열이 생길 때다. 권력승계를 둘러싸고 정치 엘리트 간에 벌어지는 갈등과 대립, 일명 파벌투쟁 혹은 권력투쟁은 그런 균열의 대표적인 사례다. 그래서 덩샤오핑은 죽을 때까지 엘리트 정치의 단결과 안정을 강조했다. 개혁·개방의 성공은 공산당 지도부의 단결 여부에 달려있기 때문이다. 이처럼 엘리트 정치는 공산당 영도 체제의 지속 여부에 관건이 되는 요소다.

이와 관련해서는 장쩌민 시기(1992~2002년)에 등장한 엘리트 정치 모델인 집단지도(集體領導, collective leadership) 체제가 이후에도 지속될 것인지, 다시 말해 집단지도 체제가 무너지고 시진핑의 일인 지배 체제가 등장할 것인지가 핵심 쟁점이다. 그런데 이에 대해서는 내가 다른 책에서 이미 자세히 분석했기 때문에 여기서는 간략하게만 살펴볼 것이다.[1]

1. 공산당-국민 관계:
통치 정통성 문제

2003년 1월 『민주주의 저널(*Journal of Democracy*)』에 네이선(Andrew J. Nathan) 교수는 중국 권위주의의 끈질김(authoritarian resilience)을 주장하는 논문을 발표했다. 1989년 톈안먼 민주화 운동과 1991년 소련 붕괴 이후, 중국도 머지않아 붕괴할 것이라는 많은 사람의 예상과는 달리, 공산당 일당 체제는 권력승계의 제도화, 파벌 정치의 완화, 당정기관의 분화와 전문화, 대중 정치참여의 정권 내 흡수 등을 통해 탄력성과 복원력을 갖춘 정치 체제로 발전했다는 것이 핵심 주장이다.[2]

이후 이 명제를 둘러싼 다양한 논쟁이 시작되어 최근까지 이어지고 있다.[3] 이 명제를 비판하면서 공산당 일당 체제의 허약성과 붕괴 가능성을 주장하는 학자도 일부 있다. 그러나 대다수 중국 전문가는 이 명제를 지지한다. 즉 공산당 영도 체제는 쉽게 붕괴하지 않는 끈질김을 가지고 있다고 본다.

예를 들어, 2015년에 미국의 외교 전문지인 『외교(*Foreign Affairs*)』는 저명한 중국 전문가를 대상으로 '중국 붕괴론'에 대한 견해를 조사했다. 즉 공산당 영도 체제의 끈질김에 대한 의견을 물은 것이다. 이 조사 결과에 따르면, 조사 대상자 32명 중에서 '붕괴'에 동의한 전문가는 7명(21.87%)이고, 공산당 일당 체제의 '지속'에 동의

한 전문가는 19명(59.37%)이었다. 나머지 6명(18.75%)은 '중립'을 표명했다. 이처럼 공산당 영도 체제의 붕괴 가능성을 지지하는 전문가는 약 22%에 불과했고, 나머지는 이에 반대하거나 입장을 유보했다.[4]

공산당 영도 체제가 끈질기다고 보는 근거나 이유는 다양하다. 많은 학자는 개혁·개방 시대에 공산당이 이룩한 뛰어난 사회경제적 업적, 즉 급속하고 지속적인 경제발전과 국민 생활수준의 향상을 강조한다. 업적 정통성(performance legitimacy) 명제다.[5] 어떤 학자는 정치개혁의 결과 정치 체계가 전보다 더욱 제도화되었고, 그것을 기반으로 공산당이 정치안정과 사회경제적 발전을 달성할 수 있었다는 사실을 강조한다. 정치 제도화(political institutionalization) 명제다.[6] 반면 어떤 학자는 민족주의(nationalism) 혹은 애국주의(patriotism)의 등장과 사회주의 이데올로기의 혁신, 국가 권위를 존중하고 혼란을 두려워하는 전통 사상(특히 유가 사상)의 영향 같은 이념적 요소를 강조한다.[7]

주의할 점은, 이 세 가지 요소는 서로 배타적이지 않으며, 동시에 작용할 수 있다는 사실이다. 실제로 이들 요소는 상승작용을 일으키면서 공산당 영도 체제를 지탱하는 역할을 담당하고 있다.[8]

(1) 높은 정권 지지율과 문제점

중국에서 '집권당(執政黨)'으로서의 공산당 지위는 현재도 확고해 보인다.[9] 여론조사에 기반한 많은 연구가 이를 뒷받침한다. 지난 40여 년 동안 중국인의 권리 의식과 법률 의식은 증가했고, 이를 기반으로 자신의 권리를 지키기 위한 노력도 전보다 더욱 활발해졌다.[10] 이는 개혁·개방 시대에 개인 소유제도와 시장제도가 도입되고, 그 영향으로 개인의 사회경제적 권리의식이 증가한 결과다. 또한 1986년부터 지금까지 중국 정부가 실시하고 있는 '법률 지식 보급 운동(普法活動)'이 어느 정도 효과를 발휘한 결과이기도 하다.[11] 따라서 중국인은 만약 공산당 영도 체제가 자신의 권리를 심각하게 침해하거나 실제적인 이익을 가져다주지 않으면 언제든지 비판하고 대항할 수 있는 존재로 변화했다. 이런 면에서 보면, 공산당 영도 체제는 그렇게 확고해 보이지 않는다.

그런데 전체적으로 보면, 그 반대 현상이 더욱 강력하다는 사실을 알 수 있다. 즉 중국인은 개혁·개방을 적극적으로 지지하고, 그것을 추진하여 커다란 업적을 이룩한 공산당 정권을 신뢰한다는 것이다. 반면 다당제와 직선제 도입 등 정치적 민주화에 대한 요구는 그렇게 강하지 않다. 중국에도 '중국 특색의 사회주의 민주'가 이미 실현되고 있다는 공산당의 선전을 그대로 수용하는 사람도 많다. 오히려 정치적 민주화보다는 현재의 공산당 영도 체제를 유지한 상태에서 부정부패 같은 정치 문제를 해결하는 편이 더 좋다고 생각하는 중국인이 다수를 차지한다.[12] 특히 개혁기 최대 수혜 계층인 도시 중산층과 사영기업가 계층은 공산당 영도 체제를 가장 강력하게 지지하는 세력으로 성장했다.[13]

이와 관련하여 우리는 시진핑 시기(2012년~현재)에 들어서도 공산당과 국가에 대한 중국인의 정치적 지지도가 여전히 매우 높다는 사실에 주목해야 한다. 즉 현재 중국인들은 공산당 영도 체제를 상당히 지지하고, 이런 높은 지지도가 지속되는 한 그것이 붕괴하거나 위험에 처할 가능성은 크지 않다. 동시에 이런 높은 지지도는 이후에도 중국이 일정한 경제성장을 지속하고, 국제적 지위가 계속 높아진다면 '최소한 당분간', 그것이 구체적으로 언제가 될지는 모르겠지만, 유지될 가능성이 크다.

| 몇 가지 근거 자료

이를 보여주는 조사 자료는 많다. 예를 들어, 하버드대학교 케네디스쿨의 애쉬 센터(Ash Center)는 2003년부터 2016년까지 13년 동안 대면 인터뷰 방식으로 중국 도시와 농촌에서 3만 1,000명을 대상으로 정부 만족도를 조사했다. 조사 결과를 보면, 정부 만족도는 1에서 4까지의 평가—여기서 1은 '매우 불만족', 2는 '상당히 불만족', 3은 '상당히 만족', 4는 '매우 만족'—에서 평균 3.3, 즉 '상당히 만족'과 '매우 만족 사이'를 유지하고 있다. 이를 백분율로 계산하면, 만족도가 82.5%에 달한다. 특히 2016년은 지난 20년 동안의 어느 때보다도 만족도가 높았다.

게다가 중국인들은 공공재 공급, 부패 문제, 환경 문제, 계층 격차 문제 등 중국이 직면한 여러 가지의 사회경제적 문제도 점차로 개선되고 있다고 평가한다. 정부의 문제 해결 노력이 성과를 보였다는 평가다. 이런 조사 결과를 놓고 볼 때, 공산당 정권이 단기간 내에 거센 도전에 직면하거나 위기에 봉착할 가능성은 매우 낮다고 이 보고서는 결론을 맺는다.[14] 이는 2001년부터 2016년까지 아시아 주요 국가의 정권 지지도와 통치 정통성을 조사한 〈아시아 바로미터 조사(Asian Barometer Survey)〉 결과에서도 확인되는 사실이다.[15]

시진핑 시기만을 전문적으로 조사한 결과도 이와 같다. 예를 들어, 2021년 1월에 발표된 〈2020년 에델만 트러스트 바로미터(2020 Edelman Trust Barometer)〉의 조사 결과에 따르면, 중국인의 자국 정부에 대한 신뢰도(trust)는 2016년 76%, 2017년 84%, 2018년 86%, 2019년 90%, 2020년 82%였다.[16] 이는 시진핑 체제에 대한 중국인의 높은 정치적 신뢰도를 보여주는 수치다. 타국의 경우 장기간에 걸쳐 이 정도의 수치를 기록하는 집권 여당과 정부는 많지 않을 것이다. 중국에서 실시되는 여론조사의 한계(예를 들어, 정직한 답변이 가능한가의 문제)를 인정한다고 해도, 이와 같은 일관된 조사 결과는 쉽게 무시할 수 없다.

| '비정상적으로' 높은 정치적 신뢰도와 만족도

물론 이와 같은 높은 정권 만족도와 정치적 신뢰도는 '정상 (normal)'이라고 말할 수 없다. 조사가 잘못되었다는 뜻이 아니라, 권위주의라는 중국 정치 체제의 속성으로 인해 이렇게 높은 수치가 나온다는 의미에서 '비정상(abnormal)'이라는 것이다. 단적으로 만약 언론의 자유가 허용되고, 시민사회의 활동이 보장된다면, 이렇게 높은 지지도와 신뢰도가 나올 수 없을 것이다.

다른 국가와 마찬가지로 중국도 수많은 정치적·사회적·경제적 문제를 안고 있다. 문제의 심각성과 광범위함을 놓고 보면, 중국은 결코 다른 국가보다 좋다고 할 수 없다. 그런데 공산당이 언론 보도와 시민사회의 활동을 강력하게 통제하기 때문에 그런 문제가 널리 알려지지 않는다. 반대로 공산당은 학교와 언론매체 등을 통해 자신이 이룩한 성과와 업적만을 대대적으로 반복해서 선전한다. 이런 이유로 일반 국민은 공산당이 제공하는 정보에 익숙해지고, 그 결과 공산당과 정부에 대해 높은 만족도와 신뢰도를 표시한다. 이런 측면에서 공산당에 대한 높은 만족도와 신뢰도는 권위주의 체제의 산물로 주의해서 보아야 한다는 것이다.

또한 이런 결과는 중국과 국제사회 간의 관계를 고려할 때, 그렇게 좋은 일만은 아니다. 중국에 대한 국제사회, 특히 선진국 국민의 호감도는 이와 정반대로 매우 좋지 않기 때문이다. 예를 들어, 2021년 6월 30일에 퓨 리서치 센터(Pew Research Center)가 발표한 중국 호감도 조사 결과를 보면, 한국을 포함한 선진 14개 국가 중에서 중국에 대해 '비우호적(unfavorable)으로' 느낀다고 응답한 사람의 비율은 평균 73%였고, 그 반대는 23%에 불과했다. 중국에 대한 호감도가 가장 낮은 국가는 일본으로, 조사 대상자의 86%가 중국에 대해 '비우호적으로' 느낀다고 답했다(한국은 75%였다).[17] 중국인이 공산당과 정부에 대해 80%에서 90%의 만족도 혹은 신뢰도를 보이는 데 비해 선진국 국민은 반대로 70%에서 80%의 비호감도를 표시하는 인식의 괴리는 상당히 크다고 할 수 있다.

(2) 공산당 영도 체제의 불안 요소

그렇다면 불안 요소는 없는가? 그렇지 않다. 최대 문제는, 공산당 영도 체제가 정치 과정에서 국민의 참여를 구조적으로 배제하고 있다는 점이다. 여기서 "구조적으로 배제한다"라는 말을 쓰는 이유는, 중요하지 않은 정책을 결정할 때는 참여를 일부 허용하기 때문이다. 예를 들어, 중국도 2000년대 들어 전자정부(e-government) 건설을 대대적으로 추진하면서 인터넷과 소셜미디어(SNS)를 통해 국민과 소통하려는 노력을 기울여왔다. 이를 통해 중국인들은 정부의 정책 결정에 대해 전보다 더 잘 이해할 수 있고, 자신이 원한다면 정책 결정에 참여할 기회도 그만큼 증가했다. 그러나 이것만으로는 부족하다.

| 국민의 정치참여 제한: '절차적 정통성'의 결핍

첫째, 공산당 영도 체제에는 국민이 주요 정치 지도자를 직접 선출하거나 중요한 정책 결정 과정에 직접 참여할 수 있는 안정적인 제도적 장치가 없다. 중국에도 유권자가 정치 지도자를 직접 선출하는 선거가 있기는 하다. 농촌 지역의 촌민위원회(村民委員會) 선거와 도시 지역의 사구(社區) 거민위원회(居民委員會) 선거가 바로 그것이다. 또한 향급(鄕級) 및 현급(縣級) 인민대표대회(인대) 대표 선거도 있다.

게다가 후진타오 시기(2002~2012년)에는 일부 지역―전체의 약 1% 범위인 400여 곳―에서 기층정부 수장인 향장(鄕長)과 진장(鎭長)에 대한 직접선거를 시험적으로 실시하기도 했다. 그래서 일부 중국학자는 이를 두고 촌민위원회 선거에 이은 '기층 민주의 실현이다'라는 찬사를 보내기도 했다. 물론 기층정부의 직접선거 실험은 시진핑 시기에 들어 '공산당 전면 영도'를 강조하면서 대부분 중단되었다.[18] 당정기관의 인사권은 공산당만이 행사해야 한다는 원칙을 강조한 결과였다.

그러나 이런 정치참여는 한계가 너무 뚜렷하다. 예를 들어, 촌민위원회와 사구 거민위원회는 국가기관이 아니라 대중 자치조직에 불과하다. 쉽게 말해, 마을 회장과 아파트 주민위원회 회장을 뽑는 선거와 크게 다르지 않다는 것이다. 따라서 기층사회에서 직접선거가 아무리 확대되어도 국가 권력구조에는 영향을 미칠 수 없다. 즉 공산당의 인사 독점은 여전하고, 공산당 영도 체제는 영향을 받지 않는다. 게다가 현재 촌민위원회와 사구 거민위원회는 사실상 공산당 기층조직이 장악하여 운영하고 있다.

향급 및 현급 인민대표대회(인대) 대표의 직접선거도 마찬가지다. 이것이 무의미한 것은 결코 아니지만, 그렇다고 국가 권력구조에 영향을 미치는 정치참여라고는 말할 수 없다. 그 위의 행정단위인 시급(市級) 및 성급(省級) 지방인대 대표와 전국인민대표대회(전국인대) 대표 등 중요한 '인민대표'는 간접선거로 선출되기 때문이다. 더 중요하게는 시장(市長)과 성장(省長) 등 지방정부 수장, 국가 주석과 국무원 총리 등 국가 지도자가 전국인대와 각급 지방인대에서 간접선거로 선출되기 때문이다. 모두 공산당만이 간부를 관리한다는 '당관간부(黨管幹部)' 원칙에 따라 공산당이 인사권을 독점적으로 행사한다.

따라서 중국에 직선제가 도입되어 국가 지도자, 즉 국가 주석이나 국무원 총리 같은 정부 책임자, 전국인대 대표와 같은 중앙 의회 구성원을 국민이 직접선거를 통해 뽑기 전까지는 공산당 영도 체제는 업적 정통성은 몰라도 절차적 정통성(procedural legitimacy)은 가질 수 없다. 이것이 현재의 공산당 일당 체제가 가지고 있는 최대의 정치적 문제이자, 앞으로 해결해야만 하는 가장 심각한 도전 과제다. 물론 공산당은 현재 이 문제를 완전히 외면하고 있다.

일반 국민이 중요한 정책 결정 과정에서 배제되는 것도 비슷한 문제가 있다. 중앙 단위는 몰라도 농촌과 도시의 기층사회에서 이 문제는 공산당 영도 체제의 유지에 커다란 영향을 미친다. 소위 '길거리 정치(street politics)'가 일상화되었다는 것이다. 간부들이 주민의 동의를 받지 않고 공유토지를 개발업자에게 분양하는 특혜를 베풀고, 이에 대해 주민이 격렬히 항의하는 일, 공해를 유발하는 공장을 유치하는 과정에서 지역 주민의 동의를 구하지 않음으로써 주민들이 반대 시위를 벌이는 일 등 대중 소요 사건, 중국식으로는 '군체성사건(群體性案件)'이 하루에 400건에서 500건씩 벌어지고 있다. 시진핑 시기에 들어서는 이에 대한 보도를 엄격히 통제하고, 간부의 권력 남용과 부패를 강도 높게 단속하면서 겉으로는 잠잠해진 것처럼 보인다. 그러나 상황과 조건이 변하면 '군체성사건'은 언제든지 분출할 수 있다.

물론 국민의 정치참여를 구조적으로 배제하는 공산당 영도 체제도 상황과 조건에 따라서는 안정적으로 유지될 수 있다. 과거처럼 고도의 경제성장이 지속되어 안정적으로 일자리를 창출할 수 있고, 일반 국민의 생활수준도 나날이 향상되어 국민이 현 체제에 상당히 만족할 경우는 말이다. 또한 공산당의 강력한 감독으로 간부의 권력 남용과 부정부패가 일정한 범위 내로 통제되고, 그래서 국민이 공산당의 반부패 노력을 높게 평가할 경우는 역시 커다란 문제 없이 공산당 영도 체제가 유지될 수 있다. 마치 싱가포르의 인민행동당(People's Action Party)이 오랫동안 '반(半)' 혹은 '연성(soft)'

권위주의 체제를 유지하면서도 안정적인 통치를 이어가고 있는 것처럼 말이다.

그런데 국내외 상황의 변화로 인해 중국에 언제나 '좋은 날'만 있을 수는 없다. 중국 경제가 세계 경제와 밀접히 결합해 있어 해외 경제 상황의 변화로부터 영향을 받는 조건, 중국 자체의 상황으로 인해 연평균 경제성장률이 현재 5%대에서 점차로 낮아질 수밖에 없는 조건에서 '나쁜 날'은 언제든지 올 수 있다. 여기에 더해 중국인의 권리 의식과 기대 수준이 전보다 더욱 높아졌기 때문에 공산당과 정부에 더 많은 요구를 제기한다. 이런 상황과 조건에서 '나쁜 날'이 비교적 오래 지속되고, 공산당이 국민의 기대 수준에 부응하지 못할 경우, 정치참여가 배제된 독재 체제, 절차적 정통성이 부족한 공산당 영도 체제는 국민의 불만과 도전으로 불안정해질 수 있다.

| 시민사회의 탄압과 '한목소리(一言堂)' 현상

둘째, 사회조직(NGO)에 대한 선택적 육성과 탄압도 문제다. 공산당이 사회조직을 무조건 탄압하는 것은 결코 아니다. 도시와 농촌의 기층사회에서 공공서비스를 제공할 수 있는 사회조직, 예를 들어 사회서비스기구(社會服務機構)는 적극적으로 육성한다. 자선단체도 역시 마찬가지로 적극적으로 지원한다. 기층사회의 안정은 공산당 영도 체제를 위해 꼭 필요하고, 사회서비스기구와 자선단체는 정부를 대신하여 사회복지 서비스를 제공하거나 재원을 공급함으로써 기층사회의 안정에 도움을 줄 수 있기 때문이다. 이런 측면에서 일부 사회조직은 계속 발전해왔고, 앞으로도 그럴 것이다.

더 나아가서 공산당은 2010년대 이후에는 기층사회에 직접 공공서비스를 제공하거나, 사회서비스기구를 자신의 활동 범위 내로 포섭하여 공공서비스를 제공하는 정책을 적극적으로 추진하고 있다. '작은 정부(小政府) 큰 사회(大社會)' 방침에서 '큰 공산당(大黨) 작은 정부 큰 사회'로 통치 방침을 변경한 결과였다. 즉 '정부'가 물러난 자리를 '사회'가 아니라 '공산당'이 대체하여 사회복지 서비스를 직접 제공하는 역할을 담당한다는 것이다.[19] 문제는 이런 정책이 더욱 확대될 경우, '큰 공산당'이 '작은 정부'를 대체할 뿐만 아니라, '큰 공산당'이 '큰 사회'를 자신의 품 안에 품으면서 사회조직의 활동 공간이 더욱 축소된다는 것이다.

더 큰 문제는 노동자와 농민공 등 사회적 약자의 권익을 옹호하는 사회조직은 무차별적으로 탄압하면서 시민사회(civil society)라고 부를 수 있는 사회조직이 사라지고 있다는 점이다. 국제 비정부조직(INGO)에 대한 통제 강화와 탄압도 마찬가지다. 이렇게 되면서 중국에는 공산당이 통제하는 인민단체, 기층사회의 통치와 안정에 도움을 주는 사회서비스기구와 자선단체 외에는 독립적이고 자율적으로 활동하는 사회조직이 사라지고 있다. 공간적으로는 중앙에서 지방과 기층 구석구석까지, 영역별로는 정치에서 사회·

경제·문화·환경 등 전 영역에 이르기까지 '공산당 전면 영도'가 실현되는 사회가 만들어지고 있다.

왜 '공산당 전면 영도'가 실현되면 문제가 될까? 이렇게 되면 공산당 영도 체제에서 발생하는 문제점을 내부에서 지적하고 비판할 수 있는 사회 세력이 사라지고, 그러면 이 체제의 탄력성과 복원력이 떨어질 것이기 때문이다. 특정 지역과 조직에서 공산당의 목소리만 들릴 뿐만 아니라, 중국 전역에서도 공산당 목소리만 들리는 '한목소리(一言堂)' 현상이 나타난다는 것이다. 마치 마오쩌둥 시대, 특히 대약진운동(1958~1960년)과 문화대혁명(1966~1976년) 시기에 오직 마오쩌둥의 지시만 들리고, 마오를 찬양하는 목소리만 전국에 메아리쳤던 것처럼 말이다.

정치와 경제 등 모든 영역이 잘 돌아갈 경우는 이런 '한목소리' 현상이 문제가 될 것이 없다. 그러나 세상일은 그렇게 순조롭지만은 않다. 2019년 12월 후베이성(湖北省) 우한시(武漢市)에서 코로나19가 시작되었을 때, 그것을 초기에 예방하는 데 실패한 사례는 '한목소리' 현상이 얼마나 심각한 문제를 초래할 수 있는가를 보여주는 대표적인 사례다.[20] 만약 그때 시민사회의 자유로운 활동을 보장하고, 언론의 자유로운 취재와 보도를 허용했다면, 코로나19는 예방하거나 초기에 차단할 수 있었을지도 모른다. 그러나 유감스럽게도 현재 공산당 영도 체제에 없거나 부족한 것이 바로 이것이다.

2. 공산당-국가 관계: 국가 통치 체제의 문제

시진핑 정부가 출범한 직후부터 국내외의 일부 전문가들은 시진핑 체제의 권력 집중 현상을 지적하기 시작했다. 시진핑 총서기는 '공산당 전면 영도'를 강화하면서 이전 지도자들과 달리 공산당 중앙의 권력을 강화했고, 그와 동시에 총서기 개인의 권력도 대폭 강화했다는 것이다. 그 결과 권력구조에 근본적인 변화, 즉 시진핑 일인 지배 체제가 등장하고 있다는 것이다.[21] 물론 이를 비판하면서 집단지도 체제가 여전히 유지되고 있다고 보는 주장이 아직은 우세하기는 하다.[22]

(1) 권력 집중과 정치 제도화의 동시 진행

시진핑 시기에 들어 이전과 비교해서 공산당 중앙과 총서기에게로 권력이 집중되었다는 지적은 타당하다. 그러나 이와 함께 잊지 말아야 할 것은, 정치 제도화도 함께 진행되었다는 사실이다.

| 권력 집중 현상

먼저 '공산당 전면 영도'의 강화와 이에 따라 초래된 정치권력의 집중 현상을 살펴보자. 첫째, 시진핑 정부는 '제2의 개혁'을 기치로 전 분야의 개혁을 주창하면서 이를 이끌어갈 많은 영도소조를 신설했다. 현재 공산당 중앙에는 36개 이상의 다양한 영도소조가 있고, 이 가운데 시진핑은 최소한 10개의 영도소조 조장을 맡음으로써 가장 많은 '감투(title)'를 쓴 총서기가 되었다. 이와 함께 '전면심화 개혁위원회' 등 일부 영도소조가 공식 영도기관인 공산당 정치국과 정치국 상무위원회의 역할을 축소하거나 일부 대신하는 '영도소조 정치'가 등장했다.

둘째, 2017년 공산당 19차 당대회에서는 차기 후계자가 선출되지 않았다. 즉 소위 '6세대 지도자'(1960년대 출생자)가 정치국 상무위원회에 아무도 진입하지 못함으로써 2022년 가을에 개최 예정인 공산당 20차 당대회에서 누가 총서기와 총리가 될지 불확실하게 되었다. 이는 과거 30년 동안 이어온 권력승계 규범이 깨진 것이다. 물론 '제6세대 지도자' 중에서 정치국원인 사람은 세 명이 있다. 국무원 부총리 후춘화(胡春華: 1963년 출생), 공산당 중앙 판공청 주임 딩쉐샹(丁薛祥: 1962년 출생), 충칭시 당서기 천민얼(陳敏爾: 1960년 출생)이 그들이다. 그러나 이들 중에서 누가 시진핑을 승계할지는 결정된 것, 혹은 알려진 것이 없다. 이는 시진핑 총서기가 중국 역사상 최초로 세 번째로 총서기에 취임할 가능성을 열어둔 사전 조치로 볼 수 있다.

셋째, 2018년 3월 13기 전국인민대표대회(전국인대) 1차 연례회의(例會)에서 국가 주석의 임기 제한 규정이 폐지되었다. 이렇게 되면서 시진핑 총서기는 2022년 개최 예정인 공산당 20차 당대회에서 공산당 총서기와 중앙군사위원회(중앙군위) 주석에 새롭게 취임한 데 이어 다음 해에 개최 예정인 14기 전국인대 1차 회의에서 국가주석에 취임할 수 있는 합법적인 길이 열렸다. 이처럼 세 가지 직위 모두에 시진핑이 다시 취임한다면, 권력승계는 이루어지지 않는다.

넷째, 2018년 일 년 동안 주춤했던 시진핑 개인숭배가 2019년에 들어 다시 강화되었다. 이는 2021년 공산당 창당 100주년 기념, 2022년에 개최 예정인 공산당 20차 당대회를 염두에 두고, 시진핑 총서기의 권위를 더욱 굳건하게 만들기 위한 시도라고 할 수 있다. 예를 들어, 2019년 1월 공산당 중앙이 하달한 〈당의 정치건설 강화 의견(意見)〉과, 같은 해 6월에 하달한 〈시진핑 사상 학습 요강 통지(通知)〉는 이를 잘 보여준다.[23] 앞의 〈의견〉에서는 '시진핑 총서기의 당 중앙 핵심(核心) 및 전당 핵심 지위'의 굳건한 수호, 뒤의 〈통지〉는 '시진핑 사상'으로 전 당원과 조직을 무장할 것을 강조하고 있다.

이처럼 시진핑 시기에 들어 공산당은 전면 영도를 강화한다는 명분으로 공산당 중앙 및 시진핑 개인의 권력 강화를 시도하고 있다.

│ 정치 제도화 현상

그런데 이와 함께 잊지 말아야 할 것은, 시진핑 정부가 의법치국(依法治國: 법률에 근거한 국가통치)과 의법집권(依法執政: 법률과 당규에 근거한 집권)의 원칙을 계속 강조하고 있고, 이를 통해 정치 제도화(institutionalization)도 동시에 강력히 추진하고 있다는 사실이다. 1990년대 후반기에 등장한 '절충형' 영도 체제 혹은 '법제화(法制化)' 영도 체제가 시진핑 시기에도 지속되었다는 것이다.

단적으로 2014년 10월에 개최된 공산당 18기 중앙위원회 4차 전체회의(18기 4중전회)에서는 〈의법치국의 전면 추진 결정〉이 통과되었다. 공산당 역사에서 중앙위원회가 법치(法治)나 법제(法制)를 단일 의제로 논의한 것은 이것이 처음이었다. 이처럼 시진핑 정부는 집권 초부터 법치 정책을 강조했다.[24] 시진핑 정부의 의법치국 강조는 이후에 공산당이 추진하는 핵심 전략인 '네 개의 전면(四個全面)'에 '전면적 의법치국 추진'이 포함되면서 이어지고 있다.

이런 의법집권 원칙은 공산당 당내 법규(黨規)의 제정을 통해 실현되었다. 예를 들어, 공산당 중앙은 2013년에 〈중앙 당규 제정 공작 5년 계획 요강(綱要)(2013~2017년)〉을 제정하고 실행했다.[25] 이를 이어 2018년에는 〈중앙 당규 제정 제2차 5개년(2018~2022년) 계획(規劃)〉을 다시 제정하여 실행하고 있다. 그 결과 2018년 한 해에만 모두 74건의 당규가 새롭게 제정되거나, 혹은 기존 당규가 수정되었다.[26]

이는 이전 상황과 비교하면 엄청난 규모라고 평가할 수 있다. 예를 들어, 1981년부터 1990년까지 10년 동안에는 모두 74건, 1991년부터 2000년까지 10년 동안에는 모두 177건의 당규가 제정되거나 수정되었다.[27] 그런데 2018년 한 해에 제정 혹은 수정된 당규가 74건이다. 이는 1980년대 10년 동안 제정 및 수정된 당규의 규모와 같고, 1990년대 10년 동안 제정 및 수정된 당규 규모의 42%에 이르는 많은 양이다. 이를 통해 우리는 시진핑 정부가 의법집권(법률과 당규에 근거한 집권)을 위해 얼마나 많이 노력해왔는가를 알 수 있다.

같은 맥락에서 2018년 3월에 개최된 13기 전국인대 1차 회의에서는 〈공산당 및 국가기구 개혁 방안〉이 통과되었다. 이때 의법치국위원회(依法治國委員會)라는 새로운 영도소조가 신설되고, 시진핑이 주임을 맡았다. 동시에 그동안 권한이 계속 축소된 것으로 평가되었던 정법위원회(政法委員會)가 대폭 강화되었다. 시진핑 총서기가 직접 정법위를 관장하는 것은 강화의 시작이었다. 이를 이어 〈방안〉에서는 중앙 사회치안 종합치리위원회, 중앙 안정유지공작 영도소조, 중앙 사교(邪教) 문제 방범(防範) 및 처리 영도소조 등 세 개의 영도소조를 폐지하고, 이들이 담당했던 직능을 정법위가 담당하도록 결정했다.[28] 모두 의법치국(법률에 근거한 국가통치) 원칙을 강화하려고 실행한 조치다.

두 가지 현상을 모두 주목해야 하는 이유

시진핑 시기의 공산당-국가 관계에서, 우리가 '공산당 전면 영도'와 이에 따른 권력 집중 현상의 출현과 함께, 의법치국 및 의법집권 원칙의 강화와 이에 따른 정치 제도화 현상의 지속을 동시에

주의 깊게 봐야 하는 이유는, 이것이 갖는 정치적 함의가 매우 크기 때문이다. 만약 '공산당 전면 영도'의 강화만 주목하고 공산당 중앙과 시진핑 개인으로 권력이 집중되는 현상만 강조할 경우는, 시진핑 시기의 공산당 영도 체제가 불안정하게 바뀔 수 있다는 결론에 도달할 수 있다. 실제로 이런 주장은 시진핑 집권 초기에 외국 언론에 의해 제기된 적이 있었다.[29]

그런데 지난 10년 동안의 시진핑 시기를 살펴보면, 이런 주장은 그대로 실현되지 않았다. 즉 엘리트 정치는 그렇게 불안정하지 않았고, 예상했던 정책 실수나 복지부동도 그렇게 심각하게 나타나지 않았다. 오히려 코로나19의 방역 과정과 결과가 보여주었듯이, 중국은 발병 초기에는 그것을 탐지하고 결정하는 과정에 문제가 있었지만, 발병을 확인한 이후에는 공산당 중앙의 신속한 정책 결정과 과감한 지휘 아래 관련된 당정기관과 지방이 일사불란하게 움직이는 모습을 보여주었다.[30] 이런 결과는 앞에서 말했듯이, 시진핑 정부가 '공산당 전면 영도'의 강화와 함께 의법치국 및 의법집권의 원칙을 추진하면서 공산당 영도 체제를 계속 제도화했기 때문에 가능한 일이다. 또한 후진타오 시기에 본격적으로 추진된 공산당의 '집권 능력(執政能力) 강화' 방침이 더욱 강력하게 추진된 결과이기도 하다.

여기서 우리는 시진핑 시기의 '공산당 전면 영도' 강화와 마오쩌둥 시대의 그것을 구별해서 보아야 한다. 사용하는 용어는 비슷하지만, 실제 내용은 크게 다르기 때문이다. 결론적으로 말하면, 마오 시대의 '공산당 전면 영도'는 의법치국과 의법집권 원칙이나, 다른 정치 제도화 정책과 함께 추진되지 않았다. 그 결과 시간이 가면서, 특히 1958년 대약진운동의 추진과 함께 정치권력은 공산당으로 집중되고, 국가기관은 공산당의 하부 조직으로 전락하는 '통합형' 혹은 '일원화(一元化)' 영도 체제가 수립되었다. 또한 엘리트 정치에서는 마오가 정치권력을 독점하고, 모든 주요 문제를 마음대로 결정하는 일인 지배 체제가 강화되었다. 결국 공산당 영도 체제는 정치적 혼란과 사회경제적 정체를 초래하는 원인이 되었다.

단적으로 마오쩌둥은 1958년 대약진운동의 시작 이후 자신이 만든 〈당장(黨章)〉을 무시하고, 정치국 회의에 거의 참석하지 않았다. 더욱 심각한 문제는, 공식 회의를 통해 집단으로 결정한 사항도 마오가 개인 권위를 이용하여 뒤집었다는 점이다. 동시에 그는 〈당장〉의 금지 규정을 무시하고 개인숭배를 조장함으로써 '사회주의 황제'로 군림했다. 다른 정치 지도자들의 반대를 억누르고 자신이 고집하는 대약진과 같은 정책을 관철하기 위해서는 대중과 군대를 동원할 수 있는 신격화된 지도력이 필요했기 때문이다.[31] 문화대혁명 시기(1966~1976년)에는 이런 문제점이 더욱 심각하게 되었고, 그 결과 엄청난 정치적 혼란이 발생했다. 공산당이 '10년의 대동란(大動亂)'으로 공식 규정한 문화대혁명은 이런 정치적 문제로 인해 증폭되었다.

물론 시진핑 정부가 '공산당 전면 영도'의 강화와 함께 의법치국 및 의법집권 원칙의 강화를 동시에 추진했다고 해서 시진핑이 권력을 강화할 수 없다는 것은 결코 아니다. 원래 정치 제도화는 두 가지 특징을 동시에 갖고 있다. 하나는 권력 행사를 제약하는 특징이고, 다른 하나는 권력에 합법성(정통성)을 부여하여 권력을 강화하는 특징이다.[32] 정치 제도화의 두 번째 특징에서 보면, 시진핑 정부가 추진하는 의법치국과 의법집권 원칙의 강화는 시진핑 개인 권력의 합법화와 강화를 초래할 가능성이 충분히 있고, 실제로 그렇게 진행되었다.

그러나 이런 측면을 인정할지라도 정치 제도화의 첫 번째 특징으로 인해 시진핑은 마오쩌둥과 달리 법률과 제도의 테두리 내에서 제한을 받으면서 권력을 행사할 수밖에 없다. 이것이 마오 시대의 마오 일인 지배 체제와 현재의 집단지도 체제를 구별하는 가장 중요한 특징이다. 이 점을 정확히 파악해야만 시진핑 시기에 들어 권력 집중 현상이 일어나면서도 동시에 당정기관이 효율적이고 효과적으로 작동하고 있는 상황을 제대로 이해할 수 있다.

(2) '통합형'(일원화) 영도 체제로의 회귀?

그렇다면 공산당의 국가 통치 체제에는 문제가 없을까? 그렇지 않다. 1997년 공산당 15차 당대회에서 의법치국 방침을 천명한 이후, 공산당 영도 체제는 점진적으로 '절충형' 혹은 '법제화' 영도 체제로 변해왔다. 이는 마오쩌둥 시대의 '통합형' 영도 체제와는 분명히 다르지만, 1987년 공산당 13차 당대회에서 제기되었다가 끝내 실현되지 못한 '분리형' 혹은 '이원화(二元化)' 영도 체제, 일명 '당정 분리(黨政分開)' 체제와 비교해서는 문제가 많은 정치 체제다. 이에 대해서는 제1장에서 자세히 살펴보았다.

| '공산당 전면 영도'의 강화와 공산당으로의 권력 집중

특히 시진핑 시기에 들어서 공산당 통치 체제에는 몇 가지 문제가 나타나고 있다. 첫째, 시진핑 시기에 강조되는 '공산당 전면 영도'의 강화는 정치 체제에서 공산당만 있고 국가는 없는 상황을 초래할 수 있다. 이는 의법치국과 의법집권의 원칙을 아무리 강조한다고 해도 피할 수 없는 일이다. 이 두 가지 원칙은 모두 공산당 영도 체제를 전제로 한 법률과 당규에 근거한 통치와 집권을 의미하기 때문이다. 물론 마오쩌둥 시대와는 달리 공산당이 '법률에 근거해' 여러 국가기관의 지위와 역할을 인정하겠지만, '공산당 전면 영도'를 강조하면 할수록 국가기관의 입지가 줄어드는 일은 피할 수 없다.

여기서 특히 문제가 되는 것은, '영도소조 정치'다. 이는 영도소조가 공산당의 공식 영도기관인 정치국과 정치국 상무위원회의 역할을 껍데기로 만드는 문제에 그치지 않는다. 만약 '영도소조 정치'가 계속 강화된다면, 국가기관의 역할도 껍데기만 남는 결과를 불러올 수 있다. '영도소조 정치'에서 말하는 영도소조는 공산당 중앙의 영도소조이지, 국무원이나 전국인대의 영도소조가 아니기 때문이다.

이와 관련하여 시진핑 시기에 들어 영도소조가 '의사 조정 기구(議事協調機構)'에서 '정책 결정 의사 조정 기구(決策議事協調機構)'로 역할이 확대되면서, 다시 말해 영도소조가 정책 결정 권한까지 갖게 되면서, 이런 문제가 발생할 가능성은 전보다 더욱 커졌다. 이제 국무원과 지방정부는 필요한 정책을 스스로 결정하는 권한은 행사하지 못하고, 대신 영도소조가 결정한 정책을 단순히 집행하는 '영도소조의 하부 기관'으로 전락할 가능성이 커졌다. 동시에 전국인대와 각급 지방인대도 필요한 법률과 조례를 독자적으로 제정하고 정부를 감독하는 '인민의 대표기관'에서, 영도소조가 결정한 정책을 사후에 합법화하여 추인하는 '영도소조의 정당화 기관'으로 전락할 가능성이 커졌다.

| 의법치국의 한계: 개인과 사회의 참여 배제

둘째, 시진핑 시기에 들어 강조되는 의법치국과 의법집권의 원칙은 이전의 한계를 극복하지 못했을 뿐만 아니라, 오히려 그 한계를 더욱 악화시키고 있다. 앞에서 말했듯이, 1997년 공산당 15차 당대회에서 의법치국이 공산당의 통치 원칙으로 확정되면서 '절충형' 영도 체제는 시작되었고, 후진타오 시기에 들어 그것은 더욱 발

전했다. 그러나 이 원칙은 한계가 분명했다.

가장 큰 한계는, 의법치국과 의법집권이 공산당 및 국가의 정치 권력을 제한하고 국민의 기본권을 수호하는 원칙이 아니라는 점이다. 실질적 법치(substantive rule of law)의 핵심은 바로 법률을 통한 정치권력(국가)의 제한과 국민 기본권의 보호다.[33] 이와 반대로, 의법치국과 의법집권의 원칙은 공산당 영도 체제의 법제화(legalization)를 뜻하는 것으로, 이를 통해 공산당은 국가통치를 합리화 및 규범화하려고 한다. 그 결과 이 원칙을 아무리 강조해도 공산당 권력의 제한과 국민의 권리 보호는 소홀히 할 수밖에 없다. 그런 것은 원래부터 공산당이 추구하는 목표가 아니었기 때문이다.

이런 한계는 공산당이 의법치국과 의법집권의 원칙을 추진하는 과정에서도 그대로 이어졌다. 이 원칙의 중요한 추진 주체인 개인과 사회조직의 능동적인 참여를 처음부터 배제한 것이다. 예를 들어, 1986년부터 시작되어 지금까지 이어지고 있는 '법률 지식 보급 운동'의 주체는 어디까지나 공산당과 국가였고, 개인과 사회조직은 법률 지식을 학습하고 실천해야만 하는 교육 대상일 뿐이다. 그렇다고 법률 상담과 구제를 수행하는 인권 변호사와 사회단체가 없는 것은 결코 아니다. 노동자와 도시 빈민, 농민과 농민공, 여성 등 사회적 약자를 위해 활동하는 법률 단체가 대학과 사회에 설립되어 활동하고 있었다. 인권 변호사도 마찬가지였다. 그런데 공산당은 의법치국 원칙을 추진하면서 이들의 협조를 구한 것이 아니라

반대로 이들을 탄압했다.[34]

　이런 탄압은 시진핑 시기에 들어 더욱 강화되었다. 2015년에 〈국가 안전법〉('중국판' 국가보안법)이 수정된 이후, 그 법률을 근거로 7월 9일 밤부터 시작하여 며칠 동안 300여 명의 인권 변호사와 사회 활동가가 구금되었다. 소위 '7·09 탄압(7-09 crackdown)'이다.[35] 이들 중 일부는 석방되었지만, 일부는 계속 구금되었고, 일부는 국가전복죄 등의 혐의로 10년 징역형 등 중형을 선고받았다. 홍콩에서는 2020년 상반기에 〈홍콩 국가안전법〉이 제정되고, 이에 근거하여 민주화 시위를 주도했던 사회단체와 활동가가 대거 구속되는 일이 벌어졌다. 이를 통해 홍콩 민주화 운동은 '초토화'되었다. 중국에서는 그런 일이 이미 3년 전에 일어났다.

　여기서 더 나아가 2016년에는 〈반(反) 테러리즘법〉, 〈인터넷 안전법〉, 〈국제 비정부조직(INGO) 활동 관리법〉 등이 제정되어 인권 운동가, 언론인, 사회조직, 국제 인권단체와 민주단체 등에 대한 탄압이 전보다 더욱 강화되었다. 공산당이 의법치국과 의법집권의 원칙을 국가 권력의 제한과 통제, 그리고 이를 통한 국민 기본권의 보호가 아니라, 국민의 인권 수호를 위해 활동하는 사회조직과 활동가를 탄압하는 도구로 사용한 또 다른 대표적인 사례라고 할 수 있다.[36]

| 사법기관에 대한 공산당의 '절대영도' 규정

또한 2019년 1월에 제정된 〈공산당 정법(政法) 공작조례〉는 시진핑 시기의 의법치국과 의법집권의 원칙이 가지고 있는 한계와 성격을 그대로 보여준다. 제1장에서 보았듯이, 〈정법 공작조례〉에 따르면, 정법기관은 인민해방군과 인민 무장경찰 부대처럼 공산당의 '절대영도'를 견지해야 하고, "당의 영도를 정법 공작의 각 방면과 전체 과정에 관철"해야 한다. 법원은 〈정법 공작조례〉가 말하는 '심판기관'으로, 공산당의 '절대영도'를 수용하고 반드시 따라야 하는 대상이다. 이렇게 되면서, 이제 법원은 〈헌법〉과 법률에 따라 사건을 판결하는 사법기관이 아니라, 공산당의 영도와 지시에 따라 사건을 판결하는 공산당의 '칼자루(刀把子)'에 불과한 존재로 전락했다.

공산당이 사법개혁, 특히 법원개혁을 추진하면서 단 한 번도 '사법 독립(獨立)'을 개혁의 목표로 삼은 적은 없었다. 대신 '사법 공정(公正)'과 '사법 효율(效率)'이 법원개혁의 목표였다. 이는 지금도 마찬가지다. 그러나 공산당이 이전과 비교했을 때, 정치적으로 민감하지 않은 사건, 사회적 파장이 크지 않은 일반 사건에 대해서는 법원이 독자적으로 재판할 수 있도록 보장하는 개혁 정책을 추진한 것은 사실이다.[37] 이런 면에서 법원의 자율성은 분명 이전보다 강화되었다고 평가할 수 있다. 이는 시진핑 집권 1기(2012~2017년) 초기까지는 어느 정도 이어지는 것처럼 보였다.[38]

그런데 2019년 1월에 〈공산당 정법 공작조례〉가 발효되면서 이런 경향이 완전히 바뀌었다. 그 결과 원래부터 문제가 많았던 법원개혁, 그리고 시진핑 시기에 들어서 전보다 후퇴하기 시작한 법원개혁은 더욱 문제가 많게 되었다. 법원도 이제는 공식적으로 경찰이나 검찰처럼 공산당의 '칼자루'에 불과한 존재로 굴러떨어진 것이다. 이렇게 되면, 공산당이 추진하는 의법치국과 의법집권의 원칙은 '실질적 법치'는 말할 것도 없고, 형식적 법치(formal rule of law)—'법 앞에서의 평등'은 이를 대표하는 구호다—와도 점점 더 거리가 멀어진다. '절충형' 영도 체제에서 법률은 국가 권력을 통제하고 국민의 권리를 보호하는 국민의 '든든한 방패'가 아니라, 공산당 일당 체제를 굳건히 수호하고, 이에 반대하는 세력을 단호히 처단하는 공산당의 '날카로운 칼'이 되었다.

이런 시진핑 정부의 강압 정책이 앞으로 언제까지 지속될지 현재로서는 알 수 없다. 또한 중국 국민이 언제까지 이런 권위주의적 통치 행태를 지지하고 수용할지도 역시 알 수 없다. 분명한 사실은, 이로 인해 중국 사회가 안고 있는 정치 문제가 더욱 누적되고, 그것이 사회경제적 문제와 결합하여 한꺼번에 분출될 경우는 공산당 영도 체제에 심각한 위협이 될 수 있다는 점이다. 실제로 그렇게 될지는 시간만이 알려줄 것이다.

3. '시진핑 사상': 이데올로기의 공산당 통치 정당화 문제

후쿠야마(Francis Fukuyama) 교수는 1989년 여름에 출간한 논문에서 '역사의 종말(end of history)' 가능성을 주장했고,[39] 1991년 소련의 붕괴와 함께 냉전 체제가 해제되자 그것이 실현되었다고 주장했다.[40] 이와 함께 '이데올로기의 종말(end of ideology)'이라는 명제가 다시 유행했다.[41] 이에 따르면, 냉전 체제의 붕괴는 자유 민주주의와 자본주의의 승리를 의미하고, 이제 이를 대체할 수 있는 새로운 이데올로기와 대안의 정치 체제는 더 이상 없다. 그런 의미에서 사회주의나 다른 유토피아적인 이데올로기의 시대는 끝났다는 것이다.

그러나 중국에서는 '이데올로기의 종말' 명제가 타당하지 않다. 중국에서도 개혁·개방 시대에 들어 이데올로기가 일반 국민은 물론 공산당원에게도 진실한 믿음을 제공하는 시대는 이미 끝났다고 말할 수 있다. 즉 공산주의는커녕 사회주의의 실현을 진심으로 믿는 공산당원도 많지 않다는 것이다. 개혁·개방이 진행될수록 현실에서는 개인 소유제도와 시장경제가 더욱 확대되고, 그 결과 빈부격차가 좀처럼 완화되지 않기 때문이다. 〈당장〉에서 "공산당의 최고 이상과 최종 목표는 공산주의의 실현이다"라는 문구가 시간이 갈수록 더욱 공허하게 느껴지는 것은 이 때문이다.

(1) 이데올로기의 역할과 '시진핑 사상'

그렇다고 공산당의 관점에서 볼 때, 이데올로기의 역할이 끝난 것은 아니다. 이데올로기는 공산당의 권력 독점이 왜 필요하고 정당한지를 설명함으로써 당내에서는 조직 응집력을 강화하고, 당밖에서는 공산당 영도 체제에 대한 국민의 수용성을 높이는 데 중요한 역할을 담당하기 때문이다.[42] 이처럼 이데올로기는 공산당 통치에서 매우 중요하다. 그래서 중국에서는 이데올로기의 선전과 사상공작을 "공산당의 모든 공작의 생명선(生命線)"이라고 부른다.

특히 중국과 같은 권위주의 체제에서는 이데올로기가 세 가지 중요한 기능을 수행한다. 첫째는 정치 권위의 기원을 정당화한다. 중국에서는 마르크스-레닌주의의 전위당론(vanguard party)과 인민주권론(popular sovereignty)이 이런 역할을 담당한다. 전위당론에 따르면, 공산당만이 진리를 독점하기 때문에 혁명을 영도하고 국가를 통치할 수 있다. 또한 공산당은 인민대표대회(인대)와 함께 인민주권론을 실현하는 가장 중요한 통로다. 즉 중국인은 인대 제도와 공산당을 통해 인권 주권을 실현할 수 있다고 주장한다.

둘째는 공산당 정권의 업적을 평가하는 올바른 목적과 기준을 제시한다. 시진핑 정부는 '중화민족의 위대한 중흥'이라는 '중국의 꿈(中國夢)'을 제시했다. 이것을 2021년, 2035년, 2049년 등 3단계에 걸쳐 달성하겠다는 것이다. 셋째는 일반 국민, 특히 엘리트의 동의(consent)와 지지를 끌어낸다. 공산당은 이데올로기를 통해 이들이 공산당 통치를 수용하는 것이 왜 유리한지를 설명한다. 이 경우 일반 국민이나 엘리트가 공식 이데올로기를 진심으로 믿는지는 중요하지 않다.[43]

'시진핑 사상'은 공산당 19차 당대회에서 공산당의 지도이념이 되었다.[44] 시진핑 개인의 관점에서 보았을 때, '시진핑 사상'이 〈당장〉에 게재됨으로써 이념적 권위가 높아진 것은 사실이다. '시진핑 사상'은 장쩌민의 삼개대표 중요 사상이나 후진타오의 과학적 발전관보다는 마오쩌둥 사상이나 덩샤오핑 이론과 같은 '포괄적인' 지도이념에 속한다. 이런 관점에서 보면, 시진핑은 특정 분야나 정책에 방향을 제시한 장쩌민 및 후진타오와 같은 지도자가 아니라, '신시대(新時代)'에 '신이론(新理論)'을 제시한 마오나 덩 같은 지도자에 속한다.[45]

또한 공산당 전체의 관점에서 볼 때도 '시진핑 사상'은 중요한 의의가 있다. '시진핑 사상'이 공식 지도이념으로 확정됨으로써 공산당 지도부는 미래에 중국을 이끌고 나갈 새로운 통치이념에 합의할 수 있고, 이를 기반으로 새로운 국가발전 전략과 청사진을 제시할 수 있게 되었기 때문이다. 이와 같은 의의는 이전에 제기되었던 공산당의 지도이념이 역사적으로 어떤 역할을 했는지를 살펴보면 쉽게 이해할 수 있다.

(2) 마오쩌둥 사상과 덩샤오핑 이론: 성과와 한계

마오쩌둥 사상은, 공산당이 사회주의 혁명에 성공하여 중국을 건국하면서 그 타당성이 증명되었다. 이 점에서 마오 사상은 커다란 의의가 있다. 그런데 1949년의 시점에서 보면, 마오 사상은 과거의 혁명 경험에 근거하여 미래의 사회주의 건설 전망(vision)을 제시한 '과거 업적형 이념'이었다. 문제는 혁명 경험에 근거한 마오 사상을 국가 건설 및 사회주의 실현에 무리하게 확대 적용하면서 심각한 부작용이 발생했다는 점이다. 특히 마오 사상이 개인숭배와 결합하여 큰 부작용을 낳았는데도 공산당 내에서는 그것을 통제할 수 있는 견제 세력이 없었다는 점은 큰 문제였다. 대약진운동 (1958~1960년)과 문화대혁명(1966~1976년)은 이런 부작용이 극단적으로 나타난 사례다.

| 덩샤오핑 이론

덩샤오핑 이론은 개혁·개방 시대에 '미래 지향형 이념'에서 시작하여 '과거 업적형 이념'으로 발전한 모범적인 사례다. 1980년대까지 덩샤오핑 이론은 중국이 추진하는 개혁·개방에 대한 전망과 방향을 제시하는 미래 지향형 이념이었다. 당시에는 누구도 중국의 개혁·개방에 대한 분명한 방침과 정책을 갖고 있지 못했다. 이런 상황에서 덩이 막연하나마 개혁·개방의 방향과 목표를 제시하는 이론을 제창한 것이다. 이를 통해 공산당은 당내의 노선 대립과 투쟁을 완화할 수 있었고, 동시에 개혁·개방에 대한 국민의 신뢰를 얻는 데 도움을 받을 수 있었다.

이후 경험이 축적되면서 1992년 공산당 14차 당대회에서는 덩샤오핑의 통치 이념을 '중국 특색의 사회주의 건설 이론'으로 명명했다. 다시 5년 후인 1997년 공산당 15차 당대회에서는 이를 '덩샤오핑 이론'으로 개명했다. 이 무렵 덩샤오핑 이론은 미래 지향형 이념에서 과거 업적형 이념으로 성격이 바뀌었다. 지난 십수 년의 경험을 통해 덩샤오핑 이론의 내용이 충실히 채워지고, 그 타당성이 증명된 것이다. 동시에 이런 명칭 변경은 덩샤오핑의 죽음을 애도하고 기리는 뜻도 있었다.

│ 장쩌민의 '삼개대표 중요 사상'

장쩌민 시기(1992~2002년)는 덩샤오핑 시대(1978~1992년)의 연장이었다. 즉 장쩌민은 덩 이론의 충실한 집행자였고, 그런 측면에서 장쩌민 시기의 국가발전 전략은 덩 이론에 따라 수립되고 집행되었다. 그래서 장쩌민이 제시한 '삼개대표 중요 사상'은 새로운 미래 전망을 제시한 것이 아니라, 시장경제의 발전과 함께 이미 나타난 현상을 이론적으로 정당화하는 역할을 담당했을 뿐이다. 사영기업가(자본가)를 '선진 생산력의 발전 요구'를 대표하는 계층으로 인정하여 공산당 입당을 허용한 것이 대표적이다. 이런 점에서 장쩌민 시기에는 덩 이론을 공산당의 지도이념으로 삼아 국정을 운영해도 문제가 될 것이 없었다.

| 후진타오의 '과학적 발전관'

반면 후진타오 시기(2002~2012년)는 덩샤오핑 시대의 연장과 함께 새로운 시대의 개막이라는 특징을 갖는 과도기였다. 후진타오 시기에도 중국은 여전히 경제발전을 최우선의 국정 목표로 삼아 개혁·개방을 추진했다. 이런 점에서 덩 시대의 연장이었다. 그러나 동시에 이전 시대가 남긴 문제를 해결해야만 하는 절박한 과제에 직면했다. 연해 지역과 내륙 지역 간의 지역 격차, 도시와 농촌 간의 도농 격차, 한족과 소수민족 간의 민족 격차, 사회계층 간의 빈부 격차가 바로 그것이다. 환경 문제와 에너지 문제, 경제발전 방식을 양적 성장에서 질적 성장으로 전환해야 하는 과제도 있었다.

이런 상황에서 덩샤오핑 시대와 장쩌민 시기에 공산당이 추진했던 경제성장 지상주의, 경제성장 일변도 정책은 유지될 수 없었다. 개혁·개방의 새로운 시대를 열어야만 했다. 인민의 삶을 개선하는 발전, 국토의 균형 있는 발전, 환경보호와 자원 보존을 고려한 지속 가능한 발전을 핵심 내용으로 하는 '과학적 발전관'은 그래서 제기되었다. 이것이 과학적 발전관이 갖는 의의다. 그러나 과학적 발전관은 중국이 향후 어떤 발전 경로를 추구해야 하는가에 대한 포괄적인 방안을 제시한 지도이념이 아니라는 한계가 있었다.

(3) '시진핑 사상'의 의의와 한계

'시진핑 사상'은 이처럼 덩샤오핑 이후(post-Deng) 시대에 중국이 어떤 발전 방향으로 나아가야 하는지에 대한 새로운 이론과 방안을 제시한 공산당의 지도이념으로서 중요한 의의가 있다. 이런 점에서 '시진핑 사상'은 철저한 '미래 지향형 이념'으로 등장했다. 이는 시진핑 개인의 이론적 권위를 강화하는 것, 그래서 그의 정치권력이 강화되는 것 이상의 의의가 있다.

| '시진핑 사상'의 의의

먼저 '시진핑 사상'은 중국이 공산당 18차 당대회(2012년) 이후 '신시대(新時代)'에 진입했다고 선언한다. 물론 이때부터가 왜 신시대인가에 대해서는 설득력 있는 근거를 제시하지 못한다. 그러면서 '시진핑 사상'은 신시대의 전체 목표로 '강대국(强國) 건설'을 통한 '중화민족의 위대한 중흥' 실현을 제시한다. 이것이 바로 '중국의 꿈'이다. 사실 '중국의 꿈'도 새로운 목표는 아니다. 덩샤오핑 시대부터 계속 이야기되어온 것이기 때문이다. 다만 그때와 비교하면 특정한 기한 내에, 즉 2049년 무렵에 '세계 초강대국'이 되겠다고 선언한 점은 다르다.

또한 '시진핑 사상'은 신시대에 중국이 해결해야 하는 '주요 모순'을 새롭게 규정한다. 즉 "인민의 증가하는 물질 문화에 대한 수요와 낙후된 사회생산 간의 모순"(1987년 공산당 13차 당대회의 결정)에서

"인민의 증가하는 아름다운 생활에 대한 수요와 불균등하고 불평등한 발전 간의 모순"으로 주요 모순이 바뀌었다. 이는 2017년 공산당 19차 당대회에서 〈당장〉의 수정을 통해 이루어졌다. 동시에 주요 모순을 해결하기 위해 '위대한 투쟁' 등 '네 개의 위대한(四個偉大)' 활동을 전개해야 한다고 주장한다.

더 나아가 '시진핑 사상'은 주요 모순을 해결하기 위한 방침과 정책도 제시한다. 공산당 19차 당대회(2017년)에서 제기한 소위 '14개 기본 방침'이 그것이다. 이 가운데 일부는 그동안 중국이 추진해왔던 것이고, 일부는 시진핑 집권 1기(2012~2017년)에 새롭게 추진한 것이다. 전자에 해당하는 것이 소위 '오위일체(五位一體)'의 달성이다. 여기에는 ① 경제건설 달성, ② 정치건설 달성, ③ 사회건설 달성, ④ 문화건설 달성, ⑤ 생태 문명건설 달성이 포함된다. 후자에 해당하는 것이 이른바 '네 개의 전면(四個全面)' 실현이다. 즉 ① 전면적 소강사회 건설, ② 전면적 개혁 심화, ③ 전면적 의법치국, ④ 전면적 공산당 엄격 관리 실현이 그것이다.

참고로 '네 개의 전면' 중에서 '전면적 소강사회 건설'은 2020년 10월에 개최된 공산당 19기 중앙위원회 5차 전체회의(19기 5중전회)에서 '전면적 사회주의 현대화 건설'로 변경되었다. 공산당은 2017년 19차 당대회에서 2035년까지 '사회주의 현대화의 기본 건설'을 달성하겠다고 선언했는데, 이에 맞추어 사회 관련 목표를 수정한 것이다. 목표를 수정한 이유는 간단하다. '전면적 소강사회 건설', 즉 하루에 1달러 이하로 생활하는 절대 빈곤층의 해소라는 목표는 이미 달성했기 때문이다. 공산당은 2021년 2월에 이 목표를 달성했다고 선언했다.

마지막으로, '시진핑 사상'은 이를 총괄하여 2050년까지 중국이 추진할 '3단계 발전전략'을 다시 제시한다. 이는 덩샤오핑의 '3단계 발전전략(三步走戰略)'을 계승 발전시킨 것이다. 1단계로, 2021년에는 전면적 소강사회를 완성한다. 이는 이미 달성했다. 2단계로, 이를 토대로 2035년까지 "사회주의 현대화를 기본적으로 실현"한다. 이어서 3단계로, 2035년에서 2050년까지 "사회주의의 현대화된 강대국을 완성"한다. 여기서 공산당은 '현대화된 강대국'이 구체적으로 무엇을 의미하는지는 분명히 밝히지 않았다. 행간을 읽어보면, 21세기 중엽에 경제력, 군사력, 연성권력(soft power) 등 '종합국력(綜合國力)' 면에서 중국이 미국을 추월하거나 미국에 버금가는 초강대국(super power)이 되겠다고 선언한 것이다.

| '시진핑 사상'의 한계

그렇다고 '시진핑 사상'이 앞으로도 공산당의 지도이념으로 지금과 같은 지위를 누릴 것이라는 보장은 없다. 앞에서 말했듯이, '시진핑 사상'은 미래 지향형 이념이다. 즉 과거에 이룩한 업적에 근거하여 정당성을 인정받은 지도이념이 아니라, 미래에 나아가야 할 방향을 제시함으로써 정당성을 인정받은 지도이념이라는 것이다.

따라서 '시진핑 사상'은 앞으로 성과를 입증해야 하는 매우 어려운 과제에 직면해 있다.

예를 들어, 공산당은 2021년 2월에 '전면적 소강사회 건설'을 달성했다고 선언했다. 이로써 '3단계 발전전략'의 1단계는 끝낼 수 있었다. 그러나 다음 단계의 사회 목표인 '전면적 사회주의 현대화 건설'과 이를 위한 실천 방안으로 논의되는 '전체 인민의 공동부유(共同富裕, common prosperity)'는 달성이 쉽지 않은 과제다.[46] 이를 달성하기 위해서는, 한편에서는 일정한 경제성장률을 계속 유지해야 하고, 다른 한편에서는 중국이 직면한 가장 심각한 사회경제 문제인 빈부격차를 해소해야만 한다. 지역 격차, 도농 격차, 민족 격차의 해소도 마찬가지다.

만약 이를 공언했는데 달성하지 못한다면, '시진핑 사상'은 공산당과 시진핑 자신의 권력을 강화한 것을 제외하고는 사회의 그 어느 집단이나 계층에게도 실질적인 혜택을 가져다주지 못한 공허한 메아리로 끝날 것이다. 더 심하게 말하면, '시진핑 사상'은 세상의 조롱거리로 전락하거나, 아무도 기억하지 못하는 과거의 에피소드로 끝나는 운명을 맞을 것이다.

4. 엘리트 정치 체제:
집단지도 체제의 지속성 문제

우리가 시진핑 시기에 들어 집단지도 체제가 무너지고 일인 지배 체제가 등장했는지를 제대로 평가하려면 엘리트 정치 체제를 조금 더 세밀하게 분석해야 한다. 예를 들어, 마오쩌둥 시대의 '일인 지배 체제'가 구체적으로 어떤 모습으로 변화되었는가를 살펴보아야 한다. 마찬가지로 덩샤오핑 이후 시기의 집단지도 체제도 지난 30년 동안 어떻게 변화했는가를 자세히 검토해야 한다.

일인 지배 체제와 집단지도 체제의 두 가지 세부 유형

마오쩌둥 시대를 뒤돌아보면, 마오의 일인 지배 체제는 두 가지 성격을 동시에 띠고 있었다. 첫째, 1945년 공산당 7차 당대회부터 마오가 사망한 1976년까지 중국에서 마오가 최고 지도자(paramount leader)라는 사실은 조금도 변하지 않았다. 당시 이인자였던 류샤오치(劉少奇)나 저우언라이(周恩來)는 마오의 '압도적 지위(dominant position)'에 도전할 수 없었고, 실제로 도전하려고 시도한 적도 없었다. 이런 측면에서 우리는 마오 시대의 엘리트 정치를 마오의 일인 지배 체제라고 부를 수 있다.

둘째, 그러나 마오쩌둥의 권력 운영 방식은 똑같지 않았다. 예를 들어, 1958년 대약진운동이 시작되기 전까지 마오는 공산당 정치국을 통해 중요한 문제를 논의하고 결정하는 방식으로 문제를 처리했다. 소위 '협의형' 일인 지배 체제였다. 그러나 1958년 이후에는 마오가 중요한 문제를 자의적으로 결정하는 '독재형' 일인 지배 체제가 등장했다. 문화대혁명 기간(1966~1976년)에는 그것이 극단으로 치달았다.[47] 자신과 생각이 다른 정치 지도자를 감옥에 가두거나 대중의 비판 투쟁에 내모는 등 물리적으로 탄압한 것이다. 또한 이런 일을 위해 홍위병(紅衛兵)과 인민해방군을 동원하는 데 주저하지 않았다. 이처럼 마오의 일인 지배 체제에는 '협의형'과 '독재형'이라는 세부 유형이 존재했다.

이처럼 우리는 같은 엘리트 정치 체제라도 상황과 조건에 따라서는 얼마든지 다양한 세부 유형으로 바뀔 수 있다는 사실에 주목해야 한다. 이는 장쩌민 시기에 등장한 집단지도 체제에도 적용된다. 즉 집단지도 체제도 정치권력이 총서기 개인에게 집중되는 '집권형(centralized-type)'과, 정치국 상무위원 간에 비교적 골고루 분배되는 '분권형(decentralized-type)'으로 나눌 수 있다. 이런 유형 구분에 따라 나누면, 장쩌민 집권 1기(1992~1997년)와 후진타오 시기(2002~2012년)는 '분권형' 집단지도, 장쩌민 집권 2기(1997~2002년)와 시진핑 시기(2012년~현재)는 '집권형' 집단지도에 속한다.[48]

| 시진핑 시기의 '집권형' 집단지도 체제

시진핑 정부가 집권 이후에 보인 여러 가지의 모습을 관찰하면,

2022년 가을에 개최 예정인 공산당 20차 당대회와 2023년 봄에 개최 예정인 14기 전국인민대표대회(전국인대) 1차 연례회의(例會)에서 시진핑이 '중앙군위 주석'과 '국가 주석'에 세 번째로 취임할 것이 거의 확실해 보였다.[49] 2015~2016년에 혁신적인 국방개혁을 추진한 것, 2018년에 〈헌법〉 수정을 통해 국가 주석의 연임 제한 규정을 폐지한 것이 바로 그 근거다.

그런데 2021년 11월 공산당 19기 중앙위원회 6차 전체회의(19기 6중전회)에서 통과된 「공산당 100년 분투의 중대 성취와 역사 경험 결의」('3차 역사 결의')를 살펴보면,[50] 시진핑은 이것뿐만 아니라 '공산당 총서기'에도 세 번째로 취임할 것으로 보인다. 이런 점에서 '3차 역사 결의'는, 공산당 20차 당대회(2022년)에서 시진핑이 총서기에 세 번째로 취임하는 일을 이론적으로 '정당화'하고, 당내 절차를 통해 그것을 '공식화(합법화)'한 문건으로 평가할 수 있다.[51]

만약 시진핑이 공산당 20차 당대회에서 '제6세대' 지도자(1960년대 출생자)로의 권력승계를 미루고 공산당 총서기에 다시 취임한다면, 이는 지금까지의 권력승계에서는 없었던 새로운 일로 매우 중요한 의미를 가질 것이다. 최초로 총서기에 세 번째로 취임하는 지도자가 등장하는 것이기 때문이다. 마치 2021년 1월 25일부터 2월 1일까지 개최된 베트남공산당 13차 당대회에서 응우옌 푸 쫑(Nguyen Phu Trong) 서기장(총서기)이 세 번째로 서기장 직위에 취임한 것처럼 말이다.[52]

참고로 베트남공산당 13차 당대회에서 쫑 서기장은 공산당 중앙위원회로부터 인사 문제와 관련하여 두 가지 규정의 '특별 면제'를 승인받아서 서기장 직위에 세 번째로 취임할 수 있었다. 하나는 공산당 서기장의 연임 제한 규정으로, 이에 따르면 서기장 직위는 두 번만 역임(즉 연임)할 수 있다. 다른 하나는 65세 이상자는 새롭게 정치국에 진입할 수 없다는 나이 제한 규정이다.[53] 쫑 서기장은 1944년생으로, 2021년에는 77세였기 때문에 정상적인 상황이라면 나이 제한에 걸려 서기장에 다시 취임할 수 없었다.

그러나 2022년 가을 공산당 20차 당대회에서 시진핑이 총서기에 세 번째로 취임한다고 해도, 중국의 엘리트 정치 체제가 집단지도에서 시진핑 일인 지배로 즉각적으로 바뀌는 것은 아니다. 베트남공산당 13차 당대회에서 쫑 서기장이 세 번째로 서기장 직위에 취임했어도 베트남의 엘리트 정치 체제는 여전히 집단지도 체제로 남아있는 것처럼 말이다. 엘리트 정치 체제는 어떤 지도자가 직위를 하나 더 획득하느냐 마느냐로 쉽게 결정되는 그런 간단한 문제가 아니기 때문이다. 여기에는 권력원(權力源)의 변화, 권력 구성과 운영, 최고 지도자 간의 권력관계 등 복잡한 문제가 얽혀있다.[54] 우리는 이런 문제를 종합적으로 고려해야 한다.

5. 공산당 영도 체제는 계속될 것인가?

지금까지 공산당-국민 관계, 공산당-국가 관계, 공식 이데올로기, 엘리트 정치 체제라는 네 가지 측면에서 공산당 영도 체제의 지속가능성 문제를 살펴보았다. 이상의 분석 결과를 토대로 전망하자면, 공산당의 창당 축하 행사는 100주년으로 끝날 것 같지는 않다. 다시 말해, 공산당 영도 체제는 '최소한 당분간', 그것이 구체적으로 언제까지인지는 모르겠지만, 커다란 위기 없이 유지될 것으로 보인다.

먼저, 공산당-국민 관계에서, 공산당 영도 체제는 현재 국민으로부터 높은 지지와 신뢰를 받고 있다. 이는 특정한 어느 시점에서만 그런 것이 아니라, 2000년대 이후 현재까지 20년 동안 이어지고 있는 일관된 추세다. 공산당 영도 체제가 국민의 지지와 신뢰를 받은 이유는 다양하다. 경제가 계속 발전하고, 국민의 생활수준이 꾸준히 향상된 것은 중요한 요인이다. 이에 따라 중국의 국제적 지위가 높아지고 영향력이 확대된 것도 국민이 공산당 정권을 지지하는 중요한 요인이 되었다. 공산당이 정치안정과 사회통합을 유지하면서 당정기관의 제도화와 합리화를 추진한 것도 국민의 높은 평가를 받았다. 마지막으로 공산당이 사회주의 이념을 혁신하고, 민족주의(애국주의)와 전통 사상(특히 유가 사상)을 통치 이념으로 활용한 것도 주효했다.

반면 공산당 영도 체제가 안고 있는 문제는 해결되지 않고 있다. 주요 정치 지도자의 선출과 정책 결정 과정에서 국민의 참여를 구조적으로 배제하고 있는 점, 사회조직에 대한 선별적인 육성과 탄압을 지속하고 있는 점, 지식인에 대한 사상 통제를 강화한 점, 언론매체와 인터넷에 대해 강력히 통제하고 있는 점 등이 대표적이다. 이런 문제는 경제가 계속 발전하고 당정간부의 권력 남용과 부정부패가 일정한 범위 내로 통제된다면 공산당 영도 체제를 유지하는 데 큰 영향을 미치지 않을 것이다. 그러나 만약 이런 조건이 충족되지 않으면 언제든지 공산당 영도 체제를 위협하는 요소로 변화할 수 있다. 이런 측면에서 공산당 영도 체제는 확실하게 유지가 보장된 만고불변의 정치 체제라고 말할 수 없다.

다음으로, 공산당-국가 관계에서는 시진핑 시기에 강력하게 추진된 '공산당 전면 영도'의 강화 방침으로 인해 정치권력이 공산당 중앙과 시진핑 총서기로 집중되는 현상이 두드러지게 나타나고 있다. 이와 동시에 의법치국과 의법집권의 원칙을 계속 강조하고, 이를 통해 정치 제도화를 강화하려는 노력도 계속되고 있다. 이처럼 두 가지 강화가 동시에 일어나면서 일부 학자가 예측했던 마오쩌둥 시대의 '통합형'(일원화) 영도 체제로의 회귀나, 시진핑 일인 체제의 부작용이 아직은 나타나지 않았다.

그러나 현재의 추세가 계속 강화된다면, 공산당-국가 관계에서 공산당만 있고 국가는 없는 문제, 궁극적으로는 마오 시대의 '통합형'(일원화) 영도 체제와 비슷한 부작용이 나타날 수 있다. 또한 의법치국 원칙이 공산당 영도 체제를 강화하는 방향으로만 계속 강조될 경우, 법원과 같은 사법체제가 공산당 통제에 완전히 종속되어 '법치 수호의 보루' 역할을 전혀 담당하지 못하는 문제가 더욱 심각하게 될 것이다. 또한 이 원칙이 정치권력을 통제하고 국민의 권리를 보호하는 역할을 발휘할 가능성은 점점 더 줄어들 것이다.

'시진핑 사상'은 마오쩌둥 사상이나 덩샤오핑 이론처럼 국민에게 공산당이 추구하는 노선과 방침을 분명히 제시함으로써 미래에 대한 국민의 불안과 우려를 제거했다는 점, 또한 공산당 통치 엘리트 간에 합의를 이룸으로써 노선투쟁이 발생할 가능성과 불확실성을 줄였다는 점에서 중요한 의의가 있다. 그러나 동시에 '시진핑 사상'은 '미래 지향형 이념'으로서 그 타당성을 스스로 입증해야 하는 어려운 과제에 직면해 있다. '시진핑 사상'이 실제로 이름값을 하는 업적과 성과를 거둘지는 지켜보아야 할 것이다.

마지막으로, 시진핑 시기에 들어서도 집단지도 체제가 계속 유지되고 있다고 보는 것이 타당하다. 비록 그 유형이 후진타오 시기(2002~2012년)의 '분권형' 집단지도 체제에서 장쩌민 집권 2기(1997~2002년)의 '집권형' 집단지도 체제로 변화되었어도 말이다. 이는 2022년 가을 공산당 20차 당대회와 2023년 봄 14기 전국인민대표대회(전국인대) 1차 회의에서 시진핑이 공산당 총서기, 국가 주석, 중앙군위 주석을 모두 다시 차지한다고 해도 마찬가지다. 엘리트 정치 체제는 최고 지도자가 주요 직위를 한두 개 더 얻는다고 해서 그렇게 쉽게 바뀌는 것이 아니기 때문이다.

그러나 2022년 공산당 20차 당대회에서 만약 두 가지 일이 일어난다면, 이는 다른 이야기가 될 것이다. 첫째는 공산당 중앙위원회 주석(중앙 주석) 직위가 부활하고 시진핑이 그에 취임하는 일, 즉 시진핑이 당 '총서기'가 아니라 당 '주석'이 되는 일이다. 둘째는 공산당이 과거에 마오쩌둥과 덩샤오핑에게 부여했던 것처럼 시진핑에게도 비밀 결의나 공개 결정을 통해 '최후 결정권'을 공식적으로 부여하는 일이다.

공산당 20차 당대회(2022년)에서 이와 같은 두 가지 일이 벌어진다면, 중국의 엘리트 정치 체제는 집단지도에서 일인 지배로, 구체적으로 말하면 '집권형' 집단지도에서 '협의형' 일인 지배로 변화하기 시작한다고 평가할 수 있다.[55] 또한 이것이 실제로 일어난다면, 덩샤오핑 이후(post-Deng) 시대 약 30년 동안 비교적 안정적으로 유지되어오던 엘리트 정치가 새로운 시련을 맞게 되는 분기점이 될 것이다. 설사 이런 일이 일어나지 않는다고 해도, 지난 10년의 시진핑 집권 시기는 중국의 통치 체제에 커다란 압박과 부담을 안겨준 '정치적 퇴행기'라고 평가할 수 있다. 중국 정치에 또 다른 거대한 먹구름이 몰려오고 있다!

미주

제1부 공산당 영도 체제와 원칙
공산당 영도 체제

1 지난 100년 동안 공산당 통치 체제가 어떻게 변화했는가에 대해서는 안
치영, 「중국공산당의 100년: 과제와 권력구조의 변화」, 『중국 사회과학 논
총』 3권 1호 (2021년), pp. 4-30; 조영남, 「중국공산당 100년과 엘리트 정치
의 변화」, 『중소연구』 45권 1호 (2021년 봄호), pp. 45-71을 참고할 수 있다.
『중국 사회과학 논총』 3권 1호 (2021년), 『중소연구』 45권 1호 (2021년 봄호),
『현대중국연구』 23집 21호 (2021년 9월), 『외교(Foreign Affairs)』 Vol. 100, No. 4
(July/August 2021)에는 정치 외에도 경제·사회·문화·외교·군사 측면에서
공산당 100년을 평가한 논문이 실려있다.

2 Bartlomiej Kaminski, *The Collapse of State Socialism: The Case of Poland*
(Princeton: Princeton University Press, 1991); Nancy Bermeo (ed.), *Liberalization
and Democratization: Change in the Soviet Union and Eastern Europe* (Baltimore and
London: Johns Hopkins University Press, 1992); Robert Strayer, *Why Did the*

Soviet Union Collapse? Understanding Historical Change (Armonk: M.E. Sharpe, 1998); Nina Bandelj and Dorothy J. Solinger (eds.), *Socialism Vanquished, Socialism Collapsed: Eastern Europe and China, 1989-2009* (Oxford: Oxford University Press, 2012).

3 김재철, 『중국의 정치개혁: 지도부, 당의 지도력 그리고 정치 체제』(서울: 한울아카데미, 2002), pp. 11-12; Barrett L. McCormick, *Political Reform in Post-Mao China: Democracy and Bureaucracy in a Leninist State* (Berkeley: University of California Press, 1990), pp. 6-17; Sebastian Heilmann (ed.), *China's Political System* (Lanham: Rowman & Littlefield, 2017), pp. 46-56; Joseph Fewsmith, *Rethinking Chinese Politics* (New York: Cambridge University Pres, 2021), pp. 4-8; Stephen White, John Gardner and George Schopflin, *Communist Political Systems: An Introduction* (London: Macmillan Education, 1987), pp. 1-6; Robert Furtak, *The Political Systems of the Socialist States: An Introduction to Marxist-Leninist Regimes* (Sussex: Wheatsheaf Books, 1986), pp. 4-7; Steven Saxonberg, *Transitions and Non-Transitions from Communism: Regime Survival in China, Cuba, North Korea, and Vietnam* (New York: Cambridge University Press, 2013), pp. 4-6.

4 서진영, 『21세기 중국 정치: 성공의 역설과 중국적 사회주의의 미래』(서울: 폴리테이아, 2008), pp. 128-161; 조영남, 『중국의 엘리트 정치: 마오쩌둥에서 시진핑까지』(서울: 민음사, 2019), p. 7; Cheng Li, *Chinese Politics in the Xi Jinping Era: Reassessing Collective Leadership* (Washington D.C.: Brookings Institution Press, 2016), p. 41; Cheng Li, "China's Communist Party-State: The Structure and Dynamics of Power", William A. Joseph (ed.), *Politics in China: An Introduction* (Third Edition) (Oxford: Oxford University Press, 2019), pp. 211-236; Lance L.P. Gore, *The Chinese Communist Party and China's Capitalist Revolution: The Political Impact of Market* (London and New York: Routledge, 2011), p. 25;

Stein Ringen, *The Perfect Dictatorship: China in the 21st Century* (Hong Kong: Hong Kong University Pess, 2016), p. 1; Jean–Pierre Cabestan, "The Party Runs the Show", Willy Wo–Lap Lam (ed.), *Routledge Handbook of the Chinese Communist Party* (London and New York: Routledge, 2018), p. 75; Guoguang Wu, "The Role of Party Congresses", Lam, *Routledge Handbook of the Chinese Communist Party*, p. 93; 조호길·리신팅, 『중국의 정치권력은 어떻게 유지되는가: 강력한 당-국가체제와 엘리트 승계』(서울: 메디치, 2017) pp. 28–29.

5   Gordon B. Smith, *Soviet Politics: Continuity and Contradiction* (Houndmills and London: Macmillan Education, 1988), pp. 108–111, 131–133; Janos Kornai, *The Socialist System: The Political Economy of Communism* (Princeton: Princeton University Press, 1992), pp. 43–48.

6   朱光磊, 『當代中國政府過程』(修訂版)(天津: 天津人民出版社, 2002), pp. 55, 420–421; 朱光磊, 『決策與實施: 解讀中國政府運作』(北京: 外文出版社, 2013), pp. 9–13; 施九青·倪家泰, 『當代中國政治運行機制』(濟南: 山東人民出版社, 1993), p. 282; 胡偉, 『政府過程』(杭州: 浙江人民出版社, 1998), pp. 98–100.

7   景躍進·陳明明·肖濱 主編, 『當代中國政府與政治』(北京: 中國人民大學出版社, 2016), p. 6.

8   景躍進·陳明明·肖濱, 『當代中國政府與政治』, pp. 6–7.

9   조호길·리신팅, 『중국의 정치권력은 어떻게 유지되는가』, pp. 28–29.

10 Dali L. Yang, *Remaking the Chinese Leviathan: Market Transition and the Politics of Governance in China* (Stanford: Stanford University Press, 2004); Barry J. Naughton and Dali L. Yang (eds.), *Holding China Together: Diversity and National Integration in the Post-Deng Era* (New York: Cambridge University Press, 2004); Yongnian Zheng, *Globalization and State Transformation in*

China (New York: Cambridge University Press, 2004); Lowell Dittmer and Guoli Liu (eds.), *China's Deep Reform: Domestic Politics in Transition* (Lanham: Rowman & Littlefield, 2006); Chien—min Chao and Bruce J. Dickson (eds.), *Remaking the Chinese State: Strategies, Society, and Security* (London and New York: Routledge, 2001); Jae Ho Chung and Tao—Chiu Lam (eds.), *China's Local Administration: Traditions and Changes in the Sub-National Hierarchy* (London and New York: Routledge, 2010).

11 조영남, 『중국 정치개혁과 전국인대: 개혁기 구조와 역할의 변화』(서울: 나남, 2000); 조영남, 『중국 의회정치의 발전: 지방인민대표대회의 등장·역할·선거』(서울: 폴리테이아, 2006); Kevin J. O'Brien, *Reform Without Liberalization: China's National People's Congress and the Politics of Institutional Change* (New York: Cambridge University Press, 1990); Murray Scot Tanner, *The Politics of Lawmaking in China: Institutions, Processes, and Democratic Prospects* (Oxford: Oxford University Press, 1999); Ming Xia, *The People's Congresses and Governance in China: Toward a Network Mode of Governance* (London and New York: Routledge, 2008); Young Nam Cho, *Local People's Congresses in China: Development and Transition* (New York: Cambridge University Press, 2009); Melanie Manion, *Information for Autocrats: Representation in Chinese Local Congresses* (New York: Cambridge University Press, 2015); Rory Truex, *Making Autocracy Work: Representation and Responsiveness in Modern China* (New York: Cambridge University Press, 2016).

12 조영남, 『중국의 법원개혁』(서울: 서울대학교출판문화원, 2012); Stanley B. Lubman (ed.), *China's Legal Reforms* (Oxford: Oxford University Press, 1996); Stanley B. Lubman, *Bird in a Cage: Legal Reform in China after Mao* (Stanford: Stanford University Press, 1999); Randall Peerenboom, *China's Long March*

toward Rule of Law (New York: Cambridge University Press, 2002); Randall
Peerenboom, *China Modernizes: Threat to the West or Model for the Rest?* (Oxford:
Oxford University Press, 2007); Bin Liang, *The Changing Chinese Legal System,
1978-Present: Centralization of Power and Rationalization of the Legal System*
(London and New York: Routledge, 2008); Yuhua Wang, *Tying the Autocrat's
Hands: The Rise of Rule of Law in China* (New York: Cambridge University Press,
2015); Kwai Hang Ng and Xin He, *Embedded Courts: Judicial Decision-
Making in China* (New York: Cambridge University Press, 2017); Mary E.
Gallagher, *Authoritarian Legality in China: Law, Workers, and the State* (New
York: Cambridge University Press, 2017).

13 Shiping Zheng, *Party vs. State in Post-1949 China: The Institutional Dilemma*
(New York: Cambridge University Press, 1997), pp. 3–22.

14 김재철, 『중국의 정치개혁』, pp. 22–23.

15 胡偉, 『政府過程』, p. 34; 強世功, 「中國憲法中的不成文憲法: 理解
中國憲法的新視角」, 潘維 主編, 『中國模式: 讀人民共和國的60年』
(北京: 中央編譯出版社, 2009), pp. 436, 451; Jiang Shigong, "Written
and Unwritten Constitutions: A New Approach to the Study of
Constitutional Government in China", *Modern China*, Vol. 36, No. 1
(January 2010), pp. 12–46.

16 胡偉, 『政府過程』, pp. 23–25.

17 蔡定劍 · 黃建軍, 「從法制到憲政」, 蔡定劍 主編, 『法制現代化與憲法』
(北京: 知識產權出版社, 2010), pp. 3, 5–6; 戴耀廷, 『憲政中國 : 從現代化及
文化轉變看中國憲政發展』(香港: 香港大學出版社, 2011), pp. 1, 9–15.

18 조영남, 『중국의 법치와 정치개혁』(파주: 창비, 2012), p. 39.

19 景躍進 · 陳明明 · 肖濱, 『當代中國政府與政治』, p. 52; 王立峰, 『政府中

的政黨: 中國共產黨與政府關係硏究』(北京: 中國法制出版社, 2013), p. 90.

20　朱光磊, 『當代中國政府過程』(修訂版), pp. 56−57. 정융녠 교수는 영도
당으로서의 공산당을 '변형된 황제(transformed emperor)' 혹은 '조직 황
제(organizational emperor)'라고 부른다. 이는 중국 전통문화의 영향을 받
은 것으로, 현재의 공산당이 전통 시대의 황제처럼 국가뿐만 아니라 사
회도 지배하는 특징을 가지고 있다는 점을 지적한 개념이다. Zheng
Yongnian, *The Chinese Communist Party as Organizational Emperor* (London and
New York: Routledge, 2010), pp. 16−17, 24.

21　朱光磊, 『當代中國政府過程』(修訂版), pp. 56−57; 景躍進・陳明明・肖
濱, 『當代中國政府與政治』, pp. 52−53.

22　景躍進・陳明明・肖濱, 『當代中國政府與政治』, pp. 175−177.

23　朱光磊, 『當代中國政府過程』(修訂版), p. 341.

24　중국에서 정법(政法)과 사법(司法)은 다른 뉘앙스를 가지고 있다. 정법은
"강렬한 계급성과 도구성을 띠고, 공산당의 조직보장과 군중노선을 강조
하는 공작 방법"을 말한다. 반면 사법은 "서양 이념의 영향을 받아 절차
적 정의, 죄형법정주의, 무죄추정 원리 등을 강조"한다. 중국은 '인민 민
주 독재의 사회주의 국가'로서 공산당과 관련해서는 사법 대신에 정법이
라는 말을 사용한다. 景躍進・陳明明・肖濱, 『當代中國政府與政治』, p.
122.

25　〈中國共產黨政法工作條例〉(2019년 1월 실시)의 '제1장 총칙'의 제1조, 제
6조, 제7조, 제12조.

26　袁怡棟, 「中共18大以後政法委變革分析」, 『展望與探索』 15卷 12期
(2017年 12月), pp. 76−103.

27　〈中華人民共和國憲法〉(2018년 3월 수정)의 제1장 총강의 제3조.

28　蔡定劍, 『中國人民代表大會制度』(修訂版)(北京: 法律出版社, 1998), pp.

32-37.

29 조영남, 『중국 정치개혁과 전국인대』, p. 66.

30 조호길·리신팅, 『중국의 정치권력은 어떻게 유지되는가』, pp. 120-121;
胡偉, 『政府過程』, pp. 38-44; 施九青·倪家泰, 『當代中國政治運行機
制』, pp. 148-155; 石學峰, 『中國共産黨黨內權力運行機制硏究(1949-
2012)』(北京: 中國社會科學出版社, 2016), pp. 118-123.

31 Tang Tsou, *The Cultural Revolution and Post-Mao Reforms: A Historical
Perspective* (Chicago and London: University of Chicago Press, 1986), p. xxiv.

32 조영남, 『파벌과 투쟁: 덩샤오핑 시대의 중국 2(1983-1987년)』(서울: 민음사,
2016), pp. 235-250; 石學峰, 『中國共産黨黨內權力運行機制硏究(1949-
2012)』, pp. 138-144.

33 조영남, 『톈안먼 사건: 덩샤오핑 시대의 중국 3(1988-1992년)』(서울: 민음사,
2016), pp. 364-382.

34 王立峰, 『政府中的政黨』, pp. 295-300; 朱光磊, 『當代中國政府過程』
(修訂版), pp. 63-68; 景躍進·陳明明·肖濱, 『當代中國政府與政治』, pp.
202-203; 胡偉, 『政府過程』, pp. 35-37.

35 張恆山·李林·劉永艷·封麗霞, 『法治與黨的執政方式硏究』(北京: 法律
出版社, 2004), p. 175.

36 王長江 主編, 『黨內民主制度創新: 一個基層黨委班子公推直選的案
例硏究』(北京: 中共編譯出版社, 2007), pp. 259-272.

37 上海社會科學院民主政治硏究中心, 『中國政治發展進程2004年』(上海:
時事出版社, 2004), pp. 69-70.

38 조영남, 『파벌과 투쟁: 덩샤오핑 시대의 중국 2(1983-1987년)』, pp. 241-
242.

39 조영남, 『중국의 법치와 정치개혁』, pp. 19-21.

40 人民代表大會制度研究所 編, 『與人大代表談依法治國方略』(北京: 人民出版社, 2004), p. 9; 江澤民, 「高擧鄧小平理論偉大旗幟, 把建設有中國特色社會主義事業全面推向21世紀」, 中共中央文獻研究室 編, 『十五大以來重要文獻選編(上)』(北京: 人民出版社, 2000), pp. 30-31.

41 「中華人民共和國憲法修正案」, 中共中央文獻研究室 編, 『十五大以來重要文獻選編(上)』(北京: 人民出版社, 2000), p. 808; 조영남, 『후진타오 시대의 중국정치』(파주: 나남, 2006), p. 63.

42 袁曙宏 主編, 『〈全面推進依法行政實施綱要〉讀本』(北京: 法律出版社, 2004), pp. 329-332, 334-343; 江必新 主編, 『法制政府的建構』(北京: 中國靑年出版社, 2004).

43 最高人民法院研究室 編, 『人民法院五年改革綱要』(北京: 人民法院出版社, 2000), p. 72; 公丕祥 主編, 『回顧與展望: 人民法院司法改革研究』(北京: 人民法院出版社, 2009), p. 74.

44 張恆山 等著, 『法治與黨的執政方式研究』(北京: 法律出版社, 2004), pp. 1-23, 115-136; 俞可平 主編, 『依法治國與依法治黨』(北京: 中央編譯出版社, 2007), pp. 1-9.

45 조영남, 『개혁과 개방: 덩샤오핑 시대의 중국 1(1976-1982년)』(서울: 민음사, 2016), pp. 468-480.

46 조영남, 『중국의 법치와 정치개혁』, pp. 30-31.

47 조영남, 『중국의 법치와 정치개혁』, pp. 252-253.

공산당 영도 원칙

1 『中國共産黨章程』(北京: 人民出版社, 2017), pp. 1, 23-24.

2 朱佳木, 「關於黨執政後還要不要革命以及當今時代的性質問題」, 『世界社會主義研究』2017年 1期, 〈辛亥革命網〉2020年 11月 3日, www.

xhgmw.com (검색일: 2021. 6. 7); 徐黎, 「爲什麽説我黨'從革命黨向執政黨轉變'的説法是錯誤的?」, 『學習時報』 2019年 11月 18日, www.qstheory.con (검색일: 2021. 6. 7); 「南方周末十六大專題: 從'革命黨'到'執政黨'」, 『南方周末』 2002年 11月 13日, www.sina.com.cn (검색일: 2021. 6. 7).

3 한 학자는 공산당이 다섯 가지의 성격을 가지고 있다고 주장한다. ① 대중정당 형식의 엘리트 정당(elite party in mass party form), ② 조직당(organization party), ③ 개인이익당(personal interest party), ④ 명확한 사회적 기반 없는 당, ⑤ 전위당이 그것이다. Lance L.P. Gore, *The Chinese Communist Party and China's Capitalist Revolution* (London and New York: Routledge, 2011). pp. 18–23.

4 조영남, 『후진타오 시대의 중국정치』(파주: 나남, 2006), pp. 111–116.

5 本書編委會 編, 『中國共產黨歷次黨章匯編(1921–2012)』(北京: 中國方正出版社, 2012), pp. 270, 277.

6 조영남, 『파벌과 투쟁: 덩샤오핑 시대의 중국 2(1983–1987년)』(서울: 민음사, 2016), pp. 226–228.

7 조영남, 「2017년 중국 정치의 현황과 전망: 공산당 19차 당대회를 중심으로」, 국립외교원 중국연구센터, 『2017중국정세보고』(서울: 역사공간, 2018), pp. 47–48.

8 Young Nam Cho, "Democracy with Chinese Characteristics? A Critical Review from a Developmental State Perspective", *Issues & Studies*, Vol. 45, No. 4 (December 2009), pp. 71–106.

9 조영남, 「2017년 중국 정치의 현황과 전망: 공산당 19차 당대회를 중심으로」, pp. 49–51.

10 조영남, 『용과 춤을 추자: 한국의 눈으로 중국 읽기』(서울: 민음사, 2012), p. 396.

11 王立峰, 『政府中的政黨: 中國共產黨與政府關係研究』(北京: 中國法制出版社, 2013), p. 33.

12 「中國共產黨第十九次全國代表大會關於《中國共產黨章程修正案》的決議」, 〈新華網〉 2017年 10月 24日, http://cpc.people.com.cn (검색일: 2017. 10. 25); 「重磅! '黨領導一切'政治原則寫入黨章」, 〈騰訊網〉 2017年 10月 24日, http://news.qq.com (검색일: 2017. 11. 4).

13 王立峰, 『政府中的政黨』, pp. 43-45.

14 조영남, 「2018년 중국 정치의 현황과 전망: 13기 전국인민대표대회 1차 연례회의를 중심으로」, 국립외교원 중국연구센터, 『2018중국정세보고』(서울: 역사공간, 2019), pp. 21-23.

15 景躍進·陳明明·肖濱 主編, 『當代中國政府與政治』(北京: 中國人民大學出版社, 2016), pp. 52-53.

16 蔡定劍, 『中國人民代表大會制度』(修訂版)(北京: 法律出版社, 1998), pp. 32-37.

17 조영남, 『중국의 법치와 정치개혁』, pp. 77-112.

18 민주집중제의 역사에 대해서는 조영남, 『개혁과 개방: 덩샤오핑 시대의 중국 I(1976-1982년)』(서울: 민음사, 2016), pp. 463-468; 蔡定劍, 『中國人民代表大會制度』(修訂版), pp. 84-87을 참고할 수 있다.

19 조영남, 『중국의 엘리트 정치: 마오쩌둥에서 시진핑까지』(서울: 민음사, 2019), pp. 329-331.

20 〈中國共產黨黨內監督條例〉(2016年)의 제5조 3항; 〈中共中央關於加强對"一把手"和領導班子監督的意見〉(2021年)의 제5항.

21 〈中共中央關於加强黨的政治建設的意見〉(2019年)의 제4항; 〈中國共產黨組織處理規定(試行)〉(2021年)의 제7조 제1항.

22 中共中央黨校黨建教研部編著, 『中國共產黨黨章教程』(北京: 中共中央黨校出版社, 1995), pp. 127-130.

23 袁瑞良, 『人民代表大會制度形成發展史』(北京: 人民出版社, 1994), pp. 469-473; 蔡定劍 主編, 『中國憲法精釋』(北京: 中國民主法制出版社, 1996), pp. 55, 106; 全國人大常委會辦公廳研究室 編, 『全國人大常委會法制 講座匯編』(北京: 中國民主法治出版社, 1999), pp. 63-65; 顧昂然, 『中華人 民共和國憲法講話』(北京: 法律出版社, 1999), pp. 27-28.

24 王懂棋, 「怎樣理解黨管幹部」, 〈學習時報〉 2020년 6월 22일, www. chuxin.people.cn (검색일: 2019. 3. 20).

25 景躍進·陳明明·肖濱, 『當代中國政府與政治』, pp. 23-26; 張執中, 「中 共修訂〈黨政領導幹部選拔任用工作條例〉評析」, 『展望與探索』 17卷 5期(2019년 5월), pp. 16-21.

26 「中組部負責人就修訂頒布《黨政領導幹部選拔任用工作條例》答記者 問」, 〈共産黨員網〉 2019년 3월 18일, www.12371.cn (검색일: 2019. 3. 20).

27 王懂棋, 「怎樣理解黨管幹部」; 景躍進·陳明明·肖濱, 『當代中國政府與 政治』, pp. 23-26; 王暘, 『優選與嚴管: 解讀中國幹部制度』(北京: 外文出 版社, 2013), pp. 23-26.

28 王立峰, 『政府中的政黨』, pp. 236-253; 王海峰, 『幹部國家』(上海: 復旦 大學出版社, 2012), p. 19.

29 景躍進·陳明明·肖濱, 『當代中國政府與政治』, pp. 88-103; 施九青·倪 家泰, 『當代中國政治運行機制』(濟南: 山東人民出版社, 1993), pp. 331-342.

30 〈中國人民政治協商章程〉(2004年修訂)의 '총강(總綱)'

31 「中辦印發《關於加强新時代人民政協黨的建設工作的若干意見》」, 〈人 民網〉 2018年 10月 25日, www.people.com.cn (검색일: 2018. 10. 27).

32 〈중국공산당 통일전선 업무 조례〉의 제12조는 민주당파와 무당파 인사 에 대해 다음과 같이 규정한다: "민주당파는 공산당의 영도를 받고, 공

산당과 협력하는 친밀한 우당(友黨)이고, 공산당의 좋은 참모·조수·동료
이며, 중국 특색 사회주의의 참정당(參政黨)이다; 무당파 인사는 어떤 정
당에도 소속되어 있지 않지만, 정치참여(參政議政)의 열망과 능력이 있어
서 사회에 조직적으로 공헌하고, 일정한 영향력이 있는 인사로, 주된 대
상은 지식인(知識分子)이다."

33 胡偉『政府過程』, p. 53; 朱光磊, 『當代中國政府過程』(修訂版)(天津: 天津
人民出版社, 2002), pp. 44-46.

제2부 공산당 조직
공산당 중앙의 영도기관과 사무기구

1 吳國光 著, 趙燦 譯, 『權力的劇場: 中共黨代會的制度運作』(香港: 香港中
文大學出版社, 2018), p. xii.

2 중국에서 '대회(大會, congress)'와 '회의(會議, conference)'는 성격이 다르다. '대
회'는 법정 절차에 따라 선출된 대표의 모임을 말한다. 반면 '회의'는 파견
이나 지명 등 선출되지 않은 사람들의 모임을 말한다. 예를 들어, 전국인
민대표대회(전국인대)와 각급 지방 인민대표대회(지방인대)는 중앙과 지방의
권력기구로서, 유권자의 선거를 통해 인민대표가 선출되고, 그렇게 선출
된 인민대표로 구성된 조직이기 때문에 '대회'라고 부른다. 반면 인민정치
협상회의 전국위원회(전국정협)와 지방위원회(지방정협)는 통일전선 조직으
로, 공산당을 포함한 각 정당과 사회단체가 파견한 위원들로 구성된 조직
이기 때문에 '회의'라고 부른다.

3 Cheng Li, "Preparing for the 18th Party Congress: Procedures and
Mechanisms", China Leadership Monitor, No. 36 (January 2012), pp. 2-4.

4 吳國光, 『權力的劇場』, pp. 105-112.

5 「面向新時代的政治宣言和行動綱領: 黨的十九大報告誕生記」, 〈人民

網〉2017년 10월 28일, www.people.com.cn (검색일: 2017. 10. 28).

6 「肩負歷史重任 開創復興偉業: 新一屆中共中央委員會和中共中央紀律檢查委員會誕生記」, 〈新華網〉 2017年10月 24日, www.xinhuanet.com (검색일: 2017. 10. 26).

7 조영남, 『개혁과 개방: 덩샤오핑 시대의 중국 1(1977–1982년)』(서울: 민음사, 2016), pp. 488–502; 조영남, 『파벌과 투쟁』, pp. 210–225; 조영남, 『톈안먼 사건: 덩샤오핑 시대의 중국 3(1997–1992)』(서울: 민음사, 2016), pp. 371–381.

8 「黨政領導幹部選拔任用工作條」(2002. 7), 法律出版社 法規中心編, 『中國共産黨黨內法規新編』(北京: 法律出版社, 2005), pp. 38–53.

9 조호길·리신팅, 『중국의 정치권력은 어떻게 유지되는가: 강력한 당–국가 체제와 엘리트 승계』(서울: 메디치, 2017), pp. 147–153.

10 조영남, 『중국의 엘리트 정치: 마오쩌둥에서 시진핑까지』(서울: 민음사, 2019), pp. 408–420.

11 吳國光, 『權力的劇場』, pp. 98–99.

12 吳國光, 『權力的劇場』, pp. 105–112.

13 吳國光, 『權力的劇場』, pp. 99, 103–105.

14 吳國光, 『權力的劇場』, pp. 138, 183–185.

15 吳國光, 『權力的劇場』, pp. 263–270.

16 Cheng Li, "Preparing For the 18th Party Congress." p. 8.

17 Cheng Li and Lynn White, "The Sixteenth Central Committee of the Chinese Communist Party: Emerging Patterns of Power Sharing", Lowell Dittmer and Guoli Liu (eds.), *China's Deep Reform: Domestic Politics in Transition* (Lanham: Rowman & Littlefield Publishers, 2006), p. 86.

18 Li and White, "The Sixteenth Central Committee of the Chinese Communist Party", pp. 92–95.

19 조영남, 『중국의 엘리트 정치』, pp. 321-322.

20 조영남, 『중국의 엘리트 정치』, pp. 331-332.

21 胡鞍鋼, 『中國集體領導體制』(北京: 中國人民大學出版社, 2013), p. 48-49.

22 이하의 내용은 다음을 정리한 것이다. 조영남, 『중국의 엘리트 정치』, pp. 355-368.

23 Shiping Zheng, "The New Era in Chinese Elite Politics", *Issues & Studies*, Vol. 41, No. 1 (March 2005), p. 193; Carol Lee Hamrin and Suisheng Zhao, "Introduction: Core Issues in Understanding the Decision Process", Carol Lee Hamrin and Suisheng Zhao (eds.), *Decision-Making in Deng's China: Perspectives from Insiders* (Armonk: M.E. Sharpe, 1995), pp. xxii-xxx; 楊中美, 『新紅太陽: 中共第五代領袖』(臺北: 時報文化, 2008), p. 3.

24 「中央機構調整及精簡決定」, 中國人民解放軍 國防大學 黨史黨建政工研究室 編, 『中共黨史教學參考資料』17冊(北京: 1985), pp. 344-346; 陳麗鳳, 『中國共産黨領導體制的歷史考察: 1921-2006』(上海: 上海人民出版社, 2008), pp. 121-122.

25 조영남, 『파벌과 투쟁: 덩샤오핑 시대의 중국 2(1983-1987년)』(서울: 민음사, 2016), p. 212.

26 李林, 「中共中央書記處組織沿革與功能變遷」, 〈中國共産黨新聞-人民網〉 2011년 6월 1일, www.cpc.people.com.cn (검색일: 2021. 6. 10).

27 中共中央黨校黨建敎硏部 編著, 『中國共産黨黨章敎程』(北京: 中共中央黨校出版社, 1995), p. 205.

28 케네스 리버설, 「대약진운동과 옌안 지도부의 분열, 1958-1965」, 로드릭 맥파커 편, 김재관·정용해 역, 『중국 현대정치사: 건국에서 세계화의 수용까지(1949-2009)』(서울: 푸른길, 2012), p. 179.

29 조호길·리신팅, 『중국의 정치권력은 어떻게 유지되는가: 강력한 당-국가

체제와 엘리트 승계』(서울: 메디치, 2017), pp. 195, 221–222.

30 Bruce Gilley, *Tiger on the Brink: Jiang Zemin and Chinese New Elite* (Berkeley: University of California Press, 1998), pp. 305–306.

31 조영남, 「2017년 중국 정치의 현황과 전망: 공산당 19차 당대회를 중심으로」, 국립외교원 중국연구센터, 『2017 중국 정세 보고』(서울: 역사공간, 2018), p. 13.

32 이하의 내용은 다음을 정리한 것이다. 조영남, 『중국의 엘리트 정치』, pp. 362–377.

33 Willy Wo–Lap Lam, *The Era of Jiang Zemin* (Singapore: Prentice Hall, 1999), pp. 33, 36–38, 86–94, 101–108, 283–289.

34 Hongyi Harry Lai, "External Policymaking under Hu Jintao: Multiple Players and Emerging Leadership", *Issues & Studies*, Vol. 41, No. 3 (September 2005), pp. 235–240; Hongyi Lai, *The Domestic Sources of China's Foreign Policy: Regimes, Leadership, Priorities, and Process* (London and New York: Routledge, 2010), pp. 134–135; Kerry Brown, *Hu Jintao: China's Silent Ruler* (Singapore: World Scientific, 2012), p. 51; Lam, *Chinese Politics in the Hu Jintao Era*, pp. 109–111; Zhengxu Wang, "Hu Jintao's Power Consolidation: Groups, Institutions, and Power Balance in China's Elite Politics", *Issues & Studies*, Vol. 42, No. 4 (December 2006), pp. 97–136; 趙建民, 『中國決策: 領導人·結構·機制·過程』(臺中: 五南, 2014), pp. 67, 125.

35 Weixing Hu, "Xi Jinping's 'Major Country Diplomacy': The Role of Leadership in Foreign Policy Transformation", *Journal of Contemporary China*, Vol. 28, No. 115 (2019), p. 12.

36 조영남, 『개혁과 개방: 덩샤오핑 시대의 중국 1(1976–1982년)』(서울: 민음사, 2016), pp. 456–462.

37 寇健文, 『中共菁英政治的演變: 制度化與權力轉移 1978−2010』(臺北: 五南圖書出版社, 2011), pp. 343−348.

38 寇健文, 『中共菁英政治的演變』, pp. 343−348.

39 寇健文, 『中共菁英政治的演變』, pp. 343−348.

40 Wei Li, *The Chinese Staff System: A Mechanism for Bureaucratic Control and Integration* (China Research Monograph No. 44. Center for Chinese Studies) (Berkeley: University of California Press, 1994), pp. 19−20.

41 李林, 「中共中央書記處組織沿革與功能變遷」; Li, *The Chinese Staff System*, p. 29.

42 張全景 主編, 『中國共產黨組織工作教程』(北京: 黨建讀物出版社, 1997), p. 32. 趙建民, 『中國決策』, p. 113에서 재인용.

43 趙建民, 『中國決策』, p. 113; Jean−Pierre Cabestan, "China's Foreign− and Security−policy Decision−making Processes under Hu Jintao", *Journal of Current Chinese Affairs*, No. 3 (2009), p. 68.

44 Lance L.P. Gore, "Managing Human Resources to Sustain the One− party Rule", Zheng Yongnian and Lance L.P. Gore (eds.), *The Chinese Communist Party in Action: Consolidating Party Rule* (London and New York: Routledge, 2020), pp. 51−80.

45 〈中國共產黨統一戰綫工作條例〉(2020년 12월 수정); Ray Wang and Gerry Groot, "Who Represents? Xi Jinping's Grand United Front Work, Legitimation, Participation and Consultative Democracy", *Journal of Contemporary China*, Vol. 27, No. 112 (July 2018), pp. 569−583.

46 David Shambaugh, "China's 'Quiet Diplomacy': The International Department of the Chinese Communist Party", *China: An International Journal*, Vol. 5, No. 1 (March 2007), pp. 26−54; Lye Liang Fook,

"International Department and China's Foreign Policy", Zheng and Gore, *The Chinese Communist Party in Action*, pp. 243–267.

47 Minxin Pei, "The CCP's Domestic Security Taskmaster: The Central Political and Legal Affairs Commission", *China Leadership Monitor*, No. 69 (Fall 2021).

48 Wei Li and Lucian W. Pye, "The Ubiquitous Role of the *Mishu* in Chinese Politics", *China Quarterly*, No. 132 (December 1992), pp. 913–936; Cheng Li, "The *Mishu* Phenomenon: Patron–Client Ties and Coalition–Building Tactics", *China Leadership Monitor*, No. 4 (Fall 2002); Wen–Hsuan Tsai and Nicola Dean, "Lifting the Veil of the CCP's Mishu System: Unrestricted Informal Politics within an Authoritarian Regime", *China Journal*, No. 73 (January 2015), pp. 158–185.

49 Wen–Hsuan Tsai and Xingmiu Liao, "The Authority, Functions, and Political Intrigues of the General Office of the Chinese Communist Party", *China Journal*, No. 80 (July 2018), p. 47.

50 Li, *The Chinese Staff System*, pp. 5, 69.

51 Li, *The Chinese Staff System*, pp. 10–11.

52 Tsai and Liao, "The Authority, Functions, and Political Intrigues of the General Office of the Chinese Communist Party", pp. 51–54; 리처드 맥그레거, 김규진 역, 『중국공산당의 비밀』(서울: 파이카, 2012), pp. 37–38.

53 Li, "The *Mishu* Phenomenon: Patron–Client Ties and Coalition–Building Tactics", p. 2.

54 Tsai and Liao, "The Authority, Functions, and Political Intrigues of the General Office of the Chinese Communist Party", pp. 48–49. 참고로 위키피디아 중국어판은 다르게 설명한다. 이에 따르면 공산당 중앙 판공

청은 모두 11개의 국과 실로 구성되며, 위에는 없는 총서기 판공실과 독촉검사실(督促檢查室)을 포함하고 있다. 「中共中央辦公廳」, 〈維基百科〉, zh.wikipedia.org (검색일: 2021. 2. 5).

55 Li, *The Chinese Staff System*, pp. 36−40; Tsai and Dean, "Lifting the Veil of the CCP's *Mishu* System", pp. 165−168.

56 Li and Pye, "The Ubiquitous Role of the *Mishu* in Chinese Politics", pp. 913−915; Li, "The *Mishu* Phenomenon: Patron−Client Ties and Coalition−Building Tactics", pp. 3−4.

57 Tsai and Liao, "The Authority, Functions, and Political Intrigues of the General Office of the Chinese Communist Party", pp. 55−58.

58 Li, *The Chinese Staff System*, pp. 46−48.

59 Tsai and Liao, "The Authority, Functions, and Political Intrigues of the General Office of the Chinese Communist Party", pp. 55−58; Li, *The Chinese Staff System*, pp. 46−48.

60 Tsai and Dean, "Lifting the Veil of the CCP's *Mishu* System", pp. 165−168.

61 Tsai and Liao, "The Authority, Functions, and Political Intrigues of the General Office of the Chinese Communist Party", pp. 59−61.

62 〈中國共產黨重大事項請示報告條例〉(2019년 1월 시행)의 제5조(판공청의 역할).

63 Tsai and Liao, "The Authority, Functions, and Political Intrigues of the General Office of the Chinese Communist Party", pp. 55−63; Li, *The Chinese Staff System*, pp. 48−50.

64 Tsai and Liao, "The Authority, Functions, and Political Intrigues of the General Office of the Chinese Communist Party", pp. 55−63; Li, *The*

Chinese Staff System, pp. 8–10, 50–55.

65 Tsai and Liao, "The Authority, Functions, and Political Intrigues of the General Office of the Chinese Communist Party", pp. 48–49, 63–64.

66 Wen–Hsuan Tsai, "Medical Politics and the CCP's Healthcare System for State Leaders", *Journal of Contemporary China*, Vol. 27, No. 114 (November 2018), pp. 942–955; Wen–Hsuan Tsai, "Delicacies for a Privileged Class in a Risk Society: The Chinese Communist Party's Special Supplies Food System", *Issues & Studies*, Vol. 52, No. 2 (March 2016), 165005 (29 pages).

당조와 영도소조: '특별한' 영도조직

1 Wang Zhengxu and Dragan Pavlicevic, "Party Chiefs, Formal and Informal Rules and Institutions", Zheng Yongnian and Lance L.P. Gore (eds.), *The Chinese Communist Party in Action: Consolidating Party Rule* (London and New York: Routledge, 2020), pp. 88–90.

2 Zheng Yongnian, *The Chinese Communist Party as Organizational Emperor: Culture, Reproduction and Transformation* (London and New York: Routledge, 2010), pp. 100–103.

3 中共中央黨校黨建教研部 編著, 『中國共產黨黨章教程』(北京: 中共中央黨校出版社, 1995), pp. 221–223.

4 中國共產黨 中央組織部, 「中國共產黨黨內統計公報」(2008年), 〈人民網〉, www.people.com.cn.

5 「2010年中國共產黨上海市黨內統計公報」, 〈上海政務〉 2011년 7월 3일, shzw.eastday.com (검색일: 2020. 7. 5).

6 Carol Lee Hamrin, "The Party Leadership System", Kenneth G.

Lieberthal and David M. Lampton (eds.), *Bureaucracy, Politics, and Decision Making in Post-Mao China* (Berkeley: University of California Press, 1992), pp. 95–124; Wei Li, *The Chinese Staff System: A Mechanism for Bureaucratic Control and Integration* (Berkeley: Institute of East Asia Studies, 1994), pp. 28–34; Michael D. Swaine, *The Role of the Chinese Military in National Security Policymaking* (Santa Monica: RAND, 1996), pp. 18–36; Lu Ning, *The Dynamics of Foreign-Policy Decision making in China* (Boulder: Westview Press, 1997); Taeho Kim, "Leading Small Groups: Managing All under Heaven", David M. Finkelstein and Maryanne Kivlehan (eds.), *China's Leadership in the 21ˢᵗ Century: The Rise of the Fourth Generation* (London: M.E. Sharpe, 2003), pp. 121–139; Alice L. Miller, "The CCP Central Committee's Leading Small Groups." *China Leadership Monitor* 26 (2008); Alice L. Miller, "The CCP Central Committee's Leading Small Groups", *China Leadership Monitor*, No. 26 (Fall 2008); Alice L. Miller, "More Already on the Central Committee's Leading Small Group", *China Leadership Monitor*, No. 44 (Summer 2014).

7 周望, 『中國"小組機制"研究』(天津: 天津人民出版社, 2010), p. 3.

8 習近平, 〈關於深化黨和國家機構改革決定稿和方案稿的説明〉; 〈中共中央關於關於深化黨和國家機構改革決定〉(2018년 2월 공산당 19기 3중전회 통과).

9 潘旭濤, 「領導小組裏的中國治理模式」, 〈人民網〉 2014年 3月 28日, www.people.com.cn(검색일: 2014. 3. 28).

10 景躍進·陳明明·肖濱 主編, 『當代中國政府與政治』(北京: 中國人民大學出版社, 2016), pp. 115–119; Kenneth Lieberthal, *Governing China: From Revolution through Reform* (New York and London: W.W. Norton and Company, 1995), p. 194; Yan Huai, "Organizational Hierarchy and the Cadre

Management System", Carol Lee Hamrin and Suisheng Zhao (eds.), *Decision-Making in Deng's China: Perspectives from Insiders* (Armonk: M.E. Sharpe, 1995), pp. 39–40.

11 Wei Li, *The Chinese Staff System: A Mechanism for Bureaucratic Control and Integration* (California: University of California Press, 1994), pp. 30–31.

12 Nathaniel Ahrens, *China's Industrial Policymaking Process* (CSIS, 2013); Christopher K. Johnson, Scott Kennedy, and Mingda Qiu, "Xi's Signature Governance Innovation: The Rise of Leading Small Group" (CSIS, 2017).

13 陳玲,「中國高層領導小組的運作機制及其演化」, 俞可平 外 主編, 『中共的治理與適應: 比較的視角』(北京: 中國編譯出版社, 2015), pp. 23–25.

14 周望, 『中國"小組機制"研究』, pp. 57–59.

15 周望, 『中國"小組機制"研究』, pp. 59–62.

16 Wen-Hsuan Tsai and Wang Zhou, "Integrated Fragmentation and he Role of Leading Small Groups in Chinese Politics", *China Journal*, No. 82 (July 2019), pp. 14–16.

17 陳麗鳳, 『中國共產黨領導體制的歷史考察: 1921–2006』(上海: 上海人民出版社, 2007), pp. 174–178.

18 石學峰, 『中國共產黨黨內權力運行機制研究(1949–2012)』(北京: 中國社會科學出版社, 2016), pp. 64–66.

19 周望, 『中國"小組機制"研究』, pp. 25–26.

20 王立峰, 『政府中的政黨: 中國共產黨與政府關係研究』(北京: 中國法制出版社, 2013), p. 33.

21 陳麗鳳, 『中國共產黨領導體制的歷史考察』, pp. 231–233.

22 周望, 『中國"小組機制"研究』, p. 28; 景躍進·陳明明·肖濱 主編, 『當代中國政府與政治』(北京: 中國人民大學出版社, 2016), pp. 61-62.

23 Cheng Li, *Chinese Politics in the Xi Jinping Era: Reassessing Collective Leadership* (Washington D.C.: Brookings Institution Press, 2016), pp. 12-13.

24 Tsai and Zhou, "Integrated Fragmentation and the Role of Leading Small Groups in Chinese Politics", pp. 1-22.

25 조영남, 「시진핑 '일인지배'가 등장하고 있는가?」, 『국제지역연구』 24권 3호 (2015년 가을), pp. 136-137.

26 「全面收攏全面集中 中共轉向'委員會治國'」, 〈多維新聞網〉 2018년 5월 31일, http://www.dwnews.com (검색일: 2018. 6. 1).

27 周望, 『中國"小組機制"研究』, p. 35. 구체적으로 1993년 3월 공산당 14기 중앙위원회 2차 전체회의(14기 2중전회)에서 〈당정 기구개혁 방안〉이 통과되었고, 이를 통해 정법위원회의 성격이 변경되었다. 陳麗鳳, 『中國共產黨領導體制的歷史考察』, pp. 356-357.

28 조영남, 「2014년 중국 정치의 현황과 전망」, 국립외교원 중국연구센터, 『2014중국정세보고』(서울: 역사공간, 2015), p. 18.

29 Tsai and hou, "Integrated Fragmentation and the Role of Leading Small Groups in Chinese Politics", pp. 1-22; Weixing Hu, "Xi Jinping's 'Major Country Diplomacy': The Role of Leadership in Foreign Policy Transformation", *Journal of Contemporary China*, Vol. 28, No. 115 (2019), p. 12.

30 Linda Jakobson and Ryan Mauel, "How Are Foreign Policy Decisions Made in China", *Asia and the Pacific Policy Studies*, Vol. 3, No. 1 (2016), pp. 103-105; Lu Ning, "The Central Leadership, Supraministry Coordinating Bodies, State Council Ministries, and Party Departments", David M. Lampton (ed.), *The Making of Chinese Foreign and*

Security Policy in the Reform Era (Stanford: Stanford University Press, 2001), pp. 40−44; Jean−Pierre Cabestan, "China's Foreign− and Security−policy Decision−making Processes under Hu Jintao", *Journal of Current Chinese Affairs*, No. 3 (2009), pp. 67−69.

31 Tai Ming Cheung, "The Riddle in the Middle: China's Central Military Commission in the Twenty−First Century", Phillip C. Saunders and Andrew Scobell (eds.), *PLA Influence on China's National Security Policymaking* (Stanford: Stanford University Press, 2015), pp. 94−95.

32 吳建民, 『外交案例』(北京: 中國人民大學出版社, 2007), p. 342.

33 Phillip C. Saunders and Andrew Scobell, "Introduction: PLA Influence on China's National Security Policymaking", Saunders and Scobell, *PLA Influence on China's National Security Policymaking*, p. 15.

34 Michael D. Swaine, "The PLA Role in China's Foreign Policy and Crisis Behavior", Saunders and Scobell, *PLA Influence on China's National Security Policymaking*, pp. 143−146; Issac B. Kardon and Phillip C. Saunders, "Reconsidering the PLA as an Interest Group", Saunders and Scobell, *PLA Influence on China's National Security Policymaking*, pp. 44−50.

35 Lu, "The Central Leadership, Supraministry Coordinating Bodies, State Council Ministries, and Party Departments", pp. 40−44.

36 Cabestan, "China's Foreign− and Security−policy Decision−making Processes under Hu Jintao", pp. 69−70.

37 郭瑞華「中共對臺人士分析, 以中共中央對臺工作領導小組為對象」, 『中共‘十八大’精英甄補與政治繼承: 變遷,政策與挑戰國際研討會論文集』(政治大學中國大陸研究中心, 台灣大學社會科學院中國大陸研究中心: 2012年 4月 21日); Alice Miller, "The PLA in the Party Leadership

Decisonmaking System", Saunders and Scobell, *PLA Influence on China's National Security Policymaking*, pp. 58–83; Alice Miller, "The CCP Central Committee's Leading Small Groups", *China Leadership Monitor*, No. 26 (Fall 2008); Russell Hsiao, "Taiwan Work Leading Small Group under Xi Jinping", *China Brief*, Vol. 13, No. 12 (June 2013), pp. 10–14.

38 양갑용, 「시진핑 시대 중앙 영도소조의 역할 변화 가능성 연구」, 『중국연구』 60권(2004), p. 350; Miller, "The CCP Central Committee's Leading Small Groups"; Elizabeth Economy, "China's Imperial President", *Foreign Affairs*, Vol. 93, No. 6 (2014), pp. 80–91; Victor Shih, "How the Party–State Runs the Economy", Willy Wo–Lap Lam (ed.), *Routledge Handbook of the Chinese Communist Party* (London and New York: Routledge, 2018), p. 186.

39 Hongyi Harry Lai, "External Policymaking under Hu Jintao: Multiple Players and Emerging Leadership", *Issues & Studies*, Vol. 41, No. 3 (September 2005), pp. 214, 233–234; Lai, *The Domestic Sources of China's Foreign Policy*, pp. 138–140.

40 習近平, 「關於〈中共中央關於全面深化改革若干重大問題的決定〉的 説明」, 〈求是理論網〉 2013년 11월15일, www.qstheory.cn (검색일: 2013. 11. 16); 李文, 「從富到強歷史性轉變的重要標誌」, 〈求是理論網〉 2014년 1월 27일, www.qstheory.cn (검색일: 2014. 1. 27); David M. Lampton, "Xi Jinping and the National Security Commission: Policy Coordination and Political Power", *Journal of Contemporary China*, Vol. 24, No. 95 (September 2015), pp. 759–777; Weixing Hu, "Xi Jinping's 'Big Power Diplomacy' and China's Central National Security Commission(CNSC)", *Journal of Contemporary China*, Vol. 25, No. 98 (March 2016), pp. 163–177;

You Ji, "China's National Security Commission: Theory, Evolution and Operations", *Journal of Contemporary China*, Vol. 25, No. 98 (March 2016), pp. 178–196; Joel Wuthnow, "China's New 'Black Box': Problems and Prospects for the Central National Security Commission", *China Quarterly*, No. 232 (December 2017), pp. 886–903.

41 「中共中央政治局召開會議, 研究決定中央國家安全委員會設置, 審議 貫徹執行中央八項規定情況報告」, 〈人民網〉 2014년 1월 25일, www. people.com.cn (검색일: 2014. 1. 27).

42 高君.王雅, 「中共組建三大超級機構, 現中國夢思路」, 〈多維新聞網〉 2014년 3월 4일, www.dwnews.com (검색일: 2014. 3. 4).

43 You, "China's National Security Commission", p. 194. 참고로 2000년에 설립된 국가안전 영도소조는 이보다 참여 인원이 적었다. Hongyi Lai, *The Domestic Sources of China's Foreign Policy: Regimes, Leadership, Priorities, and Process* (London and New York: Routledge, 2010), pp. 139–141.

44 習近平, 「關於〈中共中央關於全面深化改革若干重大問題的決定〉的説 明」(2014년).

45 「社評: 成立國家安全委員會正當其時」, 〈環球網〉 2013년 11월 14일, www.huanqiu.com (검색일: 2013. 11. 14); 「社評: 國家安全就像空氣, 擁 有時別忽略它」, 〈環球網〉 2014년 1월 26일, www.huanqiu.com (검색 일: 2014. 1. 27); You, "China's National Security Commission", p. 180; Wuthnow, "China's New 'Black Box'", p. 887.

46 Guoguang Wu, "The Emergence of the Central Office of Foreign Affairs: From Leadership Politics to 'Greater Diplomacy'", *China Leadership Monitor*, No. 69 (Fall 2021).

47 David M. Lampton, "China's Foreign and National Security Policy-

Making Process: Is It Changing, and Does it Matter", David M. Lampton (ed.), *The Making of Chinese Foreign and Security Policy in the Era of Reform* (Stanford: Stanford University Press, 2001), pp. 4—5.

48 Linda Jakobson and Ryan Manuel, "How Are Foreign Policy Decisions Made in China", *Asia and the Pacific Policy Studies*, Vol. 3, No. 1 (2016), pp. 106—107.

49 Jing Sun, "Growing Diplomacy, Retreating Diplomats: How the Chinese Foreign Ministry Has Been Marginalized in Foreign Policymaking?", *Journal of Contemporary China*, Vol. 26, No. 105 (2017), pp. 422—423.

50 Sun, "Growing Diplomacy, Retreating Diplomats", pp. 422—431.

51 Lu, "The Central Leadership, Supraministry Coordinating Bodies, State Council Ministries, and Party Departments", pp. 50—55.

52 Lu, "The Central Leadership, Supraministry Coordinating Bodies, State Council Ministries, and Party Departments", pp. 57—60.

53 David Shambaugh, "China's 'Quiet Diplomacy': The International Department of the Chinese Communist Party", *China: An International Journal*, Vol. 5, No. 1 (March 2007), pp. 26—54; Lye Liang Fook, "International Department and China's Foreign Policy", Zheng Yongnian and Lance L.P. Gore (eds.), *The Chinese Communist Party in Action: Consolidating Party Rule* (London and New York: Routledge, 2020), pp. 243—267.

54 Michael D. Swaine, "The PLA Role in China's Foreign Policy and Crisis Behavior", Saunders and Scobell, *PLA Influence on China's National Security Policymaking*, pp. 157—161; Cheung, "The Riddle in the Middle: China's Central Military Commission in the Twenty—First Century", pp. 85—89.

55 Saunders and Scobell, "Introduction: PLA Influence on China's National Security Policymaking", pp. 23–25; You Ji, "The PLA and Diplomacy: Unraveling Myths about the Military Role in Foreign Policy Making", *Journal of Contemporary China*, Vol. 23, No. 86 (March 2014), pp. 238–240; You Ji, "Fragmented Party Control of the Gun: Civil–Military Relations in China", Kjeld Erik Brodsgaard (ed.), *Chinese Politics as Fragmented Authoritarianism: Earthquakes, Energy, and Environment* (London and New York: Routledge, 2017), pp. 207–210.

56 Saunders and Scobell, "Introduction: PLA Influence on China's National Security Policymaking", pp. 6–18; Kardon and Saunders, "Reconsidering the PLA as an Interest Group", pp. 44–50; Tai Ming Cheung, "The Influence of the Gun: China's Central Military Commission and Its Relationship with the Military, Party, and State Decision–Making Systems", Lampton, *The Making of Chinese Foreign and Security Policy in the Era of Reform*, pp. 74–79.

57 Swaine, "The PLA Role in China's Foreign Policy and Crisis Behavior", pp. 146–148.

58 Cheng Li, *The Power of Ideas: The Rising Influence of Thinkers and Think Tanks in China* (Singapore: World Scientific, 2017), p. 21.

59 Swaine, "The PLA Role in China's Foreign Policy and Crisis Behavior", pp. 148–156.

60 Li, *The Power of Ideas*, pp. 28–31; Zhu Xufeng, "Influence of Think Tanks in the Chinese Policy Process", *Asian Survey*, Vol. 49, No. 2 (March/April 2009), pp. 339–343.

61 Lai, *The Domestic Sources of China's Foreign Policy*, pp. 147–148.

공산당 지방조직과 기층조직

1 中共中央,「關於加强黨的執政能力建設的決定」(2004), 中共中央文獻研究室 編,『十六大以來重要文獻選編(中)』(北京: 中央文獻出版社, 2006), pp. 291-296.

2 〈中國共産黨基層組織選擧條例〉(2020년 7월 수정)의 제17조.

3 「中共中央政治局召開民主生活會, 習近平主持會議並發表重要講話」, 〈新華網〉2020年 12月 25日, www.xinhuanet.com (검색일: 2021. 1. 5).

4 조영남,「2013년 중국 정치의 현황과 향후 전망」, 국립외교원 중국연구센터,『2013중국정세보고』(서울: 웃고문화사, 2014), pp. 3-6.

5 「中共再發民主生活會指令槍」,〈多維新聞網〉2013年 10月 4日, www. duoweinews.com (검색일: 2013. 10. 7).

6 「堅持用好批評和自我批評的武器, 提高領導班子解決自身問題能力」, 〈人民網〉2013年 9月 26日, www.people.com.cn (검색일: 2013. 9. 26);「已有 21個省(區·市)常委班子召開民主生活會」,〈人民網〉2013年 10月 15日, www.people.com.cn (검색일: 2013. 10. 16);「個省區市常委班子均已召開專題民主生活會」,〈人民網〉2013年 10月 23日, www.people.com.cn (검색일: 2013. 10. 23);「重慶開民主生活會, 孫政才帶頭自我批評」,〈新華網〉2013年 9月 30日, www.xinhuanet.com (검색일: 2013. 9. 30).

7 「聚焦'四風'抓好整改落實建章立制, 確保教育實踐活動善始善終做善成」,〈人民網〉2013年 10月 31日, www.people.com.cn (검색일: 2013. 10. 31).

제3부 공산당 당원
공산당원의 증가와 구성 변화

1 Daniel Koss, *Where the Party Rules: The Rank and File of China's Communist State* (New York: Cambridge University Press, 2018), pp. 309–310.

2 Kjeld Erik Brodsgaard, "Turning the CCP into an Elite Party", Zheng Yongnian and Lance L.P. Gore (eds.), *The Chinese Communist Party in Action: Consolidating Party Rule* (London and New York: Routledge, 2020), pp. 33–47.

3 中國共産黨 中央組織部, 「中國共産黨黨內統計公報」, 〈人民網〉 2021년 6월 30일과 2022년 6월 30일, www.people.com.cn (검색일: 2021.6.30. /2022.6.30.)

4 Gordon B. Smith, *Soviet Politics: Continuity and Contradiction* (Houndmills and London: Macmillan Education, 1988), p. 61.

5 Cheng Li, "The Chinese Communist Party: Recruiting and Controlling the New Elites", *Journal of Current Chinese Affairs*, Vol. 38, No. 3 (September 2009), p. 20.

6 「第四次全國經濟普查主要數據公報」, 〈國家統計局〉 2019년 11월 20일, www.stats.gov.cn (검색일: 2021. 2. 27).

공산당원의 입당과 활동

1 Daniel Koss, *Where the Party Rules: The Rank and File of China's Communist Party* (New York: Cambridge University Press, 2018), pp. 15–22.

2 다음의 내용은 王繼連 主編, 『新時期黨支部書記工作指南』(北京: 中共中央黨校出版社, 1994), pp. 126–133; 馬莉亞·向東 主編, 『黨政工團組織工作程序規範圖』(北京: 中共中央黨校出版社, 1998), pp. 120–126; 「中國共産黨發展黨員工作細則」(2014年修訂), 〈人民網〉 2014年 6月 11日, www.

people.com.cn (검색일: 2022. 2. 3) 등을 참고하여 정리했다.

3 「中央組織部負責人就印發《中國共產黨發展黨員工作細則》答記者問」, 〈人民網〉 2014年 6月 11日, www.people.com.cn (검색일: 2022. 2. 3)

4 Koss, *Where the Party Rules*, pp. 15–22, 25

5 Tang Wenfang and Lin Jingjing, "The CPC as a Populist Authoritarian Party: An Impressionable Years Analysis", *China: An International Journal*, Vol. 18, No. 1 (February 2020), pp. 34–35.

6 Bruce J. Dickson, "Who Wants to Be a Communist? Career Incentives and Mobilized Loyalty in China", *China Quarterly*, No. 217 (March 2014), pp. 49–50.

7 Taehee Yoon and Jong-ho Jeong, "Bedfellows with Different Dreams: The Relationship between the Party–State and Private Businessmen in the Party Member Recruitment Process in Beijing's Zhejiangcun", *Journal of International and Area Studies*, Vol. 25, No. 1 (June 2018), pp. 131–148.

8 Dickson, "Who Wants to Be a Communist?" p. 52; Hiroshi Sato and Keiya Eto, "The Changing Structure of Communist Party Membership in Urban China, 1988–2002", *Journal of Contemporary China*, Vol. 17, No. 57 (November 2008), pp. 660–661.

9 Sato and Eto, "The Changing Structure of Communist Party Membership in Urban China, 1988–2002", p. 660; Andrew G. Walder, "The Party Elite and China's Trajectory of Change", *China: An International Journal*, Vol. 2, No. 2 (September 2004), pp. 199–200.

10 Walder, "The Party Elite and China's Trajectory of Change", pp. 202, 204.

11 Andrew G. Walder, "Career Mobility and the Communist Political

Order", *American Sociology Review*, Vol. 60, No. 3 (June 1995), pp. 309—328; Andrew G. Walder, Bobai Li and Donald J. Treiman, "Politics and Life Changes in a State Socialist Regime: Dual Career Paths into the Urban Chinese Elite, 1949 to 1996", *American Sociology Review*, Vol. 65, No. 2 (April 2000), pp. 191—209; Bobai Li and Andrew G. Walder, "Career Advancement as Party Patronage: Sponsored Mobility into the Chinese Administrative Elite, 1949—1996", *American Journal of Sociology*, Vol. 106, No. 5 (March 2001), pp. 1371—1408; Bruce J. Dickson and Maria Rost Rublee, "Membership Has Its Privileges: The Socioeconomic Characteristics of Communist Party Members in Urban China", *Comparative Political Studies*, Vol. 33, No. 1 (February 2000), pp. 87—112; Yanjie Bian, Xiaoling Shu and John R. Logan, "Communist Party Membership and Regime Dynamics in China", *Social Forces*, Vol. 79, No. 3 (March 2001), pp. 805—841; Sato and Eto, "The Changing Structure of Communist Party Membership in Urban China, 1988—2002", p. 670.

12 Tang and Lin, "The CPC as a Populist Authoritarian Party", p. 38; Dickson, "Who Wants to Be a Communist?", pp. 53—54; Dickson and Rublee, "Membership Has Its Privileges", p. 108; Bian, Shu and Logan, "Communist Party Membership and Regime Dynamics in China", pp. 828—823.

13 Yanfeng Gu and Bingdao Zheng, "Membership Premium or Self-Selection? Communist Party Recruitment and Social Stratification in Urban China", *Journal of Chinese Political Science*, Vol. 23, No. 4 (December 2018), pp. 499—518; Hongbin Li, Pak Wai Liu, Junsen Zhang and Ning Ma, "Economic Returns to Communist Party Membership: Evidence

from Urban Chinese Twins", *IZA Discussion Paper*, No. 2008 (May 2006).

제4부 결론
공산당 영도체제의 평가와 전망

* 이 장은 다음 논문을 수정 보완한 것이다. 조영남, 「중국공산당 100년과 '공산당 일당 체제'의 강건함」, 『현대중국연구』 23권 2호(2021년 9월), pp. 103-147.

1 조영남, 『중국의 엘리트 정치: 마오쩌둥에서 시진핑까지』(서울: 민음사, 2019).

2 Andrew J. Nathan, "China's Changing of the Guard: Authoritarian Resilience", *Journal of Democracy*, Vol. 14, No. 1 (2003), pp. 6–17; Andrew J. Nathan, Larry Diamond, and Marc F. Plattner, "Introduction", Andrew J. Nathan, Larry Diamond, and Marc F. Plattner (eds.), *Will China Democratize?* (Baltimore: Johns Hopkins University Press, 2013), pp. xi–xx.

3 Minxin Pei, *China's Trapped Transition: The Limits of Developmental Autocracy* (Cambridge. MA: Harvard University Press, 2006); Minxin Pei, "Is CCP Rule Fragile or Resilient?" Nathan, Diamond, and Plattner, *Will China Democratize?*, pp. 99–113; Cheng Li, "The End of the CCP's Resilient Authoritarianism? A Tripartite Assessment of Shifting Power in China", *China Quarterly*, No. 211 (September 2012), pp. 595–623: Cheng Li, *Chinese Politics in the Xi Jinping Era: Reassessing Collective Leadership* (Washington D.C.: Brookings Institution Press, 2016), pp. 26–32; Joseph Fewsmith and Andrew J. Nathan, "Authoritarian Resilience Revisited: Joseph Fewsmith with Response from Andrew J. Nathan", *Journal of Contemporary China*, Vol. 28, No. 116 (2019), PP. 167–179. 중국 붕괴론, 공산당 적응론 등 주요 주장은 Zheng Yongnian and Lance L.P. Gore, "Introduction", Zheng

Yongnian and Lance L.P. Gore (eds.), *The Chinese Communist Party in Action: Consolidating Party Rule* (London and New York: Routledge, 2020), pp. 4–7; Kjeld Erik Brodsgaard, "Turning the CCP into an Elite Party", Zheng and Gore, *The Chinese Communist Party in Action*, pp. 41–43을 참고할 수 있다.

4 Jinghan Zeng, *The Chinese Communist Party's Capacity to Rule: Ideology, Legitimacy and Party Cohesion* (New York: Palgrave Macmillan, 2015), p. 92.

5 Yuchao Zhu, "'Performance Legitimacy' and China's Political Adaptation Strategy", *Journal of Chinese Political Science*, No. 2 (June 2011), pp. 123–140; Dingxin Zhao, "The Mandate of Heaven and Performance Legitimation in Historical and Contemporary China", *American Behavioral Science*, Vol. 53, No. 3 (November 2009), pp. 416–433.

6 조영남, 『중국의 법치와 정치개혁』(파주: 창비, 2012), pp. 251–257; Gunter Schubert, "One-Party Rule and the Question of Legitimacy in Contemporary China", *Journal of Contemporary China*, Vol. 17, No. 54 (February 2008), pp. 191–204.

7 Zeng, *The Chinese Communist Party's Capacity to Rule*, p. 2; Yun-han Chu, "Sources of Regime Legitimacy and the Debate over the Chinese Model", *China Review*, Vol. 13, No. 1 (Spring 2013), pp. 1–42; Heike Holbig, "Ideology after the End of Ideology: China and the Quest for Autocratic Legitimation", *Democratization*, Vol. 20, No. 1 (2013), pp. 61–81; Bruce Gilley and Heike Holbig, "The Debate on Party Legitimacy in China: A Mixed Quantitative/Qualitative Analysis", *Journal of Contemporary China*, Vol. 18, No. 59 (March 2009), pp. 339–358; Heike Holbig and Bruce Gilley, "Reclaiming Legitimacy in China", *Politics and Policy*, Vol. 38, No. 3 (2010), pp. 395–422.

8 Wenfang Tang, *Populist Authoritarianism: Chinese Political Culture and Regime Sustainability* (Oxford: Oxford University Press, 2016), p. 134.

9 Teresa Wright, *Accepting Authoritarianism: State-Society Relations in China's Reform Era* (Stanford: Stanford University Press, 2010), pp. 2–4, 162–164; Tang, *Populist Authoritarianism*, pp. 2, 152–166.

10 Lianjiang Li, "Rights Consciousness and Rules Consciousness in Contemporary China", *China Journal*, No. 64 (July 2010), pp. 47–68; Elizabeth J. Perry, "A New Rights Consciousness?" *Journal of Democracy*, Vol. 20, No. 3 (July 2009), pp. 17–20; Elizabeth J. Perry, "Chinese Conceptions of 'Rights': From Mencius to Mao and Now", *Perspectives on Politics*, Vol. 6, No. 1 (March 2008), pp. 37–50; 高鴻鈞, 「中国公民權利意識的演進」, 夏勇 主編, 『走向權利的時代 : 中國公民權利發展研究』(修訂版) (北京: 中國政法大學出版社, 1999), pp. 43–106.

11 조영남, 『중국의 법률 보급 운동』(서울: 서울대학교출판문화원, 2012), pp. 104–121.

12 Andrew J. Nathan, "China's Political Trajectory: What Are the Chinese Saying?" Cheng Li (ed.), *China's Changing Political Landscape: Prospects for Democracy* (Washington D.C.: Brookings Institution Press, 2008), pp. 25–43; 張明澍, 『中國人想要什麼樣民主: 中國政治人2012』(北京: 社會科學文獻出版社, 2013); 沈明明等, 『中國公民意識調查數據報告2008』(北京: 社會科學文獻出版社, 2009); 李建新·胡傑成等, 『中國改革民意調查報告(2015)』(北京: 中國財政經濟出版社, 2016).

13 Jie Chen, *Popular Political Support in Urban China* (Stanford: Woodrow Wilson Center, 2004); Wenfang Tang, *Public Opinion and Political Change in China* (Stanford: Stanford University Press, 2005); Bruce J. Dickson, *Wealth into Power:*

The Communist Party's Embrace of China's Private Sector (New York: Cambridge University Press, 2008); Jie Chen and Bruce J. Dickson, *Allies of the State: China's Private Entrepreneurs and Democratic Change* (Cambridge, MA: Harvard University Press, 2010); Cheng Li (ed.), *China's Emerging Middle Class: Beyond Economic Transformation* (Washington D.C.: Brookings, 2010).

14 Edward Cunningham, Tony Saich and Jessie Turiel, "Understanding CCP Resilience: Surveying Chinese Public Opinion Through Time" (Ash Center for Democratic Governance and Innovation, July 2020).

15 Andrew J. Nathan, "The Puzzle of Authoritarian Legitimacy", *Journal of Democracy*, Vol. 31, No. 1 (January 2020), pp. 158–168.

16 "Level of Trust in Government in China from 2016 to 2020", *Chinese Communist Party CCP* (Statista, 2021), p. 18.

17 Laura Silver, Kat Devlin, and Christine Huang, "Large Majorities Say China Does Not Respect the Personal Freedoms of Its People", Pew Research Center, June 30, 2021, www.pewresearch.org (검색일: 2021. 7. 3).

18 Akio Takahara, "The CCP's Meritocratic Cadre System", Willy Wo-Lap Lam (ed.), *Routledge Handbook of the Chinese Communist Party* (London and New York: Routledge, 2018), p. 161.

19 Yongdong Shen, Jianxing Yu, and Jun Zhou, "The Administration's Retreat and the Party's Advance in the New Era of Xi Jinping: The Political of the Ruling Party, the Government, and Associations in China", *Journal of Chinese Political Studies*, Vol. 25, No. 1 (March 2020), pp. 71–88.

20 조영남, 「중국은 왜 코로나19의 초기 대응에 실패했는가?」, 『한국과 국제정치』 36권 2호 (2020년 여름), pp. 105–135.

21 Christopher K. Johnson and Scott Kennedy, "China's Un—Separation of Power, *Foreign Affairs*, July 24, 2015, www.foreignaffairs.com (검색일: 2018. 2. 26); Susan L. Shirk, "The Return to Personalistic Rule", *Journal of Democracy*, Vol. 29, No. 2 (April 2018), pp. 22—36; Minxin Pei, "China: From Tiananmen to Neo—Stalinism", *Journal of Democrcy*, Vol. 31, No. 1 (January 2020), pp. 148—157.

22 조영남, 「시진핑 '일인체제'는 등장하고 있는가?」, 『국제지역연구』 24권 3호(2015년), pp. 127—153; Cheng Li, *Chinese Politics in the Xi Jinping Era: Reassessing Collective Leadership* (Washington D.C.: Brookings Institution Press, 2016), pp. 7—39; Alice Miller, "The Trouble with Factions", *China Leadership Monitor*, No. 46 (winter 2014—2015); Alice Miller, "The 18th Central Committee Leadership with Comrade Xi Jinping as General Secretary", *China Leadership Monitor*, No. 48 (fall 2015).

23 中共中央, 〈關於加强黨的政治建設的意見〉(2019년 1월); 中共中央, 〈關於《習近平新時代中國特色社會主義思想學習綱要》的通知〉(2019년 6월).

24 조영남, 「2014년 중국 정치의 현황과 전망」, 국립외교원 중국연구센터, 『2014 중국정세보고』(서울: 역사공간, 2015), pp. 11—15.

25 조영남, 「2019년 중국 정치의 현황과 전망」, 국립외교원 중국연구센터, 『2019 중국정세보고』(서울: 역사공간, 2020), pp. 46—53.

26 「2018年中共印發中央黨內法規74部: 黨內法規制度建設成果豐碩」, 〈人民網〉 2019年 1月 8日, www.people.com.cn (검색일: 2012. 1. 9).

27 조영남, 『중국의 법치와 정치개혁』, p. 135.

28 조영남, 「2018년 중국 정치의 현황과 전망」, 국립외교원 중국연구센터, 『2018 중국정세보고』(서울: 역사공간, 2019), pp. 40—43.

29 Andrew Browne, "The Whiplash of Xi Jinping's Top−Down Style", *Wall Street Journal*, June 23, 2015, http://www.wsj.com(검색일: 2015. 6. 24); Tom Mitchell, "Xi's imperial Presidency has its weakness", *Financial Times*, July 15, 2015, http://www.ft.com(검색일: 2015. 7. 16); Jeremy Page, "China's Xi Draws Power Into Loyal Inner Circle", *Wall Street Journal*, September 24, 2015, http://www.wsj.com(검색일: 2015. 9. 25.); Simon Denyer and Emily Rauhala, "China's economic woes expose drawbacks of president's power play", *Washington Post*, August 27, 2015, http://www.washingtonpost.com (검색일: 2015. 9. 2).

30 조영남, 「중국의 코로나19 대응 분석: 중앙의 지도체계와 선전 활동을 중심으로」, 『중소연구』 44권 2호 (2020년 여름), pp. 7−44; 조영남, 「중국은 어떻게 코로나19의 통제에 성공했나?: 후베이성과 우한시의 활동을 중심으로」, 『국제지역연구』 29권 3호 (2020년 가을), pp. 107−138.

31 조영남, 『중국의 엘리트 정치』, pp. 63−100.

32 吳國光 著, 趙燦 譯, 『權力的劇場: 中共黨代會的制度運作』(香港: 香港中文大學出版社, 2018), p. 42.

33 조영남, 『중국의 법치와 정치개혁』, p. 37.

34 조영남, 『중국의 법률 보급 운동』, pp. 131−147.

35 Eva Pils, "The Party and the Law", Lam, *Routledge Handbook of the Chinese Communist Party*, p. 258.

26 조영남, 「2016년 중국 정치의 현황과 전망」, 국립외교원 중국연구센터, 『2016중국정세보고』(서울: 역사공간, 2017), pp. 62−66.

37 조영남, 『중국의 법원개혁』(서울: 서울대학교출판문화원, 2012), pp. 148−179.

38 조영남, 「2014년 중국 정치의 현황과 전망」, 국립외교원 중국연구센터, 『2014중국정세보고』(서울: 역사공간, 2015), pp. 42−45; 조영남, 「2016년 중

국 정치의 현황과 전망」, pp. 59-62.

39 Francis Fukuyama, "The End of History?", *National Interest*, No. 16 (Summer 1989), pp. 3-18.

40 Francis Fukuyama, *The End of History and the Last Man* (New York: Free Press, 1992).

41 '이데올로기의 종말'은 1960년에 다니엘 벨(Daniel Bell)이 『이데올로기의 종말(*The End of Ideology: On the Exhaustion of Political Ideas in the Fifties*)』을 출간하면서 널리 유행한 말이다. 냉전체제의 붕괴와 함께 이 말이 다시 유행하면서 '이데올로기의 종말' 논쟁이 벌어지기도 했다.

42 Jinghan Zeng, *The Chinese Communist Party's Capacity to Rule: Ideology, Legitimacy and Party Cohesion* (New York: Palgrave Macmillan, 2016), pp. 148-151.

43 Heike Holbig, "Ideology after the End of Ideology: China and the Quest for Autocratic Legitimation", *Democratization*, Vol. 20, No. 1 (2013), pp. 62-63, 64-65, 74.

44 이하의 내용은 다음을 정리한 것이다. 조영남, 「2017년 중국 정치의 현황과 전망: 공산당 19차 당대회를 중심으로」, 국립외교원 중국연구센터, 『2017중국정세보고』(서울: 역사공간, 2018), pp. 54-60.

45 Heike Holbig, "China after Reform: The Ideological, Constitutional, and Organizational Makings of a New Era", *Journal of Current Chinese Affairs*, Vol. 47, No. 3 (2018), pp. 187-207.

46 「在高質量發展中促進共同富裕, 統籌做好重大金融風險防範化解工作」, 〈人民網〉 2021年 8月 18日, www.people.com.cn (검색일: 2021. 8. 19); 中共中央, 〈中國共產黨第十九屆中央委員會第五次全體會議公報〉, 〈人民網〉 2020年 10月 29日, www.people.com.cn (검색일: 2020. 10. 30).

47 趙建民, 『中國決策 : 領導人、結構、機制、過程』(臺中: 五南, 2014), pp. 33–57.

48 조영남, 『중국의 엘리트 정치』, pp. 619–636.

49 조영남, 『중국의 엘리트 정치』, pp. 639–642.

50 "中共十九屆六中全會在北京舉行", 〈人民網〉 2021年 11月 12日, www. people.com.cn (검색일: 2021.11.12); 中共中央, "關於黨的百年奮鬥重大成就和歷史經驗的決議", 〈人民網〉 2021年 11月 17日, www.people.com.cn (검색일: 2021.11.17).

51 조영남, 「중국공산당의 세 개의 '역사 결의' 분석」, 『중국 사회과학 논총』 4권 1호 (2022년 2월), pp. 4–30.

52 이한우, 「(이한우의 베트남 포커스)(14) 제13차 공산당대회 결산: 보수적 기조 유지 속에 경제개혁 지속된다」, 〈아주경제〉 2021년 2월 2일, www. ajunesw.com (검색일: 2021. 2. 5); 이윤범, 「제13차 베트남공산당 전당대회 결과 분석과 전망: 제도의 후퇴와 공산당 지배력 강화」, EMERiCs (KIEP, 2021년 3월), www.emerics.org (검색일: 2021. 6. 10); Zachary Abuza, "The Fallout From Vietnam's Communist Party Congress", *The Diplomat*, February 2, 2021, www.thediplomat.com (검색일: 2021. 2. 5); Richard Paddock, "Term Limits? Not for Vietnam's Hard-Line Communist Leader", *New York Times*, February 1, 2021, www.nytimes.com (검색일: 2021. 2. 5).

53 베트남공산당은 1996년 8차 당대회에서 최고 통치 엘리트에 대한 나이 제한 규정을 제정했다. 이에 따르면, 중앙집행위원회 위원(중앙위원)은 초임의 경우에는 55세, 연임의 경우에는 60세, 정치국 위원은 초임의 경우에는 60세, 연임의 경우에는 65세를 초과할 수 없다. 결국 정치 지도자는 65세를 넘으면 새로운 직위에 취임할 수 없다. 다만 이 규정에는 서기

장(총서기)을 위한 '특별 면제' 규정을 두어 예외를 인정받을 수 있도록 했다. 실제로 '특별 면제' 규정에 따라 65세가 넘은 서기장이 취임했다. 또한 2011년 11차 당대회에서 개정된 당 조례는 서기장의 임기를 연임(즉 2회 역임)으로 제안하는 규정을 신설했다.

54 조영남, 『중국의 엘리트 정치』, pp. 15-59.
55 조영남, 『중국의 엘리트 정치』, p. 624.

KI신서 10370

중국의 통치 체제 1: 공산당 영도 체제

1판 1쇄 발행 2022년 9월 19일
1판 3쇄 발행 2024년 2월 5일

지은이 조영남
펴낸이 김영곤
펴낸곳 (주)북이십일 21세기북스

인문기획팀장 양으녕 **인문기획팀** 이지연 정민기 서진교 노재은
표지 디자인 THIS-COVER **본문 디자인** 푸른나무디자인
출판마케팅영업본부장 한충희
마케팅1팀 남정한 한경화 김신우 강효원
마케팅2팀 나은경 정유진 박보미 백다희 이민재
출판영업팀 최명열 김다운 김도연 권채영
제작팀 이영민 권경민

출판등록 2000년 5월 6일 제406-2003-061호
주소 (10881) 경기도 파주시 회동길 201(문발동)
대표전화 031-955-2100 **팩스** 031-955-2151 **이메일** book21@book21.co.kr

ⓒ 조영남, 2022
ISBN 978-89-509-4149-9 94340
      978-89-509-4148-2 94340 (세트)

(주)북이십일 경계를 허무는 콘텐츠 리더

21세기북스 채널에서 도서 정보와 다양한 영상자료, 이벤트를 만나세요!
페이스북 facebook.com/jiinpill21   **포스트** post.naver.com/21c_editors
인스타그램 instagram.com/jiinpill21   **홈페이지** www.book21.com
유튜브 youtube.com/book21pub

서울대 가지 않아도 들을 수 있는 명강의! 〈서가명강〉
'서가명강'에서는 〈서가명강〉과 〈인생명강〉을 함께 만날 수 있습니다.
유튜브, 네이버, 팟캐스트에서 '서가명강'을 검색해보세요!